台灣歷史辭典

楊碧川〔編著〕

前衛出版
AVANGUARD

FORMOSA FORMOSA FORMOSA FORMOSA

台灣歷史辭典

目次

前 言

把歷史的真相還給歷史

讓爲這塊苦難土地付出血淚的

得到應有的尊敬與光榮

讓踐踏這塊土地的接受歷史的審判

祝福行將來到的年輕台灣子民

楊碧川

1997.5.20

凡例

1.本辭典以台灣歷史上活動、發生過的人、事、物爲主軸，年代由原住民時代至1990年爲止，一律以西曆爲準。

2.內容分爲政治、軍事、外交、內政、法令、政治運動、社會運動；經濟活動、財政、交通、貿易、商業、金融；社會活動、移民、宗教；文化、史蹟、文學、藝術活動、著作；以及對台灣歷史上有關的外國人物，世界動態。

3.本辭典詞條一律以漢語拼音排列，以詞條的第一個字爲準，按羅馬字拼音系統排列，並附中文筆劃查閱索引。

4.台灣地名無法以北京話唸出，否則完全喪失歷史意義，故另以台語羅馬字拼音重新排列。

5.外國人名以漢語爲準，再附原文。

音標對照表

子音			母音					
b	ㄅ	玻	a	ㄚ	阿	iao	ㄧㄠ	腰
p	ㄆ	波	e	ㄝ	鵝	ie	ㄧㄝ	耶
m	ㄇ	模	er	ㄜ	二	in	ㄧㄣ	因
f	ㄈ	佛	y	ㄧ	伊	ing	ㄧㄥ	英
d	ㄉ	得	o	ㄛ	歐	iong	ㄩㄥ	雍
t	ㄊ	特	u	ㄨ	烏	ua	ㄨㄚ	蛙
n	ㄋ	那	ü	ㄩ	于	uai	ㄨㄞ	歪
l	ㄌ	勒				uang	ㄨㄢ	彎
g	ㄍ	哥	ai	ㄞ	愛	uang	ㄨㄤ	汪
k	ㄎ	科	an	ㄢ	安	ue	ㄨㄟ	威
h	ㄏ	喝	ang	ㄤ	昂	uen	ㄨㄣ	溫
j	ㄐ	基	ao	ㄠ	奧	uo	ㄨㄛ	窩
q	ㄑ	欺	ei	ㄟ	欸	üan	ㄩㄢ	袁
x	ㄒ	西	en	ㄣ	恩	üe	ㄩㄝ	約
zh	ㄓ	知	eng	ㄥ	亨	ün	ㄩㄣ	暈
ch	ㄔ	蚩	ong	ㄨㄥ	翁			
sh	ㄕ	詩	ou	ㄡ				
z	ㄗ	資	ia	ㄧㄚ	鴉			
c	ㄘ	次	iai	ㄧㄞ	挨			
s	ㄙ	思	ian	ㄧㄢ	燕			
r	ㄖ	日	iang	ㄧㄤ	央			

漢語音序

〔A〕

阿部信行 Abe Nobuyuki

1875～1953 [日]軍人

陸軍大學畢業，歷任陸軍省軍務局長、陸軍次長，1932年爲台灣軍總司令，1939年組閣，翌年辭，1940年4月爲駐汪精衛僞政府全權大使，1942年爲翼贊政治會總裁，1944年爲朝鮮總督，戰後列爲戰犯，未起訴。

阿里山鐵路 1911.2.8 [日]

1903年河合鉥太郎至阿里山勘察，認定有開發林業的價值。1904年後藤新平民政長官下令殖產局的小笠原富二郎調查，鐵道部的岩田五郎負責規劃鐵路。1905年後藤決定鐵路由樟寮以螺旋形繞山至獨立山。1906年，始由大阪藤田組投資，1907年藤田組無法再經營，總督府乃提呈帝國議會要求預算。1910年，總督府以120萬圓向藤田組收購，以370萬爲經費，開始趕建，始於1911年11月28日通車。阿里山鐵路全長74公里，高低差2300公尺，每年平均供應木材4萬餘立方公尺。

阿美族 Ami

人口108,122人(占原住民全體的38.30%)，分佈於花蓮至台東一帶縱谷，可分爲中(瑞穗、富里、玉里、台東市、東河、池上、長濱、關山、成功)，北(花蓮市、新城、吉安、壽豐、光復、鳳林)及南(台東卑南及屏東牡丹、滿州)三支。長期受泰雅、布農及驃馬族的攻擊，且與驃馬族一樣住在平原，在農耕上受漢系影響。目前人口大量外流至西部都市，多爲體力勞工或爲遠洋漁船船員。

艾德里 Attlee, Clement R.

1883～1967 [英]政治家

牛津大學畢業，當過大學講師，

1922年爲下議員；1940年代爲邱吉爾內閣的掌璽大臣、自治領大臣。1935年起任工黨黨魁。1945～1951年執政，推動社會福利政策；對外他支持越南等民族獨立、承認中國、台灣法律未定論。1950年12月8日與美國總統杜魯門發表聯合公報，主張「我們相信台灣問題必須依據和平手段來解決；同時，要尊重台灣人民的利益」。

[著]"As It Happened"(1954)

艾奇遜 Achenson, Dean G.

1893～1971 [美]國務卿

耶魯及哈佛大學畢業後當律師，1941年爲國務卿助理，1949～1953年爲國務卿，推動冷戰體制。1947年二二八事變後，他才開始注意台灣，1949年8月4日向國務院報告：「台灣可能落入中共手中，一切外交上或經濟上的援助(蔣介石)已無濟於事。」1950年又推動〈不干涉台灣聲明〉；6月韓戰後，又改爲〈台灣中立化宣言〉，同時拒絕蔣介石出兵韓國。

艾森豪 Einsenhower, D.

David 1890～1969 [美]總統

西點軍校畢業，參加一次大戰，後來在菲律賓當麥克阿瑟的副官(1935～1940年)，指揮盟軍登陸諾曼地(1944年6月)，1945年爲參謀總長，1948年爲哥倫比亞大學校長；1953～1961年爲美國總統，在冷戰局勢下，由杜勒斯推動反共冷戰體系，介入中東(1957年)。

1953年2月2日，他向國會提出「解除台灣中立化政策」，1954年11月2日，與蔣介石政權簽訂〈中美共同防禦條約〉，1955年1月中共攻占大陳及一江山後，艾克在1月24日又向國會提出〈台灣決議案〉，要求國會授權總統在必要時採取適當措施保衛台灣，並促使蔣軍撤出大陳，1955年4月又勸蔣介石退出金、馬，被拒絕。1955

年8月，美國與中共在華沙展開大使級會談；1958年5月，艾克派兵入侵中東的黎巴嫩，8月23日，中共轟擊金門，此時艾克又重申「如現時停戰，在金門、馬祖駐軍實爲不合算」，並促成蔣介石聲明「中華民國政府以恢復中國本土民衆的自由爲神聖使命。……爲了達成這種使命在原則上的方法，相信是適用於孫文的三民主義，而不在於行使武力」。1960年6月18日，艾克訪台，繼續支持蔣介石反共及佔領金、馬。

愛國獎券 1950.4.11～1987

台灣省政府委託台灣銀行發行的一種彩票，起初每期發行150萬元，以一萬張爲基本號，每張150元，分10條，每條15元。第一特獎20萬元獎金，頭獎(2張)每張5萬元，二獎5張，每張2萬元……，三十多年間爲政府帶來一大筆收入，直至1984年「大家樂」賭博以對愛國獎券第一特獎的最後兩個號碼，後來又弄成第八獎號碼爲附獎，造成每月10日、25日全台灣幾乎癱瘓，人人爭求「明牌」，1987年底省府才被迫停止發行愛國獎券。但民衆又改賭香港的「六合彩」。

愛國公債 [日]

1937～1944年日本當局強迫台灣人承購公債。另外又強迫台灣人儲蓄(1938年)，各地台灣人都加入信用組合，以1944年台灣人收入12億元爲計，650萬人口平均每人所得247元，其中留爲生活費100元(40%)、租稅爲62元(25%)，貯蓄爲85元(35%)。

愛國公債		國民貯蓄		
年度	金額(萬圓)	年度	目標	實績(百萬圓)
1937	11700			
1938	1800	1938	50	108
1939	8800	1939	100	151
1940	10500	1940	200	200
1941	12500	1941	280	200
1942	17500	1942	350	320
1943	23300	1943	400	465
1944	27500	1944	700	585

[參]《台灣全記錄》p.267

愛新泰(伊爾根覺羅氏)

?～1807 [清]軍人

滿洲正白旗人，初爲健銳營前鋒，1799年(嘉慶4年)爲台灣總兵。

不久因鎮壓陳錫宗有功，加提督銜。1804年追剿海盜蔡牽，反被擊敗，革去提督，1805年與蔡牽再戰於台海大洋。1806年攻克州仔尾，破桶盤棧，再攻克鳳山，1807年死於艋舺。

[參]《國朝耆獻類徵初編》

隘 [清]

防止「番」人，及禁止福佬、客家人入侵番地的制度，與屯制互為表裡。墾戶早已自設民隘，雇隘丁巡防界內，維持治安。官隘只有九芎林隘(新竹)及石碎崙隘(淡水廳)二處；其他還有「官四民六隘」，即官方負擔十分之四的費用；第三種為「屯隘」，由官方奏設，民間負擔。

隘勇線 [日]

日據時代防範高山族原住民而設置的警戒線。線路內側配以高壓電或地雷，及火砲，在四公里的隘路建隘寮八～十二座，最多時有1898座。隘勇則由原住民擔任。

安東貞美 Andō Sadayoshi 1853～ [日]第六任台灣總督

東京人，陸軍軍人，歷任陸軍士校教官、參謀本部傳令使、陸士校長(1896年)、台灣守備混成第二旅長(1898年)、駐朝鮮軍司令。1915～1918年為台灣總督，1915年8月以鎮壓噍吧哖事件聞名。

安藤利吉 Andō Rikichi 1884～1946 [日]第十九任台灣總督

宮城縣人。陸軍士校、陸軍大學畢業。當過師長，1940年南支那方面軍司令，1944年為台灣第十方面軍司令，年底擔任總督。他適逢戰爭末期，一面鎮壓台灣人的反抗，製造冤獄(瑞芳事件)，無法挽救敗局。1945年8月投降，10月25日向中國派來的陳儀投降後，被列為戰犯，遣送上海，吞氰酸鉀自殺。

[參]黃昭堂《台灣總督府》, 1981

岸裡社 [清]

大肚山以東台中一帶的平埔族巴宰海九社(岸東、岸西、岸南、西勢尾、麻里蘭、翁仔、葫蘆墩、崎仔、麻薯舊社),均分佈於目前的豐原、神岡、大社及后里舊社一帶。1699年大甲溪北的通霄社反抗, 清軍誘使岸裡社助剿, 事平封阿莫爲岸裡九社總土官。1716年(康熙55年)准阿莫開墾貓霧捒, 東至豐原的觀音山, 西抵沙轆(沙鹿), 東南至阿里史(潭仔墘, 潭子), 西南至捒加頭(水堀頭, 台中南屯), 並及大肚溪, 阿莫招漢人助墾。1721年, 第二代土官阿藍助剿朱一貴有功。1731年(雍正9年), 第三代潘敦協助鎭壓大甲西社有功, 賞御衣。1770年潘敦又被乾隆帝召見, 賜授「大由仁」封號。1788年岸裡社又助剿林爽文有功, 受封屯防, 爲清朝效忠「防亂」。

〔B〕

八堡圳　1719　[清]

半線(彰化)豪族施世榜(施長齡)早在1709年(康熙48年)引濁水溪灌溉，後來開闢東螺(彰化市)一帶,引濁水溪支流灌溉皆告失敗,後來有一自稱林先生的老翁教他疏圳，成功地引濁水溪水灌田，工程歷經七個月完成。由沙連下堡濁水庄(南投名間鄉濁水村)引水，灌溉半線十三堡中的八堡，即東螺東堡、東螺西堡、武東堡、武西堡、燕霧上堡、燕霧下堡、馬芝堡和孫東堡(即在南投的名間、南投、彰化的田尾、溪湖、秀水、大村、和美、鹿港、福興、員林、社頭、田中、埔鹽、永靖、埤頭、北斗、溪州與彰化市一帶)，共達103庄，面積約19,000餘甲。

八七水災　1959.8.7～8

中南部六十年來最大的水災，殃及十三個縣市(從苗栗至屏東)，受災民衆達25萬人,其中死亡578人，傷984人，失踪601人；房屋倒塌4萬棟以上。另外，交通、水利、農漁牧等的損失超過台幣5億元。其中中部地區無法收穫面積達27,296公頃，稻米減產至1,856.316公噸。

《八十年代》　1979.6

陳永興醫師結合黨外新生代，包括林世煜、林進輝、李筱峰、林濁水、周渝、史非非、康文雄等人重新出發，由康寧祥爲發行人兼社長,司馬文武(江春男)總編輯，要「撥開雲霧，迎向前去，以我們的智慧共同來塑造這個新時代」，「我們必須覺悟到，只有透過參與才能把許多個人對權利和機會的主張，融合成整體的權利和機會的主張」。總之，這是一份溫和理性的刊物，但也在1980年初因美麗島事件而被查禁一年，後來又以《亞洲人》繼之，不久又被禁，再出刊《暖流》。

八田與一　1883～1941

[日]工程師

金澤人,東京帝大工學部畢業,來台灣建設嘉南大圳，完成後被稱爲「八田堰堤」。後應中國福建省政府聘請，設計福州水利灌溉工程。1941年太平洋戰爭起，奉派赴菲律賓，被盟機炸於途中。戰後1945年，其妻八田代樹在9月1日投烏山頭送水口自盡。

八・一五獨立陰謀

1945年8月15日日本宣佈無條件投降，第二天，御用紳士許丙、辜振甫、林熊祥等人與日本少壯軍人參謀中官悟郎少校、牧沢義夫少校等人在台北市草山(陽明山)會談，計劃策動台灣獨立。8月22日，被總督安藤利吉制止而告流產。1947年7月29日，國民政府以共謀竊盜國土罪名，將辜、許、林等判刑二年二個月至一年十個月。

[參]向山寛夫《台灣における日本統治と戰後內外情勢》p.64

巴達維亞 Batavia

印尼首都雅加達。1619年5月，荷蘭人Jan Pieterszon Coen (1587～1629年)率軍隊擊退英軍及土著萬丹王國軍，建立巴達維亞城，成爲荷蘭東印度公司在亞洲總部及殖民地統治的中心，至1960年荷人始退出印尼。

《巴達維亞城日記》

Dagh－Register gehouden int Casteel Batavia

荷蘭東印度公司統治印尼、台灣的重要史料。1621年12月，荷蘭統督下令各地商館寫日記，呈送總督府作參考，1803年3月始廢，內容有關公司的業務，並涉及各地政治、經濟、宗教、軍事情報。關於台灣部份，村上直次郎抄譯至1645年度部分。

[參]中村孝志〈バタウイア城日誌〉(《アジア歷史事典》第7卷, p.375)；村上直次郎《抄譯パタビヤ城日誌》。

巴克禮 [清]長老教會傳教士

Rev. Thomas Barclay, D. D.

英國格拉斯哥人，當地大學電氣系畢業。1874年抵廈門，翌年

至打狗，再赴台南接替李麻。1876年創立神學校，1880年開學(學生十五人)，1885年創刊《台灣府城教會報》。1895年日軍攻台南時，他代表台南人出城迎接日軍。

巴夏禮 Parkers, Harry 1828～1885 [英]外交官

學會中國話，1853年爲廣東代理領事，1854年駐廈門副領事，1856年爲駐廣東領事，和總督葉名琛爭辯亞羅號事件。1860年他北上，在張家灣被僧格林沁逮捕，導致英法聯軍攻北京。1863年爲駐上海領事，1865年爲駐日公使(～1883年)，轉任駐華公使，兼駐韓公使，死於北京。

巴爾敦 Burton ?～1900 [日]英人

1877年赴日應聘爲東京工科大學講師兼內務省技師。1896年來台，爲台灣的衛生與公衛建設作調查與計劃，1900年客死台灣。

白崇禧(健生) 1891～1966 軍人

廣西桂林人。保定軍校畢業，1924年加入國民黨，1926年擔任國民革命軍副總參謀長，1927年入上海爲淞滬警備司令，屠殺中共(4月12日)，1929年與蔣介石戰爭失敗，中日戰爭期間(1937～1945年)歷任軍委會副總參謀長等職，戰後爲國防部長。1947年3月17日至4月2日抵台調查二二八事變，指斥共產黨及少數本省暴徒(尤其受過日本教育遺毒者)挑起事變，台灣人要拋棄偏狹的地域觀念……；但也停止屠殺。1949年抵台後，歷任戰略顧問、中執委等閒差。

白色恐怖時期

1950年代起國民黨在台灣厲行戒嚴，以〈懲治叛亂條例〉及〈檢肅匪諜條例〉來鎮壓異己，造成恐怖冤案不斷，至1980年後才逐漸順

應民情而暫時放鬆，在此以前，政治案件幾乎不是被扣上「紅帽子」(共匪)就是「白帽子」(台獨)，尤其1950～1960年代更使全台灣風聲鶴唳，人人自危，火燒島(台東綠島)關滿政治犯，無期徒刑者更有被關超過三十年者。這是二二八事變以後，台灣人，也包括1949年隨國府來台的大陸人最大的惡魔，其中最具代表性的案子有1950年的台灣省工委會案(蔡孝乾)、麻豆案、台中案(1951年)、桃園案、鹿窟基地案(1952年)、以及國民黨內鬥的李友邦案、任顯群案、孫立人案等，超過八十件政治案件，至少有三千人被殺。至於1960年代台灣人的蘇東啓案(1961年)、施明德案(1962年)、彭明敏案(1964年)、柏楊案(1968年)、筆劍會案(1968年)、陳映眞案……等，不勝枚舉，廖文毅台獨案更是延續二十多年。

班兵 [清]

台灣的駐軍。1683年清朝征服台灣後，施琅建議調一萬名福建兵到台灣戍守，三年一易；規定需有家身，不得携眷渡台，每月扣五錢作安家費(兵餉每月二兩)，使軍隊不敢造反。但他們在生理上無法發洩，心理上又被充軍海外，憤憤不平；往往又無兵營可住，借宿民宅，包賭包娼、放高利貸、開煙館、當舖，動輒互相毆鬥、殺官犯上。一遇動亂，不能鎭暴，反而未戰先潰，亂後又乘機搶掠民間，形成台灣最大的毒瘤。

[參]許雪姬《清代台灣武備制度的研究》第6章

板垣退助 Itagaki Taisuke

1837～1919 [日]自由民權運動者

高知城下中島町藩士之子，隨土佐藩推翻幕府有功，1871年爲參議，1873年西鄉隆盛的征韓派失敗，他也下野。1874年成立「愛

國公黨」，提出〈民選議院設立建白書〉開始推展自由民權運動，1881年自任自由黨黨魁，10月爲總理，1882年赴歐，回國後遇刺，大叫「板垣雖死，自由不死！」而聲譽大振。1895年與大隈重信共組「板隈內閣」，擔任內相四個月就垮台。1913年他認識林獻堂而提出「台灣同化會」構想，1914年3月來台鼓吹，自任總裁(11月)，一場鬧劇後在1915年1月26日被台灣總督府解散。

半山

泛指一般在1945年後隨國民政府回台灣接收的台籍政客、黨、軍、特及地方官吏，1970年代末期，這批人不是去世就是退出政治舞台。主要有：

李萬居(新生報、省議員、副議長)
游彌堅(台北市長、東方出版社)
黃朝琴(省議長)
劉啓光(華南銀行董事長)
王民甯(警務處長、國大代表)
蘇紹文(警總、國代、省府委員)
黃國書(立法院長)
陳嵐峯(軍人)
宋斐如(省教育處副處長)
李友邦(省黨部主任)
丘念台(省黨部主任、國民黨中常委)
林頂立(軍統、副議長)
連震東(省議會秘書長、民政廳長、內政部長)
謝東閔(高雄縣長、省議會議長、省主席、副總統)
陳友欽(警察局長、建設廳長)
郭天乙(立法委員)
柯台山(北市民政局長)
林士賢(省警務處副處長)
林忠(國大代表)
劉定國(苗栗縣長、國大代表)
翁鈐(民政廳副廳長、廳長)
謝南光(駐日中國代表團政治組副組長、中共人代會常委)

[參]J.B.Jacobs著，陳利甫譯〈台灣人與中國國民黨1937～1945〉，《台灣風物》第40卷第2期(1990.6.)。

保釣運動

釣魚台列島又稱「尖閣列島」，位於宜蘭東北海面上。二次大戰後由美國佔領，1970年8月10日，日本政府對釣魚台的主權提出異議，8月15～20日，台灣方面提出「中國」對該島有勘探與開採的權利。1971年4月9日，美國片面聲明擬交該島主權給日本。台灣當局堅決反對，向美國抗議。4月份起，在美國舊金山及各地留學生與華人展開保釣示威，台灣各大學學生也示威、遊行。6月9日，美國把琉球交給日本，保釣運動再度昇高，這個問題一再「有待中日解決」而成懸案，事實上日本已劃其爲國土範圍。

保甲制度 [日]

日據時代沿襲清代統治台灣的人民互相監視、告密制度。清代，台灣每十家爲一牌，設「牌頭」，每十牌爲一甲，設「甲長」，十甲爲一保，設「保正」。保甲爲防範盜賊，維持地方治安，但一家犯法，十家株連，一家窩匿，九家連坐。保甲長直接對官府負責，每牌給「門牌」，上面詳列姓名、職業、出生地點，及每戶人數、年齡、身份。沿海則設「澳保」。後藤新平民政長官在1898年8月31日公佈〈保甲條例〉，沿用前制，「以連帶責任，保持地方安寧」，使保甲成爲警察的輔助，不但幫助警察取締人犯、監視百姓、整理戶口，也要催繳稅捐、攤派勞役、清除街道。保甲長稱爲保正、甲長、牌頭，率領壯丁，一律爲無給職。但保正也享有販賣專賣品(鴉片、鹽、酒等)的特權，至1945年6月才廢除。

保芝林 十九世紀 台灣鎮總兵

貴州興義府人，1832年(道光12年)爲台灣北路協右營游擊，鎮壓嘉義陳辦、彰化械鬥、及張丙反清有功。1839年又鎮壓胡布，升浙江台州協副將，1842年升廣東潮州鎮總兵，達洪阿擊退英艦，俘戮戰俘，事後被英國人告狀撤職查辦，調保芝林爲台灣鎮總兵，1846年卒於任內。

卑南文化 3000B.C.～1 A.D.

在東部分佈的文化遺址，有板岩石柱、石板棺、石槽等。日治時代金關丈夫、國分直一等已有所挖掘。陶器爲特徵，以石板爲長形的葬具，將死人以伸直姿勢置於棺中，也是另一特色。

北白川宮能久親王

?～1895 [日]皇室

1869年留學德國，回國後歷任軍職。1895年以近衛師團長身份率日軍從澳底登陸台灣，10月兵至嘉義曾文溪北岸，被原住民用長柄割檳榔刀割至重傷，10月28日在台南去世。日人爲他在彰化八卦山下立「王字碑」。

北峯區葉敏新案

1951.11.29

葉敏新(35歲，台北人，中央軍校14期畢業)，1940年參加台灣義勇隊，回台後擔任台北縣北峯區長兼北峯警察分局分局長，吸收濁水國校校長趙立權、宜蘭縣警察局督察員李秀山等，因蔡孝乾案破，葉捲款棄職潛逃，而被判貪污罪十年徒刑，再被提訊，偵破此案，共二十一人，主要有：

葉敏新　35歲[北]中央軍校14期　北峯分局長
蔡如鑫　40歲[宜]空軍士校　中國國貨公司
米蔭庭　35歲[河北]中央軍校16期　警總參謀
孟優年　37歲[江蘇]中央軍校14期　聯勤總部少校
石滄庚　39歲[南投]台中市夜校　南投縣府山地指導員
石滄柏　24歲[南投]省立中二中　仁愛鄉村幹事
趙立權　46歲[湖南]武漢大學　頭城中學教員
許克剛　29歲[山東]中央警校　北縣警局課員

北京台灣青年會 [日]

1922年1月成立，由林炳坤、陳江棟、鄭明祿、黃兆耀、范本梁、蔡惠如、劉錦堂(王悅之)、吳子瑜、林松壽、林煥文等組成，聘北大校長蔡元培及梁啓超、胡適等爲名譽會員。他們主張聯絡台灣文化協會，支持議會設置請願運動。

《北郭園全集》

1870年刊，新竹進士鄭用錫的文集，包括詩鈔五卷、文鈔一卷、制藝二卷及試帖一卷。

貝尼奧斯基 ?～1786

Benyowsky, Maurice August

波蘭貴族，匈牙利官吏。1768年兵敗被俄軍所虜，流放堪察加三年。1771年逃亡出海，經過日本海抵台灣東岸(8月26日)的台東秀姑巒溪口。後來遇見流落此地的Don H. Pacheco，並北上澳底，循八斗子至瑞芳一帶。9月12日，他航向歐洲，其間計劃殖民台灣東岸，歐洲方面反應冷淡。

[著]Memories and Travels of Muritius Augustus, Count de Benyowsky, London, 1790.

《裨海紀遊》(又名《採硫日記》)

[清]郁永河著

1696年(康熙35年)福州火药庫爆炸，大批硝磺燒毀。翌年，郁永河來台灣採硫磺，由台南北上溯淡水河至北投，〔1月24日由福州出發，2月25日抵府城，5月2日至甘答門(關渡)〕。沿途所及，記述山川、民俗及原住民情況，且對明鄭時代有所敍述，爲清代據台以來第一部有系統介紹台灣的作品，尤其對漢人壓迫平埔族有客觀的評述，是第一本關於台灣的遊記。

《被出賣的台灣》

Formosa Betrayed

美國人柯喬治(George Kerr)著，1965年出版。一本站在美國人立場，相當同情台灣人的關於戰後國民政府(陳儀)接收台灣以來，至二二八事變發生前後的外國人著作。被許多海外台獨運動者奉爲攻擊國民政府暴政的標準範本，儘管描述詳實，但對台灣人卻描述爲一味親美的傾向，有失公允。

《被遺忘的台灣》

Verwaarloosde Formosa

C.E.S.著，1657年在阿姆斯特丹出版，可能是荷蘭在台灣最後一任長官揆一或其同僚所編。對於平埔族的風俗、民情有一定的、生動的描述，也對鄭成功進攻台灣的情報有相當正面的描述；當然，也爲Coyett的失敗作辯護。

必麒麟 Pickering, W. A.

1840～? [英]商人，海關

本來在茶船上當三副，學會中國話，1863年至打狗海關，1865年爲安平關檢查員，1867年辭職，擔任Elles洋行的經理(～1870年)，1870年退休，擔任海峽殖民地華語翻譯官，1877年爲當地華人護民官(～1890年)。1867年6月，隨美國駐廈門領事李仙得至琅璠，向原住民交涉羅發號事件後的善後問題。1868年他在梧棲設棧收購樟腦，被官方查扣，藉口鬧事(7月)，開槍拒捕，逃到淡水，被道台梁桂元懸賞要他的人頭。

[著]"Pioneering in Formosa",1895(吳明遠譯《老台灣》，台銀，1958)

幣原坦 Shidehara Taira

1870～1953 [日]台北帝大校長

大阪府北河內郡人，東京帝大畢業，歷任鹿兒島高等中學道士館教授，東京女高講師、山梨小學校長、東京高師教授。1904年獲文學博士學位，1910年爲東大文科教授，以後歷任廣島高師校長、文部省圖書局長，1928年爲台北帝大校長，1938年爲同校名譽教授。

[著]《南方文化の建設》

濱田彌兵衛 [日]船長

1625年率末次平藏的朱印船(有執照的船)抵台灣，拒絕向荷人納十分之一稅，折回。1628年他再至台灣，與荷人衝突，劫持長官努易茲，交換人質(長官之子Laurens及商人頭Pieter Muysert)帶回日本，並索回前年被扣生絲損失共四百多比克爾。幕府下令封閉荷蘭在日本的商館，荷人妥協，1632年將努易茲引渡至日本，解決爭執。

[參]岩生成一<朱印船貿易史の研究>，1958。

冰冷

淡水內北投社(凱達格蘭族)土官麻里郎吼的親戚。麻里郎吼之女本來許配給土著通事金賢，麻氏認爲女兒還太小，要求過幾年再出嫁，反被金賢羞辱，加以痛打。冰冷聞訊，率衆殺死金賢(1699年)，此際正逢呑霄社反抗，冰冷派人聯絡呑霄社，事洩被水師把總誘殺。

菠茨坦公告 1945.7.26

Potsdam Declaration

美、英、中三國對日本提出要求其無條件投降的公告。8月8日，蘇聯對日本宣戰，加入公告。《公告》(十三項)其中關於台灣部分爲第八項：「開羅宣言之條款必須實施，而日本之主權必將限於本州、北海道、九州、四國及吾人所決定其他小島之內」,並間接從《開羅宣言》精神,約束台灣及澎湖必須無條件歸還中國。

伯駕 Dr. Peter Parker

1804~1888 [美]傳教士、外交官

在耶魯大學唸醫學及神學,1834年爲新教傳教士赴廣東,被趕至新加坡傳道;1835年再至廣東,開眼科醫院。1838年創立中國醫療傳道會;1841年回國,1842年再回廣東,一直活躍,1855~1857年爲駐華公使。1857年英國以亞羅號事件爲由,將聯絡美、法、俄共同行動,他向美國政府建議占領台灣,被國務卿W. Marcey所拒。

柏楊(郭衣洞) 1920~

筆名鄧克保

河南開封人,東北大學畢業,曾任東北《青年日報》社長,1949年來台,在反共救國團任職,後出任《自立晚報》副刊編輯,藝術專科學校教授。1968年9月在《中華日報》的外國漫畫〈大力水手〉撰文及翻譯,以大力水手父子在一孤島上競選總統,觸犯蔣介石,以侮辱元首罪判刑十年,1977年6月出獄。

[著]《醜陋的中國人》、《異域》(1977)、《中國人史綱》、《柏楊版資治通鑑》(1983)等。

布農族 Bunun

在中央山脈海拔1000~2306公尺的高山族,人口約三萬多人。分爲北(南投境內)、中(高雄三民、桃源)、南(台東、花蓮的海端、延平、萬榮、卓溪等地)三支。行父系大家庭制,長子繼承,無子可招贅,土地公有,從事狩獵及農耕。

布施辰治 Fuse Tatsuji

1880~1953 [日]人權律師

宮城縣石卷市人。明治法律學校畢業,當過法官,以後爲律師,站在被壓迫無產階級立場,爲台灣及朝鮮農民辯護,數度來台爲農民組合辯護,1933年~1939年間坐牢,1945年再度執業,爲三鷹事件辯護,一生立志「爲民衆而生,爲民衆而死」,生涯波瀾萬丈。

〔C〕

柴大紀 ?~1788 [清]武將

浙江江山人。海壇總兵，調至台灣總兵。1787年林爽文反清時，他死守諸羅四個月，事實上他根本不敢出城；被乾隆帝嘉許，封一等義勇伯。11月，福康安收復諸羅，參奏他「人本詭詐，不可倚信」。後來又被參奏收賄等罪名，押至北京處死。

[參]《欽定平定台灣紀略》卷48、55、56、61。

蔡阿信 1896~1989 女醫師

南投國姓客家人。1920年東京女子醫專畢業，1929年爲台中惠慈醫院囑託，在台中開清信婦產科醫院，同時嫁給彭華英，後來離異；戰後赴加拿大。

蔡國琳(玉屏) 1843~1905 [清]文人

(台南)安平縣人。1890年中式，授職國史館。以後主掌文石、蓬壺兩書院。1895年逃至大陸，回台後任台南廳參事；1906年與連橫、趙雲石等共組「南社」。

[著]《叢桂齋詩鈔》

蔡惠如 1881~1929.5.24 民族運動者

台中清水第一望族子弟，當過台中區長，1914年「台灣同化會」失敗後至福州經營漁業，1919年在東京組織啓發會，1920年成立新民會，同時奔走台灣議會請願運動。1922年參加北京台灣青年會；1923年發起上海台灣青年會，12月「治警事件」判三個月刑。1924年7月文協在台中舉行「無力者大會」，他乘人力車前往，由車上跌落，從此家道中落，貧病交加，病逝台北。

[參]葉榮鐘《台灣民族運動史》(自立，1981)

蔡培火(峰山) 1899～1983.1.5 政治人物

北港人。國語學校師範部畢業，當公學校訓導，留學日本，1920年東京高等師範畢業，爲台灣青年雜誌社主幹，《台灣青年》發行編輯，參加台灣議會設置請願運動，1921年爲台灣文化協會專務理事。1927年文協分裂，組織台灣民衆黨，1930年加入台灣地方自治聯盟，成爲台灣民族運動的右派領袖。一方面致力台語羅馬字推行，後來在上海，1945年回台，當立法委員，行政院政務委員。

[著]《十項管見》(1925)、《日本本國民に與ふ》(1928)、《東亞の子かく思ふ》(1937)、《閩南語字典》等等。

蔡啓運(振豐) 1862～1911 文人

新竹客雅人。當過浙江的巡查官，後來在新竹結成「竹梅吟社」。1895年參與表兄丘逢甲的台灣民主國抗日運動，失敗後放酒縱歌，一妻五妾，其詩充滿綺羅香豔。

[著]《養餘齋詩鈔》

蔡牽 ?～1809 [淸]海盜

福建同安人，1795年起統合鳳尾、水澳各幫海盜，縱橫浙江、福建海面，1803年被閩浙的淸軍夾擊；他在1800年10月攻進台灣鹿耳門，牽走商船，船戶出錢議價贖回。1804年他再攻鹿耳門，搶奪米糧。1805年搶掠淡水，聯絡北路洪四老，11月，自立爲「鎭海威武王」，建元「光明」，進攻鹿耳門，南路各地「山賊俱起」。台南府城三郊商人及貢生陳必昌等招募義民抵抗，1806年3月他賄賂浙江水師，逃回海上，企圖攻噶瑪蘭又被墾首吳化及「衆番」趕走。7月再攻鹿耳門，被王得祿擊退。1807年12月，他在廣東黑水洋打死李長庚，1809年終被閩浙水師提督王得祿與提督邱良功追擊，開砲裂船自盡於黑水洋。

[參]李黎洲〈清代中葉縱橫東南海上的蔡牽〉,《學術論壇》(2)期, 1957。(廈門大學教研處)

蔡清琳　1881～1907

新竹北埔月眉庄人。曾爲腦丁,1905年自立「台灣復中興會」,1906年被推爲義軍統帥。1907年11月14日, 率何麥賢、何麥榮及隘勇、泰耶族數十人, 突襲鵝公髻、一百端、長坪等日警分遣所,翌日攻北埔支廳,殺盡當地日人。退守深山, 被大益社頭目戴太郎乘其睡夢中砍下腦袋。何麥賢等九人也被處死。蔡清琳自任復中興總裁, 許諾事成後每人可得二百圓及月薪二十圓, 掀起一場虛幻的暴動。史稱「北埔事件」。

蔡秋桐　1900.5.16　作家

雲林元長人。22歲起擔任保正,1930年代初創刊《曉鐘》, 1945年後曾擔任元長鄉長。他的作品包括〈保正伯〉、〈理想鄉〉、〈放屎百姓〉、〈王爺豬〉等, 以諷刺筆調來揶揄日本殖民地統治者。1952年因陳明新案被判明知爲匪諜而不密告檢舉, 處有期徒刑三年。

蔡淑悔　1904～?　抗日者

台中人,1922年至上海唸中學,1927年畢業於北京大學經濟系, 擔任過廣東商校教員, 福建德化縣長。1929年回台, 曾參加曾宗的衆友會,幾度至大陸採購武器,1934年再赴大陸, 被日警逮捕, 下落不明。

蔡廷蘭(香祖)　1802～1859

[清]文人

澎湖人。受知於興泉道周凱(1832年),1834年主講台灣府引心書院。1835年赴試, 回程遇風漂流至越南。1837年周凱調任台灣道, 更加器重他。1844年爲進士, 分發江西當知縣, 1849年補峽江知縣。1852年署南昌水利同知,

1853年回峽江，後歿於豐城。

[著]《惕園古近體詩》、《越南紀程》、《炎荒新略》。

蔡孝乾 1908～1982 中共份子

台灣彰化花壇人。1920年代至上海大學，參加旅滬台灣同鄉會，1925年與謝炎田、謝廉清等創刊《赤星》宣傳共產主義。同年投稿《台灣民報》，響應張我軍的台灣新文學論戰，1926年7月回台，擔任彰化無產青年領袖而在1927年2月被捕、無罪。1928年4月台共在上海建黨，他未出席仍爲中委，8月逃避上海讀書會事件與洪朝宗、潘欽信等由後龍潛入廈門，再赴漳州(化名楊明山)；1932年加入中共紅一軍政治部，入江西瑞金擔任列寧師範學校教師及反帝同盟主任；1934年10月隨中共長征，任八路軍總政治部敵工部部長，至延安歷任蘇維埃中央政府內務部長，領導台灣獨立先鋒社，1945年8月爲台灣省工作委員會書記，9月返台，1946年爲中共台灣省工委會工委兼書記，二二八後接收老台共的殘餘勢力，1948年5月與張志忠等赴香港參加華東局工作會議，1949年發展一千三百多人，以中、大學生及少數工農爲主，1949年8月基隆中學〈光明報〉案發，他向情治單位「自新」(1950年1月)，一直在調查局工作，升至副局長、國防部少將，1950年代爲國府追捕左派潛伏份子。

[參]翁佳音〈安享天年的省工委會主委蔡孝乾〉，《台灣近代人物誌》第4冊(自立)。

蔡顯老起義 1875 [清]

台灣嘉義人蔡顯老在布袋嘴新厝庄(大坵田西堡)聚衆起義，蔡波、蔡歹等響應，擊退北路都司沈國先；後退入北港、戰鬥中陣亡。

蔡忠恕事件

1944年3月17日，台北帝大學生蔡忠恕(台北二中畢業，大稻埕人)等五人被捕，「二中」也有二十多人被捕，在台北憲兵隊(西門町新光巴而可)受刑訊，供出同謀達257人。官方報紙公佈：「蔡忠恕結合群衆二百五十餘人，與支那政府暗通聲氣，製造炸彈，陰謀叛國」。蔡忠恕被拷死於憲兵隊內。

抄封租 [清]

查封叛亂者的土地財產，沒入官有，再行招佃拓墾。

曹瑾(懷樸) 十九世紀[清]官吏

河南河內人。歷任平山、饒陽、寧津各地知縣，1836年爲福州府海防同知，1837年至台灣鳳山爲知縣，開九曲塘引下淡水溪水灌溉鳳山，名爲「曹公圳」。1841年升淡水同知(～1843年)，可算勤政愛民。

[參]《清史稿》、《台灣通史》

曹敬(興欽) 1817～1859 [清]

淡水八芝蘭(士林)人，遷至大龍峒港仔墘，從陳維英學習，在家教學生，精於書畫、彫像，與黃敬並稱爲「淡北二敬先生」。

曹公圳 1838 [清]

曹瑾由福建海防同知調台灣鳳山知縣(1837年，道光17年)，開九曲塘，引下淡水溪水灌溉三萬多畝田，動工一年多完成130公里長的渠圳。兵備道姚瑩爲他立碑，並命名爲「曹公圳」。

差別教育 [日]

日本統治台灣期間對台灣人(本島人)的歧視教育，一方面是台灣人子弟唸小學須繳錢(日本人則爲義務教育)。中學以後又以「一中」、「一女」爲日人學校，台人只能唸二中、二女(只有「台中一中」例外)。高等學府——台北帝大爲例，1931年度627人中，日人506人，台人才121人；台大預科155人中，台灣人只有13人。當年台北帝大入學時，台灣人只有17人，日本人有86人。

[參]黃昭堂《台灣總督府》p.255～257

茶 [清]

十八世紀台灣各地內山已有茶葉，十九世紀中葉(道光年間)柯朝從福建帶來武夷茶種，在北部種植，淡水河流域的大料崁及新店溪畔的石碇、文山一帶農民以種茶爲副業，台茶外銷福州。1865年(同治4年)英人陶德(John Dodd)來台灣採購樟腦，看到(台北縣)文山堡(深坑)、海山堡(三峽、板橋、土城)遍地種茶，翌年他由福建安溪運來茶苗，並先貸款給茶農，由他收購(1867年)，運往澳門，大受歡迎。於是，在艋舺開設茶館，改製「烏龍茶」，聞名於世。至1878年大稻埕四週的山坡上都種滿茶樹，深坑、石碇、桃、竹、苗都有茶戶。1870年德記洋行、寶順洋行(陶德的公司)、怡記洋行、永陸洋行等外商陸續來台設行，收購烏龍茶。1873年包種茶(茶葉在烘焙前加上黃枝花或秀英花、茉莉，再把花拿出，稱爲「花香茶」。30斤花香茶加上70斤烏龍茶，始成100斤的「包種茶」)外銷，再創奇蹟。

茶的流通過程爲：

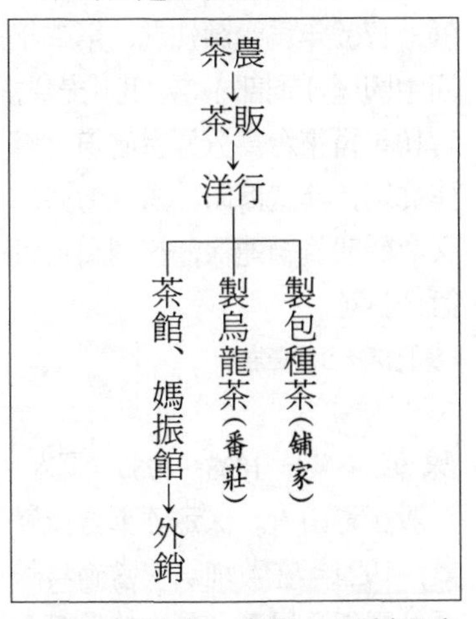

1875年以後，廈門、汕頭及廣州的商人相競來台購茶，至1895年有131家，而洋行只有6家。台灣人也漸漸致富，例如寶順洋行的買辦李春生就成爲茶葉巨富。清廷不忘課徵茶釐，好茶1擔徵1.5元，劣茶120斤徵0.8元；1887年起徵落地稅每擔0.4元，關稅每擔3.85元。尤其1882～1891年間，茶的出口稅佔關稅的三分之一。

差役 ［清］

官府的直屬人員，台灣各廳、縣各有一百名，縣丞、巡檢則設十～二十名。差役又分爲：①皀隸(刑訊人犯)；②快班(步快，捕拿人犯；馬快捕拿強盜)；③仵作(驗屍、驗傷)；④茶房、轎夫、地保等。每一皀、班有頭役(班頭)一人，三個皀、班各合成一個「總皀、總班」，通稱爲「六班」。他們被官府授權自行設「押館」，拘捕輕犯，私設刑堂濫捕無辜。差役每年只領6兩，但要負擔縣衙的大小燈油、長官的床被家具，唯有靠勒索及收陋規，演成「一差票到手，輒率皀役多人，各帶鎖鍊，蜂擁至家，先索酒席，次講差禮。偶不遂意，概行鎖鍊，多方嚇詐……。」(《福建省例》，刑政例，p.870)

長濱文化

台灣發現的約在15000～3000B.C.年前的舊石器文化。1968年3月起，由台大林朝棨與宋文薰教授分別率考古隊在台東長濱鄉八仙洞一些洞穴挖掘，出土一大批石片器、石片、魚角器、魚骨與獸骨。當地阿美族人稱此一地區爲Loham，後來漢系稱之爲「八仙洞」。

長谷川　清

Hasegawa Kiyoshi　1883～1970

[日]第十八任台灣總督

福井縣人。海軍軍人，1932年升爲中將，1937年爲中國方面艦隊司令，1940年爲台灣總督(1940年11月～1944年12月)，1941年日本發動太平洋戰爭，長谷川也力行所謂「南進基地化」及皇民化運動，徹底壓迫台灣人，並驅使台灣人當「志願兵」。

[參]黃昭堂《台灣總督府》(1981)

陳阿榮　?～1914　[日]烈士

台中廳水底寮人。隘勇出身，1912年響應羅福星，奔走東勢角、南投庄、埔里社之間，1913年率衆攻南投失敗，翌年被處死。

陳璸(眉川)　1656～1718

[清]官吏

廣東海康人，當過福建古田知縣，1702年爲台灣知縣，第二年回中國歷任刑部主事、四川提學，1710年再來台爲分巡台廈道，修建文廟，建議海防，緝拿海盜，又令商船具結連保，被列爲治台第一良吏。

[參]《續修台灣通志》

陳誠(辭修)　1898～1965　軍人

浙江青田人。保定陸軍官校畢業，1924年在黃埔軍校當砲兵隊長，歷任國民革命軍中校參謀、南京警備司令、軍長，曾參與三次圍剿紅軍，1935年爲軍委會陸

軍整理處主任及峨嵋山軍官訓練團教育長，1937～1945年間當過湖北省主席、中國遠征軍總司令，戰後歷任參謀總長，東北行轅主任，先後接收山東、東北，1948年1月被共軍擊敗，1949年爲台灣省主席，兼警備總司令，又兼台灣省黨部主任，對台灣實施軍管與戒嚴，展開三七五減租與土地改革。1950年爲行政院長，1954年爲副總統(～1965年)，1957年爲國民黨副總裁，1958年再任行政院長(～1963年)。

陳澄波 1895.2.2～1947 畫家

嘉義市人。1917年國語學校師範部畢業，當過小學教師，1927年入東京美術學校，在學中參加過各種美展。1924年參加「七星畫壇」；1928年以〈龍山寺〉入選台灣美展。1929年爲新華藝術大學及昌明藝專教授，兼上海藝苑教授。1933年回台，翌年參與創建「台陽美術協會」。1945年加入中國國民黨，1946年爲嘉義市參議員，1947年二二八事變後，代表嘉市與國府軍談判，被殺。

[參]張炎憲、李筱峰、莊永明編《台灣近代名人誌》第2冊；李欽賢〈台灣新美術草創期的尖兵——陳澄波〉(1987.1)。

陳纂地 1906～1986

二水十五村人。日本醫科大學畢業，太平洋戰爭期間至越南，助胡志明打游擊，戰後在斗六開眼科業。1947年二二八期間，率青年打虎尾機場，事後躲藏五年，始由謝東閔出面具保而自首，關二年。

陳達　1905～1981.4.11

民間歌手，恒春人，十七歲開始自彈自唱及做工，三十九歲半身不遂，淪爲一級貧民，六十歲病癒，六十二歲重拾月琴彈唱恒春民謠，1981年4月在枋寮被遊覽車撞死。

陳大慶(養浩)　1905～1973　軍人

江西崇義人。黃埔軍校一期，參加北伐及五次圍剿中共紅軍，1937～1945年中日戰爭期間歷任第三十一集團軍副總司令、第十九集團軍總司令；戰後又歷任第一綏靖區副總司令、京滬杭警備副司令。1949年以後歷任國家安全局副局長、局長，1962年爲警備總司令，1964年兼軍管區司令，1967年爲陸軍總司令；1969年7月爲台灣省主席(～1972年6月)，再調升爲行政院政務委員兼國防部長，及國民黨中常委。

陳大受　十八世紀[清]福建巡撫

湖南祁陽人。雍正年間進士，1745年(乾隆10年)爲福建巡撫，肅淸台灣吏治，彈劾巡台御史擾民；又撥二萬石米替原住民償還漢人的利息。1748年起歷任兵部、吏部尙書、兩廣總督等職。

陳大輦　?～1724　[清]官吏

江夏人。康熙年間進士，歷任福建鹽運分司，1721年朱一貴起義，他督造戰船飛渡台灣，1723年爲分巡台廈兵備道，大肆鎭壓「叛民」，重建海東書院，翌年歿於任內。

陳奠邦　十九世紀[清]義民

原居金包里(金山)，再入蛤仔難，1807年海盜朱濆攻蘇澳，陳奠邦募鄉勇抵抗，事成賜緞袍銀牌。1812年設噶瑪蘭廳後，以他爲街坊總理。1823年鎮壓匠首林泳春之亂有功。

陳發 ?～1896 [日]

雲林人,1896年6月在雲林斗六街擊退日軍,又攻南投；7月3日，攻台中大墩，占台中縣城，令日軍震撼，七天內收復三城，不幸中砲身亡於北斗之役。

陳季同(敬如) 1851～1907

[清]官吏

福建閩候人。1869年入福州船政局,1873年曾至台灣考察,1875年奉派至法國採購船廠設備，1877年再赴法國，學習法律、政治，1878年爲駐法公使館參贊，後隨劉銘傳赴台,升爲副將。1895年《馬關條約》割台灣後，他推動成立「台灣民主國」,任外務大臣，不久隨唐景崧溜回大陸。

陳進 1907～ 女畫家

新竹牛埔庄人。第三高女(中山女中)畢業，1926年入東京女子美術學校，1927年入選台展，1929年回台任教屏東高女，以東洋筆畫對台灣鄉土風情創作，主要有〈杵歌〉、〈桑之實〉、〈野分〉等，戰後閉門謝客。

陳逢源 1893～1982 企業家

台南市人。總督府國語學校畢業，任職三井物產(～1920年)，赴日本、中國遊歷，1921年參加台灣文化協會及議會設置請願運動。1923年因治警事件被捕四個月,1924～1927年間至各地演講,其間入大東信託(1925～1931年)及台灣新民報社(1932年)擔任經濟部長。1926年他與許乃昌爭論中國改造問題，主張立足資本主義與民主主義,反對階級鬥爭。1927年加入民衆黨，1930年又加入地方自治聯盟。日據時代末期屢次批評當局的金融政策；戰後歷任兩屆省議員(1951年, 1954年)，主持過華南銀行、台北區合會等業務，

1978年改組台北市中小企業銀行。

[著]《新台灣經濟論》、《台灣經濟と農業問題》

陳福謙(少滿) 1834～1883

[清]

鳳山苓雅莊人。早年貧困，後賣糖，設順和行於旗后(旗津)，販糖至香港、上海，1870年拓展業務至日本橫濱，此後兼營布疋、五穀、鴉片；更遠銷倫敦，爲清末台灣南部第一富商。去世後，陳中和掌理和順棧，1887年自立門戶，設「和興行」。

陳福星案 1951～1952.4

陳福星，台南市人。日本大學哲學系畢業，1950年重新整頓中共台灣省工委會，化名「老洪」，採取「退守保幹」策略，保持力量，加強理論與實踐統一的教育，退入苗栗三義深山，國府情治單位先逮捕新竹地委黃樹滋後，再派自首的范新戌進入山地滲透，接近「老洪」。1952年3月部署軍警由苗、中進入三義魚藤坪，4月24～26日間一舉逮捕陳福星等419人，包括：

陳福星 37歲 新豐農校校長

曾永賢 28歲(苗) 早稻田大學畢業，新竹議會總務主任

劉興炎 28歲(竹) 日本藥專肄業，竹市香料公司職員

林希鵬 26歲(苗) 師範學院肄業

黎明華 29歲(廣東) 高中 義民中學教員

蕭道應 37歲(屏) 台北帝大醫學部 台大醫院講師

[參]《歷年辦理匪案彙編》第2輯，p.204～225

陳復志 ?～1947

嘉義市人。東京成田大成中學畢業，潛往中國，考入保定軍校工兵科，戰爭期間爲中校副團長。1945年返台，爲三青團嘉義分團主任，二二八事變後爲事變處委會主任，兼嘉義防衛部司令，但因「半山」身份而被懷疑，隱匿不出。國府軍包圍嘉義後，他出面談判，被殺。

[參]鍾逸人《辛酸六十年》

陳崑崙 1905～1991

社會運動者

高雄縣橋頭鄉人。台北工業學校畢業，1927年10月爲文化協會高雄州潮州分會負責人，1928年因二一二事件(檢舉台灣農民組合)被捕，判緩刑。戰後爲高雄縣參議員，二二八事變後被捕，後來擔任華南銀行潮州分行經理，1950年爲屏東縣議員。

陳賴章墾號 1709 [清]

陳賴章墾號申請開拓台北大佳臘(大加蚋，北市及北縣一部分)，涵蓋武勝灣(新莊)、大浪泵(狹義的台北平原)，不包括士林(唭哩岸、麻少翁社)，東至雷厘、秀朗(永和)，西至八里坌干豆門(八里、關渡)，南至興直山腳(觀音山下)，北至大浪泵溝(北市大同區)，面積達五十餘甲，成爲台北平原的開拓先鋒。

陳嵐峰(岸甫) 1897～1969 半山

宜蘭人。早年至中國上海，入暨南大學，後赴日本，入士官學校(十七期)。1926年回中國，歷任黃埔軍校教官、北伐軍東路總指揮部參謀、南京中央軍校大隊長、第四十九師團長、抗日戰爭期間歷任師長、副司令等職，1945年回台灣，1948年爲監察委員，1969年3月爲國民黨中評委。

陳立夫(祖燕) 1900～

CC派頭頭

浙江吳興人，陳英士的姪子。1923年天津北洋大學畢業後赴美，匹茨堡大學採礦學碩士。1925年回中國，歷任黃埔軍校秘書、北伐軍總司令部機要科長兼秘書長，1928年爲國民黨中央黨部調查科長、國民政府軍委會機要科主任等職，與其兄陳果夫爲CC派首領。1929年起爲國民黨中委、秘書長、組織部長、中央政治學校代教育長、教育部長、立法院副院長等職。1950年8月被蔣介石趕出黨，旅居美國十九年，以養雞爲生。1968年回國，主要擔任中華文化復興運動委員會(副主任)；1988年7月14日，國民黨「十三大」結束後，他聯合其他三十三名中評委建議以文化及經濟爲基礎，統一中國，進一步走向經濟互惠，兩岸共同成立「國家實業計劃推行委員會」。

陳倫炯(次安) ?～1751
[清]武官
福建同安人。1720年爲藍翎侍衛，升至參將。1723年爲台灣協副將，1726年調爲台灣總兵，旋降級任用。後來在台灣練水師，官至提督。
[著]《海國聞見錄》。

陳夢林(少林) 1670～1745
[清]文人
福建人。少年時遊歷貴州，1711年在閩撫張伯行帳下，建議用「賊黨」擒海盜鄭盡心。1716年受諸羅知縣周鍾瑄聘修纂《諸羅縣志》。1721年朱一貴反清，他向南澳總兵藍廷珍建議駐兵廈門，並指出由澎湖出兵，分兩路，由鹿耳門及西港包抄。1723年拒絕當孝廉，再遊台灣數月，遊歷各地，人稱「他齋先生」。
[著]《台灣後遊草》

陳明忠案件 1976.7.1
立委黃順興(現在中國)之女黃妮娜由日本返台當天被捕，罪名爲「與中共駐日人員連繫……」，包括1950年代入獄的老政治犯陳明忠、陳金火、蔡意誠等人，以及因賣書給他們的三省堂書店老闆李沛霖(八年刑，第二次入獄)。

陳納德 Chennault, Claire Lee 1890～1958 [美]空軍軍人
德州人，當過中學校長，1914年一次大戰時爲陸軍航空部隊飛行官(～1937年)。退休後應宋美齡邀請至中國訓練空軍，中日戰爭後組織「美國志願飛行團」(飛虎隊)，後改編爲美國第十四航空隊，1944年任少將隊長，1945年戰後組成民用航空公司，1949年至台灣，繼續幫助蔣介石，死於台北。其遺孀陳香梅仍活躍於美、台及中國三邊。

陳清汾 1910～1987 畫家
台北市人。大稻埕陳天來之子，經營茶行、永樂座、蓬萊閣及第一劇場。曾至日本及巴黎學畫(1928～1931年)，取道蘇俄、滿洲回台灣，1933年開個展，1934年加入台陽美協。中日戰爭期間在中國的日本佔領區一帶活動，1945年返台，承繼家業，接收台灣的

義勇消防隊，1949年被吳國禎延攬爲省府委員(～1953年)，1956年籌組茶葉聯合公司(～1959年)。

陳能通 1899～1947

台北市淡水人，京都帝大物理學博士，淡水中學校長，二二八事變後(3月11日)被軍人帶走，不久遇難。

陳紹馨 1905.6.24～1966.11.16

社會學者

台北汐止人。1925年台南商校畢業(受教於林茂生)，1929年至日本東北帝大專攻社會學，三年後留任教助。1936年返台，赴高雄大樹鄉經營農場。1941年與金關丈夫等創辦《民俗台灣》。1942年在台北帝大研究，1945年爲台大教授，與林茂生等接收台大文政學部，在文學院成立「南方文化研究會」。1950年爲台灣省勞工保險基金會委員；1952年赴美、加研究；1957年獲日本關西大學文學博士學位；1959年赴美國普林斯頓大學研究人口學，並至英、法考察。1960年任教台大社會系。

[著]《台灣省通志稿・人口篇》(1964)

陳秋菊 ?～1922 抗日者

台北文山堡烏日庄人。曾任武官，1884年抵抗法軍侵台，授四品軍功。1895年與北部義軍會攻台北城，1898年向日本當局投降，獲樟腦製作權，並爲日人開鑿公路，遂爲首富，歿於文山堡。

陳泗治 1911.4.14～1992.2.23

聲樂家

台北士林人，淡江中學、台灣神學院及日本東京神學大學，1934年暑假回故鄉巡迴演出，1952年創辦純德女中音樂科，1952年接掌純德女中，並獻身傳播長老教會教義，1981年退休赴美定居。

[著]《上帝的羔羊》(淸唱，1942)、《台灣

光復紀念歌》(1946)、《回憶》(1947)，編長老教會聖詩五百餘首(1964)……。
[參]〈陳泗治紀念作品集〉(台北縣政府，1994.2)

陳維英(迂谷) 1811～1869

[清]文人

淡水(台北)大隆同人。1859年中舉，擔任閩縣教諭。再捐錢爲內閣中書，回台後掌教仰山、學海兩書院。1862年戴潮春反淸，他與士紳辦團練抵抗。晚年在劍潭(台北市)築「太古巢」隱居。

陳文彬 1904～1982

高雄人。日本法政大學畢業(1931年)，至上海復旦大學任教，1934年任教日本法政大學，1945年戰後爲台灣同鄉會和東京華僑總會會長，1946年回台，擔任台大及台北師範教授，兼過建國中學校長，1947年二二八事件後被捕；1949年5月被通緝而逃至中國，歷任商務印書館編審、文字改革委員會研究員、中國語言學會理事、政協委員、台灣民主自治同盟總部理事等職。

[著]《中國語課本》

陳文成血案 1981.7.3

旅美卡內基大學數學教授陳文成(台北縣人)與妻兒回台探親，7月2日被警總約談，十幾個小時後慘死於台大校園內，至今仍爲懸案。

陳秀喜 1921～1991.2.25

女詩人

台灣新竹人，只唸過六年日文，1957年才學中文，1967年加入「笠詩社」，發表中文詩篇，並善於日本俳句，被尊爲「姑媽詩人」。

[著]《斗室》、《陳秀喜詩集》(日文)、《覆葉》(林白，1971)、《嶺頂靜觀》、《樹的哀樂》(巨人，1974)、《灶》(春暉，1981)等。

陳心婦仔 ?～1874

[清]反抗者

1867年(同治6年)以來就在南投集集街一帶聚衆，1874年被彰化知縣朱幹擊退入山，11月在葫蘆墩(豊原)南坑被擒，就地正法。

陳炘 1893.12.7～1947.3.?

資本家

台中大甲人。1921年慶應義塾理財科畢業，1925年(美)哥倫比亞大學畢業，12月，回台就任大東信託專務。1930年爲台中州協議員，1941年爲皇民奉公會中央本部委員，及臨時台灣經濟審議會委員，1942年爲台中商工會議所副頭。1945年8月籌辦歡迎國民政府，9月赴上海。1946年2月創立「大公企業公司」，3月被捕(涉嫌參與許丙、辜振甫的台獨陰謀)，不久獲釋。12月籌備台灣信託公司，1947年二二八事變後，曾與蔣渭川及學生代表會見台灣行政長官陳儀，此際身罹瘧疾，又被陳儀召見。3月11日被警察帶走，遇害。台灣信託被併入半山份子劉啓光接掌的華南銀行。

[參]李筱峰《二二八消失的台灣菁英》

陳虛谷(滿盈)

1891.7.3～1965.9.25　作家

彰化和美人。明治大學畢業，參加台灣文化協會，在1915～1916年間爲文協夏季學校(霧峰林家)講師。1932年爲《台灣新民報》學藝部主編，發表小說〈無處伸冤〉(1928)、〈他發財了〉(1928)、〈放砲〉等，描述日本警察的嘴臉。

[著]《陳虛谷選集》(1985，陳逸雄編)

陳永華　?～1680　[明鄭]

福建同安人。1644年進士，參加鄭成功的部隊，爲謀士。鄭成功死後(1661年)，他扶持鄭經，官至東寧總制使，1665年晉升勇衛，加爲監軍御史。他在台灣建立屯田制度，種蔗曝鹽，建孔廟、設學校。後來被權臣劉國軒、馮錫范鬥垮，自動解除兵權，憂悒而歿。

陳儀(公洽)　1882～1950.6.18

軍人

浙江紹興人。日本陸軍士校及砲兵學校畢業，1907年回國任職陸軍部，1917年再入日本陸軍大

學，1924年爲孫傳芳屬下師長，1926年任浙江省長，1929年任軍政部兵工署長、軍政部次長，1933年任福建省主席，1935年來台灣參加日本統治四十年紀念；1945年8月爲台灣行政長官兼警備總司令，10月24日來台，接管台灣，一年半內倒行逆施，以「日產處理委員會」「劫收」台灣資源，濫發鈔票，造成經濟恐慌與社會動亂，終於釀成1947年二二八事變，事變中他與台灣人代表虛與委蛇，一俟蔣軍在3月10日抵台後，立刻血腥屠殺台灣人，不久去職。1949年2月，勸京滬杭警備總司令湯恩伯投降中共，而被湯氏密告，被蔣介石免去浙江省主席，旋在上海被捕，押往衢州，後至台灣，被國府處死於台北市馬場町刑場。

陳兆端(六弗老人) **1880～1952**

苗栗人。1909年由朝鮮至中國東北，1911年參加關外革命軍。1912年在北京設世界語學社，創刊《摘奸日報》，被袁世凱查封；1915年在山東組織國民黨同志會，與陳其美等攻占高密縣坊子，1917年入獄一年半。1920年在天津創刊《太平洋報》；1923年任豫魯招撫使署參議及建國魯軍總司令。1925年返台，不聞世事。戰後爲台灣省通志館顧問。

陳震曜(星舟) **1779～1852**

[清]文人

嘉義人。1810年入太學，1815年回台。1825至福建，監理鰲峰書院。1832年張丙反清，隨軍回台鎮壓。事平，建議減駐軍，添鄉勇(民兵)，並上書建彰化城牆，及置恒春縣，後來都成行。1835年授陝西寧羌州州同，1850年回鄉。

[著]《小滄桑外史》、《風鶴餘錄》、《海內義門集》、《歸田問俗記》、《東海壺杓集》。

陳中和 1880～1930 台奸

台南大竹里苓雅寮人(高雄市)。貧農之子，唸過漢學仔，1868年陳福謙的順和行當學徒，1869年隨陳福謙至廈門、廣州、香港一帶賣糖及買鴉片，1873年至日本橫濱，1874年主持順和行橫濱棧，1883年陳福謙去世，回台主持順和行，1887年自立和興行，1895年向日軍求和，提供土地、糧餉給日軍，1896年12月被林少貓突襲，逃至廈門，翌年底再回台灣，1898年出任苓雅寮外十三庄聯合保甲局長，1899年招降林少貓；1901年爲總督府南部鹽務總館，1904年創新興製糖，1920年爲高雄州協議員，1923年成立陳中和物產會社，1925年農民與新興製糖衝突，七十八歲去世。

[參]宮崎健三《陳中和封翁傳》(1931)；照史〈全台首富打狗名家——順和棧滄桑史〉(《高雄人物評》第一輯，春暉)。

陳植棋 1906～1929 畫家

台北南港人。1923年底因抗議校長事件而被台北師範退學，1924年入東京美術學校西洋畫科，受教於吉村芳松；曾參加七星畫壇(1924年)、赤島社(1927年)；作品數度入選帝展，1929年操勞過度，患肺膜炎而回家，自謂「人生是短促的，藝術才是永恒的」，不久去世。

[作品]〈土地公廟〉(1929)、〈三人行〉(1928)

[參]王白淵《台北文物》3卷4期〈美術運動專號〉

陳智雄 1916～1963.5.28 台獨烈士

屏東人。日本青山學院、東京外語大學畢業，任職外務省，1941年太平洋戰爭後派駐印尼。1945年大戰後娶荷蘭籍太太，並幫助印尼獨立運動，暗中提供日軍遺留武器給蘇卡諾，印尼獨立後被奉爲國賓。後來接受(日)台灣共和國臨時政府委任爲東南亞巡迴大使，中共迫印尼政府阻止他爲台灣獨立的外交活動，並予拘禁。後來日本也禁止他入境，再到瑞士取得國籍，再回日本。1959年被國府情治人員綁架(用外交郵袋運回台灣)，國府給他當省府參議，不爲所動，1961年再被捕，1963年5月28日遭槍斃。不到二年後，廖文毅回台投降。

[參]蔡寬裕〈陳智雄〉,《1992年台灣紀事月曆》。

陳周全 ?～1795 [清]抗清者

台灣縣人。1792年由福建潛回西螺，再逃至湖仔內庄(彰化二林)。1795年福建缺米，台米供不應求，米價暴漲，搶米風潮四起。陳周全召集黃朝、陳容等人分頭動員漳、泉、客各一千人，3月30日在荷包崙起義，攻進鹿港，殺理番同知朱慧昌。他在彰化城的內應吳天(「夫首」)事洩被捕，引起官方的警覺；陳周全攻彰化不下，轉攻八卦山，清軍在大雨中敗退。斗六人王快也攻破斗六營。台灣總兵哈當阿在灣里溪不敢前進，陳周全進軍貓霧捒巡檢司(台中、豐原)，被田中央的秀才林國泰伏擊，放棄攻佔五天的彰化。後來在小埔心庄被陳祈、楊仲舍等出賣，灌醉後關進木籠；5月1日被剮於府城。清軍及義民則展開清莊，嘉、彰、雲沿海各庄都遭殃。

[參]姚瑩《東槎紀略》。

陳肇興(伯康) [清]文人

彰化人。1859年中舉人，1862年戴潮春反清，他率家人逃入武西堡牛牯嶺，招募義勇助官兵鎮壓，事平後回鄉教書以終，寫《咄咄吟》描述事件的經過。

[著]《陶村詩集》

成大共產黨案件 1970.12

成功大學學生蔡俊軍、吳榮文、鐘俊榮等成立「成大革命黨」，年底被捕，包括林守一、林擎天(淡江)、刁德善、張戡、吳俊宏、鄧伯辰(成大)、及黃文彥、李慧宗、李代雄等各校學生。

懲治叛亂條例

1946年6月12日公佈實施，1950年4月26日修正第4、8、9各條；59年7月26日又修正第9條；至1987年解除戒嚴後才逐漸廢除，並改以刑法100條第1項(意圖破壞國體、竊據國土，或以非法之方法變更國憲，顛覆政府……，即「內亂罪」)、101條外患罪(通謀外國或其派遣人，意圖使該國或他國對於中華民國開戰端者)取代此惡法。原有〈懲治叛亂條例〉共分為13條，其中第1

條規定叛亂罪適用本條例懲戒之。第2條第1項[二條一]犯刑法第100條第1項(著手實行者，處七年以上徒刑至無期徒期)，第101條第1項(以暴動犯前條第1項之罪者，處無期徒刑或七年以上有期徒刑，首謀者處死刑或無期徒刑)，第103條第1項、第104條第1項者，處死刑。[二條二]刑法第103條第1項、第104條第1項者，處死刑。[二條三]預備或陰謀犯第1項之罪者，處十年以上有期徒刑。第3條，將軍隊交付叛徒，或率隊投降叛徒者，處死刑。第4條，處死刑，無期或十年以上徒刑：①將要塞、軍港、船艦、橋樑……軍需品交付叛徒，或有利叛徒而損毀致令不堪使用者；②洩露軍事政治上之機密；③爲叛徒招募兵伕；④爲叛徒購辦運輸或製造彈藥……；⑤爲叛徒作嚮導、或刺探、收集、傳遞軍事上之秘密；⑥爲叛徒徵募財物，或提供金錢者；⑦包庇藏匿叛徒者；⑧受叛徒指使或圖利叛徒於飲水或食品中投放毒物；⑨放火、放水；⑩煽動罷工、罷課、罷市，擾亂治安、擾亂金融……。第5條，參加叛亂組織或集會者，處十年以上徒刑至無期徒刑；第6條，散佈謠言妨害治安或動搖人心，處七年以上徒刑至無期徒刑；第7條，以文字、圖書有利於叛徒之宣傳者，處七年以上徒刑。第10條，在戒嚴區域犯之者，不論身份概由軍事機關審判之。第12條，本條例未規定者，適用其他法令之規定。

承天府 [明鄭]

1661年鄭成功征服台灣，1662年攻下赤崁城，改爲承天府，下設天興、萬年二縣，總稱台灣爲「東都」。鄭經劃承天府治爲東安、西定、寧南、鎮北四坊，以文賢、仁和等二十四里；清代改爲台灣府，下設台灣縣附郭。

赤崁樓 [荷]

1624年，荷蘭人佔領台灣，1652年郭懷一反荷失敗後，荷人在翌年(1653年)於赤崁社(平埔族「Saccam」)築城，命名爲普羅文地亞(Proviantia)，作爲政務中心。1661年鄭成功據台後，改爲承天府，爲鄭氏王朝的統治中心。1683年清據後，赤崁樓荒廢，十九世紀始再翻修；日人佔台後也未加修建，充當陸軍野戰醫院及學生宿舍，1942年始大肆修葺。1945年國府再開始重修，改木造閣樓爲水泥建築。

赤道社 [日]

1927年由陳植棋聯絡留日的陳澄波、顏水龍、廖繼春及陳承藩、郭柏川、李梅樹、陳慧坤、楊佐三郎、張秋海、范洪甲及張遜卿等十三人成立，只有倪蔣懷沒從事作畫。1933年解散。

赤色救援會 1931.9 [日]

1931年3月份台共被檢舉後,未被捕的成員及外圍所成立的救援團體。全名爲「台灣赤色救援會」(MOPR)，繼承台共的活動，由農組的簡吉爲負責人，張茂良(文協)、陳崑崙等爲常委，並在9月4日的籌備會後，王敏川(文協委員長)、詹以昌、陳崑崙、陳結、簡吉等人決議成立台共臨時中央，並派人至各地聯絡。陳結至竹崎、黃石順至高雄、李振芳(羅東)、江賜金(台北)、王敏川(彰化)……各地活動。其中陳結潛入阿里山鐵路獨立山的樟腦寮，印行《眞理》(3號)，及《二字集》、《三字集》，並組織27人的「赤衛隊」。12月陳結被捕，其他310人被檢舉，150人遭起訴，主要包括陳結、陳崑崙、王敏川、張玉蘭、黃石順、湯接枝、林銳、張葉蘭、呂和布等人。

[參]《警察沿革志》第2編中卷，p.796

赤色總工會

1930年台灣共產黨改革同盟派王萬得、蘇新、蕭來福等三人在松山庄決定成立臨時工會運動指導部，起草關於礦山、出版、交通運輸各種工會的組織章程、綱領，但翌年台共被瓦解，這個構想也告停擺。

《賜姓始末》

黃宗羲(1610～1695)敍述鄭芝龍、鄭成功父子的事蹟，尤其以成功攻打南京之役爲略詳，餘極簡。黃宗羲是明末清初大思想家，明亡後隱居講學。

〈出版法〉

1951年11月1日，立法院通過出

版法草案整理修正七原則，至1954年11月內政部又以行政院命令公佈〈戰時出版品禁止或限制登載事項〉九原則，引起輿論的反彈，才暫緩實施。1958年國府又秘密審議，6月20日在不顧民意反映下，悍然由立法院以不到半個小時內第三讀通過。

除三害

1954年8月8日，台灣文化清潔運動展開「除三害」，即①赤色的毒(共產主義宣傳)、②黃色的害(色情)；③黑色的害(揭露社會黑暗面)，國府乘機查禁一些刊物與雜誌。

《重修鳳山縣志》 1764

[清]王瑛曾(玉裁，江蘇無錫人)編

1760年(乾隆25年)由福建閩清知縣調爲鳳山知縣，1763年重修鳳山縣志，分爲十二卷，即輿地、規制、風土、田賦、典禮、學校、兵防、職官、選舉、人物、雜志、藝文等。(300,000字)

《重修福建台灣府志》

1741 [清]劉良璧纂輯

劉氏在1740年(乾隆5年)爲分巡台灣道，此際台灣的行政區劃已經變動，台灣府下轄台灣、鳳山、諸羅、彰化四縣及淡水、澎湖二廳，於是在志中區分縣、廳，內容共十九篇，卷首表明體例，其次爲星野、建置、山川、疆域、城池、風俗、田賦、戶役……、人物、古蹟、雜記、藝文等。(360,600字)

《從征實錄》 [明末]

鄭成功的戶官楊英記述1674年12月～1681年間鄭氏征戰及經營台灣的第一手資料，不分卷，爲日記體。(116,400字)

川村竹治 Kawamura Takeji

1871～1955 [日]第十二任台灣總督

秋田縣人。東京帝大法科畢業，當過內務省參事官，1909年爲總督府內務局長，1911年因貪污事件辭職，1912年爲和歌山縣知事，1917年當到內務省警保局長，後來又當過內相的次官、滿鐵總裁，1928年爲台灣總督(1928年6月～1929年8月)。1932年當過犬養毅內閣的二個月法務大臣。

村山等安 Murayama Tōan

1569?～1619 [日]長崎的代官

他經營船運而致富，1616年率次子村山秋安及十三艘船赴台灣，但在琉球附近遇難而退。1617年派明石道友至福建尋求貿易。村山和末次平藏爭奪勢力，末次向幕府誣控他，1619年終於被斬。

[參]岩生成一，〈長崎代官村山等安の台灣征伐と遣明使〉(台北帝大史學科研究年報，1，1934)

村上直次郎 1868～1966

Murakami Naojirō 歷史學者

大分縣玖珠郡森藩士之子，京都同志社英學校、一高、東京帝大史學科(1892～1895)，大學院研究，編台灣史料。1902～1905至西、荷、義各國留學，1908年爲東京外語學校校長，1918年爲東京音樂學校校長，1928～1935年爲台北帝大教授，1940年爲上智大學教授(1936～1953年爲該校校長)。他主持編譯日本與歐洲交涉的史料，1929年～1933年參與編譯《巴達維亞城日記》(1938年出版)，並在台北帝大講授南洋史。

[著]《貿易史上の平戶》(1917)、《日荷三百年の親交》(1914)等。

[參]《村上直次郎博士略歷竝著作目錄》(1958)

〔D〕

達洪阿(姓:富察)

十九世紀[清]武將

滿洲鑲黃旗人。1835年台灣鎮總兵，1838年鎮壓嘉義的沈知有功，1839年又捕獲胡布，以後升爲提督銜。1840年8月他和台灣道姚瑩擊沈英艦於台中附近，賞戴花翎。1841年10月，又在雞籠附近擊沈英艦；1842年3月再擊沈英艦，俘虜數十人，道光帝封他太子太保。但他殺俘虜一共一百三十多名，1843年鴉片戰爭結束。他被怡良撤職查辦，後來寬免，官至鑲白旗滿洲副都統。

[參]廖漢臣〈鴉片戰爭與台灣疑獄〉(《台灣文獻》16卷第1期)；《清史列傳》，44.

大陳島之役 1955.1.18～2.10

國府與中共軍隊在浙江溫嶺15浬外大陳島的爭奪戰。大陳島上仍有國府的第46步兵師，加上海、空軍支援，不時突襲中國沿海。1955年1月18日中共軍佔領一江山島後，以2師陸戰師，154艘大小船艦，230架飛機與國府軍展開對峙。美國基於《台灣決議案》，由國務卿杜勒斯向國府外交部長敦促國府軍撤走，於是在美國空軍及第七艦隊掩護下，2月5日至10日撤走二萬五千多名軍民。

大東亞共榮圈

Daitōa Kyōei ken ［日］

日本帝國主義發動1941年太平洋戰爭後，對亞洲各民族侵略的一種虛僞口號。1931年9月18日日本侵略中國東北後，就宣稱日、滿(洲)一體，1938年11月，近衛文麿內閣又宣稱日、滿、支(中)一體，建設東亞新秩序，以排斥歐美在亞洲的勢力，建立在日本帝國主義領導下亞洲民族共存共榮的共榮圈。1940年7月第二次近衛內閣更提出「八紘一宇」(世界一家)的基本國策，以日本爲中心，包括支(中)、滿、蒙及東南亞、印度的全亞洲，建立東亞共榮圈；9月，松岡洋右外相對東南亞各殖民地(中南半島，印尼、馬來亞、泰、緬、印度各國)發表宣言；1943年11月，日本又召集大東亞各國領袖開會，包括東條英機首相、南京政府行政院長汪兆銘、滿州國國務總理張景惠、泰國總理、印度臨時政府首腦鮑斯……等人參加這一場鬧劇。

大東信託 [日]

台灣人唯一的金融信託機構，1927年2月21日在台中市榮町開業，爲台灣文化協會要員林獻堂爲董事長，陳炘爲總經理，目的在「糾集台灣人資金，以供台灣人利用」。

1945年被迫與其他公司合併爲「台灣信託」，大東仍占25%股份。戰後1946年改爲「大公企業」，二二八後又爲陳逢源篡奪，再被半山劉啓光的華南銀行併爲信託部。

[參]李筱峯《二二八消失的台灣菁英》，陳炘部分。

大坌坑文化

約在5000～3000B.C.的新石器時代文化，遍佈全台，以陶器爲代表，其體部有繩紋，口部有菱形、交叉等劃紋；此外，在罐形器的口緣外側常有一道背脊。1950年代從北縣八里大坌坑出土以來，又陸續在台北圓山、芝山岩、台中牛罵頭(清水)、台南歸仁的八甲村及高雄林園的鳳鼻頭遺址等都有出土。

大甲案 1951.5

台灣民主自治同盟(謝雪紅系統)廖學銳(27歲)、郭萬福(41歲，小學校長)等在大甲地區發展，十八人被判處死刑，包括中部記者蔡鐵城，其餘判處五至十五年刑期及交付感化不等。

大甲西社起義

1732.5. [清]

1731年(雍正9年)12月，大甲西社(道卡斯族)的林武力學生聯合樸仔籬(台中、東勢)等八社反抗，淡水同知張宏章逃走，北路混亂。台灣鎮總兵呂瑞麟正巡視淡水(新竹)，聞訊折回貓盂(苗栗附近)被圍，呂氏殺出重圍，駐半綫(彰化)。1732年5月，台灣道倪象愷的劉姓表親爲冒功，殺五名大肚社「番」僞稱爲大肚西社番，引起其他土著不滿，群擁至半綫理論，縣令敷衍了事，群「番」憤慨，集結牛罵(清水)、沙轆(沙鹿)、南大肚(大肚)、呑霄(通霄)、阿里史(潭子)、樸仔籬各社二千多人圍攻半綫，焚毀附近民房，貓霧(霧峯)、岸裡(豐原)、水裡(龍井)各社也響應起義。閩浙總督郝玉麟派兵鎮壓，8月底事平，林武力學生等八十多人被處死，爲中部地區的大動亂。由於南部客家人義民助剿有功，清廷始准客家人携眷來台，並再度嚴禁人民越渡番境及娶番婦。事平，大甲西社被改爲「德化社」，牛罵頭社改爲「感恩社」，沙轆社改爲「遷善社」，貓盂社改爲「興隆社」。台灣道倪象愷還在彰化八卦山上蓋一座「鎮番亭」以示威風。

大湖・永和山事件

1932.3.12～9.22

[日]台共領導下的農民起義事件

1929年2月12日台灣農民組合被檢舉後，劉雙鼎在11月底重建大湖(苗栗)支部，並有文協的郭常支持；1932年1月改爲台共支部(林華梅領導)，準備武裝起義。劉雙鼎在1931年6月又至竹南郡永和山接觸湯接枝，建立永和山支部。1932年中日上海戰役(1.28)後，日軍陷入苦戰，台共根據第三國際的第二次帝國主義戰爭已近，殖民地民衆準備武裝起義路線，加上中共已和台共有密切關係，「以台灣獨立爲目標的台灣革命，當然應接受中共的援助」爲前提，準備發動武裝起義，救援1931年起被捕同志。劉雙鼎下令張阿艷、張子登等調查竹南郡役所火藥庫、錦水及公司寮的煉油廠，並計劃炸毀鐵路、鐵橋。1932年3月6日夜間，大湖派出所巡查陳卓乾的太太，被親戚鍾阿煌的太太警告說，農組準備赶到中國支援中國軍，不久會引中國兵打台灣，島內農組也會響應，勸她赶緊把丈夫藏好。陳卓乾出賣同胞，3月12日大湖支部被偵破。鍾日紅化裝進入永和山偵查，當地沒人肯說出劉雙鼎的下落。9月22日，才在竹東郡寶山庄逮捕到劉雙鼎，永和山支部被捕九十二人，劉雙鼎(29歲)、郭常(46歲)、邱天送(27歲)等三人被拷死於獄中，其餘三十四人被起訴與判刑二至八年不等。

[參]《台灣社會運動史》p.805～809

大南澳拓墾事件 [清]

1868年5月,美利士洋行的德人美利士(James Milisch)與英人荷恩(James Horn)招募一群洋人在噶瑪蘭入墾。荷恩與平埔族女性結婚，再率人由蘇澳經海道至大南澳(11月),伐木佔地,1869年起向附近居民收稅，引起通判丁承禧的抗議與勸阻。清廷總理衙門向英、德公使抗議，英使才將荷恩撤回，德使則故作不知。1869年8月,台灣道黎兆棠下令照會英國副領事，美利士才在10月拆屋放棄大南澳，導致破產；荷恩則乘船遇難而歿。

大隈重信 Ookuma Shigenobu

1838～1922 [日]政治家

肥前國佐賀藩士之子，至長崎學習荷語及英國學藝，積極參加尊王攘夷運動，歷任明治政府的九州鎮撫總督參謀、長崎府判事、外國官副知事、大藏及民部大輔等職，發揮外交手腕，排除萬難向英國貸款建鐵路,1873年辭職。1874年爲台灣蠻地事務局長官，積極策劃侵略台灣(牡丹社事件)。1882年組織立憲改進黨，並創辦東京專門學校(早稻田大學)；1888年爲外相，與外國談判修定不平等條約，翌年被玄洋社暴徒炸斷一條腿。1898年自由、進黨兩黨合併爲憲政黨，他任首相兼外相；不久下台。1910年任早大校長，1914年第二次組閣，決定參加一次大戰，進兵青島。1915年因對華二十一條要求問題被責難而下台,以後以言論批評政治。

《大學雜誌》 1968.1～1973

1970年代初期台灣知識份子對社會問題及政治、經濟看法的進步刊物。1970年10月，國民黨秘書長張寶樹兩度召開青年座談會，張俊宏(國民黨)、楊國樞、陳少廷、陳鼓應等青年向國民黨提出時局批評，1971年1月《大學雜誌》改組，陳少廷爲社長，楊國樞爲總編輯，發表〈給蔣經國先生的信〉(劉福增、陳鼓應、張紹文)，7月又在美國總統尼克森將赴中國與中共關係正常化交涉前夕，發表《台灣社會力分析》(張俊宏、張紹文、許信良、包奕洪)剖析台灣的社會階層；10月又推出〈國是諍言〉，對當時局勢提出政治改革共同主張，陳少廷也發表中央民意代表改選問題的論點；1972年1月，在1971年10月國府退出聯合國後，《大學雜誌》發表〈國是九論〉：保障基本人權、論人事與制度、論生存外交、論經濟發展、農業與農民、社會福利、教育革新、地方自治、青年與政治等。五個月後，蔣經國出任行政院長，《大學雜誌》期待改革，並向大學傳播改革理念，陳鼓應在1971年10月就主張開放校園內的民主廣場，引起反動派的駁斥，寫《一個小市民的心聲》(孤影)。1972年12月在台大舉辦「民族主義座談會」後，陳鼓應、王曉波、錢永祥(學生)等被警總約談，李日章、趙天儀、王曉波等十四名哲學系教師被趕出台大。1973年1月，該雜誌的編輯與編委遂告分裂。

[參]李筱峯《台灣民主運動四十年》(自立)

大政翼贊會

1940.10.12～1945.6.13 [日]

二次大戰期間的法西斯政治團體。近衛文麿首相在1940年10月12日宣佈成立此會，以輔佐天皇；1941年2月，這個組織被宣佈爲「政府的輔助機關」，由首相兼任總裁，各道，府、縣地方行政長官爲支部長，並設各地方及各種職業的代表協議會，議員由總裁、支部長任命，完成日本法西斯主義統制全國及台灣、朝鮮、滿州的一體化，由內務官僚及警察來推動所謂「國民精神總動員」運動，在台灣則推動皇民化運動及各種奉公、報國運動。1945年6月13日始消滅。

《大衆時報》

1928.5～1928.7.9 [日]

1927年2月台灣文化協會分裂後，新文協的王敏川、鄭明祿及王萬得退出台灣民報社，發動罷看《台灣新民報》，並籌資二萬圓在1928年3月25日創立大衆時報社(台中)，以蘇新爲發行兼主編，因無法獲准發行，王敏川等人至東京籌劃，5月7日創刊《大衆時報》，秘密運回台灣流傳。5月10日又發行〈五一紀念號〉，至1928年7月9日第十期後終被迫停刊。

淡水廳 1723 [清]

清朝在鎭壓朱一貴起義(1721年)後，隨軍來台的幕僚藍鼎元力陳北路遼濶難治，主張在半綫設縣。清廷在1723年劃諸羅縣的虎尾溪以北至雞籠後山爲彰化縣(取「顯彰王化之義」)，同時，以大甲溪爲界，設淡水同知，稽查北路，兼督彰化捕務。1731年(雍正9年)再劃大甲溪以北刑名錢穀，歸淡水同知就近管轄，並在竹塹(新竹市)設署，1756年(乾隆21年)同知王錫縉才改建廳署，1829年才有縣城，日據時代屢被拆，至今只剩東門城。淡水廳的領域也隨著移民開發的進展而縮小，1809年又劃出噶瑪蘭廳(宜蘭)，1875年(光緒1年)新設台北府，廢淡水廳，改設新竹縣(自大甲溪以北至頭重溪、土牛溝以南)；台北府則管轄台北縣市，並附淡水縣(縣治艋舺)，基隆則置廳。

《淡水廳志》 1871

淡水同知陳培桂撰，六十卷，鄭用錫已先寫好《初稿》，1867年又由同知嚴金淸聘林豪輯有《續志稿》。陳抵台後，延攬福建侯官人楊浚代爲草創，十個月內完成，分爲圖、志、表、傳、考等五類(290,400字)。

淡水中學

1915年4月1日，基督敎長老敎會的淡水中學開學。校址爲1880年馬偕所創建的理學堂(牛津學堂)，理學堂則遷至台北雙連，改爲台灣神學校。

淡北漳泉械鬥

1859年(咸豐9年)9月7日，艋舺、新莊、枋寮，樹林、坪頂、和尙洲、港仔嘴、溪洲、加蚋仔的泉人與枋寮、土城、大安寮、士林的漳人火拚。港仔嘴、瓦窰及加蚋仔一帶付之一炬。接著枋橋的漳人反攻，禍及芝蘭二堡被毀。1863年(同治2年)，始由林本源家的林維讓設大觀書院，繼而禮聘泉人莊正主持義學，並許配其妹給莊正，以平息械鬥。

淡水械鬥 1853～1859 [清]

咸豐3年北部淡水河碼頭工人口角，引起頂郊(三邑人)與下郊(同安人)械鬥，俗稱「頂下郊拚」。三邑人指居住艋舺的泉州府晉江、惠安及南安三縣人，以龍山寺爲中心；下郊是居住八甲庄的同安人。這一年，同安人聯漳人大拚頂郊於艋舺，同安人戰敗，八甲庄被毀，同安人一部分遷至大龍峒，一部分逃至大稻埕。在林佑藻的領導下，同安人逐漸使大稻埕發展，利用艋舺淤淺而招攬商船至大稻埕起卸貨物，由八甲庄帶出的霞海城隍，也重新建霞海城隍廟(迪化街一段61號)。

戴潮春(萬生) ?～1864

[清]抗清者

彰化四張犂人(台中北屯)。世代爲北路參將稿識(書記)，家財萬貫，其兄爲八卦會首領，1861年戴潮春不堪官府勒索，辭職回家，招集八卦會衆成立天地會。1862年台灣道孔昭茲駐彰化捕會黨，四塊厝林日晟倒戈，天地會攻占彰化，擁戴潮春爲大元帥(3月)，5月自立爲東王，嘉義各地響應。7月，擊退清軍於斗六。11月，聯高山族打敗總兵林向榮；他四次攻大甲失利，竹塹士紳林占梅在1862年5月率義勇收復大甲。次年10月又收復彰化。與戴家有仇的阿罩霧林家——陸路提督林文察在1863年底回台，翌年初攻四塊厝，林日晟自盡，4月又破小埔心，迫陳弄自盡。年底，中部各庄反戴，清軍攻斗六門，戴逃至武西

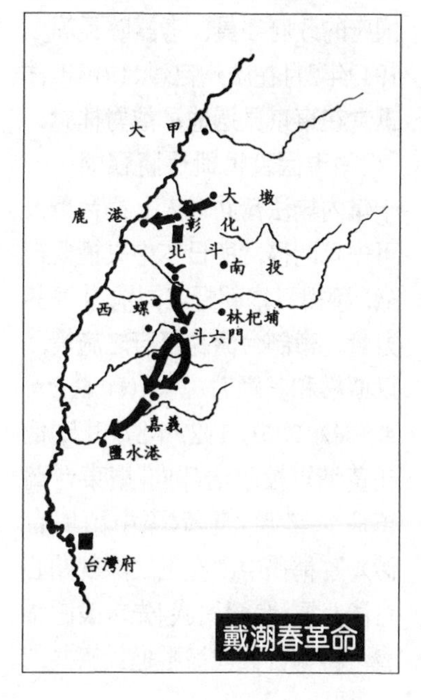

堡，投降，不願向丁日健下跪，當場被斬。

[參]南兵和《台灣義民》。

戴季陶(傳賢) 1890～1949

國府要員

浙江吳興人，留學日本，追隨孫文，當過孫的秘書、廣州大元帥府秘書長，1924年爲國民黨中央宣傳部長，1925年參加西山會議派，寫《孫文主義的哲學基礎》、《國民革命與中國國民黨》，反對國民黨聯俄容共，1927年起歷任國府的政府委員、考試院長等。1949年2月在廣州自殺。1913年林獻堂在東京見過他，戴對林說：「祖國現因袁世凱行將竊國……十年內無法幫助台人」，勸台灣人可先覓門徑，與日本中央權要結識，獲得日本朝野之同情，「藉其力量，牽制台灣總督府之施策，以期緩和其壓力……」(《林獻堂先生年譜》，P.15)。1927年2月5日，他在黃埔軍校政治部向「廣東台灣革命青年團」演講〈孫中山與台灣〉，宣稱孫中山在世之際就關心台灣，要「台灣民族」先求設置議會，再聯合其他被壓迫民族共同奮鬥。(《台灣先鋒》第1期，1927.4.1)

[參]《台灣社會運動史》，p.117～137.

《戴施兩案紀略》 1892

吳德功撰述戴潮春起義(1862～1865)及施九緞抗租(1887)的事件始末，原件存於台北圖書館，1959年始由台灣銀行出版。

戴仁壽 Ginsuce Taylor 1883～1954.4.23

加拿大人，長老教會牧師，1911年來台南新樓醫院服務，1919年返英。1923年再來台，整頓馬偕醫院，1926年倡議建立「台灣癩病救治會」，1931年始在觀音山麓南方長頭坑建樂山園，遭當地人反對，由日本總督太田政弘出面始成。1934年落成，1940年離台，1945年後再來台灣，1954年病逝歸途中，一生爲救治台灣痲瘋病患而獻身。

黨外運動

國民黨政權借〈戒嚴法〉，禁止國民黨及民社黨、青年黨等二個花瓶黨之外的人士組黨，因此，台灣的反對派人士自稱爲「黨外」、或「無黨無派」出馬競選公職，反對派的刊物也稱爲「黨外雜誌」。1980年代，黨外運動隨著美麗島事件前後而起伏，直至1981年11月地方公職選舉中，黨外運動再度活躍。黨外分爲三股主要力量：①溫和派(康寧祥)；②美麗島事件受刑人家屬及辯護律師(謝長廷、陳水扁、蘇貞昌等)；③黨外新生代。1982年5月，由於康寧祥在立法院放棄杯葛國民黨，而被林世煜主編的《深耕》指責康寧祥向國民黨放水，喝國民黨的圓仔湯，包括邱義仁、林濁水、李敖都開始批判康寧祥，接著挑起黨外運動的路綫之爭，即杯葛還是妥協，改革體制或體制改革，群衆路綫或是議會路綫。1983年4月，黨外籌辦選舉，組織黨外人士競選後援會，但康氏主張保障現有公職人員的競選資格，新生代反對如此特權，9月9日遂另組「黨外作家編輯聯誼會」(編聯會)，選林濁水爲會長，與黨外的老法統展開鬥爭。

新生代支持美麗島系統的方素敏(林義雄之妻)、許榮淑(張俊宏之妻)，江鵬堅及張俊雄(律師)當選立委，康寧祥、張德銘、黃煌雄則落選。

1984年9月，「黨外公職人員公共政策研究會」(公政會)成立，費希平爲理事長，林正杰(台北市議員)爲秘書長，成爲反對黨的公職聯合組織。儘管內政部(吳伯雄部長)一再恫嚇要取締，但費希平寫信給國民黨中央黨部秘書長蔣彥士，申明「公政會」的目的是要監督國民黨，而非與其爲敵，並呼籲兩黨溝通。這項動作引起編聯會的攻擊，費氏辭職。1985年地方選舉，後援會推薦的42人中有26人當選，11名台北市議員候選人全數當選。獲得30%的選票。此次選舉口號爲「新黨新氣象，自決救台灣」。

至此，蔣經國開始派學者與黨外溝通(1986年5月10日)，但雙方仍舊緊張對立，1986年5月19日，鄭南榕發動「五一九綠色行動」，抗議戒嚴，與警察在台北市龍山寺對峙十多個小時。6月，當局又以誹謗罪判處《蓬萊島》雜誌發行人黃天福、社長陳水扁、總編輯李逸洋等人八個月刑。9月，台北地方法院又以誹謗罪判處林正杰一年半徒刑，林正杰在服刑前掀起街頭示威。

1986年起，組黨的氣勢一直醞釀著，7月初，尤清、謝長廷等九人秘密組成「組黨行動規劃小組」，9月28日，黨外在台北圓山飯店召開全國黨外後援會，宣佈成立「民主進步黨」。11月10日，民進黨第一次大會(150人代表1200名黨員)，提出台灣前途由一千九百萬台灣住民決定的綱領，選出11名中常委，江鵬堅當選黨主席，12月的中央民代選舉中，民進黨有12席立委及10席國大代表當選。台灣的黨外運動至此告一段落，進入政黨政治時代。

鄧雨賢 1906～1944.6.12.

[日]作曲家

桃園龍潭人。書香世家子弟，1919年入台北師範，1925年任教日新公學校，幾年後至日本一家歌謠學院學習。1932年寫《大稻埕進行曲》，1933年入哥倫比亞唱片公司，發表《望春風》、《月夜愁》、《老青春》、《跳舞時代》等樂曲、1935年又譜曲《雨夜花》、《春宵吟》等。1944年避空襲而疏散到新竹芎林，再任教小學；不幸以肺病及心臟併發症去世。

第七艦隊

美國太平洋艦隊之一，1950年6月韓戰爆發後，杜魯門總統在6月27日下令第七艦隊巡防台海，阻止中共犯台，同時阻止蔣介石反攻大陸，至1954年八二三砲戰，第七艦隊發揮作用，1958年9～11月間，出動五十八艘戰艦巡弋台海，到1970年代美國退出越戰，第七艦隊的任務才告結束，維護了蔣政府專心安內，厲行白色恐怖以鎮壓台灣人民族及民主運動。

第一次中壢事件 1927.7.30

[日]

台灣農民組合中壢支部(3月16日成立)向日本拓殖會社(擁有三千多甲土地)展開抗繳租穀，警方在7月27日逮捕六名農民；7月30日，觀音庄的農民至中壢郡役所前面示威，接著由黃石順領導連續的示威抗爭行動，至第二期收成期間，佃農再與日拓衝突，11月6日發生流血事件，黃石順等八人被捕，11月11日～12日，又連續逮捕示威群眾八十三人，1928年10月判決三十三人懲罰刑。黃石順則判刑二年六個月。

第二次中壢事件

1928年7～9月間，警方下令解散農組的中壢及桃園支部。8月9日，中壢支部再度高掛招牌，引起衝突，農民包圍新坡派出所，趙港，張道福等三十五人被捕，判刑三～六個月，但都緩刑。

《帝國主義下の台灣》

1929.10.10 [日]矢內原忠雄著(岩波書店)

日本東京帝大農學部殖民政策講座矢內原教授 (1893～1961)在1927年至台灣考察二林事件及竹林事件，回國後出版此書。他批判日本帝國主義將台灣經濟納入殖民化的過程是一種早熟的帝國主義，並且以「糖業帝國主義」來標志台灣總督統治；基於人道的立場，矢內原也強烈譴責日本統治者對台灣原住民的剝削及提供劣酒來殘害「生番」，並將台灣的蔗農驅爲農奴的慘狀。這本書引起台灣當局的不悅而禁止在台發行，1937年連日本也查禁此書。

典史 [清]警察頭子

縣衙外另設「捕盜廳」，由典史掌理警務兼獄政，屬知縣指揮；知縣有事時，由他代行職務。

丁日健(述安) 十九世紀

[清]官吏

安徽懷寧人。道光進士。1847年任鳳山知縣，1849年爲嘉義知縣，1851年爲南路海防兼理番同知，1854年爲淡水同知，鎮壓小刀會黃位反抗，調署嘉義縣，再爲福建糧道及布政使，1863年戴潮春起義，翌年爲台灣兵備道，與林文察不和，彈劾林文察藉清庄擾民，案懸不決，文察已戰歿漳州。

[著]《治台必告錄》。

丁賦(人頭稅) [清]

1684年起，每年每丁徵4錢7分6厘；1745年(乾隆10年)由於人口急增，才改爲「地丁銀」，即人頭稅隨田賦徵課，每年每丁2錢，但台灣在1754年才實行，澎湖廳免徵。1810年噶瑪蘭建廳，也豁免之。

丁日昌 ?～1882 [清]官僚

廣東豐順人。貢生出身，率團練隨曾國藩、李鴻章作戰，赴上海經營機器局。1875年爲福建巡撫，經營船政局。期間赴台灣致力開發。1878年回福洲，1879年會辦南洋水師，再升爲總理各國事務大臣。

[著]《丁徵君遺集》

[參]《清史列傳》55

丁汝昌 ?～1895 [清]武將

安徽廬江人。淮軍將領，鎮壓捻軍有功。1880年代赴德、法視察，回國後帶領北洋水師。1882年入漢城，捕韓國大院君。1883年爲天津總兵，率艦在越南海面戒備防守法軍。1888年爲海軍提督，1895年中日戰爭時戰敗於威海衛，自殺。

東都

鄭成功征服台灣後，1661年將台灣改爲「東都」，以對廈門以東。他的兒子鄭經則改爲「東寧」，以示不反攻大陸之志。

《東番記》

1603年陳第(1541～1617年，福建連江人)隨浯嶼(金門)把總沈有容至台灣追逐海盜，考察了台南～高雄一帶平埔族的民情，回中國後寫此書(1400多字)，附載於沈有容的《閩海贈言》裡。

東京台灣青年會 [日]

1915年台灣留學生團體「高砂青年會」(林茂生、蔡式穀、陳炘等)在1920年改稱此會，發刊《台灣青年》，推動台灣民族運動。

東京台灣學術研究會[日]

1928年3月，日共被當局檢舉，台灣青年會社會科學研究部亦無法運作，許乃昌等人再決議另起爐灶，3月28日成立「社會科學研究會」，不久又改爲台灣學術研究會，4月底，台共陳來旺抵東京，領導這個組織，使其成爲台共東京特別支部的外圍。1929年這個組織有蘇新、謝清澤、郭華洲、莊守、陳詮生等四十六人。1929年4月台共東京特別支部被檢舉，此會亦受波及被捕四十三人，除了三名台共之外，其餘獲釋，從此消沈。在此之前，2月間已派蘇新、蕭來福、莊守等回台灣協助重建農民組合。

東港事件

1941年6月，高山族突襲花蓮港的紅葉谷駐在所；同時，謠傳東港、高雄方面有漁船將協助中國軍登陸。8月，日人逮捕歐清石、郭國基等一千多人，其中大多爲東港的漁民，世稱「東港事件」。歐清石與洪雅被美機炸死於獄中(1945年)，只剩下張明色、陳江山、周慶豐。郭國基則關到戰後才獲釋。

《東寧草》　1923　林景仁著

板橋林家二房林爾嘉長子林景仁，英國牛津大學畢業，1923年返台，創立鐘社，吟詩飲酒，後又遊歷歐美、中國。《東寧草》前二集作於南洋，後一集輯回台後詩作。

東條英機　Tōjō Hireki

1884～1948　[日]軍人

戰略家東條英正的長子，生於東京。陸軍士校、陸軍大學畢業(1915年)，曾任陸軍省副官、次長、駐德國大使館副武官，1931年九一八事變後爲關東軍憲兵司令，1937年爲參謀長，率東條兵團入侵承德、大同等地；1938年在近衛內閣裡歷任陸軍次長、陸軍大臣，主張開戰，1941年組閣兼陸軍大臣、外交、文部、工商大臣，

發動太平洋戰爭，對內全面獨裁，1944年7月因塞班島戰役失敗而下台，1945年戰後被盟軍指定爲甲級戰犯，1948年12月將他絞死於巢鴨監獄內。

《東征集》 1722 [清]

1721年藍鼎元隨族人藍廷珍來台，鎭壓朱一貴起義，翌年寫此書二卷及《平台紀略》，詳述當時的整個實況，以及清軍(歐陽凱、藍廷珍、覺羅滿保等)的殘暴手段，例如，清軍下令山中居民盡行驅逐，房屋盡行拆毀，各山口俱用巨木塞斷，不許一人出入(64,200字)。在《平台紀略》(43,000字)則更提出治理台灣的策略。

《東西衡哲》

1909年，李春生撰，對東西各種學說的批評六十篇，約九萬字。主要爲對達爾文進化論(天演論)與基督教教義的辯解。福州美華書局刊。

《東瀛識略》 1832 丁紹儀著

作者江蘇無錫人，1827年至台灣，協助仝礀南管理財政。撰此書，分爲建制、疆域……物產、番俗、奇異、兵燹各項(67,800字)。

杜聰明(思牧)

1893.8.25～1986.2.25 醫學博士

台北滬尾(淡水)北新庄人。受兄長啓蒙唸漢學仔。1909年以第一名畢業於滬尾公學校，入醫學校。1913年與翁俊明携細菌赴北京，欲毒害袁世凱，未成。1914年畢業，1915年入京都帝大醫科大學，1920年爲醫學校講師，1921年爲助教授兼中央研究所技師，1922年獲醫學博士，同年娶霧峯林家的林雙隨；1925年至英、美、法、德、義、加六國進修，1929年研究鴉片癮矯正治療。1930年爲台北更生醫院局長，1937年爲台北帝大教授，1945年4月爲總督府評議員。11月爲台灣省戒煙所長，1947年曾參加二二八事件處理委員會，1948年12月曾代理台大校長(～1949年1月)，1953年自台大醫學院退休，1954年創辦高雄醫學院(～1966年)。

[參]葉炳輝《南天的十字星》(1960)；杜聰明《回憶錄》(1973)；《杜聰明言論集》5集。

杜君英　?～1722　[清]抗清者

潮州海陽的福佬人。居下淡水，1721年響應朱一貴起義。5月會攻台灣府，欲立其子會三爲王，衆人不服。他的部衆與朱一貴的手下因搶女人而雙方失和，一貴怒攻杜君英，杜退走虎尾溪，入貓兒干(雲林)，入山而回羅漢門，被清軍誘降，押解北京，以投降而斬首。

杜魯門　Harry S. Truman　1884～1972　[美]第三十三任總統(1945～1953年)

密蘇里州的農民之子，高中畢業後當小販，唸夜校學法律，後來當過郡的法官，1935年爲參議員，1944年爲民主黨的副總統候

選人，當選後三個月(1945年4月)，F.D.羅斯福總統去世，繼任爲美國總統，他下令投原子彈炸日本的長崎、廣島，戰後對蘇聯的態度強硬，出兵韓國、圍堵共產圈。對內加強取締共產黨及其同路人，1953年引退。

他支持蔣介石政權，但1949年眼看中共即將佔領全中國，開始準備放棄蔣介石及不干涉台灣(1950年1月)，韓戰後才聲明〈台灣中立化宣言〉(1950年6月27日)，並免除主張轟炸中國的麥克阿瑟元帥，但以第七艦隊巡防台海，派美軍顧問團來台，及提供美援與軍援。

[著]《Memoris by Harry Truman》(1955)

杜勒斯　John Foster Dulles

1888～1959 [美]政治家

生於華盛頓D.C.，普林斯頓大學畢業，以辦理國際事務的律師而活躍，1918年爲巴黎和會的美國使節團成員；他是頑固的反共派，二次大戰後爲杜魯門總統顧問(1950年)，對日本問題的實際主持者，起草〈舊金山對日和約〉(1951年)，1953年爲國務卿(～1959年)，期間推動冷戰體制與圍堵共產圈政策，介入中南半島戰爭(1954年)、出兵保護金門(1958年)；與蔣介石政權簽訂〈中美共同防禦條約〉(1954年)，促使日本與台灣簽〈中日和約〉，對1950年代台灣政、經、軍、外交政策起了重大的作用。

渡邊政之輔

1899～1928.10.6

Watanabe Masanosuke

[日]共產黨領袖

千葉縣人，當過酒保、工人，1919年加入工會，組織黑色勞動組合、南葛勞動協會(1922年)，加入日共，第一次日共事件被捕(1923年)，出獄後再奔走重建黨。1927年至莫斯科參加日共會議，當選書記長，回國創刊《赤旗》(1928年)，逃過三一五大搜捕，潛至上海。在基隆途中，欲聯絡台共，被水警包圍，開槍打死水警後自盡。渡邊是台共黨綱的起草人。

[參]桓川信之《日本共產黨と渡邊政之輔》(三一，1971)

〔E〕

兒玉源太郎 1852～1906

Kodama Gentaro [日]軍人

第四任台灣總督。山口縣德山人，參加倒幕戰爭有功，1874年爲陸軍少佐，1889年昇至少將，1892年爲陸軍次官，1894～1895年日清戰爭有功，升爲男爵，1898年至台灣當總督(～1906年)，起用後藤新平爲民政長官，鎮壓反抗，同時建設台灣爲現代化，同時關心對岸福建的日本勢力擴張，1900年計劃佔福建；1900年曾爲伊藤博文內閣的陸相，接著歷任內相、文相，1903年爲參謀本部次長，1904～1905年日俄戰爭期間指揮作戰，1906年爲參謀總長，辭總督職後，爲南滿鐵路社設立委員長，同年7月歿。

二二八事件 1947.2.28～3.

1945年8月15日日本投降後，國府派陳儀來台接收，他帶來貪污、特權、腐敗，特務與半山橫行，短短一年半內弄得物價暴漲(例如米價在1945年爲每斤2元，1947年2月底爲40元，煤漲價430倍，糖漲790倍……)，民不聊生，接收大員個個五子登科(條子、房子、車子、金子、女子)，形成〈台灣零天地〉(台灣光復，歡天喜地；貪官污吏，花天酒地；警察蠻橫，無天無地；人民痛苦，烏天暗地)的諷刺對照。1947年2月27日下午七時半，公賣局台北分局查緝員傅學通等六人及四名警察在大稻埕圓環附近的天馬茶房(咖啡館，南京西路)前毆辱賣香煙的老阿婆林江邁，引起路人不滿，包圍他們，傅等人拔槍射殺陳文溪。台北市民憤怒地包圍警局要求逮捕兇手，並強迫《新生報》刊出血案經過。28日上午，民衆沿途號召起義，闖入本町(博愛路)的公賣局台北分局，搗毀器物，再湧向公賣局(南昌街)；接著又湧向台灣省行政長官公署(總督府),在廣場前示威,慘遭血腥鎮壓(被打死六人),全市罷工,罷市、罷課,有人攻佔新公園裡的台北電台,向全台灣民衆廣播台北的慘狀,陳儀在黃昏時候宣佈台北區戒嚴。一名女醫師(國大代表)謝娥爲國府撒謊,竟宣稱林江邁只受一點小傷,關於長官公署廣場血案只不過是謠言,引起民衆的憤怒,搗毀她的醫院。3月1日起,全島各地民衆起義,工人、農民、學生及由海外歸來的失業軍人紛紛組織武裝部隊,攻打國民黨黨部、市府及公家機關。許多大陸人被毆打甚至被殺。各地士紳紛紛被迫成立「二二八事件處理委員會」,台北方面的處委會向陳儀提出三十二條改革方案,又增添至四十二條。由王添灯代表宣讀,要求自治、撤銷公賣局、貿易局、警備總部,公營機關、法院、警察單位、軍隊採用台灣人。當台北的處委會正與陳儀指派的「官民處委會」折衝之際,台中方面有謝雪紅號召學生起義(3月2日),陳復志率領學生及阿里山曹族攻佔紅毛埤軍火庫,包圍機場(3月4日),陳篡地率斗六警備隊攻占虎尾機場,涂光明率高雄人攻佔市內所有軍政機關,葉秋木被推爲臨時屏東市長……。3月6日上午10時,高雄市長黃仲圖及市參議會議長彭清靠(彭明敏之父)、涂光明等五人至高雄要塞司令部會見彭孟緝司令,反被打死涂光明等三人,扣押彭,放回涂某。蔣軍三百多人衝下山,沿路殺人;鳳山的駐軍也殺進高雄市。3月8日,閩台監察使楊亮功率領憲兵第4團(張慕陶團長)從福州登陸基隆,沿途屠殺市民,劉雨卿的21師(四川兵)也從上海趕來,從基隆殺入台北市。林頂立的別動隊與許德輝的特務大隊更配合追捕與屠殺台北市民。3月9日,陳儀再度宣佈戒嚴,至13日爲止,五天內逮捕與殺害二二八處理委員會及台灣進步士紳、知識份子王添灯、林茂生、陳炘、宋斐如、吳鴻麒、王育霖、施江南、黃媽典、陳能通等人。台中方面的二七部隊退入嘉義深山。3月17日彈盡援絕。蔣軍在12日進入嘉義,捕殺陳復志,並殺害市參議員柯麟、潘木枝、陳澄波(藝術家)等人,台南市的人權律師湯德章也被槍斃(3月12日)，宜蘭的郭章垣，花蓮的張七郎父子三人、許錫謙等皆被殺。3月14日，警備總司令部宣佈「全省已告平定，即日開始肅奸工作」。3月17日，國防部長白崇禧率蔣經國等人來台善後，(～4月1日)，他一面痛斥台灣人受日帝教育遺毒，同時「清鄉綏靖」，迫台灣人出面自首，但台灣人互相告密而被害者不計其數。

中共遲至3月8日，才在延安廣播，呼籲台灣人毋妥協，立即設法滿足勞苦人民的要求、由堅強有力的政治團體來領導「自治運動」……，徒具空話，毫無實質行動。

[参]林木順《台灣二月革命》；莊嘉農《憤怒的台灣》；李筱峰《二二八消失的台灣菁英》(1990)；李敖編《二二八研究》3集(1990)；林啓旭《台灣二二八事件綜合研究》(1987)；G. Kerr 《Formosa Betrayed》。

二二八事件處理大綱

1947.3.6

由王添灯提出，分爲三部分三十二條。第一、第二部分說明事件發生的原因及經過，第三部分提出處理目前局勢的七條，關於根本處理的要求，在軍事方面五條，政治方面二十條。3月7日，國民黨CC派特務黃國信提出「立即釋放本省人之戰犯漢奸」，起哄而造成混亂。王添灯在黃昏派代表向陳儀提出三十二條要求，當場被拒絕，他在下午六點半透過廣播向全島唸完三十二條要求，並宣佈處委會已被特務把持，其使命已告結束，今後須靠大家團結，繼續奮鬥。

關於事件發生的原因，處理大綱上指出：「本省光復一年餘來的政治狀況是，一面陳長官在公開演講的時候說得如花似錦，說怎樣爲人民服務，要怎樣謀民生的安定。但實際上，大小貪污互相搶奪接收之敵產者，到處有之。弄文舞法，或倚藉武力以欺壓人民者，比比皆是。人權不能得到保障，言論出版失去自由，財政破產，物價繼續騰貴，廠礦倒閉，農村日益衰微。失業者成群，無法營生者不可勝算，全省人民不堪其苦，敢怒而不敢言，因此次專賣局貪官污吏之暴行，全省民之不滿遂同時爆發。」

「處委會」也同時指出,從2月27日到3月1日，軍警每天都開槍射殺民衆，使全島人民不得不起來自衛,「中南部民衆爲避免政府武裝部隊之屠殺，正繼續努力冀求解除軍隊武裝，犧牲相當慘重。」當時，林頂立、許德輝等特務卻冒用維持治安的名義，繼續打壓與暗殺台灣人。而劉雨卿(第21師師長)也早在3月5日就收到蔣介石的命令，準備緊急馳援。陳儀有恃無恐,一看到三十二條要求,「批閱綱要敍文未畢，忽赫然震怒，將文件擲地三尺以外，遂離座，遙聞厲聲。」

〈三十二條要求〉是王添灯與《自由報》的成員〔王白淵、周慶安,《民報》的徐淵琛、蔣時欽,《人民導報》的呂赫若、詹世平(即吳克泰)、周傳枝(周青),《台灣文化》的蘇新、茶葉公會秘書潘欽信等〕共同爲他草擬的，內容主要爲:

㈠對於目前的處理　政府下令部隊暫時解除武裝，地方治安由憲兵、警察及民衆組織共同負責,政府勿再派兵或向中央請兵，企圖以武力解決事件，一切政策須先與處委會接洽，不應追究此事件之關係民衆，優先撫恤死傷人民。

㈡根本處理　[甲]軍事方面:缺乏教育及訓練之軍隊絕不可派駐台灣；中央在台徵兵；在大陸內戰未停前，反對在台徵兵，以免台灣陷入內戰漩渦；軍隊儘量採用本省人；撤消警備總部，以免軍權濫用。[乙]政治方面:制定省自治法爲本省政治最高規範；本年6月以前實行縣市長及議會議員民選及改選；省各處長人選應由省參議會同意；省各處長三分之二以上須由在本省居住十年以上者擔任之；警務處長及各縣市警察局長應由本省人擔任；除警察機關之外不得逮捕人犯，憲兵除軍隊外不得逮捕人犯；廢止帶有政治性之逮捕拘禁；言論出版罷工絕對自由；廢止人民團體組織條例；實行所得統一累進稅；一切公營事業主管由本省人擔任；撤消專賣局、貿易局、宣傳委員會。

王添灯提出三十二條要求綱領後，特務又硬提出十條要求，內容雷同或相似，一味起哄，使處委會照單全收，二天後，這份要求便成爲「反抗中央背叛國家陰謀」的罪證，成爲大屠殺的藉口了。

二二八事件處理委員會

1947.3.6

二二八事變發生後，台北方面的民意代表委派黃朝琴、周延壽、林忠、王添灯會見陳儀，提出五項要求(解除戒嚴、開釋被捕市民、不准軍警開槍、官民共同成立處理委員會，要求陳儀向省民廣播解嚴)。陳儀指派葛敬恩(秘書長)、胡福相(警務處長)等六人代表官方，3月2日在中山堂成立籌備會。王添灯呼籲各地派代表來台北開會。3月6日，全島性的處委會在台北中山堂正式成立，選出常委：林獻堂、陳逸松(國民參政員)、李萬居、連震東、林連宗、黃國書(國代)、周延壽、潘渠源、簡聖堉、徐春卿、吳春霖(北市參議員)、王添灯、黃朝琴、黃純青、蘇維樑、林爲恭、郭國基(省參議員)，候補委員：洪火煉、吳國信。會後立刻廣播聲明：①台灣人要求的是肅清貪污、爭取政治改革；②歡迎各省同胞參加這項改革運動；③此次外省人被打，乃出於一時的誤會，今後絕不再發生類似事件。但處委員只忙著與陳儀溝通，無實際作爲，只有提出三十二條要求(王添灯提出)，後來被特務起哄，追加十條，處委會就失去作用了。

二二八和平促進會

1987.2.4成立(台北市)

在《自由時代》創辦人鄭南榕倡議下，由台灣人權促進會、台灣政治受難者聯誼會、長老教會及民進黨各地方聯誼會、民意代表服務處等十三個團體聯合成立，由貢馨儀(活動)、簡錫堦(文宣)、劉峰松(資料)、魏廷昱(財務)、林樹枝(總務)分別擔任各組組長，陳永興、李勝雄爲正、副會長，鄭南榕爲秘書長。該會目的在紀念二二八事件，促成國民黨當局平反寃屈及公佈眞相，並確定2月28日爲「和平日」。

二林事件 **1925.10.22~23** [日]

蔗農反抗「林本源製糖」(1909年創立，由台灣銀行實際經營)在二林庄內溪州製糖廠的剝削而掀起的抗爭事件。林本源製糖以低價收購甘蔗，1923～1924年間蔗農不斷向公司(會社)要求提高蔗價，1924年經二林庄長林爐及醫生許學交涉，會社方面才答應每甲增加五圓作爲臨時補貼。12月20日，文協的文化演講團到二林開辦「農村講座」，刺激當地蔗農及青年的覺悟，1925年1月1日由李應章(醫)、詹奕侯、劉崧甫、陳萬勤等召開「農民大會」，6月28日成立「二林蔗農組合」，推李應章爲總理，吸收四〇四名會員，開台灣農民組合運動的先河。9月27日，二林農組決議再向林本源製糖爭議；10月6日，李應章，詹奕侯及十多位蔗農代表向會社要求收刈前先公佈收購價，肥料由蔗農自由選購，雙方共同監督甘蔗的過磅，遭廠方代表吉田拒絕。10月15日，第二次談判又告破裂。10月22日，會社強行刈割甘蔗，並有七名日警坐鎮，在謝財的蔗園與一百多名蔗農起衝突，二名警察的佩刀被民衆搶走。10月23日，北斗郡警察進入二林、沙山二庄抓走九十三人，包括當持不在場的李應章、劉崧甫、詹奕侯等人。會社代表許丙向當局控告有四、五百名暴徒受文協煽動，御用刊物也大肆聲討，農民鄭佩不堪受辱而在獄中自殺。日本勞農黨的布施辰治、麻生久二名律師趕來台中聲援，文協的蔡式穀、鄭松筠也出庭代辯。1927年4月三審定讞，李應章被判刑八個月，劉崧甫、詹奕侯判六個月刑。

二一二事件 1929.2.12[日]

台灣特別高等警察逮捕台灣農民組合的政治迫害事件。日警早在1928年3月15日鎮壓日本共產黨後，就開始布署，7月在台灣成立「特高課」。爲了不讓農組繼續領導台灣農民抗爭及宣傳共產主義，及追查台共的實況，於是在這一天藉口違反〈出版法〉(未經當局批准就擅發刊物)，一舉逮捕五十九人，拘押三百多人，沒收證件達二千多件，但卻無任何有關台共的資料，只好起訴十二人，開釋三十八人，事實上都判處緩刑，但卻使原有11410名的成員一下子銳減爲9369人。這是日本當局迫害台灣社會運動的前兆。

二一二事件被起訴者：

侯朝宗(劉啓光) 陳崑崙 顏石吉 蘇清江 簡吉 楊春松 江賜金 張行 陳德興 譚延芳 陳海 黃信國(委員長)

〔F〕

伐爾得斯　西班牙海軍
de Valdes, Antonio C.

1626年5月從呂宋率十四艘船，由台灣東岸的澳底登陸，將此地改稱Santiago(三貂角)，再至基隆，改名為「三位一體城」(Sanctissimo Trinidado)，並在社寮島建城，稱為「San Salvador」。

番餉　[清]

教冊(平埔族書記)、公廨(管事)年徵米1石、壯番年徵米1石7斗，少壯番年徵1石3斗，番婦徵1石。再把米改折穀子(粟)徵收(米1石改折粟2石)，又改粟1石折銀價3錢6分，加重剝削。山地原住民(生番)則徵鹿皮。

反對台南廢墓事件　[日]

1928年5月1日，台南市府公布把南門外十九餘甲墓地徵用，改建體育場，以配合慶祝昭和天皇登基大典，引起台南民衆的普遍反感。文協台南特別支部的洪石柱、莊孟侯聯絡各姓宗親會及關係者一致反對，6月4日向台南州知事抗議，6月13日，侯北海指責支持廢墓的劉某，當夜劉某的住宅窗子被搗毀，過幾天乖乖牌士紳紛紛接到恐嚇信。當局藉口觸犯暴力行為，檢舉洪石柱、侯北海、莊孟侯、謝水、白錫福等人，連王敏川、連溫卿等人也被檢舉入獄(～6月底)。

反共抗俄戰士授田條例
1951.10.18

國府制定此條例以鼓勵軍人為反共抗俄大業獻身，每名戰士可授予每年出產乾燥稻谷二千公斤面積之土地或同值產量面積的田地，於「收復大陸」後授田。此一荒謬的承諾，至1988年12月27曰才廢除，至1990年才由國府撥款每人按二～十五萬元向退除役老兵收購回〈戰士授田證〉。

反共義士

1954年1月23日，第一批韓戰戰俘自願來台灣的「反共義士」4687人由第七艦隊護送登陸基隆，至29日，共有14619人來台，事實上大多是被國府遺棄在中國的部隊，而被中共當作砲灰消耗於戰場的刦後餘生者。

《反普特刊》

1929年6月台南刊行，由朱鋒、林秋梧、朱點人、廖毓文等撰稿，反對普渡等風俗陋習及迷信，口號是「絕對反對普渡，打倒一切的迷信」，還加上朱點人的小說《城隍爺惱了》，朱鋒的獨幕劇《誰之過》，及廖毓文的散文《一種的榨取》等創作。1929年8月4日，他們在台南市武廟，召開反普渡大會；基隆勞動青年也在8月14日舉行演講；艋舺勞動青年在8月17、18日舉行反普演講。

范本梁(鐵牛) 1897～1945

無政府主義者。嘉義市人。1919年至東京，唸青山學院、茨城縣土浦中學、上智大學，受無政府主義運動(大杉榮)影響，1922年轉至北京大學旁聽；1924年與謝地山成立「新台灣安社」，創刊《新台灣》(三期)，號召台灣人暗殺日本官吏、總督及走狗、資本家，「要維持台灣民族的生存，唯有驅逐日本強盜；要驅逐日本強盜，除暴動革命別無他途。」1926年7月17日他潛回嘉義立刻被捕，判刑五年。他的日本太太飽受警方凌辱；1931年日警再拘禁他，死於獄中。

[參]張深切《我與我的思想》.

方維甸 十八世紀[清]官吏

安徽桐城人。總督方承觀之子。以貢生賜爲舉人(1776年)，爲軍機章京。1787年隨軍鎮壓台灣林爽文反抗，事後爲監察御吏。歷任山東、河南、山西布政使，1809年陞閩浙總督。他建議整頓駐軍，約束械鬥，嚴禁隸役把持民政。

肥料換穀

1948～1972年國府對台灣農民所實施的強徵米穀政策。由於種植蓬萊米需要較多的化肥，1920年代起化肥成爲重要生產材料。國民政府將60萬戶農民的肥料交由中央信託局進口，省府糧食局控制肥料換穀。表面上是一斤肥料換一斤稻穀，但實際上農民卻以低於市價20%的稻穀去購買統銷的肥料。例如1959年不等價交換而被國府刼走17萬公噸稻穀，值新台幣68,000萬元。(以1960年爲例，當時硫安國際價爲1噸41美元，米價爲145美元，則以28%的米價換肥；再以1987年爲例，氯化鉀每公噸進口成本爲3200元，糧食局配銷價爲6800元；中等硫酸亞的進口價爲3100元，而台肥的售價爲5300元。)

●肥料換穀(1kg／元)

	硫安輸入價	島內生產價	稻穀價	肥料換穀價
1951	0.5		1.1	1.2
1952	0.9		1.9	1.0
1955	1.1		2.1	1.0
1958	1.2	2.0	2.5	1.0
1965	1.5	1.9	4.1	0.9

匪諜

1950～1980年代爲止，國民政府以〈懲治叛亂條例〉所稱之「叛徒」，或與叛徒通謀勾結之人爲匪諜。一般人發現匪諜或有匪諜嫌疑者，無論何人均須向當地政府或治安機關告密檢舉。明知爲匪諜而不告密檢舉者，處一～七年有期徒刑，即「檢舉匪諜，人人有責；知匪不報，與匪同罪」。白色恐怖時代，至少29500件「匪諜」案，至少十四萬人受迫害。

匪徒刑罰令 [日]

1898年11月公佈的鎮壓台灣人反抗的惡法(律令第24號)；舉凡聚衆者爲匪徒，首謀及教唆者處死刑；參與謀議者亦處死；抵抗官憲、縱火燒橋樑、毀壞車、船、電信及穀物者處死；強姦婦女處死……。提供兵器彈葯船舶金錢五穀及其他給匪徒者，處死刑或無期徒刑；藏匿匪徒者處有期徒刑或重懲役；自首者情況減免本刑，但須受五年間的監視。依此惡法，1897～1901年間，至少有抗日者8030人被捕，3473人被殺；1902年更有4581人被殺的記錄。

《風月報》 1937.9.19～1941.7.1

台北縣風月倶樂部簡荷生、林荊南、吳漫沙先後主編的漢文刊物，因吟風弄月，而未被日本當局查禁，共出132期，1941年改爲《南方》(～1945年)。

封山 1683～1875 [清]

清廷對台海的戒嚴政策，配合海禁，不准人民私入番境，否則「杖一百，如近番處所偷越深山抽籐、釣鹿、伐木、採樱等項，杖一百，徒三年」。深山的原住民也被視同野獸，不准下山。1721年朱一貴起義後，閩浙總督覺羅滿保頒布〈台疆經理事宜十二條〉，加強封山禁墾，各山口俱用巨木塞斷，山外十里爲界，築土牆、挖深溝，越界者以盜賊論。1722年才再放寬，立石爲界，此後一共有六次禁令：

1722　立石番界禁漢人越入
1729　禁漢人偷越番界
1739　立石番界
1752　重立石番界
1790　重立石番界，永杜爭越
1875　解除禁令

馮錫範　十七世紀[鄭]武將

福建晉江人。鄭經的侍衛，隨鄭經回台灣。鄭經死後，他扶持女婿鄭克塽，先擊敗政敵陳永華，再策動殺死鄭克壓，集大權於一身，爲忠孝伯(1681年)。1683年他勸鄭克塽投降清朝，受封白旗漢軍伯。

《鳳山縣志》　1720　[清]

陳文達(台灣人，府歲貢生)編，受鳳山知縣李丕煜之邀而歷經半年完成，共十卷(99,600字)，分爲封域，規制、祀典、秩官、武備、賦役、風土、人物、藝文、外志等，爲記述台灣南部(高、屛)最重要的文獻之一。台灣銀行經濟研究室根據日本東洋文庫藏書攝影排印。

《鳳山縣采訪冊》

1894年完稿，由盧德嘉主編，陸日翔、周熙清、王春華等共撰，分爲甲、乙、丙、丁……癸等十部。缺「物產」一類。

鳳儀書院　1814　[清]

高雄第一座書院，嘉慶19年由貢生張廷欽建立，1894年盧德嘉重修，目前被民間佔據。
[鳳山市鳳崗縣口巷12號城隍廟旁邊]

《福爾摩沙》　(フオルモサ)

1932年7月15日創刊，1933年6月15日停刊(共出三期)。蘇維熊主編，張文環，巫永福、王白淵、吳坤煌、施學習、劉捷等撰稿。強調在日本統治下台灣青年要重建台灣文藝的決心與勇氣，一方面整理鄉土文學，一方面創造台灣人的思想熱情。主要作品有賴慶的〈妾御難〉、吳希聖的〈豚〉、張文環的〈落蕾〉、巫永福的〈首和體〉、王白淵的〈可愛的K子〉，劉捷的〈1933年台灣文藝〉等。

福建省不割讓宣言 [日]

日本帝國主義對滿清政府壓迫的不平等條約。1898年閏3月4日照會日本駐清公使，日本政府要求滿清政府保證不將福建省割讓或租與他國，以確保剛佔領的台灣的地位之安全。

福康安(姓:富察) ?～1796

[清]武將

滿洲鑲黃旗人。大學士傅恒的兒子，1767年授三等侍衛，深受乾隆帝寵信，歷任頭等侍衛、戶部右侍郎、滿洲副都統等職。1772～1776年在各地鎮壓反亂，一直升到盛京將軍、雲貴總督及四川總督等職。1783年爲兵部尙書兼管內務府，1784年鎮壓甘肅回教徒，1785年爲吏部尙書協辦大學士。1787年渡台，解嘉義之圍，1788年捕林爽文，他在平定台灣後，擬出善後十六策，又利用平埔族爲屯丁，防守漢人入山，進封一等公。後來他征服安南(1789年)及尼泊爾(1792年)，更鎮壓雲貴的紅苗，1796年歿於軍中。

[參]清史稿336，列傳117；清史列傳26。

福佬

客家人對福建省當地人的稱謂，後來泛指從閩南、粵東來台灣移民的操閩南語系的族群，包括來自泉州安溪、同安、三邑(南安、惠安、晉江)與漳州，及廣東潮州一部分的人。1928年日本人統計結果，在4,183,700的台灣人當中，福佬籍爲客籍的五倍半，又爲其他地方的六十三倍。至目前(1990年代)福佬人仍爲台灣人口總數的75%左右。主要分佈在台北縣、台北市、基隆及桃園沿海與大溪、新竹市、苗栗沿海及台中縣、台中市、彰化縣、南投縣、雲林、嘉義、台南以至高雄、屏東、台東、花蓮、宜蘭、澎湖、金門。

撫墾總局 [清]

1886年(光緒12年)劉銘傳在大

料崁(大溪)設此機構，以推行開山撫番政策，並自兼督撫大臣，由林維源爲幫辦撫墾大臣，板橋林家藉此占山地而一夜成暴發戶。

浮浪者取締規則 [日]

取締無業游民的惡法。1906年3月13日公佈，共五條，主要爲廳長對無一定住所及職業而認定有妨害公安、紊亂風俗之虞的本島人(台灣人)得告誡其定居及就業。若告誡無效則強制其定居及就業，必要時得加以拘束、解送定居地或強制就業執行地(火燒島)。受告誡者作七日以上之旅行時，須受支廳長之批准。

1949年國民政府遷台後，繼續沿用此惡法，改爲「動員勘亂時期檢肅流氓條例」。

婦女共勵會 1926.2.8 [日]

彰化的婦女所組成的團體，這是受文協所鼓吹的婦運思潮所影響，主要是王敏川、黃呈聰等人在《台灣青年》、《台灣民報》上介紹歐美、日本婦女解放運動，討論男女平等、婚姻自由等文章。一時有三千多人加入，但3月因領導者之間發生多角戀愛，聲勢漸弱。

傅斯年(孟眞) 1896～1950

學者

山東聊城人。1913年入北京大學預科，1916年入中文系，1918年與羅家倫、毛子水等發起組織「新潮社」，創刊《新潮》月刊，深受胡適的改良主義影響，批判舊禮教及封建倫理。1919年五四運動時爲北大的學生領袖。同年畢業後留學英、德，1926年赴中山大學任教，1928年爲中央研究院史語所所長，1929年兼任北大教授。1932年與胡適合辦《獨立評論》，1938年爲國民參政員，1946年出席政治協商會，1949年1月至台北，接任台灣大學校長，翌年12月20日在省議會被郭國基質詢時腦溢血，不久病逝。

[著]《東北史綱》、《性命古訓辯記》。

副島種臣 Soejima Taneomi

1828～1905 [日]外交家

佐賀藩士之子，過繼給副島家，唸過長崎的致遠館(英文)，1868

年爲徵士，1870年爲外務省御用掛參事，1871年爲外務卿，1873年因台灣事件至中國交涉，清朝總理衙門的官僚毛昶熙、董恂卻說「殺人者皆生番，故置之化外」，而且表示「生番固我化外之民，伐與不伐，亦惟貴國所命，貴國自裁之」，才使日本藉口侵略琅璚(1874年)。他對清朝皇帝不行三拜九叩禮；與西鄉隆盛一起主張征韓論失敗而下野。1874年奔走民選議院運動，1876～1878年遊歷中國，1879年爲一等侍講，1888年爲樞密院顧問官，1891年爲樞密院副議長，1892年爲內務大臣。他一向主張富國強兵，對外強硬。

分類械鬥 [清]

台灣人之間因爲語言、習慣的不同，爲爭奪生存空間、土地、女人而造成引朋分類械鬥。最普遍的是福佬與客家人的閩粵拚，1720年朱一貴與杜君英反目，1862年東螺堡一名福佬偷客家人的豬，引起兩族火拚。漳、泉拚更慘烈，1786年漳人林爽文反清，泉人當義民來鎭壓革命，展開械鬥。1804年台北的漳、客家聯合拚泉人。1853年艋舺的頂、下郊拚，泉人互鬥。宜蘭的漳人唱戲班，又因樂器與祖師爺的不同，形成「西皮」與「福祿」二派互鬥；1830年當地挑夫爲爭地盤而械鬥。

●清代動亂

年代	年數	民變	械鬥	計
1683～1781	99	6	2	8
1782～1867	86	33	26	59
1868～1894	27	3	0	3
計	212	42	28	70

陳紹馨《台灣省通志稿》人口篇

《憤怒的台灣》

莊嘉農著，1949年香港(智源)出版，這是二二八事變後，台共蘇新逃抵香港後，用筆名寫的關於二二八事變發生前因後果的歷史書，充滿對陳儀政府的憤怒及對台灣資產階級在事變中的猶疑退縮的不滿；一直被國府列爲禁書，1990年台北前衛出版社再版出書。

〔G〕

甘迺迪 1917～1963

John Fitzgerald Kennedy

[美]第三十五任總統(1961～1963年)

生於麻州波士頓，哈佛大學畢業，1946年爲衆議員，1953年爲參議員，1960年當選總統(民主黨)對內推行公民權，廢除黑人差別待遇，設立健康保險，對外侵略古巴失敗(1961年)，處理柏林危機成功，1962年封鎖古巴，迫蘇聯撤走核彈基地；同時積極派兵介入越戰。1963年11月22日在達拉斯遇刺身亡。

甘迺迪在1960年7月即主張「台灣可能被承認爲獨立國家」，1960年競選期間，他主張防衛台灣，而不必防衛金、馬。他的幕僚及顧問例如Chester Bowles主張建立「中台共和國」，史蒂文生(A. Stevenson，駐聯合國大使)主張台灣地位必須在聯合國監督下，由住民投票決定(1959年9月21日)，甘迺迪上台，以「台灣」代替「中華民國」稱呼，積極主張「一中一台」政策。

甘爲霖 William Campbell

1841～1921 [清]長老教會傳教士

英國人，Glasgow大學神學院畢業，1871年來台傳教達四十七年，並設盲校(1891年)，發明台語點字，此外他還寫《荷蘭統治下的

台灣》(Formosa under the Dutch, 1903)、《台灣的過去與未來》(Past and Future of Formosa,1886)等。

岡村寧次 1884～1966.9.

日本軍人

陸軍大學畢業，歷任參謀本部中國班班員及中國課長，1925～1927年爲孫傳芳的軍事顧問，1928年爲步兵第六聯隊長，進佔濟南，1932年爲上海派遣軍副參謀總長，1933年與國民政府簽訂《塘沽協定》，1934年後歷任師團長、華中派遣軍司令官、華北日軍最高司令官、總司令官，被列爲首要戰犯。蔣介石秘密收容他爲最高軍事顧問。1949年1月「無罪」回國，1950年至台灣爲革命實踐研究院高級教官、鳳山陸軍官校教官，化名姓「白」。1955年6月回日本，擔任「戰友會」會長等職。

岡松參太郎 1871～1921

Okamatsu Santaro ［日］法學家

生於熊本的漢學家岡松甕谷之子。東京大學法科畢業，1899年擔任京都大學法科學部教授。1900年起，主持台灣舊慣調查的法制部，1911年完成《台灣私法》等十三冊的編纂。接著調查高砂族，完成《台灣番族慣習研究》八冊(1921年)。1907年起就任滿鐵的理事，創設調查部，在他的主持下，陸續完成《滿州舊慣調查書》九冊(1913～1916年)。1913年辭職，專心研究。

高等女學校 ［日］

1897年4月日本人在台北市士林開設國語學校第一附屬學校女子分教所，分本科及手藝科二科，授14～25歲的台灣女子，爲台灣女子教育的開始。1902年又改稱第二附屬學校，再設師範、師範速成、技藝三科培養女師資。1908年學校遷至萬華，1919年始獨立爲台北女子高等普通學校，1922

年一律改爲州立女中，1938年准私立淡水高女成立。1943年4月末，台灣共有二十二所高女(私立的有淡水高女及長榮高女；台北市有第一至第四高女，台中、台南及高雄各有第一、二高女)、學生13,270人(包括日本女學生在內)。

高拱乾　十七世紀[清]官吏

陝西臨榆衛人。1690年任泉州知府，1691年破格陞爲分巡台廈道。他建議減輕賦稅，並補輯季騏光的《台灣府志》。1695年陞浙江按察使。

高俊明　1929～　牧師

台南市人，留學日本，再入台南神學院，在屏東、南投山地傳教四年，創辦花蓮玉山神學院，1970年起任台灣基督長老教會總幹事(～1988年)。1980年4月因藏匿施明德，判刑七年，1984年8月假釋出獄，1971年以來，多次鼓吹台灣獨立，建立一個「新而獨立的台灣國」。

高木友枝　Takaki Tomoe

1858～1943　[日]醫生

福島縣人。1885年東京帝大醫科畢業，至福井、鹿兒島的醫院服務。1902年爲台灣總督府醫學校長兼醫學院長，致力研究撲滅瘧疾、鼠疫。1919～1929年爲台灣電力會社社長。

[參]《高木友枝先生追憶錄》

高夔　?～1809　[清]抗清者

台北新庄附近人，1808年北部淡水廳發生漳、泉械鬥，6月，高夔乘勢起義，被軍隊鎮壓，退入八連溪午子山(五指山)，第二年被捕，凌遲處死。

高砂義勇隊　1942.12.17[日]

太平洋戰爭爆發後，台灣軍參謀長和知鷹二建議編組高砂挺身報國隊。後來他轉任第十四軍參諜長，由司令本間雅晴下令招募原住民五百人參軍，小隊長以上幹部由台灣警察擔任，送至南洋搬運彈葯，修路，送補給品等，至1944年7月，共有四千人當義勇隊。

高其倬(章之)　[清]官吏

鑲黃旗漢軍人。進士出身，1726年爲閩浙總督。寬台米之禁，以救濟漳、泉。1727年鎭壓原住民骨宗。1729年爲兩江總督。

高山國招諭文書　[日]

1593年豐臣秀吉將軍派遣原田喜右衛門(Harada Quiemon)至呂宋，要求西班人朝貢，並由長谷川仁法眼的建議，順道招撫台灣(高山國)。這份文書事實上沒轉達，一直留在金澤的原田家中。

[参]岩生成一〈豐臣秀吉の台灣島招撫計畫〉(台灣文化三百年紀念會《台灣史料集成》，1931)

高一生　1913～1952

嘉義阿里山鄒族人。台南師範畢業，任教達邦教育所，爲校長，兼甲種警員。1945年爲吳鳳鄉長，兼分駐所長、中尉軍官。1947年二二八事變後，阿里山原住民在湯守仁等領導下攻佔嘉義紅毛埤彈藥庫及機場，再退回山上，不久高一生被捕；事變期間收容台南縣長袁國欽，袁後來回中國，高一生卻蒙上「窩藏匪諜」罪；1952年被國府當局騙至竹崎予以逮捕，部隊包圍達邦示威；1952年以叛亂罪槍斃。其他湯守仁、汪清山(巡官)、方仲義三人也遇害。武得義(樂野村長)、杜孝生判無期徒刑。

高一生(右)與湯守仁(左)

[参]高菊花口述，《二二八事件文獻輯錄》，p.421～423.
高英傑口述，《嘉義北迴二二八》，p.70～

83.

葛敬恩(湛候) 1889～1979

軍人

浙江嘉興人。日本陸軍大學畢業，回國後歷任浙江陸軍第一師參謀長、國民革命軍總司令部參謀處長、青島市長等職，1945年10月5日爲台灣前進指揮所主任，接收台灣，爲所欲爲，在行政長官陳儀手下當秘書長。1949年擁護中共，歷任國民黨革命委員會中央團結委員、上海市政協、全國政協委員、人代會代表等。

耿精忠 ?～1682 [清]

漢軍正黃旗人，耿仲明之孫，襲爲靖南王。1674年嚮應吳三桂反淸，引鄭經入福建，卻被鄭經搶奪地盤，雙方反目，1676年降淸，亂後被處死。

《公論報》

台灣早期民主運動報紙，1947年10月25日由半山李萬居創辦，作家黎烈文爲董事長，仿效中國《大公報》精神，強調西方式民主，1957年11月總編輯倪師壇及其他五人被捕，1959年9月遭休刊一個月，1960年被改組，李萬居失去報紙，1961年3月被台北市議長張祥傳收購，以後又被聯合報系併呑。

公學校 [日]

日本人區別台灣人子弟小學只能唸公學校，可用台灣話教學，日本人唸小學校，1898年開辦，至1943年台灣各地有922校，小學校有152校。

孤拔 1827～1885 [法]

Amédée Anatole P. Courbet

巴黎綜合技術學校畢業，1860年升爲准將，1883年中法戰爭時爲交趾支那艦隊司令，攻順化，12月打敗淸軍。1884年升爲遠東艦隊司令，7月攻福建馬尾，10月攻台灣基隆、淡水；1885年3月轉攻浙江鎮海；3月底再攻台南、澎湖，6月死於澎湖。

辜顯榮(耀星) 1866～1937

[日]台奸

鹿港人。曾唸過漢學仔(1873～1884)，1886年赴上海、天津、廈門一帶賣煤炭，1894年中日甲午戰爭時與南洋大臣張之洞訂約供煤。1895年5月返台灣，6月，受台北商紳之託而迎日軍；12月至東京獲授勳章。1896年任台北保良局長，隨古莊內務部長招降嘉雲地區；1898年涉嫌與台北「土匪」聯絡，加上與日人不和而被關二個月，11月任台中縣知事顧問，招降梅仔坑柯鐵。1899年再任台北保良局長，1900年爲全台官賣鹽商組合長；1902年開墾二林及鹿港荒地；1905年帶十二艘船參加日俄戰爭，巡視台海。1909年被指定爲台中廳鴉片煙膏專賣者，1914年爲台中煙草專賣人；1918年一次大戰後買爪哇糖而獲暴利。1920年創大和製糖，1921合併昭和製糖，爲總督府評議員；1923年與御用紳士創立「台灣公益會」對抗台灣文化協會。1925年至中國，1933年11月福建方面十九路軍成立福建人民政府，蔣介石透過辜氏與日本交涉不介入閩變。1934年被勅選爲日本貴族院議員，1935年至中國，見蔣介石，倡議日華親善；1937年12月9日歿于東京。

[參]《辜顯榮翁傳》(1939)

骨宗　?～1726　[清]

水沙連(南投日月潭附近)原住民首領，1721年起義，依山溪形勢抗拒清軍，1726年(雍正4年)在南投水里湖被俘遇害。

古澤勝之　1894～?　[日]官吏

富山縣人，文官考試及格，律師出身，當過台中市助役、彰化郡守、台中市尹，及台南市尹(1933年)。他收集台灣文物三千八百多件，陳列於台南歷史館，1938年退休。

谷正綱　1902～

貴州安順人。師範學校畢業，

1922年與弟谷正鼎赴柏林工業大學留學。1926年再至莫斯科中山大學，1927年回國歷任國民黨中執委、立委、社會部長、內政部長等職。1949年8月爲國民黨總裁辦公室政黨組組長，1950年爲內政部長，1960年爲國民大會秘書長，以奔走反共，建立亞洲反共聯盟及世界反共聯盟爲主業。

顧維鈞(少川) 1888～1985

外交家

江蘇嘉定(今屬上海市)人。英華書院畢業(1899～1900年)，入上海聖約翰大學(1901～1904年)，留學美國科克學院、哥倫比亞大學，專攻外交及國際法，獲博士學位。1912年回國，歷任袁世凱的英文秘書、外交部顧問、駐墨西哥、美、古巴等國公使，1918～1928年爲巴黎和會中國代表、駐英公使、國際聯盟非常任理事、北京政府外交總長、代國務總理等職……。1941～1946年爲駐美大使，參加起草聯合國憲章，1946年后又擔任駐美大使(～1956年)，1957年起爲海牙國際法庭法官，國際法院副院長(～1967年)。後病逝美國。

[著]《顧維鈞回憶錄》、《門戶開放政策》。

官田 ①1661～1683 [鄭]

鄭成功父子三代佔領台灣，把荷據時代的王田沒收，改爲「官田」，招佃耕作；又分封其宗族、臣僚以「文武官田」，任他們圈佔土著的土地，招佃開墾。

②淸代的官田，包括官庄、屯田、隆恩田、抄封租、施侯租等。

官庄 [淸]

官府的田園。除沒收地及招佃拓地外，還有原住民要求官方保護而反被侵佔的土地，例如台北新店和蘆洲一帶的拳頭姆山的「拳和官庄」。至淸末，官庄已有1100甲，朝廷屢次嚴禁「外省鎭將等員，不許任所置立產業」(1774年)但無效，官庄形成台灣地方官僚最大的財源。

光緒帝(載湉) 1871～1908

[淸]皇帝

醇親王之子，被慈禧太后立爲帝，一輩子受西太后宰制(1874～1908年在位)，1894年中日戰爭期間主張抵抗，1895年兵敗，批准《馬關條約》割讓台灣。1896年宣佈變法維新，起用康有爲、譚嗣同等人，百日維新失敗而被西太后囚禁於瀛台。1900年八國聯軍之役，又被太后挾持至西安，1908年11月，先西太后一天死於皇宮。

[參]《清史稿》23、24〈德宗紀〉。

廣東台灣革命青年團[日]

台灣人學生在廣州所成立的抗日團體。1925年6月15日，嶺南大學的張月澄(台北人)在《廣東日報》上發表〈台灣痛史，一個台灣人告訴中國同胞書〉，6月28日又以「楊志成」名義發表小冊子《毋忘台灣》。7月，蔣介石北伐不久，謝文達、張深切等人在12月召開「廣東台灣留學生聯合會」於中山大學，選出張深切、郭德金、張月澄、林文騰、洪紹潭等爲委員。1927年3月，他們暗中組織廣東台灣革命青年團，發行《台灣先鋒》，由謝文達(總務)、張深切(宣傳)，張月澄(外交)，洪紹潭(財政)、陳辰同(庶務)、廖啓甫(調查)等負責，主張革命，打倒日帝。1927年4月蔣介石反共，6月廣州方面也命令解散該團體，1927年7月24日，張月澄在上海被日警逮捕，送回台灣，有二十三人亦被捕，洪紹潭病死於日本監獄中，1928年12月判決：林文騰四年刑、郭德金三年(緩刑五年)、張深切三年(改爲二年)、張月澄二年(緩刑五年)、林仲節、林萬振、簡錦銘等一年六個月(緩刑四年)……，其他不起訴處分。

共產國際 Communist International(略稱爲Comintern) 1919.3.26～1943.5.15

列寧在1917年11月推翻二月政權後，建立蘇維埃政權，爲推動世界革命，1919年3月召集全球三十個國家的共黨和左派社會黨代表在莫斯科召開共產國際(第三國際)第一次大會。共產國際標志著「以打倒世界資本主義、廢除一切階級與國家，實現社會主義的無產階級專政與國際蘇維埃共和國」爲最高目標。在第一期(1919～1920年)的戰略上，幾乎集中火力於西歐(尤其德國)革命，弄得慘敗，列寧只好寫《共產主義的左傾幼稚病》來結束。第二期(1921～

1928年)開始注重東方被壓迫與被殖民的民族的解放運動，尤其支持中國革命。一方面扶持中共，另一方面又下令中共加入國民黨，最後弄得1927年中共被國民黨「清黨」。第三期(1929～1943年)史大林擊敗托洛茨基，以「一國社會主義」與史大林個人崇拜取代一切。

共產國際在1922年11月第四次大會上就通過〈東方問題的綱領〉中規定：「殖民地母國的各國共產黨，必須擔負起殖民地無產階級的革命運動，在組織上、精神上、物質上給予各種支援的任務。」到1926年3月第六次大會，更規定殖民地母國的勞工運動必須與殖民地的勞動運動結合起來，同時對於遭受民族與階級的雙重壓迫的解放鬥爭，必須給予充分、無條件的支持。因此，日共(1921年成立)在1926年就規定「以促進日本統治下的殖民地獨立爲黨的任務」，〈1927年綱領〉(布哈林起草)更明確規定「殖民地完全獨立」，日共應對日本殖民地的解放運動保持密切聯繫，在思想上、組織上給予支援。

台共就在這種綱領及策略下由日共扶持，成立「日共台灣民族支部」(1928年4月15日)的，其綱領也就標誌著打倒日本帝國主義，建立台灣共和國的理念了。

桂太郎 1848～1913

Katsura Tarō[日]第二任台灣總督

長州藩士出身，1870～1873年留學德國，1875～1878年爲駐德公使館隨員，1884年助山縣有朋建立新式陸軍，1890年陞爲中將，1894年參加中日戰爭，1896年6～10月間，擔任台灣總督。1896～1901年歷任陸軍大臣，1901年組內閣(～1902年)，接著在1908～1911，及1912～1913年三度爲內閣總理，1911年併呑韓國，晉陞公爵，1913年創立立憲同志會。

[參]德富蘇峰《公爵桂太郎傳》

郭柏川　1900～1974　畫家

台南人。台北國語學校畢業，回台南第二公學任教，組織赤島社，1926年至東京，1929年入東京藝術學校(～1934年)，1937年遊歷中國東北，定居北平，任教國立藝專、師大及京華美專；1948年返台南，在省立工學院建築工程系(成大)，1952年成立「台南美術研究會」。他深受梅原龍三郎(1888～1960)的印象主義畫風影響，並溶入中國毛筆畫。

[作品]〈關帝廟街景〉、〈杭州風景〉等。

郭秋生　1904～1980.3.19　作家

台北新莊人，筆名芥舟、秋生、芥舟生、TP生、KS等。廈門集美中學畢業，回台後擔任(台北市)江山樓經理，1933年起發起組織台灣文藝協會，積極倡導台灣白話文，使台灣話深入民間，發表〈建設台灣白話文一提案〉(《台灣新聞》，1931)，掀起論戰。戰後他經商。(見「黃石輝」部份)

[著]《死麼?》、《鬼》、《王都鄉》。

郭洸侯　十九世紀[清]抗清者

港仔庄(台南永康)的地主、武秀才。1843年反抗官方收購米糧不公平、被台灣縣令閻炘與秀才許東燦壓迫，逃出家門，偷渡至天津，入北京。由御史陳慶鏞出面，向道光帝告狀，1844年9月終於洗清冤情，但流配新疆。

[參]《台灣通史》卷32

郭國基　1900～1970.5.28　政治人物

屏東人。1925年畢業於日本明治大學法學部，留學期間參加「新民會」，1943年因東港事件被捕，1945年後歷任國民黨高雄市黨部第一任黨務指導員、高雄市參議員、台灣省臨時議員、省議員及立法委員，競選時以「大砲」及播

放日本海軍軍歌聞名。

郭懷一 Fayec ?～1652

[荷]拓墾領袖

據傳爲海盜鄭芝龍的部下，在二層行溪南岸一帶開墾，被推爲「甲螺」。1652年9月(8月)，計劃率漢人暴動，卻被胞弟保宇及熱蘭遮城附近的村長普仔出賣。9月7日(8月5日)發動，占赤崁城。被荷軍及台灣平埔族擊退，扼守二層行溪七日，失敗被殺。史稱「漢人在台者，遭屠殆盡」。

郭廷筠 十八世紀[清]官僚

福建侯官人。歷任詔安、台灣教諭。1787年林爽文反清，他至南安見福康安，指出福佬與客家人的矛盾。「今林逆挾漳民稱亂，泉、粵之民幾爲所制，然心未嘗忘仇也。招其仇，以攻仇，旬日可定」。他召集三千名義民，又建議厚賞義民糧餉，並鼓勵生擒一賊者，賞銀五兩。後來以同知補用試嘉應直隸州事，升至惠州知府。

[參]《重纂福建通志》，卷84。

郭雪湖(金火) 1909～ 畫家

台北市大稻埕人，家貧而從工業學校輟學，入蔡雪溪門下摹繪觀音、八仙等像，後來在家自畫，1927年以一幅集南北宗大成的中國畫入選台展。此後作品有〈圓山附近〉、〈南街殷賑〉等入選，刻苦自修，其畫自成一格。

郭錫瑠(天錫) ?～1765

[清]拓墾者

漳州南靖人，隨父來台，居(彰化)半綫，十九世紀初遷至大加蚋堡(台北)，居中崙，拓興雅莊一帶，引拳山青潭溪，開大坪林、合興寮、石空頂等圳，再導青潭水入圳，1786～1810年左右始完工，名曰「金合川圳」，稱爲「瑠公圳」。又引大坪林圳，郭錫瑠娶原住民，並以「番丁」守禦。1765年水患，所開圳道盡毀，憂勞成疾而去世。

郭琇琮　1918～1950.11.28

台北士林人，舊舉人家庭出身，台北一中、台北帝大醫學院(1941年)，曾至中國的廈門、上海、廣州等地，參加協志會，1944年被捕，戰後始獲釋，再入台大完成學業，至台大醫院擔任外科醫生、講師，及衛生局防疫科長；1947年二二八事變時暗中與許強、吳思漢醫生發展學生、農、工組織，1948年5月至香港、回台後加入台灣省郵務工會，爲工人補習。1950年5月被情治人員帶走(還有內科主任許強、眼科主任胡鑫麟)。11月，一共十五人遇害，三十七人判刑。

[参]藍博洲《幌馬車之歌》(時報，1991.8)

郭雨新　1908～1985　政治人物

宜蘭人。前清秀才之子，小學畢業前其父因替人作保而賠盡家產；郭在宜蘭公學校當校工，1924年考進宜蘭農校，受板橋林家的林松壽資助，完成學業，1931年入台北帝大農業經濟系，1935年入林本源興殖會社主管租務。1939年林松壽在福州失踪，郭與日本憲兵隊長又有過節，隻身前往上海經商，1943年遷居北平，1946年回故鄉，1948年加入中國青年黨，1950年當選參議員，歷次連任省議員(1951～1972年)；1973年監察委員落選，1975年又立委落選；1977年離台赴美，未歸，1984年曾宣佈競選總統，風吹之後未見草動。

[參]李筱峯〈議壇小鋼砲郭雨新〉(《台灣近代名人誌》第一冊)

郭章垣 1914～1947.3 醫生

嘉義溪口人。日本慶應大學外科畢業，1945年回台，翌年擔任宜蘭醫院院長，因霍亂流行，下令禁賣蔬菜生魚，又揭發市長朱正宗(大陸人)貪污，二二八事變時搶救傷患，不久遇害。

[參]郭勝華〈二二八血淚憶從頭—家父郭章垣殉難始末〉(《走出二二八的陰影》，1987)

國語學校 [日]

培養推廣日語(國語)教育的師範學校。1896年設國語學校，1902年3月分爲國語學校及台南師範，1904年廢南師，歸併國語學校，1918年改爲台北師範學校、台南分校爲台南師範，1922年又分爲公學、小學兩部，1943年再改爲專門學校。國語學校是培養台灣窮人子弟成爲教師的唯一途徑，並成爲台灣人無產階級子弟進入社會上層的捷徑，與配合日本帝國主義對台灣人思想控制的最高學府。

國家總動員法 [日]

1938年3月31日，日本軍部在第七十三期國會中提出這個特別法令，一致通過，台灣總督府也藉此令來動員與管制民間的人力與物資，進而以軍管代替民政，以戰時體制來壓制台灣人的物質與精神兩方面。1949年國民政府來台後，也不斷引用這個法令，來任意壓榨及迫害台灣人，而背後的設計者則是日軍侵華總司令岡村寧次及其幕僚。

國民大會

1946年11月15日，蔣介石在南京召開國民大會(中共拒絕出席)，1947年1月公佈〈中華民國憲法〉。

1948年3月29日選舉蔣介石、李宗仁爲正副總統。國民大會每六年召開一次，其職權爲選舉或罷免總統、副總統；並修改憲法。1949年後只有36%的國大代表逃來台灣，1954年起蔣介石利用遞補方式及臨時條款，使第一屆國民大會代表成爲萬年國代(～1991年12月)。

國民精神總動員 [日]

1937年中日戰爭爆發以來，第一次近衛文麿內閣決定「舉國一致、盡忠報國、堅忍持久」三大口號的國民精神總動員，10月12日成立總動員中央連會，1939年又成立文部大臣爲主的國民精神總動員會，總之，把日本人、台灣人、朝鮮人納入戰爭體制。

〔H〕

哈當阿(姓:把岳忒) ?～1806

[清]武將

蒙古人。1791年爲福建水師提督，兼台灣鎮總兵。1795年出兵鎮壓天地會陳周全,卻不敢追敵,革職留任，並賠償北路協標損失銀兩與軍械。後來天地會餘黨繼續在彰化、嘉義各地起義，哈當阿疲於奔命，1806年病歿。

蛤仔難械鬥

1802年漳泉拚，泉人敗走。不久，漳、泉、客家合佔五圍，分爲「九旗首」，漳人得金包里股、員山仔、大三鬮、深溝地；泉人得四鬮一至三、渡船頭；客家人分得一結至九結。1806年北部漳泉拚鬥後，泉人逃入蛤仔難，不久泉、客聯合1804年由彰化遷來的平埔仔阿里史社一齊攻打漳人，一年多後失敗，泉人只剩溪洲一地，阿里史社逃至羅東。

[參]《噶瑪蘭廳志》卷7

海禁 1683～1875 [清]

清朝對台灣的戒嚴政策。1683年清朝征服台灣後,原來要放棄,經施琅力爭始勉強接收台灣，但厲行一百九十年的海禁與封山,公佈〈台灣編查流寓則例〉，一面把「不適宜者」逐回大陸，一面限制人民來台，更不許招致家眷。從1684～1760年(康熙23～乾隆25年)的七十六年間，曾經三禁三弛；主要焦點在携眷問題：

1684～1732	禁48年
1732～1740	弛8年
1740～1746	禁6年
1746～1748	弛2年
1748～1760	禁12年
1760～	弛

爲嚴防人民私自渡台，限制有官府的印單符合者始可出入，但徒具形式，偷渡流民一波波湧入台灣,1760年始准人民携眷來台。1874年沈葆楨奏准開放，海禁始解除。

[參]陳紹馨《台灣省通志稿》卷2〈人民志〉、〈人民篇〉。

海關 [清]

台灣在1860年代起開放淡水、雞籠、台灣府(安平)、打狗四處港口，每年進口鴉片至少可徵稅15萬～18萬兩，而由台灣地方官辦理抽稅，只有4至5萬兩，因此福州海關稅務司美里登(De Merrittes)向署理上海通商大臣李鴻章爭取同意，咨請閩浙總督左宗棠辦理。左氏力主改子口爲外口，在各口設關，並設副稅務司一名，專管上述四口的稅務，稅銀解交閩海國庫。1863年10月1日開雞籠海關，1864年5月開打狗與安平海關。在台的第一任副稅務司爲英人侯威爾(John W. Howell)，第二任爲美人施堅吉(W. S. Schenk)，以淡水爲本關，其他三港爲分關。洋關(海關)只征收洋船的運貨物的關稅，若有未列稅則者，按將原貨估價，每100兩抽5兩正稅。

海蘭察(姓:多拉爾) ?～1793

[清]武將

滿州鑲黃旗人。1755年隨軍攻準噶爾，升爲頭等侍衛。以後曾鎮壓四川的大、小金川、及甘肅回民蘇四十三之亂。1787年台灣林爽文反淸，他爲參贊大臣，隨福康安攻台。由鹿仔港登陸，解嘉義之圍。又收復斗六門，攻大里杙，追林軍至東勢角山峰，1788年擒林爽文，又獲莊丈田，功封一等公。

[參]《清史稿》

《海上見聞錄》

1663年(康熙2年)未定稿，由廈門人阮旻錫(1627～?)用日記體記載鄭芝龍、鄭成功、鄭經、鄭克塽四代的活動(1644～1682年)，後來又參考楊英的《從征實錄》等書而完成定本。1911年由上海商務印書館出書，列入《痛史》第十四種。

《海天玉尺編》

試卷匯編，1723年夏之芳來台爲御史，兩度主持歲考，將試卷選編而成一卷，以「爲海隅人士作其氣而導其先路」。

《海外見聞錄》

1935年。陳炳煌(雞籠生)撰，爲他環遊世界的感想與漫畫集，風趣中頗見諷刺。1954年出版第二集。

《海音詩》

1852年台灣教諭劉家謀(福建侯官人)任職台灣期間所寫的七絕詩一百首，自敍說：「壬子(1852年)夏秋之間，臥病連月，不出戶庭，海吼時來，助以颱颶，鬱勃號怒，壹似有不得已者。伏枕狂吟，尋聲響答韻之，曰：海音。」相當程度反映十九世紀中葉台灣社會狀況與民生的實態。(見台灣文獻叢刊第28種《台灣雜詠合刻》)。

韓戰 1950.6.23～1953.7.22

二次大戰後，朝鮮半島以北緯38°被美、蘇兩強分別分割勢力，1950年6月23日甕津半島衝突起，6月25日北韓部隊全面越過38°線南下，韓國無力抵抗，美國發動二十六國決定軍事介入，27日聯合國安理會通過武力制裁北韓侵略(蘇聯缺席)，並派麥克阿瑟爲聯軍統帥，反攻仁川(9月)，收復南韓的失地，10月1日突破38°線，19日佔平壤，追趕人民軍至鴨綠江畔。10月25日中國人民志願軍百萬人以抗美援朝名義支援北韓，12月奪回平壤，1951年1月4日再佔漢城。聯合國大會在2月1日決議譴責中國爲「侵略者」；3月14日，聯軍奪回漢城，戰局再回到38°線。麥帥主張轟炸中國東北，而被杜魯門總統免職，改派李奇威指揮，6月23日起與北韓、中共展開停戰談判，歷經打打停停；1953年3月蘇聯總理史大林去世，1952年底艾森豪當選美國總統，才在1953年7月22日達成停戰協定。

韓戰使杜魯門再支持蔣介石政權，宣佈台灣中立化(1950年6月27日)，派第七艦隊防守台海；6月28日，麥帥抵台，與蔣介石會談，決定派遣「美軍軍事聯絡組」，從此台灣被第七艦隊與美軍保護至1978年代。

郝玉麟 十八世紀[清]官吏

鑲白旗漢軍。1732年(雍正10年)福建總督，鎮壓大甲西社反抗，1738年爲閩浙總督。他嚴禁漢人佃耕番地，及禁止番地買賣。

何斌 十七世紀

福建南安人。早年到日本經商，後來投奔鄭芝龍，荷據時代，任通譯，頗受荷蘭人信賴，1656年代表荷人與鄭成功協議，翌年達成協議，鄭成功答應不襲擊荷船。1657年他貪汚庫銀數十萬，東窗事發，暗中繪測鹿耳門港道及沿岸地圖，投奔鄭成功，勸成功攻台灣。1661年引導鄭軍入台。後來他下落不明。

何勉(尚敏) 1681～1752

[淸]武將

福建侯官人。屢次鎭壓巨寇有功，1723年朱一貴亂後，他繼續追剿王忠、劉生富等朱氏殘黨，升至台灣參將。1726年，過火焰山(台中)，直抵蛤仔難(宜蘭)，征服水沙連、北港番，擒骨宗父子。1727年授湖廣洞庭協副將，1739年爲台灣鎭總兵，1743年爲福建水師提督，二年後辭官。

何應欽(敬之) 1890～1987

軍人

原籍江西，生於貴州興義。1908年赴日本振武學校，後轉入士校砲兵科，加入同盟會。1916年回貴州擔任黔軍第四團團長兼講武學校校長，參加護法反袁，1924年爲黃埔軍校總教官，教導第一團團長，參加國民黨的東征、北伐。1930年爲國民政府軍政部長，1931～1933年指揮第二～四次對中共蘇維埃區圍剿失敗，1933年調爲軍委會北平分會委員長，7月與梅津美治郎簽訂《何梅協定》；1937年中日戰爭後爲總參謀長。1944年任中國戰區陸軍總司令，1945年9月9日代表蔣介石接受日本投降，1948年爲國防部長，1949年爲行政院長，來台後當過國民大會主席團主席、戰略顧問主委、三民主義統一中國大同盟主委等閒職。

[著]《八年抗戰與台灣光復》、《日軍侵華八年抗戰史》、《中國與世界前途》。

荷蘭東印度公司

Vereenigde Oost-Indische Compagnine, V.O.C.

1602年成立的殖民地開發公司。1580年荷蘭脫離西班牙獨立前一年，其部隊已經併呑西、葡的一些殖民地，西班牙禁止荷蘭船進入葡萄牙的里斯本，打擊荷人的海運，荷人只有自組公司對抗。他們效法1600年英國東印度公司，向東方冒險，聯合國內所有東洋貿易公司而成立「聯合東印度公司」，指定十七人監察，籌資650萬元。公司由政府授權可以對商務地的統治者簽條約、派駐軍、築城堡、任命地方長官，每年付給政府25000萬元，成爲帶有政治色彩的半官、半民混合體。1603年在爪哇的萬丹建立商館，1609年9月1日，設印度總督，1611年由Pieter Both在爪哇加答拉建立據點，1621年建巴達維亞(Batavia)於印尼的雅加達，統治印尼至1945年。荷蘭東印度公司也在1622年～1661年間佔領台灣。

《荷蘭統治下的台灣》
"Formosa under the Dutch"

1903年甘爲霖(Campbell)編，分爲三部分：(1)Valentijn的新舊東印度誌，有關台灣部份；(2)有關教會的紀錄；(3)翻譯揆一的《被遺忘的台灣》。

賀川豐彥 Kagawa Toyohiko
1888～1960 ［日］基督教社會運動者、小說家

神戶市人，神戶神學校畢業(1911)，赴美普林斯頓大學，1917

年回國在神戶貧民窟開始傳道，並在消費組合、農民運動上不斷努力。1922年2月，丁瑞魚、甘文芳、吳海水等醫專學生拜訪他，賀川指出：「你們現在還不配談獨立，一個獨立的國家須有獨自的文化」，鼓勵台灣人培養自己的文化，才能談獨立的問題。

［參］葉榮鐘《台灣民族運動史》，p.285

赫德 Hart, Robert
1834～1911 ［英］外交官

1854年赴中國，歷任香港、寧波、廣州的領事館工作，及廣東海關稅務司(1858年)、總稅務司(1863～1905年)。清朝相信他，派他出使歐洲(1866年)。1863年台灣淡水開港，他任命John William Howell爲首任副稅務司。

《恒春縣志》 1893

浙江會稽人屠繼善受恒春知縣陳文緯邀請而編撰，分爲二十二卷，多屬於檔冊原件，其中〈邊防〉篇詳載了1874年日軍侵台(牡丹社事件)結束後保存下來的「事寢之後兩國往來文件全行銷毀」的原始檔案。

《後蘇龕合集》

台南施士洁撰，中進士後，任教白沙、崇文、東海各書院，1895年日軍入據後逃至廈門鼓浪嶼。他和宋代詩人蘇東坡同日生，以蘇氏再世自居，所有作品皆冠以“後蘇龕”。(256,000字)

後藤新平 Gōtō Shinpei

1857～1929 [日]台灣民政長官

岩水縣水沢町小藩士之子，與進步份子高野長英爲親戚，受其影響，1874年入須賀川醫學校，1876年至愛知縣病院，1883年爲內務省衛生局技師，1889～1892年留學德國，關心公共衛生及社會政策，返國後爲衛生局長。1896年爲台灣總督府衛生顧問，1898年爲民政長官(兒玉總督)，推展土地調查、戶口普查、風俗習慣調查，推展生物學的殖民政策，促進科學發展與農、工、衛生、教育、交通、警察，並招撫抗日份子，攏絡台灣士紳，奠定日本帝國主義在台灣的基礎，卻被批評爲「吹牛大王」。1906年下任，爲滿鐵總裁，1908～1913年間二度爲桂太郎內閣遞信大臣，1918年爲寺內內閣外務大臣，積極主張出兵西伯利亞，1920年代則致力改善中日關係與日蘇外交。

[著]《日本殖民政策一般》(1911)等。

紅毛

原指荷蘭人，因爲他們是紅髮、碧眼的。一些地名和荷蘭時代有關，例如「紅毛港」、「紅毛井」；

後來泛指洋人(即"阿啄仔")。

紅毛城

①台南的安平古城——熱蘭遮城(1627年完成)。

②台北淡水的原西班牙人所築的聖多明尼加城(1629年),1642年被荷人佔領,1662年鄭成功的部隊曾至此駐守,但已漸荒廢。1861年(咸豐11年)英國人在紅毛城設領事館,1867年迫清政府以每年白銀十兩租給英國人。1972年英國人撤館,委託美國人代管,1980年6月30日,始由國民政府收回。

洪紀 ?～1851 抗清者

台灣縣人。糾衆抗清,自封大元帥,以林鬧爲總大哥,李仰、林兆爲副元帥,胡梅枝爲軍師。其黨徒以紅布條掛於襟上爲記號,攻諸羅,不久被台灣鎭總兵葉紹春消滅,旗腳一百多人皆被俘處死。

[參]《台南縣志稿》

洪就 十八世紀[清]武宮

澎湖人。1722年朱一貴反清,他在施世驃的軍中,率船清港豎標記,使清軍占領鹿耳門,授台協水師右營千總。1727年升至金門右營守備。1731年隨軍鎭壓大甲西社的原住民,又制伏吳福生反清。

洪瑞麟 1910～1997 畫家

台北市人。曾隨石川欽一郎學畫,十九歲至東京,翌年入武藏野帝國美術學校,受1920年代日本無產階級文藝運動洗禮,1938年回台,在瑞芳礦場工作,從工人、管理、礦長以至退休,1964年任教台灣藝專,三十多年他的畫題始終是礦工的生活點滴。

洪繻(名攀桂,字月樵,改字「棄生」)

1869～1929

彰化鹿港人，1891年考入縣學，1895年任抗日中路局籌餉委員，日本佔領台灣後，閉門不出，取《漢書、終軍傳》「棄繻生」之意，改名繻，字棄生。1922年携子炎秋遊中國，回台後寫詩描述日本據台之慘狀，流露遺民悲憤之情。

[著]《寄鶴齋詩集》、《寄鶴齋文集》、《台灣戰紀》、《中東戰紀》等。

洪協 ?～1843 [清]抗清者

被官方通緝，自稱總元帥，10月攻木柵(嘉義，台灣縣交界的大武壠附近)，擁有十四股人馬(二千多人)，佔大目降(新化)、大灣一帶，擊退官兵，17日攻埔姜頭，潰敗，不久被嘉義方面的陳連祿捕獲。總兵昌尹乘勢放火燒庄，「統計接戰六次，砲擊、焚斃各賊約一千餘名，陣斬五、六百名……」。

[參]《台案彙錄甲集》第2本〈台灣鎭、道會稟剿辦台匪洪協等情形〉

洪醒夫 1949.12.10～1982.7.31 作家

彰化二林人，師範學校畢業，當小學教師，1967年開始寫作，作品反映台灣農村社會變遷，刻劃小人物的苦難，以〈黑面慶仔〉(1978年)成名。1982年死於車難。

[著]《黑面慶仔》(爾雅)、《市井傳奇》(遠景)、《洪醒夫集》、《懷念那鑼聲》(號角)。

《洪水報》

1930年創刊，共出十期，由謝春木、黃白成枝、廖漢臣等編，偏重思想介紹，有政論、小說及詩、散文創作。

洪旭(九峰) ?～1669 [鄭]武將

福建同安人。原爲鄭芝龍部下，後來投效鄭成功。1651年處理被清軍偷襲的中左(廈門)，1654年攻占漳州。1655年爲戶官，並兼水師提督，與甘輝攻占舟山，收伏淸將馬信。1658年鄭成功出兵攻江浙，洪旭兼理兵官，留守金、廈二島。後來他扶佐世子鄭經，回台灣壓制鄭氏的內亂(1662年)。1664年鄭經放棄金、廈，他建議設重鎭鎭守澎湖。來台後，他遣商船往各地購船料，並販賣白糖、鹿皮，上通日本，下販暹邏、交趾。1669年歿。其子洪磊，初爲水師提督鎭守澎湖，繼爲吏官，

1682年兼戶官，1683年隨鄭克塽投降清朝。

洪炎秋 1902～1980 半山文人

彰化鹿港人，詩人洪月樵之子，1918年赴日本荏原中學，一年後回台灣。1922年入北京大學預科及教育系就讀。1929年畢業後任教北大、中國大學等校，1934年開設人人書店，1937年任北大農學院校產保管委員，並在日軍佔領下的北大、師大任教。1945年回台，任職台北女師教務主任，後任台中師範校長，1947二二八事變後一度被撤職，後來擔任《國語日報》社長，兼台大中文系教授，1969年當選立委。

[著]《閑人閑話》、《洪炎秋自選集》等。

洪毓琛 ?～1863 [清]官吏

山東濟南人。1854年台灣海防同知，1862年任滿，陞湖北漢德道，適逢戴潮春反清，他署理分巡台灣兵備道，向民間募錢，發票鈔；歿於任內。

洪鴦(女) 1853～1941 大甲帽的發明人

苗栗苑裡人，不識字，1898年發明大甲帽編織，一生守寡，淡薄名利，曾任教台北第三高女及苑裡公學校。

[參]《苗栗縣志》卷7〈人物志〉

胡布 ?～1838 [清]反清者

1838年11月16日，胡布在台灣縣、嘉義縣交界的大武壠起義，不久逃入山中。11月24日，又聯絡店仔口的蕭紅、李明等，會攻店仔口汛(白河)，台灣鎮總兵達洪阿親自到店仔口駐紮，會同姚瑩至內山後大埔，擒獲胡布等人處死。

胡殿鵬(南溟) [清]詩人

安平縣人。年輕時爲博士弟子員。1895年逃至廈門，幾年後回台，任台澎日報記者，1905年與連橫在福建辦日報，不數月又去，自是落拓終生。

[著]《南溟詩草》、《大冶一爐詩話》

胡嘉猷(阿錦) 1839～1920
抗日志士

新竹平鎮客家人，其父胡珠光(廣東梅縣)來台當兵，解甲後爲銅匠。嘉猷年幼好學，屢試不第，援例捐監生。1895年率抗日義軍轉戰龍潭坡、楊梅鎮。年底，被台北各地義軍推爲“總統”，12月31日三面包圍台北城，兵敗退入深山，再潛至廣東。1916年密渡回台，未能起義，回廣東，病逝。

胡健偉(勉亭先生) 十八世紀
[清]官吏

廣東三水人。進士出身，歷任知縣、福州海防同知，1766年爲澎湖通判，他建立文石書院，1771年爲台灣北路理番同知兼海防同知。輯有《澎湖紀略》。

胡宗南 1896～1962

浙江人。吳興中學畢業，教小學，1924年考進黃埔軍校第一期，歷任營、師長，1936年爲第一軍長兼第一師長，爲蔣介石的嫡系王牌，1938年移駐關中，1942年任第八戰區副司令長官兼第三十四集團軍長，監控陝北共軍。1945年爲第一戰區司令，1947年2月攻延安，1948年任陝川甘邊區綏靖主任，西南軍政長官公署副長官，1949年兵敗逃至海南島。1951年爲浙江反共救國軍總指揮，兼「浙江省主席」。1955爲澎湖防衛司令(～1959年)。

胡焯猷(攀林) 十八世紀[清]拓墾者

福建永定(客家)人。以生員納捐例貢。十八世紀初來台，居淡水廳新莊山腳(北縣泰山)，請墾興直堡(北縣)，十數年爲巨富，1763年(乾隆28年)設義塾，稱爲「明志」，捐水田八十餘甲，後設爲書院(明志書院)。後隱居觀音山上之西雲岩寺。

胡適(適之) 1891～1962 學者

安徽績溪人。他的父親胡傳曾在1892年至台灣，1895年戰爭期間爲台東知州。上海中國公學學習後，至美國康乃爾大學(農業)

及哥倫比亞大學哲學系，在實用主義學者杜威的門下，1916年起提倡文學改革，1917年回國任教北京大學，參與《新青年》的編輯，以提倡白話文爲新文化運動領袖，1922年宣揚好人政府，1932年創刊《獨立評論》，主張全盤西化；1938～1942年爲駐美大使，1942年爲行政院顧問，1945年戰後擔任過北京大學校長，1949年移居美國，曾在普林斯頓大學東方圖書館工作，並創辦《自由中國》；1958年回台灣擔任中央研究院院長，鼓吹組反對黨，1960年雷震事件後消極避世，病逝於台北。

[著]《胡適文存》、《中國哲學史大綱》、《白話文學史》等。

瑚松額(姓:巴岳忒) ?～1847 [清]武將

滿洲正黃旗人。1832年署福州將軍，鎮壓台灣張丙反亂；1833年仍渡台，追捕餘黨。後來官至陜甘總督。

湖口兵變 1964.1.21

陸軍裝甲兵副司令趙志華在新竹湖口基地，召集裝甲兵第一師官兵訓話，宣佈要「清君側」，以保護「蔣總統」，演說中被一政工人員制伏，解送軍事法庭，趙志華被判無期徒刑，1978年保外就醫，不久病逝。

花岡一郎 ?～1930 抗日烈士

南投霧社馬赫坡社原住民。幼年入蕃童教育所唸書，後來保送台灣師範學校講習科，再任教公學校，兼爲「乙種巡查」。1930年10月負責率衆起義，退入深山，先殺妻、子，再自盡。其弟花岡二郎亦自殺。

華南銀行 1919.3.15 [日]

日本帝國主義侵略華南及南洋的銀行。明石總督及前台銀總裁柳生一義的推動下，以中日親善爲理由，中日合辦爲名義，促使台灣豪商板橋林熊徵與爪哇華僑郭春秧等發起，資本一千萬圓，中、日各出一半，正式成立，總行設於台北，另在新加坡、廣東、三寶壟設分行，主要幹部向台銀借調，總行以日、台人爲主，分行則以中國人爲主經營。戰後，華銀被接收，由半山的劉啓光擔任董事長。

樺山資紀 Kabayama Sukenori

1837～1922 [日]第一任台灣總督、海軍軍人

鹿兒島人，薩摩藩士，參加明治維新，歷任參謀長、陸軍少將，1890年爲海軍大臣。1894年中日戰爭時當軍令部長；早在1874年台灣琅璚的土著殺害琉球漂難船的船員後，他就隨著柳原前光到中國談判，並至天津、漢口、大沽及山海關各地。1874年又到噶瑪蘭、淡水及琅璚各地刺探軍情，足跡踏遍台灣的西部與南部。1895年擔任台灣總督(～1896年)，派大兵鎮壓台灣民主國的反抗。1896年卸任後轉任內務大臣、文部大臣，他是薩摩藩的長老。

[參]黃昭堂《台灣總督府》，(1981)。

《環球遊記》 1927 林獻堂撰

1927年林獻堂漫遊世界一年，對歐美日本各國的考察，他自述：「繼思在此自由天地，無束縛，無壓迫，我無汝詐，汝無我虞，得以享自由之幸福，不亦樂乎。然忽忽欲捨此以去，而即樊籠，其故何哉？言念及此，不禁憂從中來，不可斷絕矣。」此書分載於《台灣民報》。

黃安 ?～1664 [鄭]武將

1649年大敗清軍於漳浦，被鄭成功賞識，1659年掌水師，運送敗兵逃出長江。1661年爲虎衛右鎮，屯墾台灣北路，征服土著大肚番。1662年支持鄭經繼位，封爲勇衛，1664年征服土著阿狗讓。他的兩個兒子都娶鄭經的女兒。

黃朝 ?～1912 抗日烈士

嘉義大埤頭庄的苦力。1912年他閉關，自稱玄天上帝顯靈指示，百日後將爲「台灣國王」，一時鄉民紛紛膜拜。區長張兵，保正張

加高等向日人密報，6月27日，黃朝拿菜刀拒捕，終於被逮捕，9月處死，另有十二人處無期徒刑。史稱「土庫事件」。

黃朝琴 1897～1972.7.5 半山

福建南安人，四歲隨父至台南鹽水。早年喪父，負笈日本早稻田大學，再赴美留學，1925年加入國民黨，1928年入外交部，歷任僑委會設計股長、外交部亞洲司第一科科長、舊金山總領事、駐仰光總領事等職。1945年回台為外交部駐台特派員兼台北市長，1946年起任台灣省議會議長(～1963年)；後來創辦國賓飯店。

黃清呈 1912～1942 畫家

澎湖西嶼人，1925年入高雄中學，沈迷作畫而退學，在家教小學生，1933年再赴東京唸中學及中央大學法科，1936年考進東京美校彫塑科，1939年入選帝展，1941年在台南市展辦個展，1942年3月受聘北平藝專，趕回台灣料理家務，遇轟炸，與夫人李桂香(專攻鋼琴)同時死於船難。

黃呈聰(劍如) 1886.3.25～1963.7.20 民族運動者

彰化線西人，國語學校實業部畢業，參加台灣文化運動，1925年赴廈門、南京、上海，研究神學。1930返台，一面佈道，一面經商。1932～1934年再入台灣新民報社為社會部部長。早年鼓吹白話文，寫過〈論普及白話文的新使命〉等文章。

黃賜 1891～1947.3.

社會運動者

高雄市人。台北工業學校畢業，1927年爲台灣民衆黨中常委，1928年領導淺野水泥廠罷工，年底創辦高雄工友鐵工廠，屢遭日警迫害，戰前一個禮拜仍被關。1946年10月爲高雄市參議員，1947年3月6日率高雄市民舉白布旗走出市議會，準備向彭孟緝的部隊投降，遭槍殺。同時遇難的還有市參議員王石定、許秋粽等人。

黃純青(炳南) 1875～1956

台北縣樹林人，晚年號晴園老人。創建樹林釀酒公司，長期擔任樹林區長、鶯歌庄長、總督府評議員，戰後爲省參議員、省府顧問、台灣省通志館顧問主任委員。創設薇閣詩社。

[著]《晚晴詩草》、《八十自述》等。

黃斗奶 ?～1826 [淸]抗淸者

客家人，本名黃祈英，1796年入苗栗南庄，披髮入贅番婦，招募客家人拓墾。1826年5月「煽動土番」，擾亂中港一帶，8月被官兵鎭壓。

黃國鎭 ?～1902 [日]抗日者

台南後大埔(嘉義大埔)羌仔寮人。1895年12月，召集葉裕、李烏貓、張德福等十二人結拜，稱「十二虎」，1896年7月10日，攻嘉義不下，退據溫水溪，控制嘉義東堡(山區)四十九個村庄，並趁日軍圍攻鐵國山柯鐵之際，擴大勢力，自稱皇帝，建國「大靖」。1898年9～10月間攻擊北港埔羌崙、嘉義東堡三層崎、店仔口各地派出所。日本人招降抗日者，黃國鎭也在1899年3月下山投降，交換條件爲任命其父黃響爲大埔庄長，發給歸順者每人每月八圓等等。1901年11月23日，他再聯合阮振、賴福來等攻朴仔腳支廳，日軍於12月3日分三隊進攻，1902年3月黃被擊斃於後大埔。

黃國書 1907～1987 半山

原名葉焱生，新竹縣人。早年唸台北師範，淡江中學，暨南大學。後改名黃國書入日本陸軍士校砲科，1930年入日本砲兵專科學校；1934年赴德國砲校及法國戰術學院研究。1938年至中國，任教中央軍校，中日戰爭期間帶兵，升至中將。1946年任台灣警備司令部中將高參室主任，國大主席團主席，1948年爲立委，1950年爲立法院副院長、院長(1961～1972年)，後因涉嫌國光保險公司停業案而下台。

黃彰輝 1914.8.20～1988.10.28
牧師

台南市人，出生於彰化，長老教會牧師之子。台南長榮中學、日本明治學院中學部、台北高等學校畢業，東京帝大文學部哲學科畢業(1937)、英國Overdale College研究、劍橋大學韋斯敏斯德學院畢業(1941)，娶英國人，1947年二二八事件後返台，任教長榮中學，1949年爲台南神學院院長，1965年辭職，至倫敦擔任普世教協基金會副總幹事，1972年與黃武東、宋泉盛、林宗義等發起台灣人民自決運動，1980年推動「台灣人公共事務委員會」(FAPA)，1987年返台參加宣教協議會，1988年病逝英國。

[參]陳銘城〈海外台灣人自決運動創始人黃彰輝〉(《台灣近代名人誌》第5冊)

黃敬(景寅) 十九世紀[清]文人

淡水干豆莊人(關渡)。1853年歲貢生，授福清縣學教諭，辭。在天后宮設帳授徒。

[著]《易經義類存稿》、《古今占法》、《詩》(未刊)。

黃教 十八世紀[清]抗清者

台灣縣大目降(台南新化)的土豪，1768年10月1日燒岡山汛，繼續攻入斗六門營盤，11月又打(屏東)萬丹，飄忽不定，忽南忽北，乾隆帝大爲震怒，下令限四個月內「蕩平」。1769年3月，在踏網社被軍隊、義民及山胞夾擊，黃教「失踪」。

[參]《台案彙錄》己集，第1冊；《台灣人文》第1～4期，〈黃教檔案楫抄〉。

黃周（省民） 1899～1957

彰化和美人。國語學校畢業，1918年至彰化公學校任教，1924年早稻田大學政經科畢業，1925年爲《新民報》記者，1933年爲上海支局長，1934年爲廈門支局長，1935年回台，1941年爲彰化市議員。戰後擔任大甲區長，晚年甚不得志。

[參]《台灣省通志》〈人物誌〉

黃杰 1902～ 軍人

湖南長沙人。黃埔第一期畢業(1924年)，1930年爲旅長兼鄭州警備司令，翌年爲中將師長，1937年任第八軍長駐守上海，1943年爲第十一集團軍副總司令，1949年爲湖南省主席，後退至越南，1953年至台灣，1954年陸軍總司令，1957年爲總統府參軍長，1958年爲台灣警備總司令，1962年爲台灣省主席。1969年爲國防部長，1972年爲戰略顧問。

[著]《澹園吟草》、《留越紀實》

黃媽典 1893.5.5～1947.4.23

嘉義東石人。1912年總督府醫學校畢業，在嘉義廳擔任瘧疾防治工作。1914年在東石開業。1920年擔任嘉義拓殖公司會長，並爲朴子街長(～1923年)。1926年擔任台南州協議員，1932年爲總督府評議員。1947年爲縣商會理事長，二二八事變時擔任自衛隊領袖,「指使暴徒搶警察局武器」,後被國府槍斃。

黃南球　1840～1919

[清]拓墾者

淡水南庄(苗栗)人。劉銘傳治台期間,募集鄉勇壓制大料崁(大溪),以功賞戴藍翎,授五品銜(1886年),後來他拓墾苗栗山區,賣樟腦而成巨富。1894年奉召北上協助團防,統率「勁字中營」駐板橋,1895年5月日軍入台北,回苗栗抗戰,失利潛至中國,1898年再回台,旅居廈門鼓浪嶼、香港,1900年才回苗栗當辦署參事,1910年成立苗栗輕鐵會社,1919年去世。

[參]吳文星〈苗栗內山的拓荒者——黃南球〉(《台灣近代名人誌》第3冊)

黃少谷　1901～1996

湖南南縣人。北京師大教育系畢業,北京《世界日報》編輯,後在白崇禧、馮玉祥部下工作。1934年入倫敦大學政經研究院學習(～1937年),回國後歷任監委、政治部第三廳(宣傳)長,三青團中常委幹事、國民黨宣傳部長、行政院秘書長;1949年後歷任中央總裁辦公室秘書主任、行政院副院長、外交部長(1958～1960年),駐西班牙大使,1966年再任行政院副院長,1967年兼「國安會」秘書長,1979～1987年爲司法院長。

黃陞　十七世紀　[清]武將

福建海澄人,抵抗鄭經有功,攻下漳州十九寨及海澄、金門、銅山。1683年征服台灣,功勞最大,陞爲浙江提督,1721年移福建陸路提督,1724年(雍正2年)加太子太保。

黃石輝　作家

高雄縣人。1930年投稿《伍人報》,掀起台灣鄉土文學論爭,主張用台灣話創作,增讀台灣音,描寫台灣的事物,進一步要以勞苦群衆爲對象去寫作。主要文章有〈怎麼不提倡鄉土文學〉(1930)、〈再談鄉土文學〉等。

黃仕簡　?～1789　[清]武官

福建平和人。鄭成功的叛將黃梧的孫子。1763年任福建水師提督。1782年台灣發生械鬥，他來台鎮壓；1783年在乾隆帝手下當侍衛。1786年渡台，鎮壓殺死淡水同知潘凱的反抗者。林爽文反亂時，因爲坐失軍機而革職，以年老而免除正法。

黃叔璥(玉圃)　?～1736

[清]官吏

順天大興人。進士出身，歷任太常博士、戶部雲南司主事、湖廣道御史等職，1721年爲巡視台灣御史，留任一年。著有《台海使槎錄》八卷，其中〈番俗六考〉、〈番俗雜記〉爲記述原住民的基本資料。

黃土水　1895～1931.2.21

彫刻家

台北市人。人力車廂木匠之子，國語學校畢業，保送東京美術學校學彫刻，入高村光雲門下，受其子高村光太郎的啓迪，1919年發表泥塑「山童吹笛」入選帝展。

黃土水和他的〈水牛羣像〉

晚年定居日本東京,完成「水牛群像」,積勞成疾,三十六歲去世。作品包括觀音彌勒像、鹿(木彫)、甘露水、台灣風景、撒尿的小孩等。

[參]謝里法《日據時代台灣美術運動史》、《台灣出土人物誌》。

黃梧 1618~1674

[清]鄭成功的叛將

福建平和人。原爲鄭成功的海澄守將,1656年投降清朝,受封爲「海澄公」,隨清軍攻占閩南,1667年又捐造戰艦一百艘,加封太子太保。他向清廷建議〈剿滅鄭逆五策〉:①將山東、江浙、閩粵沿海居民,盡遷入內地,設邊界防止沿海人民出海接濟鄭氏;②將沿海所有船隻完全燒毀,寸板不許下水,貨物不許越界,斷絕鄭氏的軍需與船料;③破壞鄭氏在大陸的商店,切斷其情報來源;④挖掘鄭氏祖墳;⑤將投降者遷往各省開墾。1663年他帶兵攻佔鄭氏的金、廈門及銅山。十二年內,他共招降二百多名鄭氏部屬與數萬名兵。

[參]國朝耆獻類徵初編,270。

黃旺成(菊仙) 1888~1978

[日]抗日者

新竹市赤土崎人,從母姓,1911年國語學校畢業,至新竹公學校教書(~1918年),再至台中蔡蓮舫家當家庭教師,並擔任蔡家大全興業的常務董事,結識林獻堂,1922年加入文化協會。1927年5月參加台灣民黨建黨(被禁),9月爲台灣民衆黨中委。此際擔任《台灣民報》記者,並以「熱言生」、「冷語子」筆名寫短評,1930年考察華中、華北。1932年曾赴中國經商失敗,1935年爲新竹市協議員。1942年被當局拘留二百多天,警方指控他教唆施儒珍等青年要以間接射擊方式,參加中國軍隊來打倒日本(其實是魯迅回答張我軍的話)。1945年戰後擔任《民報》總主筆,1946年參選爲省參議員候補,後遞補。1947年二二八事變後列爲要犯，在台北市長游彌堅安排下在市府當工友，後化名逃亡至中國，再回台當省參議員，1948年爲台灣省通志館編纂，1952～1957年編《新竹縣志》，九十二歲時去世。

黃位 ?～1854 [清]海盜

在淡水廳口的雞籠出沒，兵備道丁曰健出兵，並調阿罩霧的林文察隨征，黃位敗走，在竹塹港被當地巨富林占梅擊敗而死。

黃玉階(蓂華) 1850～1918.7.26 漢醫

彰化大肚堡五汊港(台中梧棲)人。1869年隨李清機學習漢醫，1875年懸壺，1882年遷居台北大稻埕，1884年協助劉銘傳募勇抵抗法軍，1898年獲總督府頒授紳章，1899年促放足斷髮，成立「台北天然足會」,1900年出任大稻埕區長，1911年與謝汝詮共同發起「斷髮不改裝會」(3月11日)；1918年去世。一生熱心公益，尤其鼓勵台灣女性放足。(至1915年底台灣女性放足的約四十八萬，仍纏足的約二十八萬。)

皇民化運動 [日]

1937年日軍侵略中國後，法西斯軍部抬頭，近衛文麿內閣也實施所謂〈國民精神總動員計劃實施綱要〉，在「舉國一致，盡忠報國，堅忍持久」的三大口號下，一舉完成新體制。台灣方面，總務長官森岡二郎宣佈:「國民精神總動員的實施，將深入島民生活的各層面，眞正促成內(日)台合一的大契機」。10月,他又廣播說:「乘事變之契機,使全島一致發揚國民精神，進而達成皇國臣民之義務。」1940年10月近衛內閣又發動「大政翼贊會」運動,1941年4月19日，台灣的**皇民奉公會**成立，由長谷川清總督兼任總裁，總務長官爲中央本部長，各地方行政官爲支部長，地方各州、廳、市、街、郡、庄均設支部及區分會，最基層爲奉公班。

皇民化運動早在1940年2月11日爲紀念日本皇紀紀元2600年，准許台灣人改換日本姓名，但半年後只有168人改姓(同一時期，朝鮮則有二千萬人改換日本姓名)。太平洋戰爭下，日本總督更嚴禁布袋戲、歌仔戲，不准台灣人參拜寺廟，改拜日本神社，連長老教會也在1942年8月5日被納入台灣基督教奉公會，被強迫參拜神社。皇民化運動厲行徵用台灣人軍伕、農夫、勤行報國青年、高砂義勇隊，使人人納入「聖戰」的一分子，並推行改姓名、國語(日語)家庭運動等等。

[參]鷲巢敦哉《台灣保甲皇民化讀本》

磺溪書院 [清]

1888年台中大肚鄉紳趙順芳倡建，1890年完成，是一座四合院，建築極美，尤其屋頂更爲誇張華麗。

●日本時代末期，皇民奉公會的強制例會。

〔J〕

磯永吉 1886～ [日]農業家

山口縣人，1911年畢業於北海道東北帝大，1912年來台灣擔任農業試驗所技士，經過十二年研究培養「蓬萊米」新品種，一生四十七年都在台灣，1957年6月始由省農林廳退休回日本。

吉必勳 Gibson
十九世紀 英國駐台灣領事

1868年因樟腦走私事件，鳳山教堂被毁，10月，率二艘英艦由打狗至安平示威，迫台灣道撤換道台及鳳山、鹿港知事，再砲擊安平，強索一萬元，及開放樟腦自由買賣。後來，他也被英國政府撤職。

吉田茂 Yoshida Shigeru
1878～1967 [日]政治家

土佐自由黨的草分け竹內綱的第五子，過繼給吉田家，1907年東京帝大政治科畢業，入外務省，歷任天津、奉天總領事，及駐瑞典公使，駐意、英大使；1927年

駐奉天時主張對張作霖強硬態度，1939年被軍部趕下台。1945年主張親英、美，戰後爲外長，兼終戰聯絡中央事務局總裁，1946年6月在麥克阿瑟支持下組閣(並兼自由黨總裁)，他親美而且保守，禁止罷工；1948年10月第二次組閣(民主黨)，兼外長，1949年2月第三次組閣，強調經濟安定，1951年9月參加舊金山和會，致書杜勒斯，與台灣簽中日和約，至1954年12月止一共五次組閣，爲戰後日本自民黨的祖師爺。(見「吉田書簡」)

吉田書簡 1951.12.24

當美國國務院顧問杜勒斯向日本首相吉田茂建議及早與佔領台灣的國民政府簽定和平條約，否

則《舊金山對日和約》(1951年9月8日)不容易被美國國會所批准;此際正逢韓戰激烈,美國朝野對中共政權極度反感,日本被迫選擇簽和約的對象,以免刺激美國,更想迴避因爲與蔣介石政權過於接近而刺激中共,於是吉田茂以書簡方式致書杜勒斯,表示:「日本政府終歸也是希望和鄰邦的中國建交」,「日、(蔣)兩國間的條約,有關中華民國的範圍,應限於中華民國政府現在正在支配,及將來可能支配的領域爲限」。1952年1月16日,杜勒斯將此函提交給參院,參院才批准《舊金山和約》。

[參]吉田茂《回想十年》,第3卷,p.74(1957)。

吉野作造 Yoshino Sakuzō

1878～1933 [日]政治學者

東京帝大法科畢業(1904年),至中國(～1909年),回國後任教東大,曾赴歐美留學,1916年發表〈憲政的本義〉,提出「民本主義」,即當政者應以人民的福利及民意反映爲依歸,契合日本的政情,成爲布爾喬亞民主主義的代言

人。1918年指導「黎明會」,後來趨向保守,支持日本侵略中國。1920年《台灣青年》創刊號上他寫賀辭,主張台灣人自己啓發文化,別想仰賴日本的協助,「獨立不是對法律上的命令者之反抗,而是有獨立的人格」。當時留日學生林呈祿、蔡培火、王敏川等都在他的門下受教。

紀弦(路逾) 1913～

詩人,筆名路易士、易士

陝西人,生於河北清苑。少年時住過揚州,1933年蘇州美專畢業,翌年出版新詩《易士詩集》,1936年在上海教書。戰爭時流亡昆明、香港,1940年編《國民日報》副刊,1942年回上海,1945年始

用紀弦筆名。1948年來台，擔任《和平日報》副刊編輯，1949年起任教台北成功中學(～1974年)，1976年移民美國加州。他的詩在不滿現實中帶著詼諧與喜感，1953年創刊《現代詩》，掀起台灣現代派詩風。

[著]《在飛揚的時代》(1951)、《摘星的少年》(1954)、《紀弦詩選》(1965)、《檳榔樹》(5集，1967～1974)、《紀弦現代詩》(1970)等。

季騏光　[清]第一任諸羅知縣

江南無錫人。1624年至台灣，指出台灣有三大患：①賦稅重，②民兵難分辨，③蔭佔未清。他和遺民沈斯庵來往密切，加入東吟詩社。此外，又修《台灣府志》未完成，由高拱乾繼續完成。

嘉南大圳

1930年4月10日正式啓用，東西寬二十公里，南北長九十公里，全部灌溉面積達十五萬甲地，1920年9月開工，原訂1925年完工，因1923年日本關東大地震而經費困難，延遲至1930年才完成，全部經費5414萬圓，其中總督府提供2674萬補助，其他由各地水利組合籌措。嘉南大圳一方面提高單位面積的生產，但也加強控制農民，強迫三年輪耕，以蔗作犧牲稻作，而其徵收土地只付三分之一的時價補償。水租則由地主轉嫁給佃農，引起佃農的不滿與反抗。1928年12月30～31日，台灣農民組合召開第二次大會，即提出「埤圳當歸農民管理」的要求；1930年農組台南支部發動抗租，9～11月間農民抗租，日本當局在11月29日把二百三十六人的六十餘甲地收押拍賣。

嘉義營林所及阿里山出張所罷工

1927年4月3日，總督府嘉義營林所聯絡處的製材工人及修理廠工人成立工友會；5月21日，工人不理中午點名而有十四人被開除；5月28日，又有三百多人罷工，二十六名工會分子被開除，農民組合與文化協會均趕來支援，6月1日在嘉義市內示威；另一方面，阿里山出張所也在5月31日發動罷工，6月2日有十三人被開除，其中五人聯絡其他五十九人下山至嘉義加入罷工，不久均告失敗。

甲

面積單位，等於0.96公頃(hectare)，日本的一步町或2934坪。荷蘭人以戈(1丈2尺5寸長)測量土地，以25戈四方爲1甲(morgan)。黃叔璥《台海使槎錄》：內地田論畝，240弓爲一畝，6尺爲一弓。台郡田論甲，每甲東西南北各25戈，每戈長1丈2尺5寸，一甲計約內地11畝3分1釐。

簡大獅 ?～1900.3.23

台北人。任俠好客，1895年日軍入台，其妻、妹、母、嫂皆死，與日人不共戴天。12月底，與陳秋菊、林李成等會攻台北城；後來又轉戰竹子湖、滬尾、三角湧各地。1898年宣佈向日人投降。不久又反抗，退入龍潭坡、咸菜甕(關西)，再退入「番界」，潛抵廈門。1899年被清朝官吏逮捕，引渡回台灣，他悲憤地說：「我反倭，非反大清也。今被大清官吏所殺，不恨；若以我予倭，雖死，不瞑目。」

[參]《台北縣志》

簡國賢 1913～1954 劇作家

桃園人，東京大學哲學系學習。1946年6月發表《壁》(宋非我編譯)及《羅漢赴會》，諷刺戰後台灣的社會上的荒淫無恥與飢餓受難的矛盾。1949年逃至十三份(離三峽、台北不遠)，再逃至苑里(苗)，在大安溪上游的三義鄉鯉魚潭酸柑湖，1953年被捕，翌年4月處死。

[參]藍博洲《幌馬車之歌》(時報，1991.8)

簡吉 1902～1950 農民運動領袖

高雄人。台南師範畢業，至鳳

山一帶當小學教師，1926年6月爲台灣農民組合中央常務委員長，領導農民運動；1927年2月與趙港赴日本大阪參加日本農組第六次大會並聯絡日本勞農黨。1927～1928年間領導四百二十多件農民抗爭，擁有成員21311人，並有十六處的支部。1928年4月台共在上海秘密建黨，謝雪紅回台後積極爭取農民，8月底農組通過支持台共，1929年2月12日遭特高逮捕，出獄後繼續領導抗爭，1931年被捕，判刑十年。1945年8月後，歷任三青團高雄分團書記、新竹桃園水利協會理事、台灣革命先烈救援會總幹事。1947年二二八事變時與張志忠在嘉義組織「自治聯軍」，1949年10月擔任中共的台灣省工作委員會山地工作委員會書記，1950年初被國府當局逮捕，處死。

簡朗山　1872～19?　台奸

桃園人，1896年爲憲兵駐屯所囑託，歷任桃仔園公所長、區街長，1920年爲桃園街長，翌年爲新竹州協議員，1923年爲總督府評議員，1928年桃園街長任滿，1945年8月參與「台灣獨立」陰謀，被國府逮捕，不久獲釋。

〈檢肅匪諜條例〉

1954年12月18日修正公佈，國府以「匪諜」(指懲治叛亂條例所稱之叛徒，或與叛徒通謀勾結之人)爲人民發現而不檢舉密告者，或明白匪諜而不告密者，處一～七年有期徒刑，所謂「檢舉匪諜，人人有責」，及「知匪不報，與匪同罪」口號爲白色恐怖時代的大帽子。

江定　?～1916　抗日烈士

台南廳楠梓仙溪竹頭崎庄人，當過區長，1900年在嘉義大埔一帶出沒，翌年逃入壁寮山，1915年與余清芳、羅俊起義抗日，攻噍吧哖，其子江憐戰死，敗退阿猴山，4月出面投降，9月被處死。

江國輝　1844～1895　抗日烈士

桃園大料崁(大溪)人。武秀才出身，1895年募千餘人在大料崁及三角湧(三峽)一帶抗日；不久日軍圍攻大料崁，他在馳援中被捕，押至台北土城殺死。

江夢筆 作家，筆名器人

台北市人。家庭經營參行，常來往中國，1925年與楊雲萍合辦《人人》，發表創刊詞及〈論覺悟是人類上進的機會接線〉等文章，後自沈於淡水河。

江南血案

1984年10月15日，旅美作家江南(本名劉宜良，江蘇靖江人，1932～1984)在舊金山大理市自宅被竹聯幫的陳啓禮、董桂森、吳敦等開槍打死。劉宜良(筆名「丁依」)，1949年入國防部政工班，1951年轉入政工幹校受訓；退役後入師大英語系，1967年以《台灣日報》記者身份至美國華盛頓，1978年遷居舊金山，他寫《蔣經國傳》而使台灣當局某些人懊惱，由情報局長汪希苓「指揮」竹聯幫頭頭暗殺之。

[參]李盛平編《中國近現代人名大辭典》(1989)。

江肖梅(江尚文) 1899～1966

詩人

新竹縣人，1922年與鄭嶺秋等創辦《籗聲》，發表新詩〈唐棣梅〉、劇本《病魔》等。1940年代主編《台灣文藝》，後爲《新大衆》主筆。1960年代爲台灣文藝文學獎評審。

[著]《包公案》(1943)、《質軒墨滴》(1959)等。

江勝 ?～1683 [鄭]武將

福建漳浦人。海盜出身，投靠鄭經，與邱輝聯合，占思明(1675年)。1674年隨鄭經攻閩粵，進軍澄海，佔漳浦，解漳州之圍。1676年駐烏龍江(閩江南支)，退屯思明。1678年大敗清軍水師於漳州，攻克澄海，再佔南安、惠安。1679年大敗清將賴塔，再敗清軍於坂尾寨。1683年駐守澎湖，戰死。

江文也 1910.6.11～1983

音樂家

淡水郡小基隆(三芝)人。1932年東京武藏野高工電氣科畢業，師事山田耕作學音樂，1932年以作曲入選日本音樂聲樂賽，1936年在柏林第十一屆奧運會音樂賽上發表《台灣舞曲》，1938年以鋼琴曲《斷章小品》獲威尼斯國際音樂節作曲獎，同年受聘北平師大，曾發表《香妃傳》、《北京》、《孔廟大成樂章》等一百五十多種作品，大戰期間爲日本人寫《大東亞民族進行曲》、《新民會歌》，1945年戰後以漢奸罪被關十個月，此後仍在北平任教，1950年爲中央音樂學校教授，他追隨謝雪紅，1957年被批鬥爲右派，因爲他說過「新中國同樣是歧視台灣人」。1966年文革期間又被批鬥、打入牛棚下放，1978年始獲平反，創作管絃樂曲《阿里山的歌聲》，1981年他的作品始在美國、台灣被討論，但他終於客死異鄉。

[參]韓國鐄等《現代音樂大師——江文也的生平與作品》(前衛，1988)

姜貴(王林渡)　1908～1980　作家

山東諸城人，1931年後去北京唸書，在徐州鐵路工作，1937年從軍，戰後在上海湯恩伯部下(上校)，後經商，來台(1948年)後生意失敗，貧困負債。1965年爲中央電影公司編審，國際關係研究所研究員。1951年寫《旋風》反映1920～1950年代山東一個小鎭的動亂與共產黨的發展，成爲反共文學的代表作，其他作品還有《碧海青天夜夜心》(1964)、《桐柏山》等，題材皆爲反共意識。

姜紹祖　1874～1895　抗日烈士

新竹北埔客家人，墾首姜秀鑾的曾孫。他散盡家財，帶抗日軍響應吳湯興。6月，在新竹戰敗被俘。日軍問誰是姜紹祖，他的僕人應聲，代他被殺。紹祖也吞鴉片自盡，年二十一歲。

蔣經國　1910～1988.1.13

浙江奉化人，蔣介石之子，1925年留學蘇聯中山大學、列寧格勒

紅軍政治研究所，因支持托洛茨基而被史大林下放至西伯利亞；1937年回國，歷任江西省政府保安處副處長、保安司令、第四行政區督察專員，1940年創辦幹部訓練班、兼贛縣縣長。1943年底至重慶，任三青團中央幹部學校教育長，1945年隨宋子文赴莫斯科談判，簽《中蘇友好條約》。年底任國民黨青年編練總監政治部主任，10月為外交部東北特派員。1947年3月隨白崇禧來台灣處理二二八事件善後工作，1948年在上海擔任上海地區經濟管制處少將，「打老虎」(管制經濟)七十天，1949年至台灣，歷任國防部總政戰部主任(1950～1954)、政治行動委員會主任、省黨部主任、中國青年反共救國團團主任(1952)、行政院政務委員、國防部副部長、國防部長(1965)、國安會主任(1967)、行政院副院長(1969)院長(1972)，1975年4月繼承蔣介石為國民黨主席，1978年為總統(～1988)。

蔣介石 1887～1975

原名瑞元，譜名周泰，學名志清，後改為中正。浙江奉化溪口人。1907年入保定軍校，再留學日本振武學校，加入同盟會，1911年辛亥革命後投入滬軍都督陳其美的帳下當第五團團長，1912年刺殺光復會領袖陶成章，1913年參加反袁二次革命，1916年起在上海黑社會頭頭手下炒作股票，

1918年3月爲援閩粵第二軍參謀長，1922年6月赴廣州隨侍孫中山，壓制陳炯明，1923年被派爲粵軍參謀長，8月赴蘇聯考察。1924年爲黃埔軍校校長，兩次指揮東征，1926年製造中山艦事件排斥中共黨員，接著當上國民黨中執會主席、組織部長、國民革命軍總司令，7月率軍北伐。1927年發動四・一二政變淸除中共，12月與宋美齡結婚。1928年爲南京國民政府主席、軍委會主席、革命軍總司令，4月第二次北伐，1929年爲陸海空軍總司令；1931年九・一八事變後堅持先安內再攘外，對中共發動五次「圍剿」，1936年12月西安事變後被迫第二次國共合作，聯合抗日。1938年爲國民黨總裁，1939年爲國防最高委員會主席，1942年爲盟軍中國戰區最高司令官，1943年爲國民政府主席。1945年8月戰後，與中共打打談談，1948年4月被國民大會選爲總統，1949年1月下野，5月頒佈台灣戒嚴(陳誠)；12月10日抵台灣，1950年3月復職，1952年10月連任KMT總裁，兼中國靑年反共救國團團長，連續三次連任總統，不惜凍結憲法，以臨時條款及戒嚴令厲行獨裁統治台灣二十五年。

[著]《蘇俄在中國》、《中國之命運》。

蔣夢麟(兆賢)　**1886～1964**

農復會主任

浙江餘姚人，天主敎會學校唸書，1904年入上海南洋公學，1908年赴美國加州大學農學院，再入哥倫比亞大學，獲博士學位(1917年)，回上海任商務印書館編輯，1919年爲《新敎育》月刊主編。五四運動後代理北京大學校務，1923年代校長，1927年爲第三中山大學(浙大)校長，1928年爲敎育部長，1930年爲北大校長，1941年兼中國紅十字會總會長，1945年後歷任行政院秘書長、國府委員、中國農村復興委員會主任委員等職。1949年來台，仍爲農復會主任，1958年兼任石門水庫建設委員會主委。

[著]《西潮》、《孟鄰文存》、《新潮》等。

蔣渭水(雪谷)　[日]抗日運動領袖

1891.2.8～1931.8.5

宜蘭人，相士之子，1910年入

台北醫學校，與杜聰明、翁俊明等同學，1913年策動杜、翁帶霍亂菌至北京，欲投入自來水廠謀害袁世凱失敗。1915年畢業至宜蘭病院服務，1916年在台北大稻埕開大安醫院，翌年經營酒樓(春風得意樓)，結交社會人士。1921年參加台灣文化協會及台灣議會設置請願運動，1922年組織「新台灣聯盟」，1923年與蔡惠如、林呈祿等六人赴東京請願，12月因治警事件被捕，翌年10月判刑四個月，1925年2月入獄。1927年文化協會分裂，退出新文協，積極籌組「台灣自治會」、「台灣同盟會」皆被日本當局禁止，7月成立「台灣民衆黨」，蔣被右派(蔡培火等)排擠，1928年2月另組「台灣工友總聯盟」，與連溫卿等爭奪工運主導權。1930年8月17日，民衆黨右派另立「台灣地方自治聯盟」；1931年2月8日，民衆黨通過修改黨綱為「農民階級為中心的民族運動」，2月18日警方宣佈解散民衆黨。3月底，台共被全面逮捕，蔣渭水提出「工人加入工友總聯盟、農民加入農民組合……政治結社組織則暫且不進行為宜」，7月入院，8月5日去世。他留下遺囑為「台灣社會運動已進入第三期，無產階級之勝利已迫在眉睫。凡我青年同志務須極力奮鬥，舊同志須加倍團結，積極援助青年同志，盼為解放同胞而努力。」

蔣渭川 1899～1975

宜蘭人，蔣渭水的胞弟。戰後開三民書店，並為台北市政治協商會會長。1947年二二八事變時曾奔走調停，而被陳儀列為首犯；由於與情治單位的關係曖昧，當時台灣的政界頭人頗為敬而遠之；1948年補為省參議員，1949年省主席吳國楨提拔他為民政廳長，後來又當內政部次長，被人刊登祝賀廣告(全部以二二八事變死難者爲具名)而自請辭職。

蔣鏞(懌弇)　[清]官吏

湖北黃梅人。福建連江知縣，1821年爲澎湖通判，修建文石書院(～1829年)，1831年再回任，去職時兩袖清風。

蔣元樞(仲升)　[清]官吏

江蘇常熟人。進士家庭出身，歷任福建知縣、廈門海防同知，1775年(乾隆40年)爲台灣知府，翌年爲分巡台灣道。他重建府城爲木城，置澎湖西嶼灯台，並增立澎湖士子應考爲「澎」字號(取一人)。

蔣毓英(集公)　十七世紀

[清]第一任台灣知府

奉天錦州人。1683年來台後，拓建學宮，安揖流亡；任滿後再延一年。1689年陞江西按察使。

郊　[清]

清代由大陸來台的資本家，壟斷台灣的對外商務，其同業公會(Guild)稱爲「郊」，意即「聚貨而分售各店，曰「郊」。郊者，言在郊野，兼取交往意。」(唐贊袞《台陽見聞錄》)。做台灣島內生意的稱爲「內郊」，向對岸作生意的則是「外郊」。1725年(雍正3年)，福建來的商人蘇萬利、金永順、李勝興來台，形成：①北郊(蘇萬利，配運上海、華北各地貨物)；②南郊(金永順，以廈門、泉、漳及兩廣沿岸港口爲主)；③港郊(李勝興，以安平、打狗爲中心的島內港口，採購台灣的產品賣給南、北郊，或購進大陸貨品)。府城(台南)也有三郊。1784年鹿仔港開放通蚶江，廈門、泉州商人來往台灣，分別成立「廈郊」及「泉郊」，掌握中部的生意。1794年艋舺開港，郊商雲集。十九世紀中葉，大稻埕的北郊、泉郊、廈郊稱爲「淡水三郊」，又加上香港郊、鹿郊(通鹿仔港)，合稱「淡水五郊」。廈門人林右藻合併三郊而成立「金泉順」，爲三郊的總長。噶瑪蘭方面也有①北船(往江浙，福州)、②南船(往廣東)、③唐山船(閩南)。

「郊」之下有「行」，即中盤商，他們向郊批發大陸貨再零售，取

2%的佣金，稱爲「頂手」、「九八行」。零售店又稱「文市」(下手)。手工自製自賣的，如香店、銀紙店，稱爲「工夫店」；代客加工的則爲「手藝店」；介於行郊與文市之間的批發店，稱爲「割店」。

台灣商品交易流程爲：

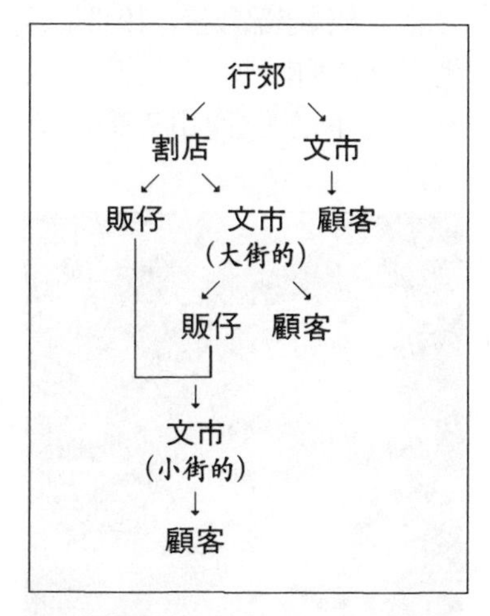

郊商是商業同業公會，內部組織有「爐主」(郊長)，由各會員(爐丁)選出，裁決大小事務，並規定會員資格、價格及度量衡。他們也出錢募勇，例如1806年蔡牽攻擾鹿耳門，三郊商人就出錢出力。台北鬧土匪，林右藻也出面募勇平亂，郊商以高利貸、訂金收購產物及土地，直接打擊台灣的大租戶。1860年台灣開港後，洋行及買辦取代郊商而直接剝削台灣人了。

教案 [清]

十九世紀台灣人民與西方宗教的衝突。1860年代天主教由廈門來台傳教(1859年)，深入打狗、萬金(屏)、赤山一帶；長老教會也在1865年派馬雅各來台南傳教。洋教早期受台灣人的排斥與猜忌，各地教案在1860～1880年間層出不窮：①1863年沙神父在萬金被砍傷；②1864年暴民焚毀萬金天主堂，有一名客家人被殺；③1865年10月，萬金教會被焚毀；④1868年3月，鳳山縣民攻擊溝仔墘的長老教堂，扭毆牧師，並把馬雅各抓進衙門；4月11日，牧師莊清風及其妻子在左營被殺；5月初，台灣府小東門天主堂被毀；7月30日，埤頭教堂被壯勇搗毀。英國領事吉必勳迫地方官嚴懲暴民，賠償洋銀1167元。⑤1887年台北大稻埕的天主教士何德鐸(Geredonio Aranz)要建教堂，被當地人反對，官方並強制關閉教堂。劉銘傳下令准其傳教。

結首

十七世紀荷蘭人把台灣的土地佔爲「王田」，招攬華人耕種，佃農分爲大、小結，每結有「結首」，等於頭人。

戒嚴令 1949.5.19～1987.7.15

1949年5月19日，由台灣省主席兼台灣省警備總司令陳誠宣佈從零時起全台灣實施戒嚴；11月20日又宣佈全台灣實行軍管。《戒嚴令》共五條，主要爲實行宵禁(高雄、基隆兩港市每日1～5時爲宵禁；兩市商店及娛樂場所在24時前停止營業)；不得囤積商品；限制出入境；嚴禁集會罷工罷課及進行請願活動，嚴禁張貼標語、散佈謠言；嚴禁人民携帶武器；居民出外須携帶身份證以備檢查，否則一律拘提。其相關法令，舉凡罷工罷課罷市、鼓惑民衆、聚衆暴動、放火、放水等十項皆處死刑。在此嚴法下台灣人渡過三十八年的黑夜，不斷有人被捕遇害，1987年7月國民黨當局才在內外壓力下宣佈解除戒嚴，但卻又另訂《動員勘亂時期國家安全法》取代戒嚴令。

金關丈夫 Kanaseki Takeo

1897～1983.2.27 [日]台灣民俗學者

香川縣人，京都帝大醫學部畢業，專攻解剖學，1934年來台，爲台北醫專助教授，1937年升爲台北帝大醫學部教授，1943年與池田敏雄等創刊《民俗台灣》，以林熊生筆名寫《龍山寺的曹老人》。

[著]《胡人の匂い》《台灣考古學研究簡史》、《南方文化誌》。

金廣福墾號 [清]

1834年冬，竹塹屯墾戶客家人姜秀鑾與福佬周邦正等配合官府共同開墾，稱爲金(官方)、廣(粵)、福(閩)墾號，入侵樹圮埔(竹東)至北埔之地，設十五個隘寮，趕走平埔族，遂佔新竹東南山麓之地。

金門砲戰 1958.8.23～10.6

中共國防部長彭德懷對金門發動砲戰。1950年代東西冷戰，而蘇聯總理赫魯雪夫(1953年上台)卻主張「和平共存」，1958年7月31日～8月3日赫氏訪中國，不同意中共以武力解放台灣。戰爭開始後，9月4日美國國務卿杜勒斯發表聲明，美軍要防衛台灣、金馬，9月15～18日，中(共)美大使級會談在華沙召開，中國要求美軍撤出台灣，美國主張先停戰。美國也一再暗示要國府軍撤出金門，蔣介石堅持不退，10月21日～23日，蔣、杜會談上，蔣介石表明要恢復中國本土民衆的自由，但爲達成這個使命在原則上是適用三民主義，而不在行使武力；也就是放棄「反攻大陸」以爭取美國防衛台灣。中共方面也在7月6日由彭德懷發表〈告台灣同胞書〉，號召再度「國共合作」，並聲明將停戰七天；10月6日中共停火七天，13日再宣佈停火二週。21日杜勒斯來台，10月25日彭德懷宣佈「化敵爲友」，今後逢雙日不打金門，砲戰才告冷卻。

金礦

荷蘭人早在1622年就有雷尼爾遜(Cornelis Reijersen)來台灣找金礦了；1636年4月，傳教士Robertus Junius在放索附近傳教，聞悉琅璠(恒春)山中有沙金；1637年Jeriaensen奉命赴卑南(台東)尋金，未有所獲。1638年Johan Van Linga率一百二十人赴卑南，得知吉野、里漏(花蓮)等地河川產金，但「生番」凶悍，無人敢前往。1639～1641年間，Wesslingh在東海岸一帶尋金，未見成果。1642年1月，東印度公司長官Traudenius率三百多人前往卑南，也沒探到金子。當時西班牙人佔雞籠，也一直找金礦，盛傳哆囉滿附近甚多礦產；荷人佔雞籠後，1643年雇日本人九左衛門及通曉西班牙語的金包里

(金山)土酋Theodore等人探測金礦。1644年9月,公司派Boon至蛤仔難(宜),尋金未成;翌年11月,C. Caesar赴卑南、至花蓮港,只找到少許沙金。清末,淘金熱隨著1890年劉銘傳架設基隆～台北的鐵路,在八堵橋下發現沙金而狂熱起來。1891年10月,就有4509兩金子出土,翌年基隆同知唐景崧下令禁止採金,沒人理會此禁令。1893年2月,代巡撫沈應奎設金沙總局,發給票牌,抽取厘金,瑞芳、暖暖、頂雙溪、四腳、六堵附近湧入大批淘金客。1894年初,金寶泉申請包辦採金,繳銀7500兩(一年半爲限)。九份仔也發現金礦,林英、林黨兄弟一面散佈謠言,說台灣山脈是福州鼓山的龍脈渡海而來,九份雞籠山是台灣的龍頭,如果切斷龍脊,必遭天譴,嚇得當地人不敢採金,林氏兄弟乘機大挖特挖。

[參]中村孝志〈十七世紀荷人勘查台灣金礦紀實〉(賴永祥譯,《台灣史研究初集》)

金樟 Hopkins, Lionel Charles 1854～1952 [英]領事

1895年爲上海領事,1897年駐芝罘,1901～1908年駐天津總領事。閒餘研究中國古代史,通甲骨文。1895年4月下旬,他在台灣淡水當代理領事。當馬關條約後,台灣中、北部的士紳要求巡撫唐景崧代爲斡旋,要求英國保護台灣,以炭、金、茶、樟腦等的稅收爲代價,英國沒答應。

[參]The Foreign office Records Relating to China and Japan, MS. Fo 46／458, P. 95－100.
Report to N.R. O'cornor from L.C. Hopkins, Tamsui, Apr. 22, 1895.

近衛文麿 Konoe Fumimaro 1891～1945 [日]政治家

皇族出身,京都帝大畢業,當過貴族院議員,主張日本要打破現狀,以求自存,接近少壯軍人,1937年6月組閣,翌年發動武漢攻略,打破不擴大戰爭的謊言,1939年1月下台,一年半後又再度由軍人支持第二次組閣(1940年7月～1941年7月),積極發動戰爭,宣稱建設「大東亞共榮圈」,進兵法屬中南半島、簽定三國同盟,更以國家總動員來奴役全日本人民,內閣淪爲法西斯軍部控制的傀

儡。1941年7～10月第三次組閣，已經進入戰爭，1945年戰敗後擔任過東久彌內閣的不管部長，不久自殺。

[參]《近衛日記》(共同通信社，1968)

井上伊之助 Inoue Inosuke

1882～1966[日]傳道士

高知縣人。聖書學院畢業，1911年(明治44年)至台傳教，不准入山，爲此而研究防治瘧疾、十二指腸蟲及眼疾的醫術，1922年至新竹聖公會，1939年設醫療所，1947年被國府趕回日本。

[著]《生蕃記》、《台灣山地傳道記》。

警察制度 [日]

1897年6月，民政長官後藤新平創立，當時有「警部」375人，巡查3300人，凡支廳長須由警部擔任。歷經幾度修改，總督府內設警務局，統轄全島警務，各州設警務部，郡設警察課；以下設派出所，偏遠地區仍派警部、巡查部常駐。1941年12月全台的警察機關有：

警察部5 廳警察課3 警察署14 郡警察課51 警察課分室40 支廳2 派出所1032 駐在所446

人員數：

州事務官5 警視35 警部323 警部補269 巡查8614 警手3167

《靖海紀事》 [清]

施琅征服台灣前後的奏疏，1685年(康熙24年)初刊，這是施琅叛逃回中國，1665年掛靖海將軍印攻台失敗以來，屢次要求清政府攻台而上疏、奔走，1683年始征服台灣的個人奏疏與對台灣攻略政策的集子。據伊能嘉矩搜集本(台大)，1958年由台灣銀行出書(60600字)。

舊金山對日和約

(Treaty of Peace with Japan)

1951.9.8

日本與聯合國之間的結束第二次大戰的和平條約。1950年韓戰爆發後，美國加速促成對日和約，使日本再武裝，成爲太平洋反共防線的一環。1950年9月，美國國務卿杜勒斯在聯合國大會上提議台澎歸屬問題時表示:「美國將同意美、英、蘇、中(蔣)的共同結論。但如果在一年內沒有達成結論,則再提到聯合國解決」,而蘇聯代表則以台灣問題已在《開羅宣言》、《波茨坦公告》解決,否決此議。同時,英國支持中共,與美國對立,雙方妥協,排除「中國」參加簽署,讓日本自行決定向那一個中國政府另簽和約。1951年9月5日,五十二國代表在舊金山(San Francisco)舉行對日和談會議,蘇聯代表葛羅米柯(A. Gromyko)譴責美國實際佔領台澎,企圖把這個侵略行動在和約上予以合法化,而憤然退席;捷克、南斯拉夫代表也退席。9月8日,有四十九個國家代表簽署對日和約,其中第二條規定:「日本應放棄對台灣及澎湖群島的權利、權限及請求權。」11月18日,日本國會批准生效。

救國團 1952.10.31

全稱爲「中國青年反共抗俄救國團」。蔣介石父子鑒於在大陸失敗原因之一爲無法控制青年,蔣經國說:「我們的青年也被共匪解除了精神武裝,青年組織也被瓦解」。1950年4月28日,成立中國青年反共抗俄聯合會,並開始在北投訓練幹部,1952年10月31日始成立救國團,以蔣介石爲團長,蔣經國爲主任,李煥爲秘書,蔣經國當二十三年的主任,1972年6月始交棒給李煥。

1953年7月行政院公佈〈台灣省高級中學及專科以上學生軍訓實施辦法〉,明文規定:「凡是高中以上學校學生,一律接受在校軍訓,並限令由國防部成立救國團,負責實施學校軍訓。」1960年7月起,軍訓工作劃歸教育部軍訓司,救國團的軍訓人員全部進入教育部,如此一來,完成控制台灣學生的體系。

覺羅滿保(鳧山)

?~1725 [清]官吏

正黃旗人。進士出身,1712年爲福建巡撫,1716年爲閩浙總督,置淡水營。1722年朱一貴反清事平後,加升兵部尚書。

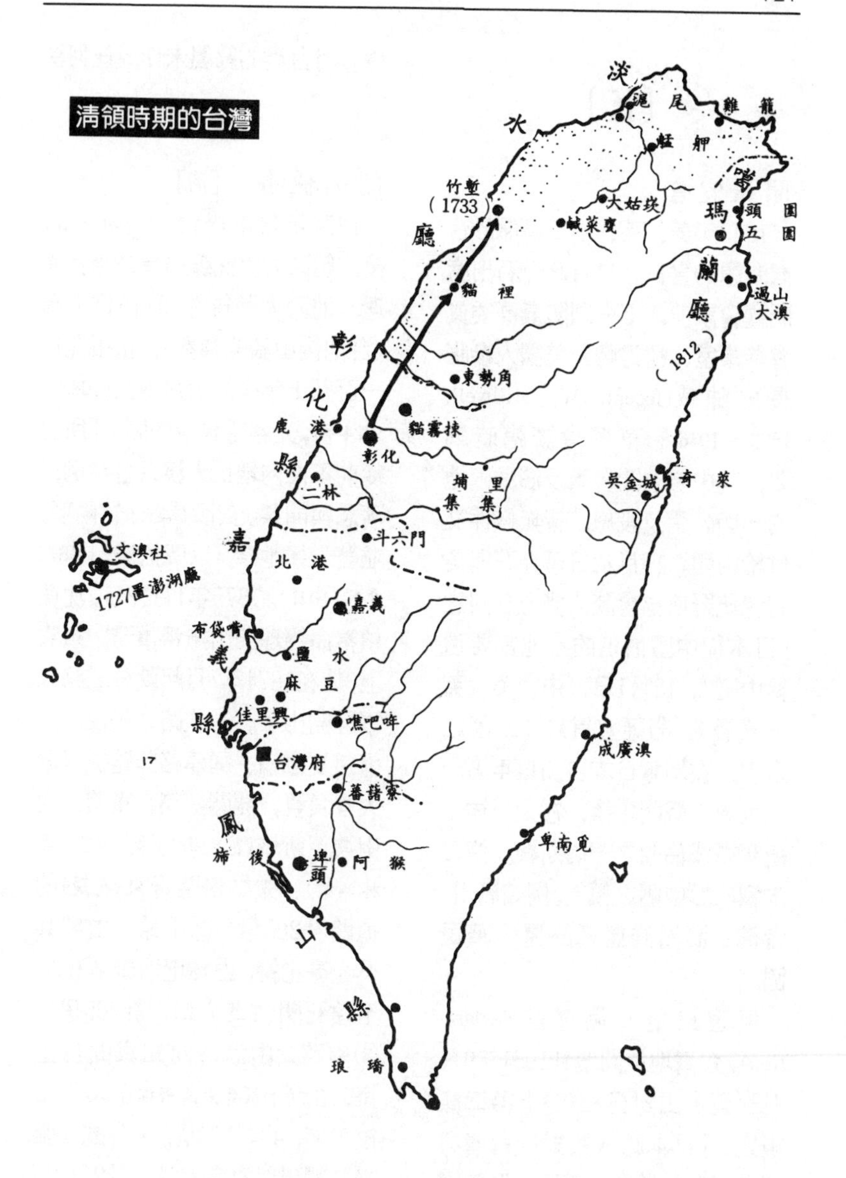
清領時期的台灣
淡水廳
彰化縣
嘉義縣
鳳山縣
噶瑪蘭廳
竹塹（1733）
貓裡
東勢角
貓霧捒
鹿港
彰化
二林
埔里集集
斗六門
北港
嘉義
布袋嘴
鹽水
麻豆
佳里興
噍吧哖
台灣府
蕃薯寮
枋後
埤頭
阿猴
瑯嶠
文澳社
1727置澎湖廳
雞籠
大姑崁
鹹菜甕
頭圍
五圍
（1812）
吳金城
奇萊
成廣澳
卑南覓

〔K〕

開羅宣言

1943年美、英、中三國關於台灣問題的宣言。11月蔣介石出席開羅會談前，下令國防最高委員會參事室、秘書廳及美國人參謀長史廸威(Joseph W. Stillwell, 1883～1946年)草擬會談臨時綱要，其中要求(3)台灣及澎湖兩地的一切公產及設施，皆無條件交付給中國。11月22日蔣介石與美國總統羅斯福會談，雙方都同意「日本從中國搶走的土地都要還給中國」。12月1日，中、美、英三國發表《開羅宣言》；「三國之宗旨，在剝奪日本自1914年第一次世界大戰開始後，在太平洋上所奪得或佔領之一切島嶼。使日本竊取於中國之領土，例如滿州、台灣、澎湖群島等歸還中華民國。」

但這只是一個宣言(declaration)，台灣地位問題到1951年9月8日《舊金山對日和約》上第二條規定：「日本應放棄對於台灣與澎湖群島的權利、權限以及請求權」，對台灣的歸屬未作成任何決定。

開山撫番 ［清］

1874年日軍侵台(牡丹社之役)後，船政大臣沈葆楨奉命來台處理，他回大陸後在12月5日上疏〈台地後山請開禁奏〉，主張開放一百九十年來的山封海禁(1683～1874年)，光緒帝諭令內閣：「所有從前不准內地民人渡台各禁例，著悉與開禁。其販買鐵、竹兩項，並著一律弛禁，以廣招徠。」(1875年1月10日)。1875年1月12日，沈葆楨奉命經理開山撫番事務。事實上，他在1874年7月起就分三路以軍隊開山了。①北路：先後由兵備道夏獻綸、福建路陸路提督羅大春負責，開闢蘇澳、東澳、大南澳至新城(花)、加里宛(嘉里、嘉林二村)、秀姑巒至奇萊(花蓮)的道路計205里；②中路：由總兵吳光亮主持，由林圯埔(南投竹山)至璞石閣(花蓮玉里)，計265里；③南路：由海防同知袁聞柝主持，由赤山(屏東萬巒鄉赤山)至山後卑南，共計175里。另外總兵張光其開建射寮卑南道，計214里。

三路在1875年10月完成，共計859里，沿途設碉堡，屯駐營哨。開山的同時，所謂「撫番」就是以武力征服內山土著。南路的內社、北路的大南澳至大濁水溪之間原住民反抗不止。1875年4月唐定奎(淮軍)鎮壓枋寮楓港之間的獅頭社後，反抗漸止。7月，沈葆楨離台，由福建巡撫王凱泰(只在任五個月)及台灣道夏獻綸接辦，無甚成果。接著由劉銘傳、丁日昌接辦，1876年鎮壓太魯閣番，1877年鎮壓奇密社、烏鴉豆社、又鎮壓台東加禮宛、阿眉等社，1886年又鎮壓大料崁(大溪)、蘇魯、東勢角、馬臘邦、大湖各社，1887年又有南勢、白毛、阿冷各社反抗，1888年大南澳、呂家社、卑南各社反抗，至1890年代，各地原住民反抗軍隊及墾戶入侵，都被劉銘傳帶來的淮軍(尤其他的姪子劉朝帶)鎮壓、眞個「天威所指，群醒震驚、大啓屯蒙、普施覆幬」(方濬頤《台灣地勢番情紀略》)，但畢竟打通了內山。

康第紐斯 Candidius, Georgius

[荷] 十七世紀

荷蘭傳教士，1627年從巴達維雅來台灣傳教，爲主任教師，先後三十年間二次來台傳教，遍及台南的赤崁、熱蘭遮城、新港、大目降、目加溜灣、痲豆一帶，及諸羅、鹿港諸地。

康熙帝(玄燁) 1654～1722

[清]皇帝

1661～1722年在位，八歲即位，親政後(1669年)逮捕鰲拜等擅權貴族，下令削藩，鎮壓三藩之亂(1681年)，1683年征服台灣。1689年與俄國訂《尼布楚條約》；征服蒙古、西藏。對內攏絡漢人士子、官僚，六次南巡。1683年征服台灣後，準備放棄台灣，經過施琅力爭，才勉強把台灣劃歸福建省台灣府，但嚴禁移民渡台。

《康隆報告》 Conlon Report

1959年9月1日，美國康隆學社(Conlon Associates)，康隆、派克、斯卡拉匹諾、彭克爾等人正式向國務院提出外交政策研究報告，建議美國承認台灣與中國分立的事實，並協商其他國家承認台灣共和國，使台灣在聯合國保留席位。美國繼續協防台灣，並協助願意離台的大陸難民他去。

柯平　?～1680　[鄭]刑官

福建晉江人。其父柯宸樞戰死於漳浦，鄭成功重用柯平，為監紀(1655年)。1662年當台灣的天興知縣，1666年為刑官。他代表鄭經和清朝談判，堅持不削髮，納貢稱臣，世守台灣(1669年)。後來隨鄭經攻閩南。

柯鐵　1874～1900　抗日者

雲林縣斗六人。世代拓墾大坪頂，江湖上號稱「鐵虎」，1895年抗日失敗，1896年6月再突襲斗六街，擁簡義為「九千歲」，其餘十七人(張赤呂、黃才等)稱「十七大王」，建元「天運」，改大坪頂為鐵國山，向雲林各庄收保護金，6月底把日軍趕到大莆林，7月攻南投，突襲北斗、員林、永靖。11月，辜顯榮勸降簡義，柯鐵繼續抗日，自稱「奉天征倭鎮守台灣鐵國山總統各路義勇」。1896年12月，及木希典總督攻佔鐵國山，1897年柯鐵逃至溫水溪投靠黃國鎮，1898年又退入深山，不接受日人的招撫，3月投降，後來病歿。

科舉　[清]考試制度

政府統制府、縣學，學生通過考試的為「生員」(秀才)，每年再考一次，取優等者為「廩膳生」，給予官費；後補者為「增廣生」。每年取文、武童各二十名，廩、增生各二十名，歲貢(入京師國子監)二年一名。以往都在福建考試，1727年始奏准在台南設考場。每三年，生員到省城會考(鄉試)，中試的稱為「舉人」，翌年再至北京會試，中試的由皇帝在朝廷親廷親策(殿試)，分一、二、三甲；一甲三人(狀元、榜眼、探花)，二甲若干人，賜進士出身；三甲若干人，賜同進士出身。至於入國子監的稱為「歲貢」，國家慶典而入選者為「恩貢」，被認選赴廷試的為「拔貢」；有錢人捐錢而得的為「例貢」。清初，台灣只有一名舉人的名額，1807年蔡牽亂後，增錄三名，並為郊商子弟附三名入府縣學；1858年紳商捐餉，鄉試定額三人。客家人原來只准入縣學，1740年才有八人入府學，1851年在鄉試內別編字號，取一名。

1823年(道光3年)，台灣應考十一名，中舉人一名。

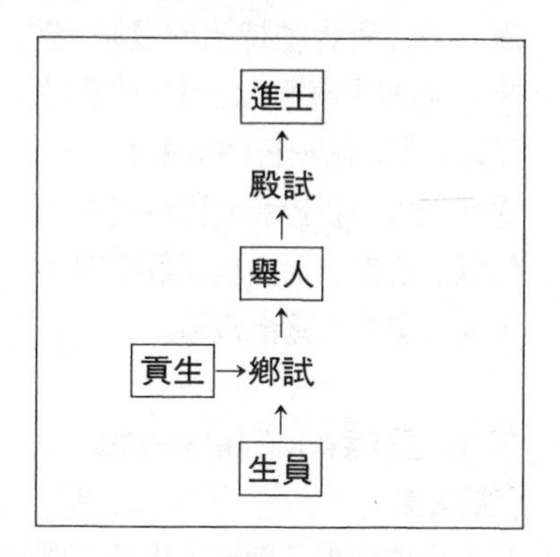

科士達 John Watson Foster

1836～1917 [美]外交官

印地安那州立大學畢業，任律師。1873～1885年間，歷任駐墨西哥、俄、西班牙等國公使。1892～1893年爲國務卿，1895年中日馬關議和期間，被聘爲清朝代表團顧問，並隨李經芳商辦割交台灣。1907年又爲淸政府的代表，出席第二屆海牙會議。

[著]《李鴻章》

客家人

福建及各地稱外來的族群爲「客家人」，客家人自稱Hakka，以黃河流域中原文化正統自居。分佈在桃園中壢以下至新竹縣、苗栗、台中東勢，雲林，彰化的客家人已經福佬化，屛東潮州、東港、內埔各地、及花東一帶。台灣客家人所使用語言爲六種：

①四縣話(廣東梅縣、蕉嶺、興寧、平遠)——高屛。

②海(豐)、陸(豐)——新竹竹東、新埔、湖口、關西、苗栗西湖、三灣、六堆、苗栗、中壢。

③饒平——新竹六家、楊梅、埔心、卓蘭、東勢。

④長樂(福建五華)——苗栗山區。

⑤永定(福建永定)

⑥詔安(福建詔安)——雲林崙背、二崙。

墾戶 [淸]

移民向官府申請開墾土地，由官府查明確屬無主荒地後，照例給「墾照」，授與業主權(所有權)。墾戶再招佃農拓地，提供農具、金錢及日常生活必須品。墾戶負責向政府納正供(稅)，佃戶向墾戶繳地租。隨著土地開拓的發展，佃戶各自分割一塊塊土地，轉租給佃農，一塊土地上出現三種關係：墾戶(大租戶)→佃戶(小租戶)→現地佃農。墾戶(大租戶)有土地所有權，小租戶只有管理權，但卻實際控制土地使用，由小租戶收租，再撥一部份給大租戶。墾戶有官府撑腰，強佔無照者的「私墾」、「盜墾地」爲己有，強迫佃農納租，形成「千萬人墾之，十數人承之，而業戶一人」的現象。土地收益以100石爲例，小租收40～60石，再繳10～15石給大租，大租再向政府納正供2～4石。

●道光年間以前(1820年以前)
大租每甲田園所得(石)

	上田	中田	下田	上園	中園	下園
大租額	8.00	6.00	4.00	6.00	4.00	2.00
正　供	2.74	2.08	1.758	2.08	1.758	1.716
所　得	5.26	3.92	2.242	3.92	2.242	0.284

●小租戶每甲田園所得(石)

	上田	中田	下田	上園	中園	下園
小租額	32	24	16	24	16	8
大租額	8	6	4	6	4	2
所　得	24	18	12	18	12	6

(東嘉生〈清朝統治下台灣の地代關係〉)

墾戶一般都是豪商(施鹿門、施長齡)或由土豪合資(淡水柯有成、何績出資給吳沙拓墾蛤仔難)，也有官民合資(金廣福號)而成，他們據霸一方，負責維持治安及防「蕃害」，形同土皇帝。1843年改正供爲銀納制，每一石(墨西哥銀)2元，當時米價一石1元，大租戶損失一倍以上正供，而大租又無權向小租要求更多，逐漸沒落。

孔昭茲(雲鶴)　1615～1682

[清]官吏

山東曲阜人。庶吉士出身，歷任廣東饒平知縣、福建莆田、興化通判；1848年爲鹿港同知，1854年爲台灣知府。1858年爲分巡台灣兵備道，在戴潮春反清時，戰歿於彰化。

控蘇案

1952年1月2日，聯合國大會以25：9票，24票棄權，通過國府控告蘇聯違背1945年8月14日《中蘇友好同盟條約》案。主要內容爲蘇軍佔領東北，阻止國府軍接收東北，同時「縱容」中共(林彪)部隊進入東北，；蔣廷黻駐聯合國大使並同時指責蘇聯鼓勵外蒙獨立及扶持中共……。

《苦悶的台灣》

王育德著，1964年出版，日文，《台灣－苦悶するその歷史》(弘文堂)，以台灣人立場寫的台灣史，從史前到荷、鄭、清、日、國府時代，有簡潔有力的論述，並反映台灣人幾百年來受一個又一個外來政權壓制的苦悶，是一部高水準的學術著作。

揆一 Coyett, Frederick 1620～1678?

[荷]荷蘭統治台灣的最後一位長官

生於瑞典斯德哥爾摩，二度出任駐日本出島的商館長(1647～1648, 1652～1653)，1656～1662年爲台灣長官。被鄭成功擊敗，退出台灣(1662年)，荷人將他流放Banda島，1675年獲釋。

[著]《被遺誤的台灣》('t Verwaerloosdé Formosa, 1675)

傀儡番反抗

1723年(雍正1年)秋，排灣族武里社的女頭目蘭雷(Ranrui)被客家人殺害。同族的八歹社、加者膀眼等社爲她復仇，至東勢庄殺三名客家人、官軍「宣威」，兩社遁逃，附近生番紛紛投降。

《鯤島逸史》 [日]

鄭坤五著，長篇小說，描寫清初台灣社會，分上下二集。

〔L〕

拉培路斯 1741～1788

La Pérouse, Jean－Franeois G.

[法]探險家

曾參加七年戰爭(1756～1763年)及美國獨立戰爭(1776～1778年)。奉路易十六世之命，繞過南美，航行阿拉斯加、菲律賓、抵澳門，再至日本、北太平洋，再南下南太平洋。1787年他經過台灣，寫過介紹台灣的文章。

賴和 1894.4.25～1943.1.31 作家

彰化人，本名賴河，字懶雲，筆名甫三、安都生、走街先生……。早年入漢學仔「小逸堂」，1909年入台北醫學校(～1914年)，畢業後至嘉義實習，1916年回彰化開業，1917年至廈門鼓浪嶼的博愛醫院(～1920年)，加入文化協會(1921年)，因治警事件入獄(1923年12月16日)，1926年主編《台灣民報》文藝欄，1927年加入台灣民衆黨(～1931年)，1930年與許乃昌等創刊《現代生活》，1932年與陳虛谷等主編《台灣新民報》學藝部；1934年拒絕擔任台灣文藝聯盟委員長(由張深切代之)。

1925～1935年間，他大量發表白話散文、詩、小說，包括《鬥熱鬧》、《一枝秤仔》、《蛇先生》、《善訟人的故事》等，表達反日本帝國主義的被壓迫台灣人的形象，1941年12月太平洋戰爭爆發，他再度入獄，至1943年1月才獲釋，不久去世。戰後，他被列入忠烈祠，1958年被誣指爲共產黨而將骨灰遷出忠烈祠，1984年始再遷入。

[著]《賴和先生全集》(李南衡編，明潭，1984)

賴來 ?～1914 抗日烈士

苗栗三堡圳寮庄人，地理師。1912年潛赴中國，年底回台，響應羅福星號召，聯絡謝金石、詹墩、詹勤、李文鳳、張阿頭等人歃血為盟，1913年8月夜襲東勢角支廳，不久戰死。其他五七八人被捕，二十人處死刑。(見「東勢角事件」)

賴科 十七世紀[清]

閩人，雞籠通事，1695年(康熙34年)入花蓮崇爻，再至台東，「通番」而成巨富，1712年與鄧旋其、鄭珍、朱焜侯等共拓北投、坑仔口(桃園蘆竹)、海山(樹林)一帶，翌年修關渡靈山宮。

賴明弘 1909～1971 作家

台中縣人。高等科畢業，1934年參加第一次全島文藝大會，1935年底又加盟楊逵的《台灣新文學》，他以中、日文創作，主要作品有《夏》(1936)、《魔力》(1936)、《結婚男人的悲哀》(1937)、〈敬致全島文藝同志書〉(1934)，〈台灣文藝聯盟創立的片斷回憶〉(1954)等。

藍鼎元(鹿洲) ?～1732

[清]文人

福建漳浦人。1721年(康熙60年)隨堂兄藍廷珍來台灣鎮壓朱一貴起義。他建議官兵勿濫殺無辜，並發表〈告台灣民人〉檄文，號召台灣人勿「從賊」，並要求人民在大軍上岸之日，家家戶外書寫「大清良民」以示合作，一概不被妄殺；若能糾集鄉壯殺賊來歸，即為「義民」，論功行賞。他的心戰策略瓦解台灣民心，使義民紛紛「反正」撲滅朱一貴。1729年被雍正帝拔擢為廣東普寧知縣，與上司不和而去職，後來再任廣州知府，不久去世。

[著]《藍鹿洲集》

藍理 ?～1720 [清]武將

福建漳浦人。1674年引導清軍鎮壓福建的耿精忠反亂，屢立戰功。1683年隨施琅攻澎湖，奮戰至受傷腹破腸出，大敗鄭軍，功封左都督，官至福建提督。

藍田書院 1833

[清]南投第一古蹟

由南投縣丞朱懋創建，1898年日本人改為台中國語傳習所南投分教場，後來捐給南投公學校。

[住址：南投鎮崇文里文昌街140號]

藍廷珍 1664～1729 [清]武官

福建漳浦人。1719年爲澎湖副將，授南澳總兵。1721年朱一貴反清，他駐澎湖，派間諜分化台灣人，叫台灣人掛上「大清良民」者，免罪，勸告施世驃別亂殺台灣人。朱一貴失敗後，藍廷珍繼續追捕餘黨，後來籌措善後，建議築城、增兵、行保甲、辦團練(民兵)。授福建水師提督，歿於官。

藍蔭鼎 1903～1979 畫家

台灣宜蘭人。宜蘭公學校畢業，受教於石川欽一郎，1923年赴日，1929年參加帝展，以水彩畫聞名，1962年被日內瓦國際藝術年鑑列爲當代世界二十五名傑出畫家之一，1971年任華視文化董事長。他的畫風表現鄉土氣息，作品有〈北方澳〉(1928)、〈新高山〉(1930)、〈淡江夕照〉(1930)等。

藍元枚 ?～1786 [清]武將

福建漳浦人。藍廷珍的孫子。世襲輕車都尉。歷任肇慶，海門、澄海各地守將，升至金門總兵。1784年升江南提督，1786年林爽文反清時，他赴福州馳援，升調水師提督，再爲參贊大臣，率兵渡海駐鹿仔港。他派遣間諜，聯絡各村庄；未出兵而身歿。

雷尼爾生 Cornelis Reyersen

1622年7月11日率船占領澎湖白河(媽宮灣)，並在7月27日赴台灣探險。8月起在澎湖築城，奴隸一千五百多名華人，餓死一千三百多人。明朝福建巡撫南居易派人與他交涉未成。雷尼爾生也親赴廈門談判失敗，10月，荷使Christan Francx在廈門被囚禁。1624年2月8日，明軍在海上與荷船交戰，後來巴達維亞方面改派宋克至澎湖。

雷震 1897～1979.3.7

浙江長興人，1916年留學日本，京都帝大畢業，1926年回國，歷

任國民政府考試院編譯局編撰兼中央軍校教官、中央大學教授、教育部總務司長、行政院政務委員等職。1949年至台灣，接辦胡適創辦的《自由中國》，批評國民黨，並與台灣政客高玉樹、李萬居等籌組「中國民主黨」，1960年9月以叛亂罪入獄十年。

[著]《雷震全集》(傅正編)

釐金 [清]

一種過路稅，作爲地方政府的重要財源。

黎烈文 1904～1972 翻譯作家

湖南湘潭人，曾祖父黎錦崧在清末爲台南、台中知府，著《台灣思痛錄》，黎烈文1919年進商務印書館，1921年在廈門大學旁聽，1926年入東京帝大，1928年入法國Dijon大學，1931年獲巴黎大學文學博士。1932年至上海《申報》(～1934年)，開始翻譯文學作品，中日戰爭期間爲福建省改進出版社社長，1947年來台擔任台大文學院教授，重要譯作有《亞爾維的秘密》、《冰島漁夫》、《企鵝島》、《紅與黑》、《屋頂上的哲學家》等三十多種，著有《法國文學巡禮》(1973)、《藝文談片》(1969)、《西洋文學史》(1962)。

李阿齊 ?～1914 抗日烈士

台南關帝廟庄人。其父死於1895年抗日之役，矢志報仇，在關帝廟一帶活動，他孔武有力，間用神道宣傳。1913年10月在五甲庄起義，事洩被捕，翌年3月與羅福星等被處死。史稱「關帝廟事件」。

李阿隆 1848～1902 抗日者

宜蘭人，隨父至花蓮新港經商。1895年號召太魯閣原住民一齊抗戰。1897年日軍以砲兵及「南勢諸番」攻新城附近的九碗社，12月投降；1902年被殺。

李長庚(超人) 1751～1807 [清]武將

福建同安人。1771年進士，1787年福建海壇鎮總兵，追剿海盜。1797年爲澎湖副將，累升至浙江定海鎮總兵、福建水師提督。他在海上牽制海盜蔡牽十餘年，孤軍奮鬥，1807年追蔡牽時 ，戰死於潮州的海面上。

[著]《水戰紀略》、《詩文遺集》。

李春生 1838～1924 [日]買辦

台北市人，原籍福建廈門，基督敎徒，十五歲學英文，1857年在英商怡記洋行當掌櫃，1866年來台，任寶順洋行、和記洋行總辦，1889年與林維源成立建昌公司。合建建昌、千秋二街西式店舖於大稻埕，1890年爲蠶桑局副總辦，1891年以協築台北鐵路有功，敍五品同知。1895年叫辜顯榮引日軍入台北城，設保良總局，爲會辦。1897年獲日人紳章，出任台北縣參事。1922年爲台灣史料編纂會評議，八十八歲去世。

[著]《主津後集》(1898)、《民敎寃獄解》(1902)、《天演論書後》(1907)、《東西哲衡》(1908)、《哲衡續集》。

[參]張炎憲〈白手起家的稻江鉅商李春生〉(《台灣近代名人誌》第2冊)

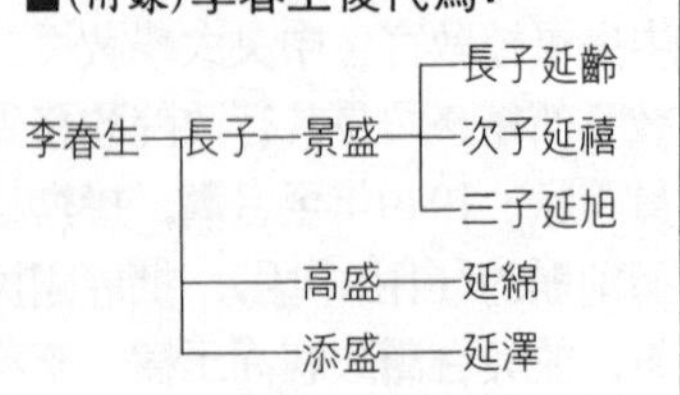

李崇禮(樂山, 幼名金墩) 1874～1951 御用紳士

彰化市人。總督府國語學校第一屆畢業(1900年)，歷任台南地方法院通譯、北斗弁務署、台中地院、彰化廳等職務，1905年退休，入北斗製糖廠，1911年爲彰化銀行監察，受總督府紳章，1917年當選彰化同志信用組合長；1922年爲台中州協議員，1927年爲台灣總督府評議員，1930年爲彰化街長。1945年戰後歷任台灣省參議員、彰化銀行董事及監察人，1948年爲台灣省通志館顧問。

李旦 ?～1625 [明]海盜

福建泉州人，早年赴菲律賓馬尼拉，被西班牙人趕走，逃入平戶(長崎)。他取得幕府的朱印狀(特許)，來往台灣、越南、呂宋間，後來由手下鄭芝龍繼承其地位。

李鴻章(少荃) 1823～1901

[清]政治家

安徽合肥人。道光進士，1853年辦團練抵抗太平天國軍，入曾國藩的幕下，1861年編練淮軍。1862年帶兵至上海，夥同戈登的常勝軍攻佔蘇、常州。1864年太平天國亡後，功封一等肅毅伯，1865年爲兩江總督，率軍鎭壓捻軍，1867年授湖廣總督，1870年繼曾國藩爲直隸總督兼北洋大臣，先後推展洋務運動，創辦江南製造局、輪船招商局、開平煤礦、天津電報局等事業，並建立北洋艦隊。1869年與英簽定《煙台條約》，1885年《中法新約》、1895年3月與日本簽《馬關條約》割讓台灣。1896年與俄簽定《中俄密約》，允許俄國在東三省修建鐵路。1900年八國聯軍之役後，爲全權大臣，與慶親王在《辛丑和約》上簽字。中國近代北洋軍閥，從袁世凱起，皆是他的徒子徒孫。

[著]《李文忠公全集》

李光地(榕村) 1642～1718

[清]學者

福建安溪人。1670年進士，當庶吉士、編修，在休假回鄉期間，正逢三藩之亂(1674年)，他躱入山中，遣家僮密奏破敵策。1680年當內閣學士，1683年他指出「台灣未平，閩南夜不安寢。……近鄭經死，僞總制陳永華爲台灣所信者亦死；經子克塽幼，諸將帥權不相能，果於殺戮，兵民離心；若以大師征之，必克，機不可失」，向康熙帝保奏施琅，終於征服台灣。後來歷任工部左侍郎、直隸巡撫、吏部尙書，及文淵閣大學士(1705年)。他精通理學，著有《周易通論》、《尙書解義》等書，及編纂《朱子全書》、《性理精義集》等。

[著]《榕村全書》

[參]清史稿268，列傳49；清史列傳10，碑傳集13。

李經方 1855～1934 [清]官僚

安徽合肥人。李鴻章四弟之子，過繼給李鴻章。進士出身，1890年任出使日本大臣(～1892年)，1894年中日戰爭後爲李的助手，1895年隨李至日本談判，5月30日與美國顧問科士達一起至台灣，在海上與樺山資紀商辦交割台灣，並在《交接台灣文據》上簽字。1896年隨父至聖彼得堡參加沙皇尼古拉二世加冕典禮，參與《中俄密約》談判。1907年出使英國(～1910年)，1911年署郵傳部左侍郎。

李科羅 Ricci, Victor 1685～?

[鄭]意大利多明尼哥派教士

先至菲律賓(1648年)，再赴廈門(1652年)傳教。1662年他代表鄭成功至馬尼拉，向西班牙總督Manique de lara勸降，並暗中聯絡華人。西人先發制人，在5月6日屠殺華人。1663年他又至菲，西人接受鄭的通和文書，恢復華人權利。

李臨秋 1909～1979.2.12

作詞家

台北市牛埔仔人。1926年入永樂座當小廝，後來升爲經理。1932年寫〈懺悔〉、〈倡門賢母〉兩首電影廣告詞，獲哥倫比亞唱片聘爲專屬人員。1933年發表〈望春風〉(鄧雨賢作曲)，1935年寫〈四季紅〉，1937年爲〈望春風〉編劇本

(電影)。1949年寫〈補破網〉(王雲峰譜曲)。1977年退休，沽酒度日。

李梅樹 1902.2.4～1983.2.6
畫家

台北三角湧(三峽)人，從小受三峽祖師廟畫師所吸引，1918～1923年入國語學校師範部，畢業後任教瑞芳公學校，1925年入石川欽一郎門下。1928年赴日本東京美術學校，與陳植棋同學，隨岡田三郎助學畫，加入「赤島社」。1934年回台，加入台陽美術協會，數度爲三峽協議員，1939年以〈紅衣〉入選東京帝展，此後他的畫風傾向表現台灣的自然風貌，晚年致力祖師廟的修復工程，歷任台北縣三屆縣議員(1950～1955年)、國立藝專彫塑科主任，師大美術系教授等。

[參]李欽賢〈永遠鄉土的寫實畫家李梅樹〉(《台灣近代名人誌》第4冊)

李媽兜 1900～1952 台共份子
台南大內鄉典溪村人。小學畢業，當過善化小學教員、新化糖廠試驗員，1928年偷赴廈門，開西葯店。1946年返台，1948年至香港，回台任台南工委會書記，建立嘉義至高雄間二十多個支部，1952年2月16日在安平偷渡時被捕，7月19日被槍斃。

李瑞漢 1908～1947 律師
新竹竹南人。台中一中畢業，日本中央大學法科畢業(1929年)、翌年返台、在台北當律師。1945年戰後爲台北市律師公會會長；1947年3月與弟弟李瑞峯律師及朋友林連宗律師一起被軍人「帶走」，一去不回。

李雙澤 1949～1977 作家
生於菲律賓的福建人。幼隨母定居淡水，淡江文理學院數學系肄業，1975～1976兩年赴西班牙學畫，1977年9月10日爲救一溺水者而被巨浪吞沒。遺作集爲《再見，上國》(1978)。

李騰嶽 1895.6.1～1975.4.23

醫生

台北蘆洲人，醫學校畢業，1926年爲醫學博士，1933年繼續隨杜聰明學習七年。1940年獲京都帝大醫學博士學位。在大稻埕執醫三十多年，詩文並爲當世所推崇，1945年爲省通志館顧問，1960年爲省文獻會主任。

李希霍芬 1833～1905

Richthofen, Ferdinand F. V.

普魯士地理、地質學者

參與普國的東亞探險隊(1860～1862年)，也到過美洲(1862～1868年)，接著赴荷屬印尼、中國、日本、加州(1868～1872年)。回國後歷任波昂(1875～1883年)、萊比錫(1883～1886年)及柏林各大學教授，致力海洋研究，1860年他曾到雞籠勘察煤礦，指出當地煤質優良，引起世界注目。

[著]"China"7卷，1877～1911，《中國旅行日記》(Tagebucher aus China, 1907)等等。

李仙得 Charles William Le Gendre 1829～1899 [美]外交官

原籍法國，1860～1862年參加南北戰爭受傷退伍，1866年爲美國駐廈門領事，1867年羅妹號事件後藉口調查而至琅璠(9月)，與原住民頭目卓杞篤(Tauketok)談判，並迫清朝地方官答應建燈塔、派駐軍維持治安及搜救遇難船隻。1871年12月牡丹社土著殺害琉球漂流民，李仙得再赴番社，不得要領；1872年被調駐阿根廷，路過日本，慫恿日人侵台，被日本政府聘爲外務省顧問，1873年隨副島種臣至北京與清朝總理衙門交涉。1874年充任日本專使大久保利通的參贊，他準備到台灣，在廈門被美國海軍逮捕，不久獲釋。在上海寫《台灣蕃地是中華帝國的一部份嗎?》爲日本出兵台灣辯護，後來他到朝鮮政府當外交、內政顧問，歿於漢城。

[著]《關於廈門和福爾摩沙島的報告》

李庥 Rev. Hugh Ritchie 1840～1879 長老教會首任駐台牧師

倫敦英國長老教學院畢業。

1867年來台，在鳳山各地傳教，精通廈門話，客家話，1874年更至東海岸傳教，患熱病死於台南，夫人繼續傳教至1884年始回國，1887年籌建女學(長榮女中)開校。

李師科案

李氏(1927～1982)為退伍老兵，山東人，開計程車，1982年4月14日戴假髮、蒙口罩在下午15:20左右，持槍搶走台北市羅斯福路三段土地銀行古亭分行的五百多萬現款，並射傷土銀副理，全部過程約五分鐘。警方偵辦台灣第一件銀行搶案，濫捕無辜，逼另一司機王迎先跳河自盡。5月7日據李的朋友(張姓)密告，終於逮捕李師科，搜出餘款一百二十五萬。

李石樵 1910～1994.7.7

台北縣人。1924年入台北師範學校，隨石川欽一郎學習，1927年以〈台北橋〉入選台展，1929年至東京，兩次考試失敗，1930年再入選台展，1936年東京美校畢業，在校期間以〈林本源庭園〉入選帝展(二十四歲)，1942年被推薦為帝展「無鑑查品」，戰後推展美術教育。病逝於美國。

[作品]〈家族像〉，〈編織少女〉等。

李萬居 1902.4.9～1966.5.9

半山政客

雲林人，上海國民大學肄業，留學法國。後來在上海教書兼任中山文化教育館編譯，1937年中日戰爭後入軍委會國際問題研究所，1942年任駐港、粵辦事處少將主任。1945年回台接收《新生報》，1946年任台灣省參議會副議長(～1951年)、國大代表，1947年創刊《公報論》。他是青年黨員，晚年一直當省議員，頗受國民黨的壓迫，貧病而去世。

[譯]《法國社會運動史》

李應章 1897.10.8～1954.10.2

社會運動者

彰化二林人。醫生。1925年領導蔗農抗爭，點燃台灣農民運動的火苗，成立「二林蔗農組合」。1932年逃至廈門，在鼓浪嶼開「神州醫院」；1934年至上海日本租界定居，改名李偉光，開設「偉光醫院」，暗中聯絡中共。1943年與施石青、郭星如成立「台灣解放聯盟」。1945年戰後，掩護中共派遣地下工作者(張志忠、蔡孝乾等)回台灣；1949年後為「台盟」的政協代表，兼上海台灣同鄉會會長，1954年為人代會代表，屬蔡孝乾派，與謝雪紅不和。

[參]李玲虹〈懷念父親李偉光〉(《台聲》，1984(5))

李友邦(肇基) 1906～1952.4.22

半山

台北和尚洲(蘆洲)人。入台北師範(1922年)，1924年與林木順等夜襲台北新起街(長沙街)派出所而被退學，赴上海，再入黃埔軍校第二期，由孫文協助成立「台灣獨立革命黨」，1925年主持兩廣省工委會的台灣地區工作委員會，1926年經日本回台灣，1927年為廣東台灣革命青年團宣傳部員，1932年在杭州被國民黨逮捕，1937年第二次國共合作始獲釋，1938年在金華成立「台灣義勇隊」。1940年在重慶成立台灣革命團體聯合會，1943年成立台灣義勇總隊，1945年回台，1946年擔任三民主義青年團台灣支部主任，1947年二二八事變後在南京被囚禁三個月。1949年為台灣省黨部主任、省府委員。1950年其妻嚴秀峯以「參加匪幫組織」被捕，判刑十五年，1951年11月李友邦被捕，翌年處死。

[參]國家安全局《歷年辦理匪案彙編》第1輯(1959)；李筱峯〈半山中的孤臣孽子李友邦〉(《台灣近代名人誌》第5冊)。

李宗仁(德鄰) 1891～1969

政治家、軍人

廣西桂林人，畢業於廣西陸軍小學，參加同盟會，歷任粵軍粵桂邊防第三路司令、廣西善後督辦等，1924年北伐後擔任國民革命軍第七軍軍長、第三路軍總指揮，1928年爲南京政府軍事參議院院長，1929年倒蔣(介石)失敗，1937年起歷任第五路軍總司令，1943年起歷任漢中行營、北平行轅主任，1948年4月爲中華民國副總統，1949年1月代總統，後去美國，避不來台灣，被蔣介石導演國民大會罷免，1965年回中國。

[著]《李宗仁回憶錄》

理蕃

外來統治者對台灣原住民的統治政策，鎭壓與安撫、教化是並用的，同時也以番制漢，造成各族的矛盾對立，統治者坐收漁人之利。荷蘭人一手拿《聖經》，另一手用暴力手段征服平埔族。平埔族被教化，改信基督教(喀爾文教派)，也被教用羅馬字拚寫他們的語文(新港文)。但是，荷蘭人也利用平埔族對漢系佃農及通事、社商的欺壓的不滿，遇事則驅使平埔仔殺漢人(例如1625年郭懷一的抗荷)。清據時代(1683～1895年)，滿清政府嚴格限制漢人不准入山，把山區封鎖，在番界圍木柵、挖深溝、立石碑，禁止民、番出入，一共有六次的禁令(1722、1729、1739、1746、1752、1790年)，直到1875年始廢止。平地的平埔仔則被漢系移民逐漸同化及通婚，加上騙取土地而漸趨沒落，當局一面嚴禁通婚，但也不忘教化番人，使他們的子弟唸漢文、學漢字；1695年台灣知府靳治揚就設立「熟番社學」，十九世紀社會動亂，化番事業荒廢，至1869年台灣道黎兆棠才再度注意教育土番。清廷早在1758年(乾隆23年)就賜姓給平埔族，他們可以改姓潘、陳、戴、李、王、錢、斛、蠻、林。例如排灣族長賜姓潘，名文杰。化番的目的也在驅使原住民成爲鎮壓福佬、客家反抗的力量，每遇動亂，「番義民」就扮演鎮壓角色，但平時則飽受官府及漢人的欺壓。

日本佔領台灣後，先設撫墾署(1896～1898年)，後來又把山地行政劃歸民政部殖產局，至於隘勇、山林及取締則歸警察管理。1903年日人開始積極處理番事，1911年佐久間總督制定五年理番計劃，事實上以武力征服高山族(～1914年)。總督府設蕃務本署，地方廳置蕃務課，由警察管理治安，並負責教育、醫療與授與生產技術、改善衛生等等，同時，也限制他們的武器及財物流通(例如每次出獵只能有四發子彈，所有金錢需存入郵局，要領錢須由警察批准)，造成原住民的憤怒，終於爆發1930年10月的霧社事件。事後，日人才開始放鬆對高山族的壓制，但太平洋戰爭後(1941年)又驅使他們成爲高砂義勇隊去送死。

[參]伊能嘉矩《台灣番政志》；《民國36年度台灣年鑑》(F.26)。

理蕃同知

1767年全台劃分爲南、北二路，設「北路理蕃同知」，駐彰化縣，辦理彰、淡、諸羅的民番交涉事務。南路理蕃同知則由海防同知兼理。1784年開鹿仔港，翌年添設北路(鹿仔港)海防同知，由北路理番同知兼理。1788年林爽文反清事變後移駐鹿港，1875年改爲「中路撫民理蕃同知」，移駐埔里廳，裁撤北路理蕃同知；至於南路，則移駐卑南廳(台東)。

立石鐵臣　1905～1980

[日]畫家

出生於台北，七歲回東京，1933年回台辦個人畫展，1934年起在台灣大學製作標本畫，一直留任到1947年，他爲《民俗台灣》及西

川滿的作品作揷畫，相當深刻地反映出日據時代台灣的民生狀況。戰後，曾一度爲省編譯館畫石器圖譜，1965年在日本舉辦追憶之島的台灣風物素描展。

櫟社 [日]

日據時代台灣中部的第一個舊漢詩詩社，1902年在霧峯成立，由林痴仙、賴紹堯、蔡啓運等人創立，每年春秋佳節共聚一堂，吟詩唱和，一直延續到1931年爲止。1931年由傅錫祺發表《櫟社沿革志略》，並附1924年的《櫟社第二集》作品。

《櫟社沿革志略》

1931年刊，由台中傅錫棋(1872年生，當過潭子庄長十七年，主編《台灣日報》)記述漢詩社櫟社從1902～1931年間的活動。(108,000字)

連橫(雅堂) **1878～1936** 文人

生於台南府兵馬營，1897年至南京，回台。1898年入台澎日報社，1902年赴廈門、福州；1905年赴廈門辦《福建日日新報》，不久被封，回台。1908年入台灣新聞社漢文部，1912年遊歷上海、杭州各地。1913年至奉天、吉林，1914年回北京，入國史館，冬，回台南。1918年完成《台灣通史》(1920年出版上冊)，1924年發行〈台灣詩薈〉(～1925年)，1926移居西湖(～1927年)。1930年台灣民衆黨向國際聯盟電告，抗議台灣總督府繼續在台灣賣鴉片，引起當局的反感，連雅堂於3月2日在《台灣日日新報》上寫〈新鴉片政策謳歌論〉爲當局辯護，被林獻堂斥爲「幫閒」，匆匆離台，1931離台赴上海，1936年病逝上海。

[參]《林獻堂日記》，1930.4.6及3.6～8；3.13、20。

[著]《大陸詩草》(1915)、《劍花室文集》(1931)等。

連震東 1904～1986 半山政客

台南市人，連橫之子。1926年加入中國國民黨，1929年日本慶應大學經濟科畢業，回中國擔任西京建設籌備委員會祕書，1944年赴重慶軍委會國際問題研究所組長。1945年接管台北市，1946年爲台灣省行政長官公署參事、省參議會秘書，1947年爲國民黨台灣省黨部執委兼總務處長，1948年爲第一屆國代，1949年兼任東南行政長官公署土地處長、《新生報》董事。1950年爲國民黨中央改造委員，1953年任國民黨第五組主任、省政府建設廳長，歷任民政廳長、秘書長，1960年爲內政部長(～1966年)，以後閒著。其子連戰爲現任副總統兼行政院長。

連溫卿 1895.4～1957.11 社會運動者

台北市人。公學校畢業，1913年加入世界語(Esperanoto)協會台灣支部，1919年主編《綠蔭》(Verda Ombro)，1923年籌組「社會問題研究會」、「台北青年會」，結識小學教師山口小靜(女)，由其

介紹認識日本社會主義者山川均，1924年至日本，返台發表〈將來之台灣話〉，並勸人購買日共的刊物《無產者新聞》，傳播山川均的勞農派共產主義思想。1927年文協分裂，他主導新文協的工農階級路綫，並發表〈1927年的台灣〉分析民主運動與階級運動，1928年籌組「台灣機械工會聯合會」與王敏川派對立；1929年11月文協第三次大會上，被台共派批鬥而開除，戰爭期間埋首研究民俗，晚年生活潦倒。他的外甥黃信介是民進黨的主席(1989～1991年)。

[參]張炎憲〈社會民主主義者連溫卿〉(《台灣近代名人誌》第4冊)

梁啓超(卓如，任公)

1873～1929 思想家、政治家

廣東新會人。光緒間中過舉人，1890年入康有爲門下，1895年赴北京會試，隨康有爲公車上書，反對割讓台灣，1896年在上海辦《時務報》，1897年至長沙講學，鼓吹變法，1898年參加百日維新，失敗後流亡日本，在橫濱辦《清議報》，1902辦《新民叢報》介紹西學，鼓吹君主立憲；1913年回國任共和黨黨魁，後來支持袁世凱，出任北洋政府的司法總長，1916年策動蔡鍔反袁氏稱帝；後組織研究系，擔任段祺瑞政府的財政總長，晚年在清華學校講學。

林獻堂在1907年於日本結識梁氏，梁告訴他：「三十年內中國無能力可救援你們，最好效法愛爾蘭人之抗英……勾結英朝野，漸得放鬆壓力，繼而獲得參政權，也就得與英人分庭抗禮了」。1911年梁氏偕女兒一起來台灣，受林獻堂招待，台灣的櫟社詩友及中部士紳皆歡迎之。

[參]葉榮鐘《台灣近代民族運動史》，p.3～14。

梁實秋 1901～1987 散文家

生於北京。淸華學校、美國科羅拉多大學英語系，哈佛、哥倫比亞大學研究，1926年回國，任教東南、暨南、青島、北京、北師各大學，1949年起任教台灣師範學院、外文系主任、文學院長等(～1966年)，以《雅舍小品》聞名，並翻譯莎士比亞全集。他在師大任教內，主編遠東英語課本，把台灣的英文教育搞得烏煙瘴氣。

[著]《浪漫的與古典的》、《偏見集》、《清華八年》、《秋室雜憶》等。

料館 [清]

製造軍用船舶及煉樟腦的工廠，稱爲「料館」。在琅璚及艋舺各設一處，由民間承包，供應樟木及松，杉，油，鐵、與煉樟腦，賣給料館，每擔八元，而官方賣給洋商每擔十六元(1885年)。

廖漢臣 1912.4.1～1980.10.11 作家

台北人。筆名毓文。1933年任《新高日報》漢文記者，《東亞新報》台北支局記者。參與台灣新文學運動，1934年先後參與創刊《先發部隊》、《第一綫》雜誌。平時注意民俗，1948年起被聘爲省文獻會編纂，長達二十八年。

[著]《台灣通志》

廖繼春 1902～1976 畫家

台中豐原人。1921年台北師範畢業，1923年入東京美術學校師範科，從田邊至學畫。1927年回台，任教台南長榮中學及州立二中，參加赤島社、台陽美協。戰後爲師大美術系教授，作品有〈靜物〉、〈裸女〉(1927)、〈台南孔子廟〉等，傾向野獸派畫風。作家施明正曾師事他多年。

廖溫仁 1893～1945 醫學者

雲林西螺人。1921年東北帝大醫學部畢業，再入京都帝大文學部研究東洋歷史，1928年發表《東洋脚氣病研究》，獲京大醫學博士。1932年再發表《中國中世醫學史》。

廖文毅(溫義)

1910.3.22～1976.5 政客

雲林西螺人，京都同志社中學、(南京)金陵大學工學部畢業，1931年美國俄亥俄大學工學博士，1933年爲金陵大學教授，1937年爲香港銀行團鑑定技師，1940年返台，擔任大承信託、大承產物社長，1945年戰後擔任行政長官公署工礦處簡任技正，兼台北市政府工務局長。同年競選國民參政員，被民政處長周一鶚作梗而落選。他創辦《前鋒》雜誌，鼓吹聯省自治，1947年2月25日離台至上海，二二八事變後，被上海警備總司令部通緝，其兄文奎被捕，他逃到香港，1948年與黃紀男等在香港成立「台灣再解放同盟」。黃紀男說服他傾向台灣獨立；1949年分赴馬尼拉、東京、上海、南京、遊說菲國季里諾總統、駐日聯軍統帥麥克阿瑟、日本首相蘆田均等人支持台灣人公民投票決定台灣前途。1950年至日本，成立「台灣民主獨立黨」，5月14日，台灣當局逮捕黃紀男等七人。1955年9月1日，在日本成立「台灣臨時國民議會」；1956年二二八又成立「台灣共和國臨時政府」，自任大統領。1965年5月14日廖文毅回台投降，當曾文水庫建設委員會副主任，從此醇酒美人消磨晚年。

林平侯(名安邦)　十九世紀

[清]板橋林本源家的創立者

福建漳州龍溪人。十六歲來台尋父(林應寅，在新莊教書)，在米商鄭家幫佣，被主人鄭谷賞識，經營生意而成巨富，並與竹塹林紹賢合辦全台鹽務，四十歲捐納爲同知，署潯州通判，調桂林同知，署柳州府。1814年(嘉慶19年)引退回台灣，當時閩粵械鬥及漳泉械鬥蔓延，遷居大嵙崁(大溪)，1823年(道光3年)又開闢三貂嶺官道，並支持吳沙入侵蛤仔難(宜蘭)。

他的兩個兒子**林國華**(～1857年)、林國芳未分家，並取「本源」爲家號，以示飲水思源。1845年(道光25年)林國華爲收租方便，在板橋建造弼益館，並於1853年再建三落舊大厝，爲板橋林家的住處。

林國華的兒子**林維讓**是被欽賜爲舉人(1859年)；第二子**林維源**用錢捐爲太常寺少卿，在劉銘傳手下爲幫辦撫墾大臣(1886年)，乘開山撫番而大佔番地，歲收租穀二十餘萬石。1895年拒絕當台灣民主國的議長，逃回廈門，1900年4月始由後藤新平勸其家人回台灣，受總督府保護。

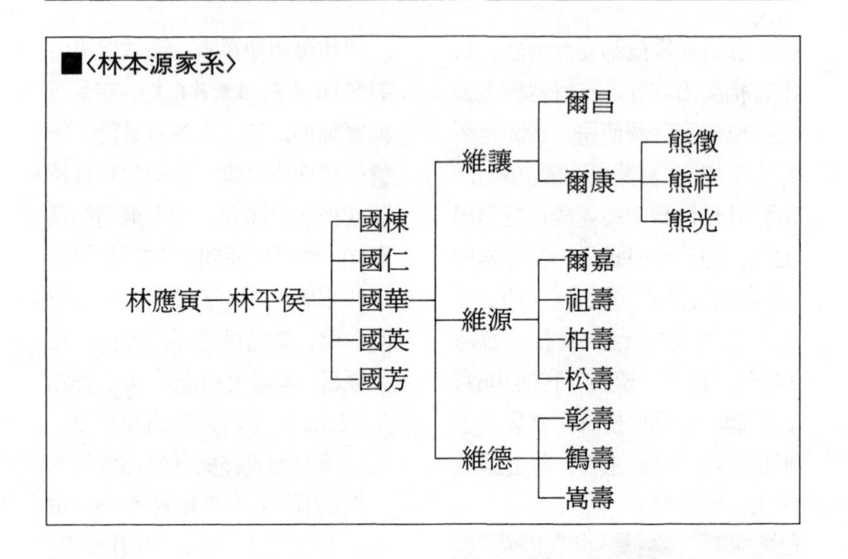

林道乾 十六世紀 [明]海盜

1536年被兪大猷追至澎湖，逃入台江(台南海岸)。傳說他騙殺原住民，煮其血爲船板空隙油漆的代用品。後再逃到越南占域。

林達泉(海巖) 1827～1875 [淸]官吏

廣東大埔人。咸豐年間舉人，入江蘇巡撫丁日昌幕下，留心國際事務，1864年(同治3年)以辦團練敍選知縣，1868年隨軍鎭壓捻軍晉升直隸州知府，歷任地方官，1875年(光緖1年)被沈葆楨保薦爲台北知府，建議暫緩開闢山地，注重海防，半年內病歿。

林大北 ?～1896 抗日先烈

宜蘭人。1895年底，乘除夕，進攻頂雙溪、瑞芳、及芝山岩，殺日本人教務官楫取道明等六人，佔領頭圍、羅東。1896年1月初，圍攻宜蘭，歷經一個多月，兵敗於礁溪，處死，當地居民數百人也被日軍屠殺。

林頂立 1908～1980 半山

雲林莿桐人。曾至廈門英華書

院、漳州第三高中唸書，再入上海大陸大學、日本陸軍經理學校，轉入明治大學政經科肄業，1931年回廈門爲軍事委員會調查統計局從事諜報工作，受戴笠賞識，1945年回台爲保密局台灣站長，兼台灣警備總司令部別動隊司令，二二八事變時「平亂」有功。1947年8月創辦《全民日報》，1951年爲《聯合報》總管理處主任，臨時省議會副議長，1955年爲農林公司董事長兼總經理。1956年5月因違反糧食管治條例被判刑八年半，傳聞他曾赴日本會晤台灣共和國臨時大統領廖文毅，未向當局報告而被整肅。1959年8月保外就醫，1961年爲國泰保險公司董事長，後來與國泰企業的關係密切。

林圯　?～1661　[鄭]武將

福建同安人。鄭成功的部將，他率兵屯田斗六門，與土著奮戰，被殺，後人紀念他的屯墾地爲林圯埔，即南投縣竹山。

林朝棟(蔭堂)　1851～1904　[清]武將

台中霧峯林家，林文察的兒子。世襲輕騎都尉，捐納而爲兵部郎中敍用。1884年法軍侵台，他率民軍在三貂嶺及八堵之間抵抗，收復基隆，功封二品銜，保選爲道員。1885年台灣建省後，巡撫劉銘傳委託他處理中路營務，擢升爲撫墾局局長，開山撫番。林朝棟一面鎮壓罩蘭、大湖、大料崁(大溪)各地土著，同時乘機拓展自己的土地，官方允許他在中部沿山及近海浮復地招佃墾耕，並得到全台灣樟腦的專賣特權。1888年他鎮壓彰化施九緞的抗清丈土地事變，以功賞黃馬褂。1895年他在彰化抵抗日軍，不久逃回中國。他說：「我戰朝廷不賞我，我遯而日本不仇我，我何爲乎?」在南洋大臣劉坤一的手下，率領棟軍守海州。後來退休，在廈門經營樟腦，歿於申江。

[參]洪棄生《瀛海偕亡記》

林朝棨 1901～1985 地質學家

台中豐原人。台北二中、台北帝大理農學部地質科畢業(1934年)，留校擔任助教，1936年入台陽礦業，1937年至山西省礦務局工作，1939年任教北平師大地理系，1946年回台任教台大。1949年借調台灣省建設廳礦務科長(～1950年)；1958年完成《台灣地形》初稿，1963年發表〈台灣之第四紀〉，1977年退休。

林呈祿(慈舟) 1886～1968 民族運動者

桃園竹圍人。總督府國語學校畢業(1904年)，曾入台灣銀行工作，1910年文官考試及格，當台北地方法院書記官；1914年明治大學法科畢業，1917年任湖南省立政治研究所教授；1919年回東京，擔任啓發會幹事，1920年爲台灣青年雜誌社幹事，他主張台灣完全自治，參加台灣文化協會及台灣議會設置請願運動。1923年12月因治警事件被捕，判刑四個月。1922年起他主持《台灣》(～1924年)，此後一直主編《台灣民報》、《台灣新民報》、以至《興南新聞》(1927～1943年)。1941年爲總督府評議員，1942年爲皇民奉公會文化部長。1945年應邀至南京參加受降，後來創辦東方出版社，此後閉門隱居。

林鳳 ?～1665 [鄭]武將

福建龍溪人。鄭成功部將，1658年爲左虎衛左協將，隨鄭成功攻金陵(1659年)，1661年渡台，屯田於曾文溪以北，即林鳳營。1663年任統領水師署總兵官都督僉事。1665年爲先鋒，攻雞籠的荷蘭軍，陣亡。

林豪(卓人) 1831～1918 文人

福建廈門人。咸豐年間舉人，1862年至台灣，居艋舺(台北市)，1868年受聘修《淡水廳志》，後爲澎湖文石書院山長，晚年移居金門。

[著]《東瀛紀事》、《澎湖廳志》、《金門志》、《誦清堂詩鈔》等。

林恭 ?～1853 [清]抗清者

鳳山縣人，當過縣役，1853年台灣乾旱，天地會首領王汶愛企圖攻府城失敗，派李石(台灣縣)去投案，充當反間諜。4月，林恭聯絡嘉義附近茄苳庄的賴棕、賴益，鹽水港的張古、大腳崙(北港附近)的曾雞角，28日攻下番薯寮(旗山)，並打得義民旗混入埤頭，屠殺鳳山縣令王廷幹等人；王汶愛也攻府城，在灣里殺台灣縣令高鴻飛。5月3日，林恭三次攻府城不下，分巡台灣道徐宗幹寫〈勸民歌〉號召人民「莫作總大哥」，並募集紳商抵抗。林恭在埤頭敗退到東港，被其兄林萬掌出賣，處死(9月)。1854年4月，賴唇在嘉義布袋嘴起義失敗。

林宅血案 1980.2.28

前台灣省議員(宜蘭)林義雄的母親及兩個六歲雙胞胎女兒在台北市信義路住宅中被殺害，大女兒奐均也受重傷。林義雄在1979年12月10日因美麗島事件被捕，林宅血案一般均認爲與該事件有關，目前仍爲懸案。

林崑岡 1832～1895 抗日烈士

漚汪人。嘉義諸生，在村中教書。1895年結集曾文溪以北庄民抗日，遣人向台南劉永福求援，只得破槍數十銃，他在鐵綫橋、溝仔頭血戰日軍，10月20日在曾文溪畔戰死。

林老才 ?～1915 抗日者

台中太平庄人。曾參加抗日軍。1914年自稱「台灣皇帝」，發佈檄文，1915年2月被捕處死。

[參]《警察沿革志》第2編上卷p.816～817.

林連宗 1905.4～1947? 律師

彰化人。台中一中畢業，1930年入日本中央大學法科，1931年回台，在台中市開業，並擔任台灣新聞社顧問。1945年9月擔任三民主義青年團台中分團第一區隊長；1946年爲省參議員(台中)，對警政、司法、教育頗有質詢；11月爲台中縣制憲國代，1947年二二八事變後，北上爲二二八事件處理委員會委員，3月10日在李瑞漢律師家中，與李氏兄弟一併被押走，一去不回。

[參]李筱峯《台灣戰後初期的民意代表》(自立晚報社，1986)

林李成 1854～1899 抗日志士

淡水縣三貂堡遠望坑人。精研拳術及洋銃，並攻漢文。1895年響應胡阿錦、簡大獅會攻台北，5月襲日軍於烏塗窟、頂雙溪，再襲三叉坑，日軍由瑞芳挺進，林李成轉守山地。1896年再聯詹振、陳捷陞攻松山憲兵屯所；6月，與日軍戰於內湖庄土地廟。後來逃亡廈門，暗中運軍火接濟台灣抗日軍。1899年回台，拒絕投降，在文山堡厚德礦坑被圍攻，自殺，其子阿祥也中彈。

林茂生(耕南)

1887.10.29～1947.3? 學者

屏東東港人。生于台南市，南部長老教會牧師林燕臣(前清秀才)之子。(日本)三高畢業，1916年東京帝大哲學科(支那哲學)畢業，台南長老教中學(長榮中學)當教頭。1918年台南師範囑託，兼台南高等商業學校教授。1924～1925年參加台灣文化協會，並在霧峯夏季學校(林獻堂家)主講哲學，啓蒙台灣青年。1927年爲總督府在外研究員，留學英、美。1928年獲美國哥倫比亞大學碩士學位，1929年任台北高商教授，……11月獲哥大哲學博士學位；

1930年回台，1931年轉任台南高工教授、英德語科主任。1941年退休。

戰後，當選國民參政員(請辭)，加入「台灣建設協會」(1945年10月26日)；協助接收台灣大學，為台大先修班主任(1945年11月)，並創辦《台灣民報》。1947年3月11日被捕，一去不返。

[參]《林茂生年譜初稿》(手稿)；李筱峯《二二八消失的台灣菁英》(自立，1990)。

林木順 1902～? 台共

台中草屯人。台北師範學校退學，1925年赴上海唸書，結識謝雪紅，共赴莫斯科東方大學，1927年11月回上海，1928年4月創建台共，當選中委，兼書記長、組織部長。1928年4月底上海讀書會事件後，沒回台灣；以「林先烈」筆名寫〈台灣勞動組合統一運動與當前左翼之任務〉(《マルクス主義》第55號，1929.3)，後來支持謝雪紅建立領導地位。1931年台共瓦解後，他在中國，從此下落不明。

林攀龍(南陽) 1901～1983

台中霧峯人，林獻堂長子。八歲赴日本留學，唸東京三高，1920年加入東京台灣青年會及新民會。1922年為《台灣》幹部，1925年東京帝大畢業，1925～1932年又留學牛津、巴黎索爾邦、德國慕尼黑攻讀哲學、文學、語言。1934年創辦三榮興業公司，戰後為明台保險、彰化銀行董事等。代表作品為〈近代文學的主要潮流〉(1922《台灣》三年五號)，及《人生隨筆》(1954)。

林朝崧(痴仙) 1875～1915 詩人

台中阿罩霧人。十四歲為諸生，1895年逃至晉江，晚歸故居，1902年創詩社「櫟社」。

[著]《無悶草堂詩存》

林謙光(芝楣) [清]官吏

福建長樂人。1672年副榜，1687年為台灣府儒學教授，1691年陞浙江桐鄉縣事。他寫《台灣紀略》(1685)分為十三篇，文章簡明，收入《四庫全書》。

林日高 1903～1955.9.17 社會運動者

台北縣板橋人。1922年台北商

工學校畢業，1925年至廈門，與海員、人力車伕接觸，1928年4月參加台共建黨(上海)，爲中央委員,11月爲書記兼組織部長。1930年奉謝雪紅命令至上海，接觸翁澤生要求聯絡中共或第三國際遠東局，遭冷落返台後脫黨。1931年被日警逮捕、關五年。1945年以後擔任三民主義青年團台北分團股長、省參議員、板橋鎮長、參與1947年二二八事變，1948年「自新」，1949年與中共台灣省工委會有所聯絡，1954年離開台灣省政府委員職位,12月被捕,1955年9月被槍斃。

林少貓　?～1902　[日]抗日者

恒春縣阿猴(屏東)人。當過劉永福的兵，1897年收容鄭吉生部衆，1898年12月攻阿猴、潮州，再攻恒春，打狗首富陳中和勸他投降。日人答應他居住後壁林，製糖開荒。1902年5月底，後藤新平下令用大砲猛轟後壁林，屠殺林少貓及其家人，及屏東各地抗日者(包括已投降的林天福等)，並宣佈5月30日爲「全島完全恢復治安」紀念日。

林是好　1907～　歌星

台南市人。藝名「林麗梅」，台南女子公學校、教員養成所畢業，1922年至台南第三公學校教音樂，並在台南管絃樂團拉小提琴，後來東渡日本學聲樂，爲哥倫比

亞唱片灌唱〈紅鶯之鳴〉、〈琴韻〉、〈怪紳士〉、〈月夜愁〉等。二十六歲時丈夫盧丙丁(1901～1931)被逮遇害，此後仍奔走演唱。

[參]莊永明《台灣第一》第1冊，p.201～210。

林爽文　?～1788　[清]反清者

福建漳州平和人，自幼隨父來台，居大里杙(台中大里)，趕牛車，當過捕役。1784年加入嚴烟的天地會。1786年7月，彰化方面官府嚴緝天地會，11月，台灣知府孫景燧駐彰化，捕役下鄉濫抓無辜，鄉民惶恐逃散，11月27日，林爽文起義，率三千人攻陷彰化城(28日)，殺孫景燧等人，自稱「盟主大元帥」，建元「順天」，誓言誅殺貪官，以安百姓，並聯絡鳳山莊大田起義。12月初6，攻占諸羅，再陷斗六門、南投、貓霧捒(霧峯)、竹塹。1787年初，莊大田攻陷鳳山，雙方會攻台南。乾隆帝下令黃仕簡(水師)、任承恩等渡台；3月，柴大紀收復諸羅，不敢出擊。林爽文轉攻諸羅、鹿港；5月，莊大田的部衆泉人莊錫舍受清軍招降而倒戈，莊退回南潭。常青渡台半年鎮壓，毫無所獲；12月，陝甘總督福康安率軍渡海，收彰化、入諸羅，破斗六門，年底攻破大里杙，12月，用大砲猛轟濁水溪，1788年2月，在老衢街(竹

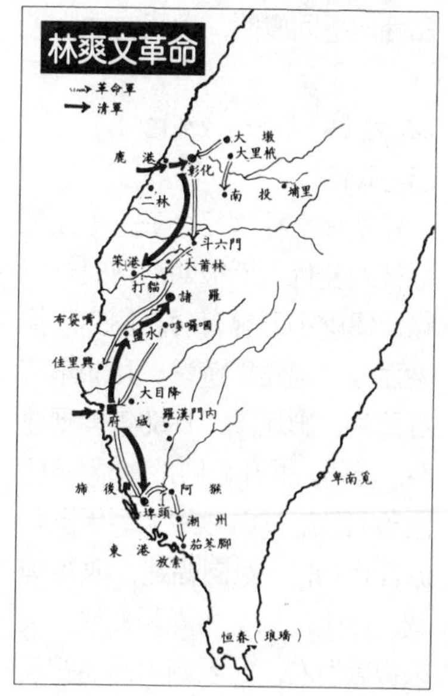

南)擒林爽文。結束一年三個月的動亂。

[參]《平定台灣紀略》

林維源(時甫)　?～1805

[清]板橋林家後代

捐納爲內閣中書。1879年督辦台北城的城工，授四品卿銜。1884年法軍攻台，他拒絕捐款給兵備道劉璈。後來他升至太常寺少卿，1886年台灣巡撫劉銘傳奏他爲撫墾幫辦，他乘機侵佔原住民土地。1895年日軍侵台，台灣民主國成立，他拒絕當議院的議長，捐一點錢，逃回廈門，病死當地。

林文察(密卿)　?～1864

[清]武將

霧峯林家林奠邦之子。十九歲報復殺父仇人而被關，1854年出獄，鎮壓小刀會有功。1858年捐納而分發福建爲遊擊。1859年率台灣兵，剿建陽，1860年鎮壓建寧、汀州，擢升參將，賞「固勇巴圖魯」名號。1861年破太平天國軍於江山(浙)，回調福建，收復連城、汀州，以寄名總督外放。後來轉戰浙右，升至四川建昌總兵(1862年)、福建陸路提督。1862年回台灣鎮壓戴萬生反清，再回大陸，1864年被太平軍所敗，戰死於福建。

[參]《清史列傳》51

林獻堂(名朝森，號灌園)

1877.10.25～1956.9.8

進步士紳、民主運動領袖

台中霧峯人。(前清廣東道台)林文欽之子，十五歲(1895年)奉祖母之命率全家人逃至泉州，1898年與楊水心(彰化人)結婚。1900年奉父棺由香港回台；二十二歲爲霧峯區長，二十五歲爲台灣製麻會社董事，二十七歲(1907年)至日本奈良，結識中國流亡政客梁啓超。1913年遊中國，結識戴季陶，再至日本，與板垣退助商談，11月板垣來台組織「台灣同化會」，林獻堂出力最多。1920年3月支持東京留學生成立新民會，開始推動文化啓蒙與六三法撤廢運動，1921年領導台灣議會請願運動，同年10月被推爲台灣文化協會總理；1922年9月與王學潛、楊吉臣等八人拜會田健治郎總督，被勸退不搞政治運動(見「八駿事件」、「犬羊禍」)，1923年4月爲《台灣民報》董事長。1927年文協左右分裂，另組台灣民衆黨，爲顧問。出遊歐美。1930年8月爲台灣地方自治同盟顧問，1932年8月反對台灣米移入限制；1934年被迫停止議會設置請願運動。1936年因「王字事件」被迫害，避禍日本(～1940年)，1945年9月與羅萬俥、陳炘等至南京，未列席日軍受降典禮。1946年率台灣光復致敬團赴南京，拜中山陵，晉見蔣介石，至西安遙祭黃陵。1947年二二八事變後，他排斥謝雪紅，反對台灣獨立，支持所謂「台中地區時局處委會」，使運動陣營分裂。3月爲彰化銀行董事長，5月任省府委員；1948年6月兼長台灣省通志館。1949年9月赴日，1955年次子猶龍去世，1956年林獻堂病逝東京。

[参]葉榮鐘〈林獻堂先生簡歷〉(《台灣人物群像》，1985)

林熊徵(薇閣) 1888～1948

[日]板橋林家長房

1895年隨家人逃至廈門，福州高等師範畢業，1908年爲林本源製糖會社副會社長，以其家業經營投資中日銀行、漢冶萍鐵公司、華南銀行。歷任台北廳參事、大稻埕區長、台北州協議員、總督府評議員等。戰後爲省商會理事長。

林熊祥 1896～1973

板橋林家後代

生於廈門。在福州唸漢學，1910～1918年在東京學習院唸中學。1919年爲建興會社社長，1923年創立大有物產。1945年8月日本宣佈投降，他和許丙、辜振甫等人與日本少壯軍人在草山策動「台灣獨立」，失敗被關數年。1951年主持《台灣省通志稿》。

[著]《書學原論》

林旭屏 1894～1947.3.?

台南州東石庄人。東京帝大法律系畢業(1930)，歷任總督府交通局書記、地方理事官、屏東市及新竹市助役、竹南郡守，及台南州商工水產課長等職，1943年爲專賣局參事煙草課長。1947年二二八事變後死難。

林幼春(資修，號南強)
1879～1939 [日]詩人

霧峯林家子弟，早年參加櫟社，1918年又創鰲西吟社，1919年元旦創刊《台灣文藝叢志》。1921年隨林獻堂籌建台灣文化協會，1923年底因治警事件被捕，在獄中沒抽鴉片，吃盡苦頭，1924年10月被判刑三個月。1927年爲台灣民衆黨顧問，先後擔任過霧峯鄉長、區長、信用組合長，《台灣民報》社長等。

[著]《南強詩集》4卷，《文集》2卷。
[參]葉榮鐘〈台灣民族詩人林幼春〉(《台灣政論》(3)1975.10)

林泳春 ?～1823 [清]抗清者

北部採樟伐木的小匠首，抗拒官方袒護大匠首杜長春，1822年抓走差役，1823年4月再度抗繳樟木，5月攻(宜)頭圍的料館，被當地士紳聯合水師提督許松年圍堵，逃入內山，不久被捕，斬首。事後，官兵增撥三百人防守噶瑪蘭。

[參]張炎《清代台灣民變史研究》

林玉山(英貴) 1907～ 畫家

嘉義人。東京川端學校日本畫科畢業(1929年)，以〈水牛〉入選台展(1927年)，回台後成立「春萌畫會」，1935年再至日本京都堂本印象畫塾，1936年返台，爲各報的文藝欄畫挿畫，包括徐坤泉的《靈肉之道》、《可愛的仇人》(新民報)、吳漫沙的《三鳳歸巢》等。戰爭期間(1941～1945年)在嘉義醬酒統制會社當總務，戰後爲師大藝術系教授。

林占梅(雪村) 1817～1865

[清]文人

新竹人。全台鹽辦林紹賢的孫子，十一歲就到北京遊歷，並娶客家人進士黃驤雲的女兒。1841年英艦侵雞籠，他出錢募勇防守，以貢生加道銜。1843年又捐錢防八里坌口，1844年嘉義械鬥，他募勇扼守大甲溪。1853年林恭反清，他為全台團練，奏准簡用為浙江道。1854年趕走海盜黃位，收復雞籠，加鹽運使銜。1862年戴潮春反清，他率民勇攻克大甲，至梧棲，1863年會同清軍攻占彰化。事平，加布政使銜，病辭，築潛園於新竹西門。

[著]《潛園唱和集》

林野調查與整理 [日]

日帝強佔台灣林地的措施。從1895年公佈〈官有林野取締規則〉以來，就視「凡無所有權證或無其他確證之山林原野悉歸官有」，1910～1915年調查整理佔有台灣面積70%的山林，一共有783,198甲，其中劃歸官有的佔751,966甲，民有地才31,202甲。官有林又分為「要存置林」及「不要存置林」，將後者交給民間資本經營(398,541甲)。

●台灣山林所有狀況

(1938年/10000甲)

項　　目	面積	百分比
總面積	255	100
官有林	229	90.0
原居住民所有	172	67.5
官有林	40	15.7
保管林	1	0.4
無償貸與日本人山林	10	4.0
私有權未確定林	6	2.4
私有林	26	10.0

(《台灣總督府統計書》第43，1939年)

1925年，總督府又推行〈森林十五年計劃事業〉，把172萬甲台灣原住民的山林劃為開發區，包括鹿場大山、油羅山、濁水溪(宜)、阿里山、八仙山、大雪山、中央山脈、大武山、恆春山岳。

臨時台灣舊慣調查會

[日]日據時代調查台灣風俗習慣的機構

1898年總督府為調查台灣的土

地，設立「臨時台灣土地調查局」，1900年民政長官後藤新平委託京都大學教授岡松參太郎調查和土地有關係的台灣習俗、法令。翌年刊出《台灣舊慣制度調查一般》。本會在1901年4月成立，10月公佈〈臨時台灣調查會規則〉，將機構分爲二個部門：第一部，調查法制；第二部，調查農工商經濟的舊慣。第一部由岡松主持，第二部由愛久沢直哉主持，下設委員若干名，會長由後藤兼任。第一部調查的對象爲土地、親屬及財產繼承；一共刊行了《第一次報告書》三冊(1903)，和《第二次報告書》五冊(1906～1907)。第二部由宮尾舜治和持地六三郎先後主持，但是調查方向錯亂，在1904年中止，只發表《第二部調查經濟資料報告》二冊(1905)。1905年6月，重新改組，第二部的調查事業被納入第一部，新的第二部則專事有關於華南的農工商調查。結果不了了之。至於第一部則細分成法制、行政、經濟三科。他們繼續調查，石坂音四郎主編《第三次報告，台灣私法，第三編》二冊(1909)，後來改爲《台灣私法》六冊，及付錄參考書七冊(1909～1911)。至於清代台灣的舊典法令，則由京都大學的織田萬教授擔任，加上狩野直喜的支援，他們先在京都研究清朝的現行行政法，1905年刊行《清國行政法》第一卷(汎論)。接著在1907年以後，由淺井虎夫、東川德治、加藤繁等加入調查行列、陸續刊出第二～六卷(1910～1913)，新編的第一卷二册(1913～1914)，索引一册(1915)。1909年4月，本會規則修正，新設第三部即立法部，起草與審議台灣的特別立法，由岡松兼任部長。從1909～1914年間，陸續起草〈台灣祭祀公業令〉、〈台灣合股會〉、〈台灣親屬繼承令〉等。至於第一部的法制科，在完成工作後，繼續對高砂族調查，1921年總結成果完成《台灣番族習慣研究》八册。

臨時條款

(動員勘亂時期臨時條款)

1948年4月18日，〈中華民國憲法〉附加制定此條款。國民黨來台灣後，不斷修訂臨時條款，以凍結〈中華民國憲法〉，無限擴大總統的權力。1950年3月11日由國民大會第三次會議第六次大會修正通過，1966年3月19日再修正通過。內容共有十條，主要規定在動員勘亂時期，總統得連選連任，不受關於一次連任之限制。「總統在動員勘亂時期，得經行政院會議之決議，爲緊急處分，不受憲法……所規定程序之限制。」

劉璈(蘭洲) [清]分巡台灣兵備道

湖南岳陽人。以附生從軍，隨左宗棠征服新疆，功薦道員。1881年至台灣，勇於任事，整飭吏治，他指出台灣自開山撫蕃十餘年來，「傷人逾萬，糜餉數百萬」，問題在於漫無章法，名曰「開山」，不過鳥道一線，防不勝防；名曰「撫番」，不過招番領賞，濫賞何益？在採礦上，煤局隨處虛耗，任意報銷，「其間不應濫支之處，不可勝數。」劉銘傳在1884年到任後，命他守台南，他不撥款五十萬兩給劉銘傳，雙方開始對立。1885年2月法軍佔澎湖，進逼安平，他單騎勸退孤拔。劉銘傳向朝廷彈劾他包辦洋藥(鴉片)，包庇鳌金舞弊案等十八項大罪，使他被撤職沒收家產，流放黑龍江，造成大冤案。

[著]《巡台退思錄》(1885)

劉家謀(仲爲) 1814～1853

[清]官吏

福建侯官人。1832年中舉，當過寧德及台灣的敎諭。在台灣四年，留心文獻，著有《海音詩》，批評吏治的腐敗，及反映台民的生活實況。

[著]《外丁卯橋居士初集》八卷、《東洋小草》、《鶴場漫志》等。

劉乾 ?～1912 抗日烈士

南投縣新寮羌仔寮人。以卜筮爲生，被日警叱爲惑衆，潛入大安山的中水堀，集結信徒。他的徒弟林啓順(南投中心崙人)爲日本三菱製紙壓迫，不得砍伐竹子。劉乾假託神明示意，宣稱自己爲皇帝的義子，當征服台灣的日本人而稱王。1912年3月23日凌晨，他糾集徒衆突襲頂林派出所，殺二名日警。再攻林圯埔支廳，兵敗而被捕，4月10日處死，史稱「林圯埔事件」。

劉卻 ?～1703 [清]抗清者

諸羅(嘉義)人，一身武藝，財力雄厚，暗中打造兵器。1701年12月，率衆攻茄荖汛，再襲茅港尾(台南下營)；他退據急水溪，再逃入深山。1703年在北港重新起義，在秀才莊(新營附近)被圍，押至府城斬首。

劉國軒 十七世紀[鄭]武將

福建汀州人。本來是淸軍的漳州千總，1654年開城迎接鄭成功，擢爲護衛後鎭。1674年隨鄭經攻閩南，指揮攻占閩南、粵東。1683年駐澎湖，兵敗隨鄭克塽投降淸朝，被封爲天津總兵。

劉良壁(省齋) [清]官吏

湖南衡陽人。進士出身，1731年爲福建龍溪知縣，1738年爲台灣府，1740年陞分巡台灣道(～1743年)。撰有《台灣府志》。

劉銘傳(省三) 1836～1895

[清]武將，第一任台灣巡撫

安徽合肥人。1853年在家鄉辦團練，1861年底入淮軍(李鴻章部隊)，帶銘字營部隊與太平天國軍

交戰，1865年爲直隸總督，鎭壓捻軍，1868年率軍鎭壓西北回民起義，與左宗棠交惡而辭官(1871年)。1884年中法戰爭時特拔爲巡撫，防守台灣，擊退法軍(1885年)，授福建巡撫，仍駐台灣，10月爲台灣巡撫(～1891年)。他建設基隆～新竹的鐵路(1891～1893年)，設西學堂(1886年)，設電報總局、茶厘、稅厘及礦務總局(1886年)，推進洋務；同時也開山撫蕃，鎭壓原住民(1886～1890年)，1888年力行「減四留六」、企圖土地改革，並丈量土地，由於部下貪暴擾民，激起施九緞抗爭。1890年9月被朝廷彈劾他擅與商礦，章程紕繆，10月請辭，1891年邵友濂接替他；並停止洋務。

[著]《劉壯肅公奏議》

劉明燈 ?〜1895 [清]武官

湖南永定人。隨左宗棠鎮壓太平天國有功，1865年升至福建興寧鎮總兵。1866年調台灣總兵。1867年美船羅妹號在琅璚遇難，引起美國領事李仙得及英國怡記公司經理必麒麟發動向清朝施壓力，劉明燈奉令至「番地」處理。他被李仙得壓迫，只得迫卓杞篤出面與李會談；事後保證在龜鼻山附近設砲台，派兵把守，最後不了了之。後來他赴甘肅追剿回教徒的反抗。

劉吶鳴(名燦波，筆名洛生)
1900〜1939

台南人，生於日本，慶應大學畢業，再至上海震旦大學唸法文。1928年創辦第一綫書店，次年又辦水沫書店，出版馬克斯主義文藝論叢。1939年投靠汪精衛政府，擔任《文滙報》社長，不久被刺死。他是新感覺派代表作家，著有短篇小說集《都市風景綫》等。

劉啓光(侯朝宗)
1905〜1968.3.2 半山

嘉義人。嘉義商校畢業，擔任教師，因祕密抗日而被捕，逃亡中國。1937年中日戰爭後，擔任第三戰區長官部少將諮議，1945年回台接收前後歷任台灣工作團少將主任、台灣省長官公署參事、台灣省黨部委員、華南銀行董事長等職。

劉啓祥 1910〜 畫家

台南查某營(柳營)望族子弟。1923年入東京青山學院中學部，1927年入文化學院洋繪科，1930年返台開個展，再至巴黎，1933年以〈紅衣〉入選法國秋季沙龍，1935年至東京，1939年以〈野良〉獲「二科展」二等賞，此後一直住在日本，他一向寧靜淡泊，作品充滿孤寂與寧靜的風格。

劉廷斌 ?～1808 [清]武將

四川溫江人。行伍出身，官至總兵。1801年爲台灣鎭總兵，查辦淸莊，1808年擢陞廣東提督，適逢張丙起義，他至嘉義鎭壓。後來以廢弛營務革職。

劉永福(淵亭) 1837～1917 [清]軍人

廣東欽州客家人。早年隨父母流亡，二十一歲加入天地會，參加太平天國軍，被馮子材追擊，1865年逃至越南，投靠吳鯤。後來他在六安州組織黑旗軍，以保勝爲地盤。1868年以來，和越南阮朝軍隊及中國的馮子材軍隊聯合追剿土匪有功，當到三宣軍務副提督(1874年)、太原布政使(1879年)。1873年他大敗法軍於諒山，聲威大震，1886年清朝授他南澳總兵、記名提督。1894年中日戰爭起，他奉命防守台灣，駐旗後(6月)。1895年日軍登陸台灣，唐景崧逃回大陸，台人擁立他爲大總統，永福堅辭，移駐台南，仍稱「幫辦」。台南士紳設議院；他發行鈔票，籌軍餉，向張之洞等人求援，未獲支持；樺山資紀總督勸他投降，他拒絕。9月，乘船逃回大陸。1911年辛亥革命時，應廣東都督胡漢民邀請，出任廣東民團總長，不久解散。1915年企圖組織義和軍，展開抗日活動，未成行。

[參]黃海安《劉永福歷史草》(1955)

劉雨卿 1892～1970 軍人

四川三台人。1912年入成都第四鎭頭目養成所，1927年爲國民革命軍第二十軍旅長，1929年爲副師長兼涪陵市長，1939年後歷任軍長、集團軍副司令等。1947年3月率第二十一師由上海來台灣鎭壓二二八起義，屠殺台灣人，後調回重慶擔任警備司令(1948年)，1949年來台後爲國防部參議

(～1952年)、國大代表。

劉纘周(又名彭金土)

?～1931.11. 台共

新竹州人。年輕時在上海當海員,1930年在海參威加入共產黨,1931年回台組織工運,他支持謝雪紅,與台灣改革同盟派(王萬得、蘇新)對立,謝雪紅派他到日本連繫日共。7月回台,台共組織已被日警瓦解,他與林樑材、張爛梅等重建黨、散發傳單,11月4日被捕,死於獄中。

[參]陳芳明《謝雪紅評傳》

劉自然事件(五・二四事件)

反美暴動

1957年5月20日,劉自然少校(江蘇無錫人,三十三歲,革命實踐研究院工作)與妻子(荊姓)一起參加朋友的婚禮,回途路過陽明山,被美軍上士雷諾開槍打死。5月23日,美國普通軍法庭宣判雷諾爲誤殺,無罪開釋,5月24日將雷諾送往松山機場送回美國。劉的妻子奧特華在其表兄馮允生陪同下,手持中英文硬紙牌「殺人者無罪? 我控訴,我抗議!」在台北美國大使館前抗議(14:20)。台北民衆衝進美國大使館、搗毀門窗、辦公桌及文件、汽車,扯下星條旗(～19:20)。國民政府宣佈鎮壓,當場有三人死亡,十二人受傷,一一一人被捕,其中四十一人被控「有意製造事件」而受軍法審判。

留東同鄉會(東寧學會) [日]

1920年左右,丘琮(丘念台)至東京帝大唸書,因不會福佬話,乃聯絡鄭昌英、陳尙文、翁瑞炎、鄭松筠等客家人學生成立「東寧學會」,借鄭經時代的「東寧」影射台灣。他們努力學習「祖國」(中國)的語言及閱讀中文,鼓勵會員到中國學習,至1926年才改稱「留東同學會」。

[參]丘念台《嶺海微飆》

六八銀

清代台南爲中心,通行南部的通貨。1843年田賦規定毛穀一石折納「六八銀」二元(即一兩三錢六分)。六八銀是台灣地方官鑄的貨幣,以扣除七二銀爲六八銀(六錢八分),支付軍餉。官府的秤爲「庫平秤」,但支付軍餉卻用不準確的「湘平」，七二銀等於湘平七錢六分，等於「六八銀」。

[參]張庸吾〈清季台灣之貨幣流通考〉(台銀，1954)

六三法 1896.3.30 [日]

日本在台灣實施的特別法律，授權台灣總督得於管轄範圍內頒佈具有法律效力之命令；此命令由總督府評議會決議，經拓務大臣奏請天皇勅裁；但遇緊急狀況，總督得逕行發布命令。這是1896年(明治29年)3月1日台灣由軍政改爲民政以來，3月底頒佈〈關於施行於台灣之法律〉，即法律第六十三號的通稱。〈六三法〉奠定台灣總督的絕對權力的法律基礎，被一部份日本國會議員以其侵犯議會的立法權而限於實施三年期限。但在1899年又以必須延長三年爲理由，再以法律第七號延長，1902年又再以法律第二十號延長三年，日本政法聲明不再延長〈六三法〉，但1905因日俄戰爭，兒玉總督擔任滿州軍總參謀長不在台灣，又以法律第四十二號延長到1906年12月底，一共維持十一年的效力。

六部處分則例

全稱《康熙二十二年台灣編查流寓六部處分則例》。1683年清朝征服台灣後，對由大陸渡海來台者的嚴酷規定。其要點爲：①凡欲渡航台灣者，須先有原籍地方官的照單，經分巡台廈兵備道稽查，再由台灣海防同知的驗可，始能放行；替渡者，處嚴罰；②渡台者不准携帶家眷；已渡航者，不許招致家眷來台；③粵地(廣東)屢爲海盜淵藪，以積習未脫，禁粵民渡台。另外又規定，台灣流寓民人，無妻室產業者，一概還回原籍；有妻室產業者，可報名存案，但有犯罪者，一律押回原籍治罪。

隆恩田 [清]

在番社附近設置，以供養軍隊。例如1811年噶瑪蘭守備黃廷耀建議設「隆恩息莊」，令民人開墾，每甲每年納租八石，其中二石入武營，爲「隆恩租」。其他六石，四石配給番社爲「番租」，二石給墾戶(墾戶租)。中部線東堡牛稠仔庄外十三庄的隆恩田，則在1786年林爽文起義後，由當局強購，分給駐軍。

龍瑛宗(本名劉榮宗)
1911.8.25～ 作家

新竹北埔人。1930年台灣商工學校畢華，歷任台灣銀行雇員、《日日新報》編輯，戰後曾主編《中華日報》日文文藝欄，後來到合作金庫任職(～1967年)。他以日文寫作，1945年以前有二十四篇小說，1937年以《植有木瓜的小鎮》入選改造社第九回小說徵文佳作推薦獎。他的作品充滿台灣知識份子的苦悶與彷徨，連帶反映出台灣人的困苦與無奈。

[著]《黃家》(1940)、《黃昏月》(1940)、《白色的山脈》(1941)、《獏》(1929)、《一個女人的紀錄》(1942)等。

婁雲(秋槎) 十九世紀[清]官吏

浙江山陰人，以監生捐知縣，1836年(道光16年)任淡水同知。他立〈莊規〉四條及〈禁約〉八條，以平息械鬥。又勸各莊設社倉以救災荒，重修明志書院，並募款設六個渡口以便民，1839年秩滿離台。

盧若騰 ?～1664

福建同安金門人。進士出身(1639年)，彈劾督師楊嗣昌而聲名大噪，但被貶爲寧紹巡海道。明亡後，擁護唐王，授浙東巡撫，募水兵守溫州，與清軍抗戰，他背中三箭，逃回福建。1644年與沈佺期、許吉燝等人泛舟來台，至澎湖而去世。

[著]《留庵文集》26卷；《方輿互考》30餘卷。

魯鼎梅(調元) [清]官吏

江西新城人。1749年爲台灣知縣。修建縣署；並延聘德化進士王必昌來台修纂《台灣縣志》。1750年底及1752年二度擔任海防

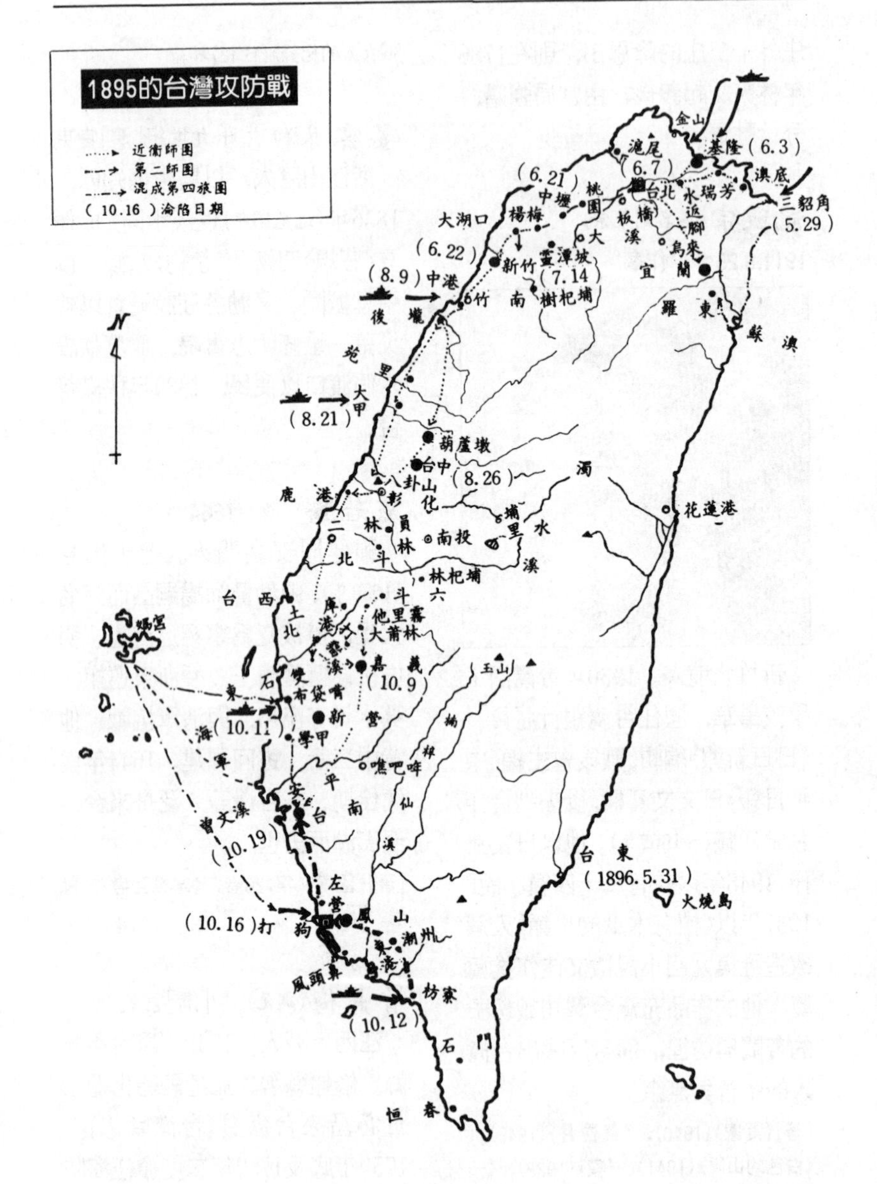

1895的台灣攻防戰
近衛師團
第二師團
混成第四旅團
(10.16)淪陷日期
金山
滬尾
(6.7)
基隆(6.3)
深底
三貂角
(5.29)
台北
水返腳
瑞芳
板橋
(6.21)
中壢
桃園
大湖口
楊梅
大溪
(6.22)
新竹
靈潭坡
(7.14)
宜蘭
烏來
(8.9)中港
竹南
樹杞埔
後壠
羅東
蘇澳
苑里
大甲
(8.21)
葫蘆墩
台中
(8.26)
八卦山
彰化
鹿港
員林
南投
埔里
水
溪
花蓮港
北斗
林杞埔
斗六
台西
土庫
北港
他里霧
大莆林
嘉義
(10.9)
玉山
雙溪
布袋
新營
(10.11)
學甲
噍吧哖
安平
台南
曾文溪
(10.19)
台東
(1896.5.31)
火燒島
左營
(10.16)打狗
鳳山
潮州
東港
風頭鼻
枋寮
(10.12)
石門
恒春
媽宮

同知，秩滿留任三年。

魯凱族 Rukai

原爲呂宋島(菲)的土著，順黑潮而上，進入二層行溪(二仁溪)上游的羅漢內門(內門)，趕走布農族。他們和平埔族混居，逐漸分佈至目前荖濃溪以北的美濃、內門及屏東東側山地，以霧台爲中心。人口約六千多人。受布農族影響，且互相通婚，社會分爲貴族、士、平民三個階級，貴族才享有住屋入口簷上彫刻蛇、鹿、人頭等花紋，行長男繼承制。該族圖騰爲百步蛇。

陸奧宗光 Mutsu Munemitsu

1844～1897 [日]政治家

和歌山藩士之子。早年遊學江戶(東京)，後來加入勤王運動，1867年更加入坂本龍馬的海援隊。明治維新後他擔任地租改革的事務(1861年)，1878年因爲「立志社」(林有造)企圖推翻政府，株連下獄。1882年遇赦，1883～1886年遊學歐美，回國後入外務省，歷任駐美公使(1888年)、農商務大臣(1890年)、外務大臣(伊藤博文內閣，1892年)。中日戰爭時交涉有功，1895年他與伊藤博文簽署〈馬關條約〉。

[著]《蹇蹇錄》

鹿

荷據時期(1622～1661年)台灣的特產，1634年輸至日本的鹿皮有112,000張，1638年有151,000張，1655年有104,000張。荷人嚴格限制原住民(平埔族)捕獵，禁用穽、罠，1645年以後更規定每隔二年停獵一次(～1652年)。每一穽月課15real，每罠課1 real。1627年這種稅收達2720 real(1637年10月～1638年5月)。每張鹿皮值4便士，運至日本可賣3先令；每張鹿皮的口出稅爲10%。

鹿港漳泉拚

1806年蔡牽侵擾沿海，漳人義首王松奉調協防鹿港。義民一進街市就和泉人轎夫爭吵，漳人發鳥槍打死數人，再衝出鹿港，沿途屠殺泉人，沙鹿一帶泉人甚至跳海溺死無數。桃仔園龜崙口及南崁一帶泉人亦遭殃，泉人逃入噶瑪蘭，鼓動漳泉拚，一年多始平靜。

鹿窟基地案

1952.12.28～1953.1.20

中共台灣省工委會被偵破(1951年4月25日)後，鄭定國、汪枝、許希寬、徐東茂、陳朝陽等一百一十多人潛入台北縣石碇與汐止交界的鹿窟山區，作家呂赫若也在當地教小學生音樂(後來失踪)。1952年11月28日，國府情治人員在台北市錦州街的民光水電行逮捕電氣工人支部書記溫萬金，12月26日又捕獲連絡人汪枝，遂於12月28日包圍鹿窟，至青桐坑～大溪墘一線，一共捕獲一一一人，及「自首」民衆一百二十多人。接著蔣軍又在2月24日包圍瑞芳以南八分寮山區，27日破獲「曉基地」，逮捕許再傳等二十三人。5月，省委黃培奕投降，鶯歌、三峽山區的中共份子紛紛投降。這是國府製造的大寃案，逮捕的幾乎多是山區的農民與一般民衆，構成大案。

羅臭頭　?～1914　抗日先烈

嘉義店仔口(白河)南勢庄人。1913年被日人趕入山，捕獵爲生，召集人馬，預備在1914年7月起義，卻在5月間被日警發現失竊槍彈。5月7日，他率七、八十人攻六甲支廳，自稱「皇帝」，兵敗逃入三腳山，走甕仔坑；他拒絕投降，自殺。史稱「六甲事件」。

[參]《台灣匪亂小史》p.90～93

羅福星　1884～1914

廣東嘉應州鎮平的客家人。1903年隨祖父到台灣苗栗一堡牛稠庄，入苗栗公學校，1906年再回廣東，路過廈門，加入中國同盟會，後來在新加坡、巴達維亞教小學，1911年參加黃花崗起義，避走南洋。1912年來台組織中國國民黨台灣支部，以台北大稻埕爲中心，吸收大湖(苗)張火爐、台南李阿齊、台東賴來、南投賴阿棻等人。1913年10月，日警搜捕二百多人，12月16日他在芝蘭三堡(士林)被捕。在台中的張火爐等人聯絡台南方面起義，10月間事洩。苗栗的賴來也在12月3日攻打東勢角支廳，中彈身亡。

1913年10月～1914年1月，一共有535人被捕；1914年2月，臨時法庭審理各案的921人，宣判羅福星等20人死刑，285人無期徒刑，不起訴578人。羅福星就義前寫下〈死罪紀念〉：「事成則島民得安，若破我民族則亡。……若使我台民承認獨立，則事必舉。」

羅漢腳　[清]游民

一種無田產、無妻子、不士、不農、不工、不賈的無業游民，單身遊食四方，衣衫不整，赤腳終身。他們往往鋌而走險，在1701～1853年期間到處走動，或爲地方土豪的僱佃、傭兵，或者參與反清動亂。至十九世紀，兵備道徐宗幹才下令各庄出飯養食羅漢腳，安撫他們爲庄丁，無事巡守，有事逐捕盜匪。游民大約佔台灣總人口的10～30%，大概爲：

	游民人數	總人口數
1764(乾隆29)	13～20萬	666210
1782(乾隆47)	18～27萬	912920
1816(嘉慶21)	38～57萬	1944737
1840(道光20)	25～50萬	2500000

(陳孔立《清代台灣移民社會研究》，p. 111)

羅俊　?～1915　[日]抗日烈士

他里霧人。當過保良局書記，1900年曾至中國，1906年回台不久，再至漢口行醫，潛居福建天柱巖，1912年携六人回台，在台中燕霧下堡賴水的家暫居，1913年會見余清芳，共商抗日，1915年6月29日被日警追捕，在嘉義竹頭崎光山被捕，遇害，六十多歲。

羅妹號事件 1867.3.9

[清]美國船難引發的事件

1867年3月9日，羅妹號(Rover)由汕頭往牛莊途中在南部海面觸礁，船長韓特(J. W. Hunt)夫婦及十二名船員駕舢板逃生，在琅璚附近龜仔鼻角登陸，遭原住民攻擊，只剩一名華人水手逃生，被當地華人送至打狗報官。美國駐廈門總領事李仙得(C. W. Le Gende)在4月18日抵台，要求兵備道吳大廷出兵被拒，自行乘Ashuelot號前往失事地點，被土著擊退。駐香港的美國領事Issac J. Allen也向華盛頓報告，建議美國佔領台灣，美國政府沒理會，但派哈福號及威耀號(正航向日本)赴台，6月6日抵打狗，由英國人必麒麟引導，6月19日由Belknap率十八名陸戰隊登陸，在龜仔鼻角被土著伏襲，美國政府訓令要把番族盡驅向內地，使強而有力的盟國(指英國)佔領其地。清廷眼看事態嚴重，下令閩浙總督及台灣道徹查此事。9月4日李仙得再抵台灣府，9月10日隨總兵劉明燈、南路理蕃同知王柳莊率五百人前往，9月23日抵目的地。李仙得堅持會見卓杞篤(Tauketok)及十八社頭領(10月10日)。卓指出以往龜仔尾社救助白人卻遭屠殺，引起他們對白人的仇視。雙方達成協議，卓氏答應此後不再殺船難者。李仙得並強迫劉明燈在大樹房附近築堡派兵守望。一年半後(1896年2月)，李仙得再至琅璚與十八社訂約，原住民不再殺船難者。但清兵也沒認眞駐防當地，李仙得抗議不得要領。

[參]朱士嘉《十九世紀美國侵華檔案史料選輯》下册，p.279戴天昭《台灣國際政治史研究》第3章,(3),p.108～121〔法政大學,1971〕。

羅斯福 1882～1945 [美]總統

Roosevelt, Franklin Delano

紐約州人。哈佛大學畢業，起

先當律師，1910年入民主黨，爲威爾遜政府的海軍部次長助理，1920年副總統落選，1921年小兒麻痺而退引，1928年當選紐約州長，1932年當選總統(～1945年)，在大恐慌之際推行新政策，改善美國經濟，對外推行睦鄰政策與中立外交，1939年9月二次大戰後開始支援被法西斯侵略國家，1941年12月日本偷襲珍珠港後宣佈對日作戰，1943年12月1日與英、中共同發表《開羅宣言》，提到台灣及澎湖在戰後要歸屬中國，1945年4月在雅爾達與史大林討論戰後問題時，突然去世。

羅馬字運動

1914年底，蔡培火就開始提倡台灣話羅馬字運動，這是基督教長老教會在1870年代傳入台灣下階層教徒的一種文字，並以《台灣教會公報》爲主，加上《聖經》等，被稱爲「教會羅馬字」。當時日本當局對於台灣人不熱心學「國語」(日語)頗爲不快，蔡的提倡也無從發揮作用。1923年10月，台灣文化協會第三次總會通過普及羅馬字，並計劃刊行羅馬字的圖書。1925年9月14日，蔡以羅馬字寫《十項管見》(Cháp－Hang Koan－Kiến)廣爲宣傳，張洪男寫〈被誤解的羅馬字〉響應，並指出當時台灣有五萬人(約佔人口的2%)懂羅馬字。蔡培火也奔走成立羅馬字講習會(台南，1920年4月12日)，不久被當局查禁，1929年他再度呼籲台灣人學羅馬字，但一般知識份子對這個運動表示冷漠，基本上是對漢字的霸權仍舊執迷，無法理解羅馬字對台灣大衆的作用，而一味停留在標準台灣話，語、文一致等問題上打轉。

羅萬俥 1898.3.22～1963.5.15

南投埔里人。1919年明治大學法科畢業，在校期間加入台灣青年會，爲學生領袖之一。畢業後赴美國賓州大學，攻國際政治。1922年因父喪而回台，1923年再回校，1928年畢業(碩士)，歸途遊歷歐洲。回台灣後，擔任台灣民報社專務取締(常董兼經理)。1940年辭職，擔任編輯顧問。十二年間，舉凡報社對外活動及交際應酬開支，皆他一手包辦。1941年，爲皇民奉公會中央本部奉公委員，1944年為《興南新聞》社副社長。1945年9月，與林獻堂等赴南京，參加受降典禮。1946年4月，當選台中縣參議會議長，7月為參政員，1947年為台灣人壽董事長，1948年為立委，兼國民黨省黨部執委。1952年兼任台灣銀行常務董事，1955年為彰化銀行董事長，1957年兼台灣水泥董事。1963年赴日，參加中日合作策進會時病逝東京。

[參]葉榮鐘〈羅萬俥先生事略〉(《羅萬俥先生哀榮錄》1963.5.26)

呂赫若(本名呂石堆)

1914～1947?　作家

台中豐原潭子人。1934年台中師範畢業，再赴東京學聲樂，曾在「日劇」、「東寶」劇團活動，返台後擔任小學教師，主編過《聲樂家》、《興南新聞》等。戰後參與台灣省藝術建設協會，二二八事變後逃入北縣石碇鄉鹿窟打游擊，並在山上教音樂，傳聞偷渡中國，或被毒蛇咬死。1934年他以日文發表小說《山川草木》，1935年以《牛車》一舉成名，1943年獲台灣文學賞。他的作品反映台灣農民被壓迫與被凌辱的慘狀，以及婦女被迫害的黑暗面，把台灣的封建落後各種現象(包括贅夫、養女、迷信、愚昧)放在解剖台上無情地剖析。作品包括《清秋》(1941)，收錄〈財子壽〉、〈合家平安〉、〈廟庭〉、〈月夜〉、〈清秋〉、〈風水〉、〈逃走的男人〉等。

[參]葉石濤〈台灣的鄉土文學〉、《台灣文學史綱》(1987)。

呂鐵洲(鼎鑄)　1898～1942　畫家

桃園大溪人。富豪子弟，台北工業學校輟學，在台北太平通新媽祖宮口開刺繡舖，為女孩繪刺繡圖樣，1927年台展時以〈百雀圖〉落選，憤而赴日本學東洋畫三年。第三屆台展等以〈梅〉獲特選第一，此後名氣漸開，在大稻埕開班授徒。學生有許深州、呂孟津、廖立芳、陳慧坤、林雪洲等。

呂運亨　Ry(y)o Un－hyog
1886～1947　[韓]民族運動者

京畿道楊平人。1914年赴中國，唸過南京金陵大學(1917年)，參加在華的朝鮮人抗日組織，1921年加入高麗共產黨，同年赴莫斯科。1930年被捕，解送漢城關三年。1933年就任中央日報社長，1942年再被捕八個月。1945年韓國解放後，11月擔任人民黨黨魁。1946年爲民主主義民族戰線主席。1947年被李承晚派人暗殺。

1928年4月，他出席在上海的台灣共產黨建黨大會。

〔M〕

媽振館 [清]

洋行買辦的商行，廈門話merchant(商人)的音譯。多爲廈門、汕頭人負責，他們扮演洋行採購台灣物資，尤其茶、糖、樟腦的中間媒介角色。

麻豆案 1950.5.31

台南麻豆醫生(鎮長)謝瑞仁(四十二歲)因參與農會選舉，而被國府扣上叛亂罪，與蔡國禮、張木火皆處死刑，其餘張清誥(三十一歲)、李國民、林書揚、鍾益、陳水泉、黃阿華、王金輝、李金木、蔡榮守等九人判無期徒刑；郭天生、郭耀勛等二十四人判一～十五年刑期不等，皆爲台南一中學友、麻豆鎮公所職員及麻豆糖廠工、農，林書揚坐牢超過三十四年又七個月(1984年12月出獄)。

國府硬把他們扣上「匪台灣省工委會台南縣麻豆支部」的莫須有紅帽子，並以謝瑞仁認識李媽兜而爲罪名，再由一名李天生的人向警方自首，供出此案。

馬偕全家福

馬偕 Mackay, George Leslie 1844～1901 [清]長老教會傳教士

蘇格蘭人。1830年至加拿大安大略，後來留學美國及蘇格蘭愛丁堡神學院。1871年至打狗(高雄)隨李庥學習台語與傳道，1872年赴台北。1873年創牛津學堂於滬尾礮台角(淡水)，1874年又創建淡水女學校。他娶了五股的台灣女子陳葱仔爲妻，一直在台北～宜蘭一帶傳道，至1892年建立六十二個教堂；日據時代又回台灣傳教。

[著]《台灣遙記》、《中西字典》。

馬關條約 1895.4.17

中日戰爭結束後李鴻章與伊藤博文在日本下關的春帆樓所簽訂的和約，共十一款，其中關於割讓台灣部份爲第二條及第五條。第二條規定把台、澎之土地管理權及堡壘、軍器工廠及一切屬公物，永遠讓予日本國。第五條規定，本約批准互換之後，限二年之內，日本准中國讓出地方之人民，願遷出者，任其變賣所有產業退出。限滿之後未退出者，視爲日本臣民。台、澎自此割讓給日本達五十一年(～1945年8月15日)。

馬信 ?～1662 [鄭]武將

1655年以台州守將投降鄭成功，1656年舟山陷落，他突圍逃出，擢爲右提督。1659年攻瓜洲、南京，後來掌理閩浙沿海軍務。1660年大敗清軍於思明(廈門)，1661年爲先鋒攻占台灣。鄭成功死後，他也悲慟而去世。

馬琬(琰珀) [清]十八世紀文人

台灣縣人。長於嘉義，爲貢生。性情恬淡，1767年(乾隆32年)至澎湖文石書院講學八年，晚年寄情詩酒。

馬雅各 1836～1921 Dr. James Laidlaw Maxwell, MD [清]長老教傳教士

蘇格蘭人。醫學博士。1864年至廈門，翌年至打狗(高雄)，後定居台南傳教行醫，1866年始有台灣人陳齊、陳侯、高長、陳圍等四人受洗。1867年李庥也隨他來台傳教於打狗、埤頭、溝仔、鳳山、台南之間，1871年始由甘爲

霖接替其職務。

毛邦初案 1951.8.21

國府前空軍副總司令兼出席聯合國安理會軍事參謀團中國代表空軍中將毛邦初，被蔣介石以失職抗命停職查辦。毛爲蔣的親戚，1941年起在美國負責採購軍品，事實上他以蔣介石政府的一千萬美元外匯存入私人名下，韓戰後拒絕交還國府，引起爭訟。一年多後，美國法院判決這筆錢繳回國府。

麥克阿瑟 1880～1964

MacArthur, Douglas 美國軍人

西點軍校畢業，一次大戰(1914～1918年)期間爲參謀，1919年爲陸軍士校校長，1930～1935年爲陸軍參謀總長，1935～1937年爲菲律賓政府最高軍事顧問，1941年任美軍遠東軍區司令，被日軍擊敗逃出呂宋，抵澳洲。1942年3月爲西南太平洋聯軍總司令、元帥(1944年)，展開對日軍反攻的指揮任務，1945年9月進佔日本，爲聯軍最高司令，1950年6月韓戰後，爲聯軍總司令，7月31日麥帥飛抵台北，與蔣介石舉行軍事會談，決定派遣「美國軍事聯絡組」駐台北(8月4日)，並與蔣介石發表反共的聯合聲明；他更主張轟炸

中國東北，與杜魯門總統衝突而被罷免。1948年及1952年兩度出馬競選總統，皆失敗。

梅貽琦　1889～1962　教育家

天津市人。1908年入河北保定高等學堂，1909～1914年赴美學習機械工程，1915年至清華學校任教，1926年爲清華大學教務長，1931年任校長，1937年中日戰爭後爲西南聯大校委(～1946年)，1949年赴美，1955年至台灣，1957年創辦清華大學原子能研究所，1958年爲教育部長。1959年爲清大校長，兼長期發展科學委員會副主任(～1961年)。

煤

雞籠自古產煤，清朝統治者一再嚴禁人民開採，1835年(道光15年)淡水同知婁雲公佈「私掘煤炭者立斃」的禁令，1847年曹謹也再三嚴禁私採。1842年鴉片戰爭後，來往台灣的外國船隻愈多，煤的需求量更急迫。1848年英國人戈登來雞籠調查煤層，1850年英國公使文翰向兩廣總督徐廣縉照會，要求英船來台採購煤炭，被拒。1860年德人李希霍芬至淡水，回去後寫《關於台灣北部海岸山岳構造的報告》，認爲台煤大有前途。1864年福州稅務司向清廷建議由英商租借挖煤，當時台灣士紳基於破壞風水的心態極力反對，當過台灣道的福建巡撫徐宗幹也下令民間合力追捕私採煤礦者，「倘敢抗拒，格殺勿論」。1867年福州馬尾造船廠開辦，法國工程師Dupton來台調查，官方只好默認人民挖煤賣給造船廠。1874年牡丹社事件後，沈葆楨奏請開新式採礦，1876年美國工程師在八斗子架設新機器；然而官方頑固干預，進度及運銷備受打擊。1882年，兵備道劉璈發現煤局「隨處虛耗，任意報銷」，例如八斗的總炭19850餘石，至基隆只剩16550餘石；十里之餘，竟少去3300多石。他又發現，各國運銷到上海、香港的煤炭比台煤多數十倍，他大力整頓；1884年法軍佔基隆前，清軍自行破壞煤礦設備，使八年心血毀於一旦。中法戰爭後，劉銘傳再募集公、民資金合辦，不久失敗，儘管許多商人承辦，也受官方的百般刁難而紛紛失敗。

美軍

從1950年代起駐守台灣各地的美軍戰鬥單位如下：

單　　位	武器裝備	駐防期間	地點
海軍四六偵察中隊	9架BY偵察機及1艘飛行補給艦	1950.7～1971.6	馬公、基隆
海軍九二驅逐支隊	30艘驅逐艦	1950.7～1971.6	馬、基、高
空軍十八戰鬥聯隊	75架F－86戰鬥機	1955.1～1955.3	台南、桃園
海軍第七艦隊	132艘船艦	1955.1～1955.2	大陳島水域
空軍五一戰鬥中隊	25架F－86D戰機	1955.2～1957.5	台南
陸軍冲繩工兵群	3000人	1956.10～1965.6	清泉岡
陸軍第十七飛彈中隊	屠牛士地對空飛彈4組	1957.5～1959.1	岡山
空軍五一戰鬥中隊	10架F－100D戰機	1957.5～1958.10	台南
海軍第七艦隊	89艘戰艦	1958.9～1958.11	台海
陸戰隊第三兩棲群	1個營及一大空中支援隊	1958.9～1958.10	枋寮
空軍各戰術聯隊	250架飛機	1958.9～1958.10	各機場
陸軍第七一砲兵團二營	勝利女神飛彈4組	1958.10～1959.10	泰山
陸軍第三二七運兵師	100多架飛機及6000人	1964.5～1977.1	清泉岡
空軍第四戰鬥聯隊	36架戰機	1972.10～1974.12	台南、清泉岡

[參]《台灣全紀錄》，P.962

美麗島事件　1979.12.10

黨外人士在這一天於高雄市舉行世界人權紀念日大會，國民黨當局刻意安排高雄市角頭滋事及派大量軍警先暴後鎮，釀成激烈衝突事件。黨外人士組成美麗島政團，期待透過選舉來實現民主法治，這是1978年11月12日施明德組織「黨外助選團」以來，黨外民主運動氣勢日益高揚，12月15日，美國總統卡特宣佈1979年1月1日終止《中美共同防禦條約》，16

美麗島事件

日又繼續宣佈1979年1月將與中國(共)建交，國府當局立刻宣佈停止選舉活動，使原來的黨外人士更加團結；而1979年1月20日，國府逮捕高雄縣黨外大老余登發父子，激起黨外的抗爭與示威；6月2日，黨外候選人聯誼會成立，8月24日，《美麗島》雜誌創刊，9月8日，一群「反共義士」在美麗島雜誌社的酒會時包圍並攻擊中泰賓館內的黨外人士。國民黨已經準備對黨外下手了，中、南部各地美麗島服務處皆遭暴徒攻擊與破壞，12月9日，姚國建(山東人)、邱阿勳兩人駕宣傳車沿路廣播遭鼓山分局警員逮捕，押至南區警備司令部，經美麗島高雄服務處出面交涉，始獲釋。(鼓山事件)

12月10日原先集會地點的扶輪公園遭警方封鎖，臨時改在中山路舉行，道路也遭封鎖，引起大規模衝突(晚上8點及10點各一次)。事後，國府當局逮捕一百六十多人，查封《美麗島》、《八十年代》、《春風》等刊物。軍事法庭並以「爲中共統戰」、和從事「台獨叛亂」、「顛覆政府」判處：施明德(1980年1月8日被捕)無期徒刑(～1990年5月20日獲釋)、黃信介(十四年)、張俊宏、姚嘉文、林義雄、陳菊、呂秀蓮、林弘宣等十二年徒刑(1980年3月18日～4月18日，稱爲軍法大審)。三十七人移送司法機關審理，陳博文、范政佑、周平德、楊青矗、王拓、邱茂男等各判刑六年八個月～六年徒刑，其餘二十六人各判處十個月至五年刑不等，另一人緩刑。5月8日，第三波軍事法庭審判藏匿施明德者，高俊明、許晴富各判刑七年，林樹枝判刑五年，其他三人二～五年刑；另有四人判刑二年，緩刑三年。軍法大審前更發生林宅血案，一時白色恐怖低壓降臨台灣。美麗島事件造成台灣人對國民黨的失望與不滿，也爲民主進步運動開創新機。

《美國與中國關係白皮書》

1949年8月5日發表，共八章，另附二三三個附件。其中特別敍述中日戰爭及國共內戰期間美國調停的失敗，並把一切責任推給蔣介石的腐敗政權。

〈美國與台灣關係法〉

1979年4月10日美國國會兩院通過法案，共十八條，主要爲：①美國決定和中華人民共和國建交，是基於台灣前途將以和平方式解決這樣的期望；②以非和平方式包括抵制或禁運來決定台灣前途的任何努力，是對太平洋地區的和平與安全的威脅，並爲美國嚴重關切之事；③提供防禦性武器給台灣；④使美國保持能力，以抵禦會危及台灣人民的安全或社會經濟制度的任何訴諸武力的行爲或其他強制形式；⑤美國總統和國會應依照憲法程序，決定美國應付任何這類危機的適當行動。

美援

①1951～1965年間，美國陸續援助國民政府達美元15億(平均每年1億元)，補足國府的經濟困境，並帶動台灣的工商業的起步。其重要指標爲：

●美援占台灣GNP的比例(%)

	占GNP%	對歲入(%)
1951	10.9	47.3
1955	14.6	49.0
1958	9.0	27.4
1960	8.4	37.9
1965	2.6	10.1

●美援資金在台灣建設投資所占比例(1億元)

	投資總額①	美援②	②/①%
1953～56	67.9	23.2	34.2
1957～60	221.0	84.0	38.0
1961～64	500.0	186.0	37.2

1951～1960年間，台灣進口資金共達21.5億美元；其中美援佔39.5%，即8.5億，同一期間國際收支經常差額爲10.1億，美援達9.0億。

②軍援　1951～1980年度，平均每年1～3億軍援，包括贈予性移交、裝備租借、訓練、貸款，但不包括武器銷售部份。

(1億元)

會計年度	軍援	武器銷售
1951	1.472	
1955	3.796	
1959	4.015	
1965	0.995	
1968	1.170	
1969	……	1.780(1951～1969年間)

1973	1.027	1.863
1980	—	2.080

米

台灣最重要作物，一年兩熟，有「雙冬」(稻米熟爲「冬」)之稱。荷蘭人統治期間，大量從華南引進漢人佃農開拓王田，種植稻米及甘蔗。鄭氏時代，稻米成爲海盜軍隊的主要糧食，鄭氏王朝利用海盜兵侵佔原住民土地，力行屯田政策，其目的在種稻及甘蔗。清初(1683年後)，台灣不准開發，台米也限制出口，以免接濟「海盜」，台灣商船至廈門，每船只許帶食米六十石(以二十人的十日糧份計算)。1717年重申台米不許私販外洋，只得供應漳、泉；1726年閩浙總督高其倬奏請開台米之禁，使台灣不再屯積餘糧，並可供應對岸，清廷勉強答應。1726年台灣改正供(納穀)爲納銀制，每一石米抵3錢6分銀。十八世紀台灣人多且連年災荒，米價每石暴漲至1兩7.8錢～2兩銀。1784年米價騰貴，「市米三百錢，皚皚才一斗。」(陳輝〈買米歌〉，《續修台灣府志》卷25)。十八世紀中葉，大陸米商至南洋購米，台米不再昂貴，另一方面在英國資本主義的傾銷洋米至中國情況下，台米生產過剩，從此一蹶不振。

日帝統治後，台米從1922年改良蓬萊米成功後，米才再度躍升爲首要作物。日本人從1906～1934年間，一共投資47,457,777圓來改良品種，並配合整頓水利及控制農田水利會，加上控制全島50％的耕地面積(1930年，23,000甲)，使台米大量運至日本，1920年以後，米及糖占輸出總額的70％。至於台灣島內的米穀流通，則由台灣人地主及糧商所控制的「土壟間」(至1932年，共有879家)所控制，1940年代才在戰時經濟統制下，使島內米的流通被日本總督府掌握住。

清代，台米除了供應駐軍之外，還要供應對岸兵糧，每年一共85297石，此外，還要儲備5～10萬石，以供對岸不時之需。米、糖是日帝時代兩大主要外銷至日本的農產品。國民政府統治台灣初期，米與糖是1960年代以前台灣外銷的主要經濟產品，1950～

1960年間，米出口值美金1億元，糖爲7.7億元，兩者合佔出口總額(13.9億美元)的70%。國府爲維持龐大軍隊及來台公教人員的米食，一面土地改革，徹底瓦解台灣的中小地主，一面以肥料換穀及高稅來壓榨農民，同時更以糧食局來集中控制米穀的流通，壓低糧價，如此犧牲農民，才有1960年代起工業發展的基礎。1953～1965年間，每年平均70萬噸米被國府強徵，占年生產量的30%(即1050萬噸米，占十五年間總生產量的28.6%)。國家取代地主，以徵收(占14.0%)、強買(占14.2%)、肥料換穀等(占66.3%)及其他強取豪奪手段來收奪台灣農民的米穀。

[參]涂照彥、劉進慶、隅谷三喜郎《台灣的經濟》(東京大學，1992.2)

民族主義座談會事件

1973.2.17

早在1971年10月15日及11月25日，台灣大學校內舉辦兩次座談會，即「言論自由在台大」、「民主生活在台大」，出現三種不同觀點：①弱小民族沒資格談論民族主義，只有繼續依靠外國力量(王文興)；②主張兩個中國，反對談民族主義；③反對兩個中國和台獨，主張依靠本民族力量，實行言論開放(王曉波、陳鼓應)。1972年12月4日，台大論壇社再次舉辦「民族主義座談會」，宣傳中國統一，反對強國擴張主義，1973年2月17日，國府當局將陳鼓應、王曉波(講師)逮捕，次日，台大學生郭譽孚在校門口持刀刎頸，抗議迫害言論自由，始迫警總放人。

《民俗台灣》

1941年7月，由台北師範畢業的池田敏雄主編《民俗台灣》月刊，至1945年1月停刊，最盛時達三千份，在日帝推行皇民化運動之際，毅然負起保留戰爭期間對台灣文化、風俗、歷史的研究，1944年池田也被徵召去南部林邊溪畔的大武丁部落當兵，《民俗台灣》無人編輯而告停刊，共發行四十三期，楊雲萍、黃得時、陳紹馨、廖漢臣、朱鋒及金關丈夫，岡田謙(台北帝大社會學教授)、國分直一、須藤利一(台北高校)、立石鐵臣(畫家)等都出過一分心力，堪稱代表日本人的良心刊物。

《民報》 1945～1947.3

戰後台灣人的報刊，由林茂生擔任社長，許乃昌主編，陳旺成主筆，不斷揭露陳儀統治的暴政，1947年二二八事件後停刊，林茂生遇害與此報有關係。(目前在美國史丹福大學的圖書館內仍有《民報》的部份存檔)

閩南台灣學生聯合會

1924.5.25～26 [日]

李思禎(廈門大學)、郭丙辛(中華中學)、翁澤生(集美中學)、洪朝宗(集美中學)、江萬里(中華中學教師)等在廈門成立的組織，並由莊泗川、張棟等人主編《共鳴》雜誌。

《閩海紀要》

夏琳(與鄭成功同鄉)以年月份記述鄭成功打台灣的經過及鄭氏三代在台灣的歷史。另外，他還改寫《海紀緝要》，完全站在明朝遺老的立場，稱鄭成功爲大將軍、鄭經爲世子，滿淸人物在職銜上掛個「淸」字。

明石元二郎 Akaishi Motojirō

1864～1919 [日]第七任台灣總督

福岡人，陸軍大學畢業，留德，1895年爲近衛師團參謀，攻佔台灣有功。歷任駐外武官，1908年爲駐韓軍參謀長兼憲兵隊長，併呑韓國有功。1915年第六師團長，1918年爲台灣總督(中將)，1919年兼任台灣軍司令，歿於任內。

[著]《明石元二郎大將遺稿——落花流水》(1938，外務省)

明志書院 1763 [淸]

乾隆28年3月24日，貢生胡焯猷以半輩子拓墾新莊而成巨富，乃捐出房舍、莊園創辦義學，題名「明志」；又捐助水田80餘甲每年田租606石9斗多爲經費。彰化知縣兼署淡水同知胡邦翰正其名爲「明志書院」。1765年(乾隆30年)，淡水同知李俊原將書院遷往竹塹城的南門內，1782年再改遷至西門。至於舊明志書院則目前在台北縣泰山鄉明志村明志路。

明治天皇 Meiji Tennō

1852～1912 [日]天皇

1867年踐祚，被討幕派擁護，1868年(明治1年)登基，入東京(江戶)，在維新派的支持下成爲日本的「神」，1889年頒佈《大日本帝國憲法》，1890年10月頒佈《教育勅語》。他常穿軍服，象徵日本帝國主義，對外發動侵韓、中日戰爭、日俄戰爭；1895年成爲台灣人的新統治者。

莫那魯道 Mona Rudao

1882～1930 [日]抗日者

泰雅族霧社馬赫坡社頭目魯道巴伊之子。1911年被安排到日本觀光，1920年計劃起義被偵破，長期受監視。1920年其長子他達歐莫那(Tadao Mona)因借槍狩獵歸還時少一彈夾，受嚴格調查，12月他又計劃聯合各社突襲能高駐在所失敗。1930年馬赫坡社負責搬運木材建霧社小學宿舍，飽受日人凌辱及苛扣工資；10月7日上午，日本巡查吉村在該社青年婚禮上侮辱莫那魯道之子，雙方互毆。莫那魯道聯絡八社，27日，乘台灣神社大祭前夕，霧社公、小學運動會之際，掀起暴動，殺害日人一三四人，二天後日本軍警陸續鎮壓霧社。11月6日，日人改用飛機、大砲猛轟，12月1日，莫那魯道自殺。1934年他的屍體被發現，送至台北帝大作標本。

[參]戴寶村〈霧社的抗日英雄莫那魯道〉(《台灣近代名人誌》第5冊)

牡丹社事件 **1874.5.7～10.31**

[淸]

1871年12月兩艘琉球船隻漂流到東南海岸的八瑤灣(琅璠背面，牡丹社以東二里)，六十六名遇難者當中有五十四人被高士猾社及牡丹社土著殺害，其餘生還者逃至鳳山縣，再送至福州返抵琉球。當時日本國內正爲西鄉隆盛的征韓派與政府對立，明治政府爲防止不平士族反亂，利用對外侵略以轉移國內矛盾，抓住這個事件攻占台灣。1873年2月先派副島種臣向清廷交涉，6月21日，毛昶熙(吏部尚書)、董恂聲明台灣生番化外之民，伐與不伐貴國自裁之。1874年2月，樺山資紀(第一任台灣總督)、水野遵抵琅璚調查。4月，日本政府下令西鄉從道(西鄉隆盛之弟)爲都督，招募鹿兒島士族三千人，聘李仙得(美國領事)爲台灣番地事務局顧問，並雇用英、美船隻運兵。美國駐日公使平翰及英國公使巴夏禮及各國相繼對日本政府提出質疑，日本政府下令停止出兵，但西鄉悍然拒絕聽命，5月7日日軍登陸琅璚，駐射寮；5月22日，佐久間左馬太以黃文珍爲嚮導，攻石門，牡丹社頭目阿祿父子戰死；不久，卓杞篤之子潘文杰及各社皆向日軍投降。6月2日，日軍分三路攻牡丹社，征服之。清廷派船政大臣沈葆楨來台

日人所繪牡丹社事件圖

辦防務，日軍久據不退。9月10日，大久保利通至北京展開談判，由英國公使威妥瑪從中斡旋，10月31日達成協議，中日互換條款三條，即《中日北京專約》，清廷承認日本的行動爲保民義舉，賠償五十萬兩。日軍在11月始退，此役日本一共花費794萬圓及洋銀206萬圓，戰死病死573人。

木村泰治　1872～　實業界

秋田縣人。東京英語學校畢業，1897年來台，任《台灣日日新報》記者十年，轉入實業界，創立台灣土地建物、台北魚市場、第一土地建物、台北中央市場等，兼台灣水產、高砂啤酒、太平洋炭礦、內外大廈、嘉義電燈、台灣磚瓦、東海汽車、台灣製造等公司理監事，並擔任台北市協議員、台北州協議員、台灣總督府評議員。

Mouve美術家協會
1938.3.19　［日］

台灣新美術運動團體，取法文「Mouvement」，即行動與動向，有反傳統之意；展出張萬傳、陳德旺、洪瑞麟、陳春德、呂基正及彫塑家黃呈清的作品。1940年被日本當局禁止使用西洋名字，1941年再改爲台灣造型美術協會，並延續至1945年戰後的紀元美術展覽會。

霧社英雄莫那魯道(中)

〔N〕

乃木希典 Nogi Manesuke

1849～1912 ［日］第三任台灣總督

長州藩士之子，明治維新後接受法國式陸軍教育，1886年留學德國，1895年攻台灣，1896年10月～1898年2月爲台灣總督。他推行「三段警備制」(1897年6月～1898年2月)，用軍、憲、警大力鎮壓台灣武裝抗日軍，並在1898年公佈〈匪徒刑罰令〉，屠殺台灣反抗者。此外，他又刷新吏治。由高等法院院長高野孟矩下令逮捕十多名日本官吏，罷免民政局長水野遵等人。1904～1905年日俄戰爭時爲第三軍司令，攻佔旅順。1907年爲學習院院長、教育太子，1912年明治天皇死後，他和妻子自殺以殉。

南弘 Minami Hiroshi

1869～ ［日］第十五任台灣總督

富山縣人，1892年東京帝大政治系畢業，歷任內閣書記官、福岡縣知事、西園寺內閣的書記官長等職，屬於政友會。1912年爲貴族院議員，1918年爲文部次官，1932年擔任台灣總督(1932年3～5月)，三個月後正逢犬養毅總理被刺死，他辭職而轉任新內閣的遞信大臣，是一名標準的官僚，在台灣只有二個多月，毫無建樹可言。

南盟會 ［日］

1925年4月，台南師範發生學

潮，二十三名台灣學生被退學，他們相繼到東京，11月成立此會，標榜著「普及教育、啓發文化，反對官憲的壓迫，對抗資本家的橫暴，圖謀台灣人的幸福。」

南社 1906～1930 [日]舊詩社

成員包括連雅堂、趙玉石、蔡玉屏等人，1930年9月9日，與春鶯吟社合辦《三六九小報》，發行近四百八十期。

南音社 1931秋～1932.12

郭秋生、賴和、葉榮鐘、莊重勝、周定山、許文達、洪炎秋、陳逢源等創立的文學團體，宗旨爲啓蒙文藝，在寫作上以迂迴手法不直接批判日本統治的含蓄筆法，「使讀者稱快，而檢閱者惘然」(黃郇城〈談南音社〉)。

南沙群島

位於南海，距離高雄西南770浬。外人稱爲「Tizard Bank」，水域約75600平方浬，由十三個珊瑚島所組成。1933年8月25日，法艦至此宣佈佔領，中國政府向法國抗議，日本亦向法抗議。日本人宣稱早在1917年就有平田末治等人發現此群島，翌年有海軍中將小倉卯助前往探險，著有《暴風叫島》(1939)。1920年由恒藤規隆博士命名爲「新南群島」，1921年開始採燐礦，1923年並建設住屋、倉庫及碼頭、神社，移民百餘人。1938年日軍強佔該島，1939年3月30日，以總督府令第三十一號，劃歸高雄市管轄，引起法國的抗議。1945年戰後，劃歸台灣。

[參]《台灣省通志稿》卷3政事志,外事篇,P.250～251。

奈依 Nye, Gideon 1813～?

[美]商人

1853年向美國駐華代理公使伯駕建議美國佔領紅頭嶼(蘭嶼)，因爲此島爲中國與加州、日本間的航線要衝，但美國政府未採行其策。

[參]Harold D. Langley, "Gideon Nye and the Formosa Annexation Scheme", Pacific Historical Review, Nov. 1965, Vol.XXXIV, No.4；戴天昭《台灣國際政治史研究》第3章(1971)。

内地延長主義 [日]

日本帝國主義在殖民地台灣及朝鮮所推行的同化政策之精神，用教育、同化來使台、朝人「涵養德性、普及國語，以具備帝國臣民之資質與品性」。同時，還漸引進日本國內的法律、制度，一部份或慢慢全部適用於台灣及朝鮮，使人民「感召我朝廷撫育蒼生之精神，及一視同仁之聖旨……」。根據這種政策，日本統治者對台灣人作一系列的「改革」政策：①改革地方制度 1920年7月創設州、市、街、庄的官選協議會；②把法律第三十一號改爲適用內地法延長至台灣的〈法律第三號〉(1922年1月)；③設立總督府評議會(1921年6月)；④公佈〈台灣教育令〉，廢止差別教育，日、台共學(1921年2月)；⑤延長內地的民、商及訴訟法於台灣，同時也延長治安警察法(1923年1月)。

內田嘉吉 1866～1933

[日]第九任台灣總督

1890年東京帝大法科畢業，入法務省，再轉遞信省。1910年爲總督府民政長官，1915年因西來庵事件辭職，在後藤新平的都市研究會當副會長，1916年爲遞信次長，1918年爲貴族院議員，1923年爲台灣總督，翌年因內閣改組而下台，1926年爲日本無綫電信社長。

聶士成 ?～1900 [清]武將

安徽合肥人。1860年代隨袁三甲及劉銘傳追擊捻軍。1884年中法戰爭時，到台灣協防，1892年授太原鎮總兵。1894年爲北洋武衛前軍指揮官(直隸提督)，1900年鎮壓義和團；八國聯軍攻北京時，他在天津防守，戰歿。

[參]清史稿473，列傳254；清史列傳61。

倪蔣懷 1893～1942 畫家

台北瑞芳人，台北師範畢業，

石川欽一郎的學生，十七歲的作品入選1910年日本水彩畫會年展，未入東京美校，專心經營煤礦，並致力美術運動，參加七星畫壇(1926)、赤島會(1928)等活動，並聘石川來台授畫，晚年出資收購後進作品。遺作有三百多幀。

倪象愷 十八世紀[清]官吏

四川榮縣人。舉人出身，當過羅源知縣，1729年(雍正7年)陞台灣知府，1730年爲分巡台廈兵備道，修大目穆庄舊埤，1731年出兵鎭壓大甲西社。不久因被彈劾而離台。

鳥居龍藏 Torii Ryuzō

1870～1951 [日]考古人類學者

德島人。自學而受教於東大理科教授，1887年開始發表報告，1895年至遼東半島調查。

1896年受台灣總督府委託，至台灣調查人類學，從基隆搭船至花蓮，入山調查阿美、泰耶及卑南族(1896.7～1897.2)。至1899年三次來台，前後踏遍台灣東部以至蘭嶼，1900年1月再完成西部山地及平地，此後再轉赴中國及世界調查。足跡踏遍中國東北、東北亞、西伯利亞及日本本土。

[著]《鳥居龍藏全集》(12卷，朝日新聞社)

農復會

「中國農村復興聯合會」於1948年10月在南京成立，由美國經濟援助，委員由中、美各若干人組成，1949年遷來台灣。由蔣夢麟、沈宗翰、以及李崇道等人先後主持，1979年改爲農業發展委員會，1983年又改爲農業委員會。對台灣的農村發展，建設石門水庫等起了重大的作用。

努依兹 Nyuts, Pieter

[荷]第三任長官

1627年抵台，先赴日本交涉，要求日本禁止船隻前往台灣，被德川幕府拒見。1628年5月，日船至台灣，被努依兹扣押軍火及新港平埔族(隨船於1627年至日本)。濱田彌兵衛與其衝突，6月29日乘機刼持努依兹及通事Francois Caron，荷人妥協。後來荷人與幕府交涉互市。1632年他被引渡至日本，囚禁四年。

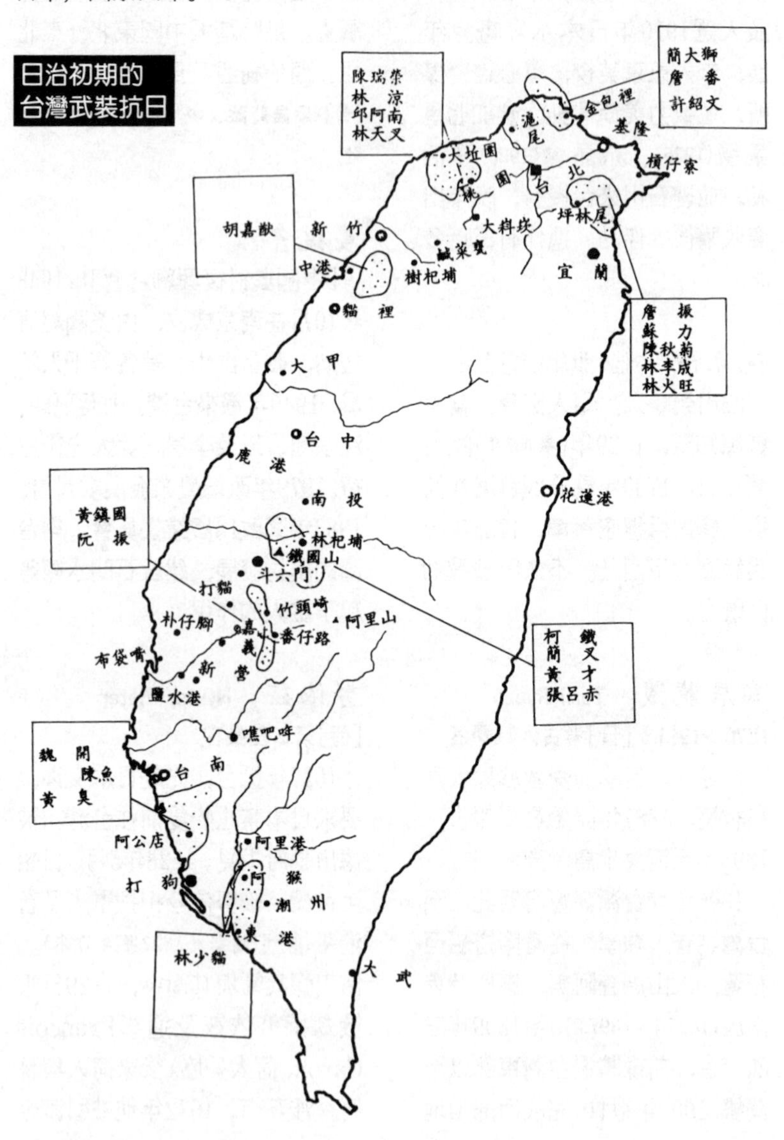
日治初期的
台灣武裝抗日
陳瑞榮
林涼
邱阿南
林天叉
簡大獅
詹番
許紹文
金包裡
基隆
滬尾
大坵園
桃園
台北
槓仔寮
坪林尾
大料崁
鹹菜甕
樹杞埔
宜蘭
胡嘉猷
新竹
中港
貓裡
詹振
蘇力
陳秋菊
林李成
林火旺
大甲
台中
鹿港
南投
花蓮港
黃鎮國
阮振
林杞埔
鐵國山
斗六門
打貓
竹頭崎
阿里山
朴仔腳
嘉義
番仔路
布袋嘴
新營
鹽水港
柯鐵
簡叉
黃才
張呂赤
噍吧哖
魏開
陳魚
黃臭
台南
阿公店
打狗
阿里港
阿猴
潮州
東港
林少貓
大武

〔O〕

歐清石 1906～1945.6 抗日先烈

澎湖人。台北師範畢業，任職澎湖公學校訓導及郡役所。1930年早稻田大學畢業，1931年當律師(台南市)。他素與日人不和，1941年被懷疑與郭國基等人陰謀引導中國軍登陸。株連一百多人，也稱「東港事件」，被捕下獄。1945年美機炸台北，死於獄中。

歐劍窗 ?～1945 [日]烈士

台北市人，擅長寫詩、編劇及技藝，在台北(延平區)城隍廟教漢學仔，支助「星光」、「鐘聲」等劇團演出，1944年被日警逮捕，翌年死於獄中；其故居由國府改爲「劍窗里」。

〔P〕

排灣族 Paiwan

即祖先開闢之地，史稱卑南番，分佈於北起大武山，南達恆春，西起隘察至枋寮綫上，東至太麻里以南的海岸三角地。人口約55,628人(占原住民全體的19.7%)，分爲排灣亞族(分佈在以中央山脈分界的西排灣群，東排灣群)及塔羅塔羅亞群(從東岸太麻里起至恆春地方)。其居地在屏東三地門、泰武、瑪家、東義、春日、獅子、牡丹、滿州及台東的金峰、達仁、大武、太麻里等地。以百步蛇爲圖騰，建築物或器皿上均有蛇紋。行長子繼承制，男子入贅女家。有漆齒及在胸、肩刺青習俗，嚴格區分貴族與平民階級，不分男、女繼承，每五年在大武山行祖先祭。

潘木枝 1902～1947 醫生

嘉義市人。1932年日本東京醫學專門學校畢業，1935年返嘉義主持向生醫院，爲當地名醫，仁心仁術；1946年當選嘉義市參議員，1947年二二八事變後，代表

嘉義市處委會至水上機場與國府軍談判被拘禁，3月25日與其他代表一起被綁赴火車站前槍斃。其次子潘英哲也在阿里山中遇害。

潘欽信 ～1951? 台共

台北市人，太平公學校畢業，1924年入上海大學中學部，1928年4月參加創建台灣共產黨，回台灣，因上海讀書會事件後，逃至大陸。謝雪紅重建台共後，斥他爲機會主義者，開除黨籍；1929年在廈門鱘江小學教書，1931年受中共福建執委催促，5月回台灣，召開台共第二次大會，鬥爭謝雪紅。9月被日警逮捕，判刑十五年。1945年後擔任三青團台北分團第一股長，1947年二二八事變後下落不明。1951(2)年病逝於

上海。

培里　1794～1858　[美]海軍

Commodore Matthew C. Preey

曾至地中海、西印度各地。1847年參加美墨(西哥)戰爭，1852年爲東印度艦隊司令，1853年奉命打通日本通商航路，由琉球、小笠原島抵達浦賀，翌年再率艦至江戶灣，迫日本開港。1854年6月29日奉命派Abbot艦長率艦赴台灣雞籠(7月11日及7月21日)，一面調查失踪海難人員，一面調查當地煤礦。Abbot又派Preble至港內測量，繪製地圖(～7月23日)。培里回國後，寫《有力之美國人》，力主占領台灣，「因爲台灣雖然名義上屬於清朝，而實際上形同獨立。清國官吏則分置於一、二分離之所，只不過實施微而不明之統治；況該島大部分爲獨立之番族所佔有。如果美國在雞籠築城，中國人必然欣悅歡迎，因爲可從此免於海盜的侵凌。而割陸地，獲採煤特權，將爲易得之報酬。」但美國新總統Franklin Pirece不採用他的建議。

[著]Narrative of the expedition of an American Squadron to the China Seas and Japan performed in the years 1852, 53&54.(1856～1860)

[參]Riese《台灣島史》p.147～151

彭華英　1895～1968.6.6

社會運動者

新竹竹東人。生於南投國姓鄉柑子林，1921年明治大學政經科畢業，1921～1924年在上海，返台後爲文化協會主要幹部，後來加入民衆黨，1932年至東北，爲滿洲電信社長祕書，戰後回台灣擔任過省政府民政廳主任祕書及專門委員、省合會公司專員及埔里分公司經理。

彭德　1914～?　半山

苗栗人。台北第二師範畢業，

日本貿易大學、東京商科大學肄業，1941年由香港至中國，在第三戰區台灣工作團當教官，1945年回台後當過省參議員、國民黨台灣省黨部執委，1949年12月被省主席吳國楨提拔爲民政廳長，二個月就下台。後來爲行政院參事。

彭明敏事件　1964.9.20

政治案件

台灣大學政治系教授彭明敏(1923～)與學生謝聰敏、魏廷朝起草《台灣人民自救宣言》，主張台灣人民要迎上人民覺醒的世界潮流，摧毀蔣介石的非法政權，建立民主自由、合理繁榮的社會。《宣言》指出蔣政權利用「反攻大陸神話」蒙蔽人民、實施戒嚴、並挾中共以自重,向美國討價還價。案發後，彭明敏在1965年4月2日被判徒刑八年(1965年11月3日特赦)，謝聰敏十年刑、魏廷朝八年刑(1969年減刑出獄)。1970年1月，彭明敏偷渡至瑞典，再赴美國。擔任「台灣獨立聯盟」的重要角色。謝聰敏與魏廷朝又在1971年2月再度被捕。

[參]彭明敏《自由的滋味》

彭培桂(遜蘭)　[清]文人

福建同安人，隨父來淡水柯椒庄定居。1856年爲恩貢，設帳授徒，竹塹巨室多爭聘他爲家教。

[著]《竹裡館詩文集》。

蓬萊島雜誌誹謗案

1986年5月30日,《蓬萊島》雜誌因指出馮滬祥以翻譯代替著作，而被馮某控告誹謗案，陳水扁、黃天福、李逸洋等人二審判刑八個月，6月10日三人至法院報到，與警方僵持十六小時始服刑，成爲爭取言論自由的鬥士。

蓬萊民族自救鬥爭青年同盟案 1952.8.16

國府對原住民(泰耶族)的鎮壓冤案。林昭明(25歲,台北師範)結識簡吉等人，因而在台北市結盟,「以民族自覺、自治、自衛」相標榜,「預備匪軍攻台時爲內應」。

姓名	年齡	刑期
林昭明	25	15年
高建勝	24	15年
趙巨德	26	15年
李訓德	26	7年
廖義溪	27	7年
趙文從	32	2年
李茂秀	23	2年
程登山	25	2年

[參]《歷年辦理匪案彙編》第1輯, p.148。

《澎湖廳志》

1893年，林豪撰。同安人林豪在1869～1870年間主掌澎湖文石書院，他寫此書，存於台灣。1892年通判潘文鳳追尋原稿，再請林豪與當地人互爲采訂，成十六卷，分爲十二類(其中藝文類爲三卷)。(313,200字)

皮以書(女) 1905～

四川南川人。重慶第二女師、北京中國大學及莫斯科中山大學(1925～1927年)畢業，1932年爲國民黨中央民運會婦女科長，1948年爲立委,1950年起爲「中華婦女反共抗俄聯合總會」總幹事,她的丈夫是谷正綱。

屏東書院 1815 [清]

嘉慶20年由鳳山知縣吳性誠，歲貢生郭萃、林夢陽籌建，1880年重修過。1936年日本人重新開發屏東市，但把書院遷至現址(勝利路38號)，保存原貌，是一座磚木混造的書院。

驃馬族 Puyuma

人口八千人，分佈於卑南溪以南，知本溪以北及恆春半島南端的海岸地帶(卑南、太麻里、滿州、牡丹、恆春)，與排灣族混居。民性強悍，早期以「卑南王」的稱號支配台東縱谷平原，行世襲族長制，在年齡別社會階級上則爲母系社會，長男繼承家業，男子入贅，次女在婚後生下第一胎即須離家另建家庭。

平埔族

分佈於台灣北部、西部沿海五百公尺以下平地及丘陵的原住民，屬於Malay－Indonesian種，一共分為九族：

①凱達格蘭(Ketagalan)　在基隆、淡水及台北附近，舊稱「淡水十八社」。

②雷朗(Luilang)　台北盆地的西、南部，及桃園一帶，有雷朗、里族、擺接、大浪泵等社。

③噶瑪蘭(Kavalan)　宜蘭境內，舊稱「蛤仔難三十六社」。一部份遷至花蓮、台東，被稱為「加禮苑」。

④道卡斯(Taokas)　在新竹、苗栗沿海平原，有竹塹、呑霄、苑里等社。

⑤巴則海(Pazeh)　分佈於台中盆地，以東勢及豐原為中心，北自大安溪，南抵大肚溪，有岸裡，烏牛欄、朴仔籬等社。

⑥貓霧捒(Babuza)　大肚溪以南，濁水溪以北沿海一帶，有半綫、二林、阿速等社。

⑦巴布拉(Papura)　大甲溪以北，大安溪以南的沿海平原，有水里、沙轆、牛罵等社。

⑧洪雅(Honya)　台中霧峯以南，台南新營以北，有哆囉嘓、斗六門、他里霧、諸羅山、貓羅、大武郡等社。

⑨西拉雅(Siraya)　分佈在台南、高雄、屏東，以至台東，有新港(新市)、大目降(目加溜灣)、蕭壠(漚汪)、麻豆四大社，及赤崁、噍吧哖、卓猴、大傑巓、阿猴、放索、芒仔芒等社。

十七世紀時，平埔族約有130～150社，四萬多人。他們是母系社會，子女從母居，夫受妻招贅，女子繼承家產，並從事勞動、漁獵，男人則懶散遊蕩。部落中有長老制，以年紀最高者為領袖。他們信仰祖靈，由女巫主祭。由於不懂交易、不知儲蓄，又生性善良好客，被外來統治者及漢人移民壓迫，逐漸喪失地位。十八世紀閩、粵移民大量湧入台灣，多為無妻無業流浪漢，他們強佔土地，強娶平埔族婦女，加上強勢文化，使平埔族被漢化，形成台灣人的新生民族。平埔族女性，應是大多數台灣人的「番仔媽」。

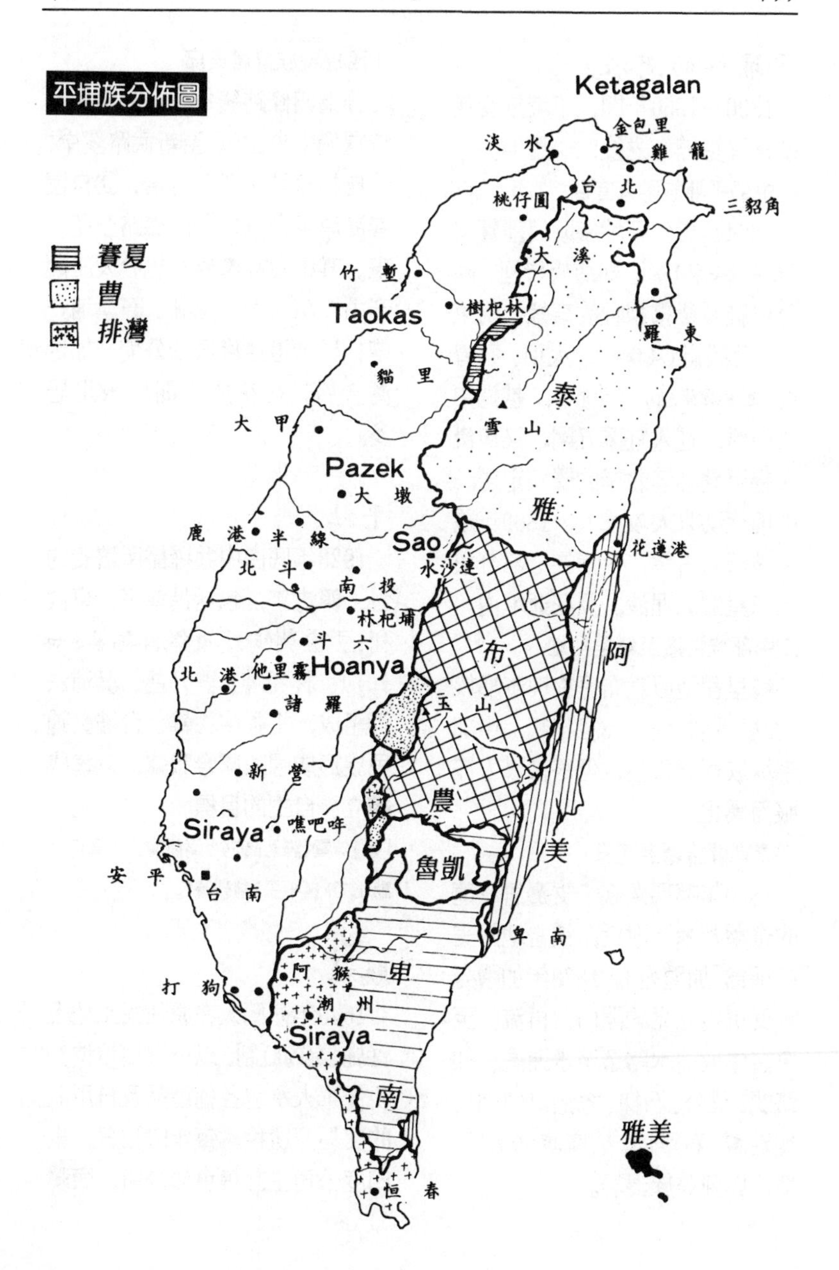
平埔族分佈圖
賽夏
曹
排灣
Ketagalan
淡水
金包里
雞籠
台北
三貂角
桃仔園
大溪
竹塹
Taokas
樹杞林
羅東
貓里
泰
雪山
大甲
Pazek
大墩
雅
鹿港
半線
Sao
花蓮港
北斗
水沙連
南投
林杞埔
斗六
布
阿
北港
他里霧
Hoanya
諸羅
玉山
新營
農
Siraya
噍吧哖
美
魯凱
安平
台南
卑南
打狗
阿猴
卑
潮州
Siraya
南
雅美
恒春

平埔族的流浪

1800—1850年間，平埔族受漢系移民壓迫，先後四次遷徙。

⑴中部平埔族遷入宜蘭

1804年彰化平埔族頭目潘賢文(大乳汗毛格)率巴則海族岸裡、阿里史社及貓霧捒社的東螺、阿束社、北投社(洪雅族)、大甲、呑霄社(道卡斯族)約一千多人，越過中央山脈，進入宜蘭五圍，又被漢人趕至蘭陽溪北岸的羅東定居。平埔族助泉人攻漳人，1809年羅東被漳人占領，平埔族一部分遷至三星鄉叭哩沙，及花蓮境內。

⑵中部族群遷至埔里盆地

埔里盆地原爲布農族與泰耶族的「眉番」之地，1832年起，中部平埔族相繼入墾，但終被漢人征服而漢化。

⑶噶瑪蘭族遷至花東

1820年噶瑪蘭族一支遷居花蓮的奇萊及米崙附近，被當地阿美族稱爲「加禮宛」。1878年加禮宛社反抗吳光亮的開山，再流亡至東海岸或由水路遷至水連尾、加路蘭、貓公、石梯、大港口(花蓮)、加走灣、石寧埔、成廣澳(台東)等地，與阿美族混居。

⑷西拉雅族遷居東部

分爲四條路綫：①自荖濃溪上游越過中央山脈，至新武路溪岸；②自枋寮經大武至台東；③自恆春海岸至台東；④由海路至花、東。其中台窩灣族多居於大庄觀音山，萬人埔、黑隴、石寧埔一帶；馬卡道亞族居於公埔、加走灣一帶；在花蓮的則以玉里居多。

平社

1923年底由中共羅豁所培養的台、韓青年，包括呂運亨、卓武利、尹滋英(韓)，及蔡炳耀(蔡惠如長子)、林堯坤、許乃昌、吳沛法等組成，主張中、韓、台被壓迫民族形成國際聯合戰綫，以達成獨立、自主的目標。

[參]沫雲(許乃昌)〈台灣議會より革命運動まで〉(《平平》創刊號)。

瞨社

1640年荷蘭人在原住民土地上實施瞨(Pak)制，以一社爲單位，委任華人承包各種產品及日用品的交易及徵稅。每年5月2日，東印度公司主計集會於公所，願瞨社之人亦至，由公司人員高呼各社餉銀，願贌之人亦出聲承應，得標者可提上所承包之登錄書冊，並取具街市、鋪戶之保證始可承攬。

●在各種外來勢力侵入之前，台灣是原住民逐鹿的天堂。

〔Q〕

七二錢

清代台灣中部及噶瑪蘭通行的貨幣，等於銀元一元。

七星畫壇　[日]

1924年台灣畫家成立的第一個組織，由石川欽一郎指導下的台北師範學生倪蔣懷爲首，聯絡陳澄波、陳英聲、陳承藩、陳植棋、陳銀及藍蔭鼎(非北師學生)共七人組成，每年舉辦一次畫展，三年後因陳植棋等去日本深造，終於解散。

齊如山(齊宗康)　1876～1962

戲劇家

河北高陽人,清代同文館畢業,赴歐美遊學,來台後著作《說戲》、《戲班》、《上下場》、《梅蘭芳藝術一般》等，輯爲《齊如山先生全集》。

靳治揚　十七世紀[清]官吏

滿洲鑲黃旗人。筆帖式出身，歷任漳州知府，1695年爲台灣知府，來台後設「社學」教育原住民兒童。1702年陞廣東高雷廉道。

啓文社　1941.5.27～1943.11

張文環、黃得時等退出台灣文藝家協會，另創啓文社，包括王井泉、吳天賞、呂赫若等人參加，刊行《台灣文學》，1943年被迫與《文藝台灣》合併，而告解散。

遷界　1661～1683　[鄭]

清朝對鄭成功父子的海上封鎖。鄭氏縱橫海上，清朝苦於沒有海軍，遂在1655年棄舟山爲界外，採兵部尙書蘇納海的建議，將山東、江、浙、閩、粵各省沿海居民盡遷內地。尤其鄭氏叛將黃梧更建議〈滅賊五策〉，使人民無法與鄭氏接觸，焚燒沿海所有船隻，使寸板不許下水，粒貨不許越疆，以期「海上食糧，鳥獸散」。如此一來，沿海各省百姓被迫流離失所，清軍一到，居民棄田宅、撤家產，造成人間大慘劇。1664年鄭經棄金、廈，轉進台灣，1669年清廷才再展界,使民復業,但1674年鄭經又奪廈門，清廷於1676年又下令遷界，直到1684年才停止這項暴政。遷界封鎖台灣，反而使鄭經轉向南洋及英國東印度公司通商，未達成實質效果。

乾隆帝(弘曆) 1711～1799

[清]第六代皇帝(1735～1795在位)

在位期間，征服準噶爾、金川、緬甸、越南、西藏，鎭壓台灣反抗(林爽文)，號稱「十全老人」。他幾次禁止人民渡台(1740～1746, 1748～1760年)，嚴禁漢番通婚(1737年)，緝捕會黨、管制武器(1788年)、甚至不准台灣打造鍋、鐵釘(1833年)，但仍舊無法阻止移民渡海狂潮與社會動亂。

錢穆(賓四) 1895～1990 學者

江蘇無錫人。唸過中學，任小學教員多年，1918年發表《論語文解》，1921年起至集美師範、無錫師範等校任教，1930年代歷任北大、燕京、西南聯大各校教授，1949年至香港，創辦新亞書院，1967年定居台灣，被尊爲「國學大師」，代表蔣介石統治下的中國國學正宗。

[著]《中國近百年學術史》、《孔子傳》等四十多種。

錢思亮 1908～1983

浙江杭州人。清華理學士、伊利諾大學有機化學博士(1934年)，任教北大、西南聯大、台大，1951年由胡適推薦爲台灣大學校長，1970年爲中研院院長，1971年兼原子能委員會主任。

淺野水泥會社爭議 [日]

1927年4月，黃賜組織「高雄機械工友會」，吸收淺野水泥高雄支店的台灣人職工，1927年11月經濟不景氣，資方準備用策動工人糾紛，藉口開除而省下大批遣散費來解雇工人。1928年3月，吳定石因傷害罪被關三個月，出獄後黃賜奔走聯名四十一名職工支持他復職。淺野水泥連這四十一人也一併開除，4月13日，黃賜領導七百多人罷工。民衆黨的蔣渭水、張火山、盧丙丁等人趕赴現場支持，成立罷工指揮部，號召全島工人響應。歷經二十天的抗爭，至5月31日才被警方壓制下去。1929年7月7日台南地方法院起訴黃賜等三十一人脅迫暴行，但後來皆無罪。

《潛園琴餘草簡編》

竹塹詩人林占梅的別集。他是義首，助清軍鎮壓林恭、戴萬生之亂，事平，獲布政使銜，不就任。《琴餘草》多爲咏戴萬生事變，其餘爲酬唱、紀勝、感懷。(102,000字)

青年自覺運動

1963年5月20日，台灣學生嚮應「我們不是頹廢自私的一代」口號，發起自覺運動。起因是美國在台留學生狄仁華在5月18日投稿《中央日報》，寫〈人情味與公德心〉，指出台灣的中國人有人情味卻沒有公德心，不排隊，考試作弊……。台大學生因而發起這個運動，最後被救國團導向不了了之。

清瀨一郎 Kiyosei Ichiro

1884～1967 [日]律師

兵庫縣人。京都帝大德國法律科畢業，爲律師，1920年起歷任十四次的衆議員，任內支持台灣議會設置請願運動，1945年爲遠東國際軍事法庭日本人弁護團副團長，當過日本民主黨政調委員，鳩山內閣的文部大臣，1960年爲衆議院議長，以強行通過〈安保條例〉聞名。

清鄭和談

[鄭]清朝對鄭經的八次招降談判

①1662年鄭成功死後，福建總督李率泰派人到思明州(廈門中左)勸鄭氏投降，鄭經授權鄭泰、黃廷、洪旭送上各州學印十五顆至漳州及明朝所賜印信及海上軍民土地清册，虛與委蛇，再藉口「人衆登岸，安插難周」而拒絕履行。

②1667年6月，孔元璋來洽通商互市，以「稱臣」、「入貢」、「遣子入質」條件，未成。

③1669年清廷刑部尙書明珠、兵部侍郎蔡毓榮來閩，未成；鄭經堅持「照朝鮮例——不削髮，遵事大之誼」，並自稱「不穀不憚遠穩，建國東寧」表明獨立之志。

④1667年鄭經放棄泉、漳、汀、邵武、興化五府後，清廷派大將軍和碩親王傑書來信勸降。

⑤6月傑書再派張仲舉來勸降，清廷不堅持削髮、登岸條件，只

求歲時通貢如朝鮮；鄭經堅持「沿海島嶼歸我，資以糧餉」。

⑥1678年福建總督姚啓聖要求鄭經退出海澄。

⑦1679年傑書又來信，鄭經堅持以海澄爲雙方共管之地。

⑧1680年平南將軍賴塔遣使來談，不再堅持登岸、削髮、易衣冠，也不必稱臣入貢，但鄭仍要求海澄互市，談判仍不成。

清代台灣本土的豪商

台灣本土資本家一方面靠拓墾而致富，或出錢助官方「滅賊」而獲得官祿與利益，他們的子弟也因此唸書或捐納、中舉。

●清代台灣豪商家族

家	族	崛起方式
彰化	施世榜家	捐納
台南	韓友德家	捐納
台南	鄭其蝦家	捐納
台南	陳震曜家	科舉
台南	黃應清家	科舉
台南	林朝英家	捐納
關廟	方榮星家	捐納
鹿港	林振嵩家	捐納
民雄	蔡廷槐家	科舉
麻豆	林文敏家	科舉
嘉義	徐德欽家	科舉
鹿港	丁壽泉家	科舉
鹿港	許肇清家	科舉
彰化	吳德功家	軍功
新竹	林占梅家	科舉
宜蘭	蔡學海家	科舉
大稻埕	張忠侯家	科舉
打狗	陳福謙家	科舉
大稻埕	李春生家	捐納

清荷聯軍 [鄭]

十七世紀荷蘭與清軍聯合企圖攻佔台灣的行動。1662年鄭成功去世後，巴達維亞的荷人提督巴連衛林(Balthassar Bort)率十二艘甲板船及1284人抵福州閩江口，聯絡李率泰總督，願先攻金廈二島，協議未成。1663年巴氏再率十六艘戰船及2600人至福州，與李率泰訂約(保證攻克金廈後直攻台灣，占領後清軍應將該島及一切交給荷人)，10月27日雙方簽字，聯軍攻佔廈門、金門，周全斌退敗。清軍並未如約進攻台灣，荷人只得兩道康熙帝的褒獎敕諭及三千兩紋銀。1664年8月，巴連衛林第三次抵閩，再赴澎湖，8月27日北上佔雞籠，清軍袖手旁觀。1668

年6月荷兵始撤走。

《清國行政法》

1913年12月由台灣舊慣調查會編纂出書，共分六卷。岡松參太郎負責調查台灣民間的習慣法，並對清代統治期間的成文法與不成文法有深入的調查與研究，1903年10月在京都大學內編纂，主要根據織田萬的行政法講義爲主，其他學者執筆，織田統籌完稿。

清丈 1886～1890 ［清］

劉銘傳整理台灣土地和賦稅的政策。他發現台灣人匿報田產以逃漏稅賦，1886年6月公佈〈清丈章程〉，在台北、台南二府設清賦局，各縣廳設分局，按照福建同安下沙則例，化甲爲畝(11畝爲一甲)，以一條鞭法刪除過去的繁雜項目，只收正供及補水平餘；

等別	一般縣廳	恒春縣	埔里社廳
上田	30.8561(錢)	9.05905	10.146
上園	25.2351	7.91315	8.8822

結果實徵銀額674,648兩，比舊額增加491,102兩，田園多出四倍。但當時大土豪紛紛反對，尤其板橋林家，劉銘傳只有妥協，改爲「減四留六」，即大租的四成改由小租負擔，納爲正供，大租只留六成，並免除納稅義務。如此創舉卻因土地丈量者濫用公權力，加上被業主收買胡亂報價，造成混亂不堪。1880年10月彰化知縣李嘉棠更要每戶每甲納2元清丈，激起施九緞之變，1890年他被迫辭職，一走了之。

清莊

①清朝對於所謂「叛亂地區」的全面封鎖與地氈式搜索，並把當地的人民逮捕、趕走，房屋、田園焚毀的行爲。目的在恫嚇人民不得參加聚衆謀反，或支持、收容叛徒。台灣中南部的村落，每遇反清動亂，官府的鎮暴手段就以清莊爲主。

②1947年二二八事變後，三月起國府軍在台灣人的配合下，厲行清鄉，把二二八事變的嫌疑者一個個揪出來。1950年代白色恐怖起，又透過警察、戶政及綫民，在各叛亂的山區、村落厲行清鄉。

瓊瑤(陳喆)　1938～　作家

湖南人，生於四川成都。台北二女中肄業，1963年發表《窗外》描寫師生苦戀，此後一系列言情小說，風靡台灣，有四十多部長篇小說，五十多部電影改編她的小說。

[著]《煙雨濛濛》(1964)、《菟絲花》(1964)、《六個夢》(1966)、《幾度夕陽紅》(1966)、《燃燒吧火鳥》(1981)《失火的天堂》(1983)等等。

丘逢甲(仙根)　1864～1912

[清]抗日者

苗栗銅鑼人。進士出身，授工部主事，1895年刺血手書「拒倭守土」，策動台灣士紳擁立巡撫唐景崧為台灣民主國總統，他為副總統兼義勇統領，守台中。日軍佔台後捲公款而逃亡中國，吟著「英雄退步即神仙，火氣消除道德篇」，在廣東蕉嶺定居，生下兒子丘念台。他曾在潮州教書，也當過廣東省諮議局副局長，1912年為廣東全省代表北上，任參議員，病逝，弟子有國民黨大老鄒魯等人。

[著]《嶺雲海日樓詩鈔》。

丘念台(伯琮)　1897～1967

台中縣人。丘逢甲之子，1913年赴日，加入同盟會，1925年東京帝大研究部畢業。至中國歷任瀋陽兵工廠技師、遼寧西安煤礦採礦主任。1931年隨馬占山抗日，後至廣東大學、中山大學任教。為廣東工業專校校長。1937年中日戰爭後為第四戰區及第七戰區少將參議，1943年為國民黨台灣直屬黨部執委，1944～1945年為直屬台灣黨部粵東工作團領導，1945年為監委兼國民黨省黨部委員，1947～1949年為省黨部主任，旋赴南京任監委。來台後，歷任總統府資政，國民黨中常委、中評委，1967年1月赴日本，12日病逝東京。

邱輝 ?～1683 [鄭]武將

廣東潮陽人。海盜出身，行掠粵東沿海，與鄭經的部將江勝聯合(1675年)，攻占廈門。他投靠鄭經，招集廣東、惠州的亡命之徒，在沿海走私。1674年鄭經攻閩粵，邱輝佔潮陽，1676年取粵東碣石衛，再攻佔新安、龍門。1677年鄭經丟掉閩、粵七郡，邱輝回到達濠；1680年與江勝合攻石井、潮陽、饒平各地；後退至台灣。1683年，在澎湖抵抗施琅，兵敗自殺。

邱良功 ?～1817 [清]武官

金門人。由營兵累升至遊擊。1805年隨李長庚追捕蔡牽，爲護理台灣副將。他一面牽制蔡牽，同時追朱濆，授安平副將，升定海總兵。1809年在海上擊潰蔡牽，功封三等男爵。

瞿秋白(原名懋淼) 1899～1935 [中]中共領袖

江蘇武進人。1917年入北京俄文專修館，1920年底爲《晨報》記者赴莫斯科。1922年加入中共，1923年回國，主編《新青年》、《嚮導》，起草中共「三大」黨綱，1927年召開八一會議，鬥垮陳獨秀而爲中共第二任總書記，開始左傾路綫，1928年至莫斯科參加中共「六大」，1930年9月在莫斯科糾正王明路綫，1931年被王明排斥，在上海搞文藝運動。1934年入江西蘇區，爲教育部長，1935年2月在途中被捕，被國民黨槍斃於福建長汀。

瞿在1920年代曾任上海大學社會系主任，台共早期領袖謝雪紅、潘欽信等人都是他的學生。1930年7月，瞿向潘欽信指出，台共必須召集臨時大會，清除關門主義傾向，在實踐鬥爭中克服機會主義的錯誤，才能在資本主義第三期危機下領導革命。

[參]《台灣社會運動史》p.675

〈全台紳民公約〉 1850[清]

鴉片戰爭後西方列強逐漸對台灣的煤有興趣，1850年3月26日，英艦入基隆港要求購煤被拒，30日離開。台灣道徐宗幹堅持排外，訂《全台紳民公約》六條，要求一般人民①勤瞭望；②聯聲勢；③查奸細；④選壯丁；⑤籌經費；⑥備武器，以期人民互助共濟，並禁鴉片。此外，他還禁止人民私自挖掘煤礦，倘敢抗拒格殺勿論。

全國青年團結促進會案

1967.8.20

早在1966年12月，黃華(被流氓管訓出獄)及林水泉、呂國民(已故)、張明彰、吳文就等創建「全國青年團結促進會」，並先後發散決戰傳單，1967年1月，在雲林古坑吳文就家中宣誓，立志建立台灣共和國；1967年2月顏尹謨(台大畢業)至東京，接觸台灣青年獨立聯盟委員長辜寬敏，後又接觸台灣獨立聯合會的史明，6月，另一名東大農學院研究生劉佳欽返台後被捕。7月，顏尹謨回台，連絡羅東的台灣大衆幸福黨(陳泉福等)。8月起，他們陸續被潛伏的綫民出賣而遭逮捕，1970年8月，林水泉(台北市議員)、顏尹謨、呂國民等各判刑十五年(後減爲十年)，吳文就(十二年)，黃華及張明彰、顏尹琮(十年)、林中禮、許曹德、林欽添、陳清山、劉佳欽、賴水河(八年)、林道平、張鴻模(二年)。

〔R〕

熱蘭遮城 Zeelandia [荷]

1624年荷蘭東印度公司佔領台灣後，首先在一鯤身(安南)建堡，稱爲奧蘭治(Orange)，1627年改建爲熱蘭遮城，至1632年始完成首期堡底工程。

1635～1640年間又擴建外廓，1662年鄭成功將熱蘭遮城改爲安平城。1683年清軍入台後，安平城逐漸荒廢；1874年沈葆楨來台處理牡丹社事件與日本人交涉，拆安平城外城的牆磚，運至二鯤身，建立「億載金城」。日本人曾經把熱蘭遮城改爲海關長官宿舍，至此已面目全非。

荷人所繪熱蘭遮城位置圖

《熱蘭遮城日記》

關於荷蘭人在台南的基本史料，1977年由荷蘭國家檔案館、國家歷史出版會和萊登大學合作，包樂史(L. Blussé)、M.E. van Opstall及台灣曹永和、江樹生、日本中村孝志、岩生成一等人編注校譯，預定出四冊，1986年已出第一冊(1629～1641年)。

人民協會

1945.9.30～1946.10.27

謝雪紅在台中市成立的政治組織，提出實施八小時工作制、保障人民自由等民主要求；發行《人民公報》宣傳理念；並藉協會來教育群衆。此外，她又成立「台灣人民總工會」(1945年10月20日)及「台灣農民協會」(1945年10月20日)，重新集結台共及文協、農組的老幹部，包括簡吉、林兌、廖瑞發、謝富等人。

[參]陳芳明《謝雪紅評傳》(前衛，1991)

人民解放陣線案件

1977.11.5

戴華光(河北人)及賴明烈(嘉義人,文化學院助教)、劉國基(輔大學生)等被控發函七十多封給在台美商,宣稱「外國帝國主義者和資本主義者是造成我們追尋中國統一、解放台灣人民政策的主要障碍……」,限外商在6月底前離台,此案被捕十餘人(包括淡江學生蔡裕榮、宋東文等五人)。

日本共產黨 1922.7.15

日共秘密建黨,選出中委長堺利彥及中委山川均、荒畑寒村、近藤榮藏、高津正道、德田球一等十七名中委,以馬克斯列寧主義爲指導,受第三國際東方局領導,根據〈布哈林綱領〉,主張第一階段要由無產階級協助農民及中小資本家打倒天皇體制的資產階級,才能實現無產階級專政。6月,日共第一次被捕,翌年(1923年)9月關東大地震後,日本軍閥及右派乘機屠殺朝鮮勞工及無政府主義者大杉榮、勞工運動領袖川合虎義等,日本政府宣佈解黨(1924年)。在莫斯科的日共幹部決定再重建黨,1925年1月上海會議後,推舉德田球一及佐野學、渡邊政之輔等爲黨中央。日共新中央秘密回國後,黨內發生山川主義與福本主義之爭。山川均主張以一次推翻資本主義,現階段不必有非法的共產黨形式,要以無產政黨來結合一般大衆,因此被稱爲「解黨派」及「勞農派」。從德國回來的福本和夫則提倡黨要通過激烈的理論鬥爭來淸除動搖份子(分離),再結合百分之百純粹的馬列主義者(結合),成爲職業革命家的黨來推動二階段革命。1926年12月日共在山形縣五色溫泉的第三次黨代表大會,選出佐野文夫爲委員長。1927年第三國際布哈林主席主持日本特別委員會,總結批判山川及福本主義,提出〈關於日本問題的綱領〉(〈1927年綱領〉),指示日共要公開活動,發展工廠支部及辦中央機關報,任命工人出身的渡邊政之輔爲新委員長。1928年2月日共藉「勞動農民黨」名義參加第一次大選,得票率0.5%,3月15日,全體被捕(三千四百人)。僥倖漏網的渡邊政之輔則在10月從莫斯科回國,經過基隆時被水警發覺,雙方互相開槍而身亡。1928年10月，市川正一、高橋貞樹、鍋山貞親等人再建中央政治局，1929年4月16日又被檢舉四千人，株連左派文化人士。1930年日共佐野博、田中清玄等根據共產國際的「資本主義第三期危機論」，開始武裝暴動，一年內突襲警署二十次，7月止紛紛被捕。1930～1932年間，日共再度秘密活動，隨著日本法西斯軍部的抬頭，紛紛被捕，至1945年戰後才恢復活動。

根據1922年7月日共成立大會上的〈日本共產黨綱領草案〉，「把日本軍隊從朝鮮、中國、台灣及庫頁島撤退」，1926年12月日共第三次大會綱領也規定「以促進日本統治下的殖民地獨立爲黨的任務」；1927年11月，佐野學與渡邊政之輔會面後，起草台共綱領，準備建立**日共台灣民族支部**，支持台灣獨立，1928年4月15日，台共在上海秘密建黨。但日共一直無法指導台共，才委託兄弟黨的中共代爲照顧，使台共立刻陷入困境。

日僑的處理　1945.8～1947.3

1945年8月15日日本戰敗後，共有488,165名日本人留在台灣，其中包括軍人166,009人，非軍人(包括由沖繩疏散來的)共322,157人。戰後初期，至少有二十萬人自願留在台灣，但陳儀派來的前進指揮所(葛敬恩)下令日本人集合待命，至1946年4月20日截止，送還日本者計459,928人，留用29,995人(242人死於遣返前)，其中98名戰犯中，有55人用飛機送回日本。日僑回國者，規定每人携帶現金100圓、糧食若干，及二個背包可容的日用品。留用者爲被台灣行政長官公署徵用的技術人員、行政人員、大專教授(包括家屬原計59,588人)。原本要留用包括家屬在內共94,238人，美國人反對，只准留用1,000人技術人員及其家屬共計5,000人，經陳儀幾番交涉，最後才留任日人7,139人，連家屬在內共27,227人。1947年二二八事變後，國府認爲在台日本人有參與之嫌，全部予以遣送。

日華紡織會社台北辦事處罷工

1927年4月，日華紡織延長二十

分鐘工作時間，台灣工人在連溫卿號召下，4月21日起罷工(男工130人，女工257人)，但只支持四天，5月9日，公司開除一名「不良分子」；5月18日，又有五名女工因遲到被監工訓斥，19日再全面罷工，不久失敗。

容閎 1828～1912

[清]改革運動者

生於澳門附近，唸Morrison School，1847年赴美國耶魯大學，是中國近代第一位留學生。1855年回國，歷任英國代理公使、香港的英國法庭、上海海關各地書記。1860年他向太平天國建議實行銀行及度量衡制度，建新學校，未被採納，結果投效曾國藩。1872年率領第一批學生赴美。

1894年中日戰爭之初，他向南洋大臣張之洞建議，把台灣抵押給歐美列強九十九年，借款四億美金，充當軍費。("My Life in China and America", New york, 1909,p.243－4)。1900年他當自立會長，參加變法，失敗後流亡美國。

[著]《西學東漸記》

《蓉洲文稿》

1685年諸羅知縣季騏光(1684年就任)所寫的雜記，記述在任內的台灣風土民情。

儒學 [清]

官方教育體制，以建學宮祀先師，以示崇矩範，兼行釋奠，及設明倫堂指導生員，兼授官方思想。分爲府、縣、廳三類，由官府直接管理經費、祭祀孔子、學生進退及教授官之任用(知府)，並分配考試及教授工作。府學內教授等官年俸45兩，廩生每人每年支2兩8錢9分，皆由官方支付。生員月課膏火(賞金)由學田租項下支付。府學考試每年一次(歲科)，及格者爲秀才，始得入學。歲科三年二次，入學者限二十人，不得自由進退，總數每年約二百人。至於縣、廳儒學照府學例。1824年清廷在安平及鳳山縣創縣儒學，翌年創台灣府儒學，至1890年最後的則是雲林縣儒學。

各儒學生員入學，稱爲「入泮」，每年考試一次，成績優等者爲「廩膳生」(給公費)，次等者爲「增廣生」(後補)。淸制(1679年)：府廩膳生及增廣生各四十名，大縣學中縣廩生二十名，小縣十六名，增廣十二名。台灣方面，1686年(康熙25年)題准，歲進文武童二十名，科進文童二十名，入府學廩膳生二十名，增廣生二十名，歲貢二年貢一名。後來巡撫張仲舉奏府學量設廩增生各二十人，縣學各十人。後來發現福建方面有人冒籍來台應試，官府奉命嚴查身份，須有戶籍與隣里具結保證者才能應考。客家人在1740年(乾隆5年)始由巡台御史楊二酉奏准四邑共取八名入學，以後也以八名爲增加之限度。歲科也另加錄取客家學生一名。

阮蔡文(鶴石) 1664～1713

[淸]武將

福建漳浦人，隨父遷居江西。他自修戰略，硏究各地方言；卻沒中鄕試。1709年回福建，被巡撫張伯行邀至鼇山書院講學。1712年隨御史陳汝威至山東招降海盜，而被康熙帝賞識，拔爲廈門水師中營參將。1713年調升台灣北路營管將，巡哨至呑霄、竹塹、淡水各地。他一面召集平埔族兒童教育，能背誦《四書》的賞以銀、布。後來中瘴氣而告假，升福州城副守，歿於道上。

阮朝日 1900～1947

屛東東港人。日本福島大學經濟系畢業，擔任《台灣新民報》監察人兼販賣部、廣告部部長。1945年後爲《新生報》總經理，因刊出二二八事變眞相，不久遇害。

阮振 ?～1902 抗日者

台南店仔口人，爲陳發的舊部，陳發遇害後率衆在蕃仔山、金山(十八重溪、嘉義)一帶打游擊，1899年3月被日軍包圍而投降，日人同意付他及一百名部下的薪餉，由他管理前大埔，4月阮振投降，1901年又與黃國鎮、賴福來等以黃茂松爲首攻入樸仔腳支廳(朴子)，擊斃日人支廳長、郵便局長。1902年又被士紳林武琛、鄭香蘭等誘降，慘死於店仔口支廳(白河)。

瑞芳事件

1944年日軍節節敗退，人心惶惶，謠傳金礦主李建興暗中要造反。日警逮捕李氏家族及礦工一共五百多人。其中三百多人死於獄中。事實上，只不過是一名警察和李建興爭女人的小事所造成的寃獄。

[參]莊嘉農《憤怒的台灣》p.72～73。

〔S〕

薩爾馬那則 1679～1763

George Psalmanaazaar

[法]冒牌的「台灣王子」

自幼流落法國，後來至英國，又到荷蘭當兵，自稱爲改信基督教的日本人，1704年發表《台灣的歷史地理》(An Historical and Geographical description of Formosa,倫敦)。1707年又發表《日台對話》(An Dialogue between a Japanese and a Formosan)。後來他宣稱一切都是揑造的，此後閉門專攻文學。

賽沖阿(姓赫舍里) ?～1828

[清]武將

滿洲正黃旗人。1787年台灣林爽文反淸，隨軍爲先鋒渡台，12月，攻克大埔林、斗六門，事平，封「巴魯圖」，列爲三十功臣。歷任吉林、三姓副都統，1797年隨明亮鎮壓四川、湖北白蓮教反亂。1805年爲廣州將軍。1806年海盜蔡牽攻擾台灣時，任欽差大臣赴台。1807年奏請移鳳山縣城於興隆里。蔡牽敗走後，回大陸。1813年爲成都將軍，後來官至漢軍都統、領侍衛內大臣、蒙古都統等職。

[參]《淸史稿》354，〈列傳〉135；《淸史列傳》30；《國朝耆獻類徵初稿》315。

賽夏族 Saisiat

現居新竹五峰、苗栗南庄、獅潭一帶，人口約三千多人。似乎爲泰耶族與平埔族的混血，行父系小家庭制，每兩年舉行一次矮靈祭，以祭拜更早的原住民矮黑人。

三不政策

台灣當局對中國在1979年1月1日全國人大常委會《告台灣同胞書》的反應。4月4日，蔣經國在國民黨的會議上指出：根據過去反共的經驗，採取不妥協、不接觸、不談判的立場。這不只是基於血的教訓，作爲今後不變的政策，且更是我們反制敵人最有利的武器。

三不原則

台灣國府當局爲對應中國的挑戰，1981年後在民間交流上採取

「不逃避、不退讓、不畏縮」的原則，作爲「三不政策」的補充。

三段警備制 [日]

日據初期(1897年)日本對台灣鎮壓的軍警體制。乃木希典總督在1897年停止軍政，改爲民政，並區分警戒區爲三段：⑴第一區——抗日勢力強悍的山區邊緣，仍以軍隊掃蕩；⑵第二區——抗日勢力稍弱的平原，以憲兵壓制；⑶第三區——治安轉好的平地市街，以警察負責治安。後藤新平民政長官在6月才廢此制，改爲警察制度。

三好德三郎 1873～

[日]茶商

宇治人。1899年至台灣，經營茶業，1912年爲總督府前郵政局長，1920年爲台北州協議員，1927年爲總督府評議員。歷任台北商工會長，爲總督之顧問，其言論對日本統治台灣頗有影響，被稱爲「民間總督」。

三藩之亂 1673～1681 [鄭]

清朝入關後，三大漢人軍頭吳三桂(雲南，平西王)、尙可喜(廣東，平南王)、耿繼茂(福建，耿精忠之父)在南部割據，清廷警戒不已，1673年尙可喜辭官退隱遼東，康熙帝乘機下令尙氏父子撤出廣東，引起吳、耿的驚慌、年底，吳三桂自稱天下都招討兵馬大元帥，舉兵反清。1674年，吳三桂出貴州，佔湖南，西軍由四川出陝西，東軍由江西出廣東、福建，聯合耿、尙二藩，連陝西提督王輔臣、廣西將軍孫延齡、福建的耿精忠、廣東的尙之信都響應，揭開「三藩之亂」序幕。耿精忠派王鏞到台灣聯絡鄭經，邀他出海軍攻瓜州、鎮江，並以福建的戰艦支援。鄭經乘機出兵廈門，迅速征服閩南、佔海澄、入泉州，與耿氏決裂。三藩軍一時進出江南各省，然而內訌與各自爲政，終被清軍打敗東西兩軍，1676年王輔臣、孫延齡等降清，尙之信也在年底投降。1677年耿精忠也降清，吳三桂孤困湖南，1678年3月吳三桂在衡州稱帝，8月去世，孫吳世璠逃回雲南。1679～1680年清軍反攻，1681年吳世璠自殺，結束九年的動亂，鄭經也退回台灣。

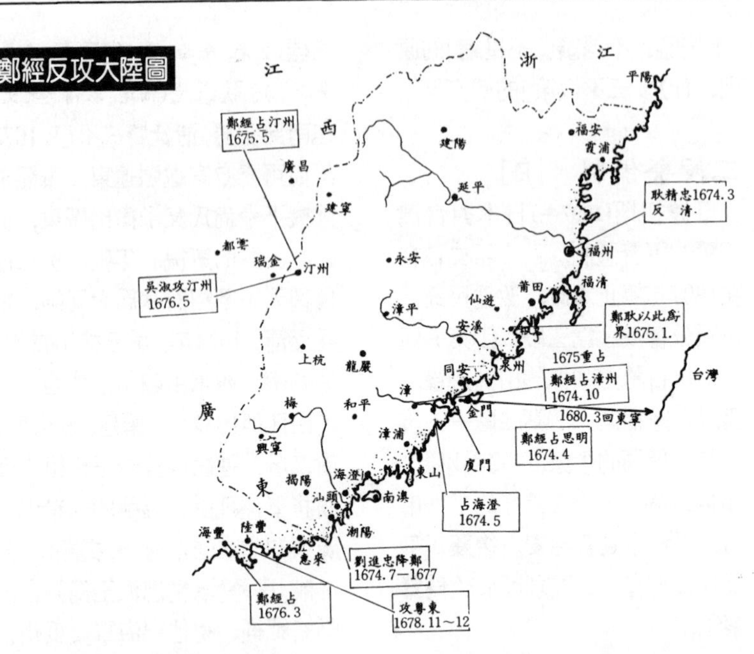

鄭經反攻大陸圖

三金一牛

明末閩浙大旱，鄭芝龍建議巡撫熊文燦，以每人三兩金子，一頭牛，用船運至台灣開拓。這是中國方面片面說法，1640年代台灣已爲荷蘭東印度公司佔領，公司在台灣的牛隻才一千二百～一千三百頭，鄭芝龍運來一萬頭牛，豈非荒唐？何況，一個地方政府如何花九萬兩及一萬頭牛救濟飢民呢？

[參]陳紹馨《台灣省通志稿》卷2〈人口志人口篇〉，p.93～95(1964)。

三國同盟　1940.9.27

日本、納粹德國與義大利三大法西斯國家的互助同盟條約。這是1936年的日德防共協定及1937年日、德、義防共協定的延伸。起初是德、日兩國共同以反共及夾擊蘇聯爲目的的軍事同盟，1939年德國與蘇聯簽定互不侵犯條約，使日本的北進論(侵蘇)政策受挫；1940年法國戰敗，英國孤立，日本則乘勢席捲東南亞(南進論)，爲牽制美國在太平洋及歐洲的力量，才有德、義、日三國同盟，但不久日本又發動太平洋戰爭，德、義對美國又無實質牽制作用，此約形同廢紙。

三毛(陳平) **1943～1991.1.4**

女作家

浙江人。生於重慶，北一女退學，後在台大哲學系旁聽，再赴西班牙馬德里大學、美國伊利諾大學進修。感情創傷，一度流浪北非撒哈拉沙漠，結識西班牙人荷西，1971年荷西去世，她再回台灣，1991年自殺。主要作品有《撒哈拉的故事》、《雨季不再來》、《哭泣的駱駝》、及翻譯《娃娃看天下》等。

《三六九小報》

1930.9.9～1935.10

三日刊。連雅堂、趙雲石等編，共出四七九期。內容以歷史、詩文爲主，白話文的作品不多。

三年一反，五年一亂 [清]

清朝統治台灣的二百一十二年間(1683～1895年)，至少爆發過四十次以上的民變及大小七十次的分類械鬥，加上台灣各族群間的矛盾對立，使統治者認爲台灣人是「任征不平，任反不成」的。

●清代台灣災害、動亂發生次數

	1683～1795	1796～1894	合計
災害 I 風災、地震	43次	53次	96次
II 水、乾、飢荒	48次	95次	143次
計	91次	146次	237次
每隔幾年1次 I	2.6年	1.9年	2.2年
II	2.4年	1.0年	1.5年
民變	6次	22次	28次
械鬥	16次	54次	70次
每隔幾年1次	5.1年	1.3年	2.2年

三一法 [日]

1906年3月26日公佈法律第三十一號〈關於施行於台灣之法律〉，一改〈六三法〉上總督的絕對權力，改爲「總督所發佈之命令，不得違反實施於台灣之法律與勅令」，不過換湯不換藥，期限爲五年。1921年日本政府又公佈〈法律第三號〉，翌年1月1日實施，即日本本土的法律全部或部分適用於台灣，但以台灣的情況特殊，一切法制以總督的律令爲基礎。總督仍握有緊急命令權，儘管台灣開始推行同化(日化)主義，總督府設評議會，仍舊是牽線式的假民主。

《三字集》

1931年台灣抗日社會運動(包括台共、農組)紛紛被日本警察瓦解後，9月底，陳結在阿里山鐵路獨立山的山腹張城的龍眼乾寮內祕密印刷《眞理》第一號(150份)、《二字集》(250份)、《三字集》(400份)，作爲喚醒民衆民族意識與階級意識的啓蒙作品。《三字集》每行三個字爲一句，用台語唸：

無産者，散鄉人，勞動者，白做工，做不休，負擔重，住破厝，壞門窗……三頓飯，蕃薯簽，每頓菜，豆脯鹽……最可惡，私有制，……惡地主，和政府，想毒計，用狗官，來壓制，賊政府，起無道，全百姓，無奈何……咱祖師，既逝世，是列寧，馬克思，他傳道，資本論，他建設，工農兵，蘇維埃，堅政府，資本主義第三期，壓迫榨取不離時，無道政府將倒去，白色恐怖愈橫起。

[參]《警察沿革志》第2編中卷，P.776。

山川均 Yamakawa Hitoshi
1880～1958 [日]社會主義者

岡山縣人。同志社肄業，1900年創刊《青年的福音》而入獄，1906年參加日本社會黨，後來屬於左派(堺利彦、幸德秋水)，受工團

主義影響，1908年，又因赤旗事件入獄二年，1916年加入賣文社，編《新社會》，介紹馬克思主義，1927年起編《勞農》，三・一五大檢舉後與日共劃淸界線。1922年他發表〈無產階級運動的方向轉換〉，主張解散日共，化整爲零地深入民間，搞大衆政治運動。山川均關心台灣，寫〈弱小民族的悲哀〉，並影響連溫卿傾向工團主義。

[著]《山川均全集》
[參]《山川均自傳》(岩波，1961)

山地工作委員會案

1950.4.25

日據時代台灣農民組合運動領袖簡吉，1949年在台北建立「山地工作委員會」，聯絡原住民省議員林瑞昌及鄒族湯守仁、高澤照(警務處山地工作人員)等，被張志忠供出，至1950年7月止，連續逮捕二十六人，葉信華、雲雪山、林照光、湯守仁、李祥球等予以「自首」，其餘十人處死刑，十一人分處一年刑不等。

姓名	年齡	出身
簡　吉	48	台南師範
魏如羅	32	
陳顯富	30	台南工專
林瑞昌	54	省議員
吳金城	28	
高澤照	38	
林　立	48	台北醫專(醫生)
卓中民	27	泰北中學(商)
楊熙文	30	台南師範(教員)
黃雨生	24	成功中學
黃　天	43	(日)福岡中學(商)

山豬毛社反抗

1728年山豬毛社(屏東三地門)殺廿二名漢人；次年春，台灣道、鎭調兵圍剿，又派諸羅知縣劉良璧堵後山，曹族內攫社番擊八里斗難，征服山豬毛社。

上海台灣青年會

[日]抗日學生團體

1923年10月12日在上海由蔡惠如、彭華英、許乃昌等召集學生成立，擴展至五十多人。主要活動份子爲謝廉淸、施文杞、許乃昌、許水、游金水、李孝順、林堯坤等人。他們在1924年1月召開「上海台灣人大會」、參加五・九國恥紀念會，反對六一七(日)始政紀念，反對有力者大會……。後來因經費不足，11月6日解散。

上海台灣青年團

1929年6月16日，逃過「上海讀書會事件」的翁澤生、林木順等成立「上海青年反帝大同盟」(由中共江蘇省黨委會指導)；他們又到廈門大學串聯，成立了「上海台灣青年團」，主張「擁護蘇聯，反對國民黨進攻紅軍蘇區，台灣獨立」。1931年4月12日改爲「上海台灣反帝同盟」，林木順、翁澤生、楊春松、侯朝宗、王溪森、蔣麗金、廖德勳等爲主幹。7月，遭日警逮捕，(～1932年共有六十三人落網)。另外，侯朝宗(劉啓光)也在1931年6月成立反帝同盟台灣分盟(廈門)，翌年3月併入廈門青年救國團(中共外圍組織)，林木順，侯朝宗等不久逃亡。

上海公報　1972.2.27

Shanghai Communique

美國總統尼克森與中國總理周恩來在上海共同發表關於台灣問題的公報。關於「台灣問題」各說各話：中國方面，主張中華人民共和國才是中國唯一的合法政府，台灣是中國的一省。中國並斷言台灣解放是中國的內政問題，並要求美軍撤出台灣，反對一中一台，兩個中國、台灣獨立或台灣歸屬未定的任何活動。美國方面，表明美國認識(aknowledge)在台灣海峽兩邊的所有中國人都認爲只有一個中國，台灣是中國的一部分。美國政府對這個立場不提出異議(does not challenge)，並將分階段削減在台的美軍……。

上山滿之進　1869～1938

[日]第十一任台灣總督(1926.7～1928.6)

山口縣人。東京帝大法科畢業。

歷任青森縣參事官，法制局參事官、山林局長、農商務次官，1918年爲貴族院議員，1926年被派任台灣總督。1927年春，台灣銀行因收不回鈴木商店的呆帳而破產，他曾努力奔走，無效。

社會問題研究會 [日]

1923年7月，由蔣渭水、石煥長、連溫卿、謝文達及蔡式穀等五人發起，宗旨爲：「以近代的科學爲起點，以一定的社會條件爲研究基礎」來研究台灣的社會問題，尤其工、農問題。被當局以違反出版法，未經呈報而擅自散發傳單(7月23日)處罰金並強制解散。

社學 [清]

官方對原住民施以漢化教育的學校。1695年靳治揚設「熟番社學」開始，1715年周鍾瑄(知府)在諸羅、打貓、哆囉嘓、大武壠四社建「社學」，逐漸使平埔族忘本而漢化。

邵友濂 ?～1901 [清]官僚

浙江餘姚人。漕運總督邵燦的兒子，報捐員外郎，中過鄉試。

1874年以御史記名，補爲總理衙門章京。1879年署理俄國欽差大臣(～1881年)，1882年爲江蘇蘇松太道。1883年中法戰爭時，至台灣防守，和談時隨曾國荃辦理和約，敍功一品封典。1886年派往香港會商開辦洋藥釐稅，後來補爲河南按察使。1887年爲台灣布政使(～1889年)。1891年爲台灣巡撫，停止前任劉銘傳的一切新政，1892年撤廢清賦局、番學堂及停建鐵路(1893年)。1894年調爲湖南巡撫。

[參]清史列傳63

沈葆楨(翰宇) 1820～1879

[清]官僚

福建侯官人。1847年進士，歷任九江知府、江西按察使。鎮壓太平軍有功，1867年爲總理船政大臣，經營馬尾造船廠，建立中國近代海軍。1874年日本出兵台灣，他奉派至台灣交涉，日軍退出。他建議開放台灣，准許移民並開山撫番。同時，又爲鄭成功建祠，以作台民忠義之義。1875年升兩江總督，歿於任內。

[著]《沈文肅公政書》7卷
[參]清史列傳53

沈光文(斯庵)　十七世紀

浙江鄞縣人。太學生出身，1645年授太常博士(福王時代)，1646年參予琅江的南明軍務，晉升爲工部侍郎。秋8月福建的唐王兵敗，他來不及隨著逃走，投奔肇慶(廣東)的桂王，升至太僕寺少卿。1649年由潮海至金門，拒絕清廷的招降。他計劃到泉州海邊，卻遇風漂流到台灣(1651年)。1661年鄭成功征服台灣，禮遇他。1662年成功歿，鄭經改換體制，沈光文寫詩諷刺，幾乎被殺，化裝成和尚逃入羅漢門山中。此後，在茅廬教育平埔族目加溜灣社土著兒童。1683年清朝據台灣，閩督姚啓聖招撫他未成。後來在諸羅去世。

[著]《台灣輿圖考》、《草木雜記》、《流寓考》、《台灣賦》、《文開詩文集》。

沈宗翰(海槎)　1895～1980

科技官僚

浙江餘姚人。1913年入浙江省立甲種農業學校，1918年北京農專畢業。1920年至湖南常德設植綿場，1923年赴美國，唸過喬治亞大學、康乃爾大學，獲博士學位，1927年回中國，任教南京金陵大學，以後歷任國民政府農業官僚，1948年爲中國農村復興聯合委員會委員，1964年爲農復會主委(～1973年)。

[著]《中國農業資源》、《沈宗翰自傳》、《台灣農業之發展》。

沈知 ?～1838 [清]抗清者

嘉義下茄苳人，張丙起義失敗後，他率衆焚糧館，擊斃把總柯青山，南路各角頭起義響應，不久被北路營參將保芝琳捕獲，處死。

沈朝聘 [清]第一任台灣知縣

遼東人。原爲四川茂州知府，1624年至台灣縣，不久以丁憂離台，兩袖清風。

沈有容(士宏) 十六世紀[明]

安徽宣城人。1597年(萬曆25年)守海壇水寨，1602年底至澎湖追擊海盜。1604年至澎湖，趕走荷蘭將韋麻郎，次年升都督僉事、總兵，1624年告老，不久去世。

[參]陳知靑《澎湖史話》

生番、熟番 [清]

對未開化(漢化)的原住民蔑稱爲「生番」(cin huan)，而已歸化者爲「熟番」(sek huan)，尤其泛指平埔族。

《先發部隊》(第一線)

1934年7月5日創刊，主張對「台灣新文學的出路的探討」，《宣言》強調文藝不是閒人的消遣，或生活的餘興，而是「能夠以新時代社會一步，啓發當來的新世界與新生活」；第二期起改爲《第一線》(1935年1月6日)，偏重民間文學的認識，強調「我們祖先的遺產，只有台灣民間文學算得是最爲純粹的，我們不但在文學上有保存它的義務，在民俗學上也有整理它的必要。」主要由郭秋生、朱點人、廖毓文、蔡德音、陳君玉、黃得時等編輯，一共只出二期就告停刊。

司徒雷登 John L. Stuart 1876～1962 [美]駐華大使

生於中國杭州，父爲在華傳教士。1896年維吉尼亞漢普登西德尼學院畢業，1904年至中國任教金陵神學院，1919年起任燕京大學校長(～1929年)，1941年12月大平洋戰爭後被日軍拘禁(～1945年)。1946年起任美國駐華大使(～1949年)。

1947年二二八事變前後，他開始注意台灣的情勢，4月交給南京國民政府一份《台灣情勢備忘錄》(Memorandum on the Situation in Taiwan)，抗議國府屠殺台灣人。11月15日，他和蔣介石會談時，蔣說:「衷心贊成在一段期間內，尤其在復興台灣的經濟上，用任何形式中、美共同管理台灣」。1949年8月離華，1954年起在美發起「自由中國基金」活動。

[著]《傳教士和大使司徒雷登在華五十年回憶錄》

施阿蘭 **Gérard, Auguste**
1852～1922 [法]外交官

1894～1897年爲駐中國公使，1897～1906年駐比利時，1907年駐日本。1895年台灣將割給日本，他表示法國不便出面干涉，拒絕法國「保護」台灣。

[著]Mission en Chine, 1918; Ma Mission au Japon, 1920.
[參]〈施阿蘭論三國干涉〉(《中國戰爭》卷7, p.418)

施江南 **1902～1947** **醫生**

彰化鹿港人。1925年日本醫專畢業，入京都帝大醫學部專修科，歷任京都市醫院醫師，1930年獲醫學博士學位，1931年爲台北醫專講師，翌年升教授，後辭職開業。當過台北州議員，1945年擔任台灣省科學振興會主席。二二八事變時爲處委會成員，後遇害。

施九緞 十九世紀[清]地主

彰化二林浸水庄人。1888年9月，反抗劉銘傳丈量土地，其手下狼貪民財，豎起「官激民變」大旗，向知縣李嘉棠請願，要求燒丈單。6月，被林朝棟率台北兵擊退，一個多月後，劉銘傳才查辦李嘉棠，施九緞當時已六十多歲，據說病死(或逃走)。在事件中，李嘉棠勒索鹿港人，並誣指他們「通匪」,並要彰化附近二十四庄出人力，事後鄉紳向台灣道唐景崧哭訴，才結束這件荒唐案。

施琅(琢公)　1630～1696

[淸]台灣的征服者

福建晉江人。鄭成功的部將，與成功失和，其父被殺，逃回大陸，投降淸朝。1656年打敗鄭成功於福州，陞同安總兵，1662年擢升福建水師提督，1665年掛靖海將軍印，奏請攻台灣，出兵失敗而回。1668年再上疏攻台，然而康熙帝撤水師，調他爲內大臣。1683年出兵，先攻下澎湖，至台灣，鄭克塽投降。淸朝本來不要台灣，施琅力奏，建議派兵駐守，康熙帝始接收台灣。他的兒子世綸當到漕運總督，世驃爲水師提督。

[參]《台灣通史》30

施明德　1941～

高雄市人。陸軍砲校畢業(1961年)，以參加亞細亞同盟，領導少壯軍官及青年學生(高雄中學爲主)從事台獨運動而被捕，判處無期徒刑，1977年6月獲減刑出獄。1977年底協助蘇洪月嬌競選省議員成功，1978年11月爲台灣黨外人士助選團總聯絡處的總幹事，1979年5月創刊《美麗島》雜誌,12月10日發生高雄事件,化裝逃亡,1980年1月8日被逮捕、判處無期徒刑，再送回綠島監禁，1990年5月21日始獲特赦。1994年爲民進黨主席。

施明正　1935～1988.8.22

作家、畫家

高雄市人。高中畢業，北上師事廖繼春作畫。1961年與施明德(四弟)及三弟施明雄一起因台獨叛亂案入獄,1967年在獄中寫〈大衣與淚〉投稿《台灣文藝》(16期)。1976年起發表〈魔鬼的自畫像〉系列，建構施家家族史與個人的自剖，1979年寫〈島嶼上的蟹〉、又有〈喝尿者〉、〈渴死者〉等作品。

[著]《魔鬼的自畫像》(文華，1980)、《島上愛與死》(前衛，1983)、《施明正詩畫集》(前衛，1985.12)、《施明正短篇小說精選集》(前衛，1987.8)。

施乾 1898～1933

[日]社會救濟者

台北人，台北工業學校畢業，在總督府當技士，調查台北市乞丐，始致力社會救濟事業，捐其家建愛愛寮，夫妻親自照顧乞丐。他中年喪妻，再娶日本人照子，一生奉獻社會。

[著]《乞丐の生活》、《乞丐撲滅論》。

施瓊芳(升階) [清]文人

1845年恩科進士，曾爲海東書院山長。其子施士浩亦中進士。

施士浩(雲舫) 1853～1920 文人

台南人。進士施瓊芳之子，1877年進士，爲內閣中書。先後擔任白沙、崇文、海東書院山長。他擅作詩，1895年逃至福建，歿於鼓浪嶼。

[著]《後蘇龕詩集》

施世榜(文標) 十七～十八世紀

[清]拓墾者

鳳山人。1697年拔貢，當過壽寧教諭，兵馬司副指揮。1719年招募流民拓墾東螺，引濁水溪，建八堡圳，灌溉彰化。

施世驃 1677～1721 [清]武將

福建晉江人。征服台灣首功者施琅的第六子。十五歲時就隨其父攻打澎湖，功封左都督，1695年隨康熙帝攻漠南，旋升定海總兵官。他追捕海盜有功，升爲水師提督，駐廈門。1722年朱一貴反清，世驃攻澎湖，登陸鹿耳門，奪回台灣府(台南)，分兵追朱一貴；日夜籌畫，歿於軍中。

十大建設

1974～1979年間蔣經國主政下的經濟建設，總共耗費56.06億美元，包括①中山高速公路(基隆～鳳山)，②中正國際機場，③鐵路電氣化，④北迴鐵路，⑤蘇澳港擴建，⑥台中港，⑦一貫作業鋼廠，⑧高雄造船廠，⑨石化工程，⑩台電核一廠。

十三行遺址

台北縣八里埤頭村南，觀音山西北麓，淡水河南口的文化遺址，1962～1964年三次發掘，分爲三層：最下層爲大坌坑文化層，中爲圓山文化層，上爲十三行文化層，約在500～1600B.C.之間，以鐵器爲特色，陶器則已出現灰黑色或黑色；另一特色爲「側身屈肢葬」。

「十信」風波　1985.2.9

國泰財團所屬台北市第十信用合作社(七萬存款客户，140億元)早在1974年10月因被發現不正常放款，1982年9月底不正常放款達23億，董事長蔡辰洲(立委)舞弊營私，借人頭冒貸，把大部分資金流入國泰塑膠企業，導致周轉不靈，財政部下令十信停業，蔡辰洲等人下獄，經濟部長徐立德下台，引起存戶抗議。

石川欽一郎　1871～1945

[日]畫家

靜岡縣人。赴英留學，1900年八國聯軍之役，調至北京擔任翻譯，1916年爲總督府陸軍部翻譯兼國語學校美術教師(～1916年)，1922年再至台北師範教美術，啓迪台灣人學生陳植棋、李石樵、李澤藩、葉火城、楊啓東、李梅樹、倪蔣懷及藍蔭鼎(自學)，介紹水彩畫技法。1926年向總督府建議籌辦台灣美展，1932年回日本。

石塚英藏 1866～1942

[日]第十三任台灣總督

會津藩士之子，生於東京。東京帝大政治系畢業，入內務省，1898年隨兒玉源太郎總督至台灣，擔任參事官長。1902年兼任警務局長，1903年起兼總務局長。1905年爲關東都督府(遼東)民政長官，後來當過朝鮮總督府農商工部長、東洋拓殖總裁，1929年爲台灣總督(1929年8月～1931年1月)。1930年6月，他派大軍及投毒瓦斯彈鎮壓霧社的原住民反抗，被迫引咎辭職。

石煥長 1891～? 醫師

宜蘭人，台北醫學校畢業，1923年爲台灣議會期成同盟的主幹，1947年二二八事變後已在香港，改名「石霜湖」，並成立台灣問題研究會。後來流亡至中國。

石錫勳(逸南) 1900～1985 醫生

彰化市人。台北醫學校畢業(1921年)，參加文化協會，至高雄旗津開業，1923年因治警事件被捕，1924年10月判罰金，1927年加入王敏川的新文協，無實際行動；1945年爲彰化市接管主委、彰化市長，1946年當選彰化市參議員。1949年被密告開地下錢莊，關九十七天。1954年選彰化縣長落選，1957年又落選，1968年因劉佳欽、顏尹謨等事件(1967年8月)入獄，判刑七年，不久獲釋，避居高雄(～1980年)，1985年去世。

[參]王燈岸《磺溪一老人》(1980)

矢內原忠雄 1893～1961

Yanaihara Tadao [日]經濟學者

愛媛縣今治市人。1917年東京帝大經濟學部畢業，1923年升至東大教授，講授殖民政策；1927年發表〈戰爭與和平〉(《中央公論》)批評日本軍國主義，1937年12月被迫辭職。1945年戰後再爲東大第一任社會科學研究所所長，1951年爲校長。他支持學生，反對〈日美和約〉的片面化，不惜下台。

1927年夏來台考察，結識林獻堂，開始寫《帝國主義下的台灣》(1929年出版)，批評日本在台灣的殖民統治，以「糖業帝國」剝削台灣的農民，弄得台灣總督灰頭土臉。

[著]《矢內原忠雄全集》29卷(岩波，1956)

史貽直 十八世紀[清]官吏

江蘇溧陽人。1728年(雍正6年)爲閩浙總督，開台灣米糧(每年運至內地八萬三千餘石)作爲軍餉，由回大陸的班兵代運，1731年任兩江總督。

[參]《淸史列傳》第一篇

寺內壽一 1879～1946

[日]軍人

前首相寺內正毅的兒子，陸軍士校畢業(1900年)、陸軍大學畢業(1909年)。歷任駐奧、德國武官，駐朝鮮軍參謀長等職。1930～1934年爲師團長，1934年爲台灣軍司令官，次年爲軍事參議官。1937年任廣田內閣教育總監，中日戰爭後爲華北日軍司令，1939年又任台灣軍事參議官，再調任南方面軍最高指揮官，1943年獲元帥稱號，1946年去世。

四六學生血案 1949.4.6

國民政府鎭壓台灣學生的案件

1949年3月21日晚上九點，台北

市警局第四分局中正派出所值勤警員取締台大學生三人共乘二部腳踏車，拘留一人，當夜，台大、師範學生集結。3月22日深夜一時，百餘學生包圍第四分局，搗毀門窗及電信設備，午前十時，千餘學生包圍市警局，要求①立刻釋放被拘留學生；②登報鄭重聲明道歉；③嚴懲拘留學生之警員；④保證以後不再發生類似事件。3月23日各大專學生示威，包圍警局並劫持二名警官。4月6日警備部隊二團人馬包圍師範及台大，按名逮捕三二五人。

[參]楊德明《鎮暴學》(1961)

四二四事件 1970.4.24

留美學生黃文雄及鄭自才在紐約槍擊訪美的蔣經國未遂。黃文雄(1937～，新竹市人)，政大新聞系畢業，康乃爾大學社會學博士候選人；鄭自才(1936～，台南市人)，成大建築系畢業，卡內基・美隆大學都市設計碩士，當時在紐約當建築師，爲黃文雄的妹壻。4月24日中午，蔣經國走上第五大道的布拉薩旅館(Hotel Plaza)的台階(預備向美國工商協進會演講)，黃文雄混在人群中拔槍，未擊中蔣經國，立刻被美國警察制止並予逮捕。鄭自才在救助黃文雄時也被警棍打昏，兩人當夜被送進監獄，至5月26日才由旅美台灣人籌款十九萬美金交保。1971年7月預定有罪判決，宣判前兩人皆棄保逃亡。鄭自才潛往瑞士，再赴瑞典，獲政治庇護。1972年6月底又被瑞典政府逮捕，計劃遣返美國，9月在遣返途中昏迷，而飛機轉至倫敦，關九個多月，再引渡回美國坐牢，1973年8月判刑五年，1974年11月獲假釋，再往瑞典。1991年6月26日，鄭自才「翻牆」回台，出現在台中的聲援陳婉眞的「叛亂餐會」中。

[參]胡慧玲〈刺蔣〉(1991.12.2～4，自立晚報副刊)

四萬換一元

1949年5月國民黨改幣值以舊台幣40,000元換新台幣1元，其改制實況爲：

	舊台幣 1元對 法幣		金元券 1円對 舊台幣
1945.10	30	1948.8.19	1835

1946.8	40	11.1	1000
9	35	11.26	370
1947.4	40	12.30	222
12	90	1949.1.31	80
1948.1	92	2.25	40
2	142	3.31	3
8	1635	4.11	1
		4.30	0.05
		5.27	0.0005

劉進慶《戰後台灣經濟分析》, p.47

宋斐如(文瑞) **1901～1947** 半山

台南仁德人。北京大學畢業。當過北大教授,〈國民新報〉社長。1941年爲台灣革命同盟會幹部。1942年爲國民黨台灣省黨部幹訓班教育長。1945年10月, 擔任行政長官公署教育處副處長, 並發行《人民導報》(蘇新主編), 抨擊陳儀的失政, 被迫辭去社長職務, 由王添灯接任,1947年2月12日被免職, 二二八事變後遇害, 其妻區劍華因助《人民導報》主筆陳文彬一家逃離台灣, 9月被捕, 翌年處死。

宋克 **Sonk, Martinus** [荷]長官

1624年抵澎湖, 被明軍(俞咨皐)包圍, 退出澎湖, 明人建議他佔領台灣, 並提出條件, 允許荷蘭人和中國通商, 明朝對荷人佔台灣, 不表異議。8月26日, 宋克拆毀城牆,9月8～9日間,退據台灣,在北線尾築商館, 在台窩灣(一鯤身)砦址築城, 稱爲奧倫治(Orande)。1625年, 他禁止在日本的華人來台通商, 並課徵日本人出口貨十分之一稅, 日人拒絕而被扣押生絲15比克爾(1500斤)。

宋永清 [清]鳳山知縣

原籍山東萊陽, 由漢軍正紅旗監生。1704年(康熙43年)任鳳山知縣, 興文教, 修建法華寺, 他集合文人唱吟, 著有《翁溪詩草》, 後來陞直隸延慶知府。

水沙連社反抗

1722年朱一貴反清之際，阿里山番及水沙連番也殺通事起義。後來被諸羅知縣孫魯鎮壓。1726年水沙連社的頭目骨宗(Kuttson)又殺漢人，9月，台灣道吳昌祚率北路參將何勉、淡水同知王汧一起在斗六門會師，10月，何勉入山，沿途殺掠各社，擒骨宗父子及阿密氏厤等人處死。

水沙連移墾風波

1814年，隘首黃林旺、陳大用、郭百年等入侵水沙連拓墾。水沙連是包括沙連、五城、埔里三堡，埔里尤其土厚泉甘，有二十四社歸化土著。1788年(乾隆53年)在埔里、水里二社設屯，有九十名屯丁及百餘甲屯田。1814年水沙連隘首黃林旺聯絡其他人，冒稱通事土目至府城，聲稱積欠番餉，番無所食，願以祖先所遺水、埔二社地予漢人開墾。次年，彰化縣府開具墾照，但未詳報台灣府，只有水沙連社獲通知。郭百年等湧入山，先開墾社仔的三百餘甲，再入侵水里，進而佔沈鹿，壓迫土著。埔里社土著抵抗月餘失敗，躲入深山。1816年冬，總兵武隆阿北巡，加緊查緝此事，1817年將郭百年等人解送府城痛打一番，將其所築土牆拆毀，土地歸「番」。

水野遵　Mizuno Jiun　1850～?

[日]第一任台灣民政局長官

尾張藩士，當過衆議院書記長官，曾至中國留學(1870年)，1874年牡丹社之役時隨軍至台灣當通譯官。1895年爲樺山總督的民政局長，後來桂太郎、乃木總督仍留用他(～1896年)。無能長官，被調爲拓務省次長。

書院　[清]

公有的私立學校，由地方官紳倡建，師生一律住宿，主持者稱爲「山長」。每年2月開館，12月散館，提供青年及清寒子弟唸書兼修身，實際上是培養科舉考生的搖籃。台灣最早的書院是1668年陳永華在文廟附設的，1704年(康熙43年)台灣知府衛臺揆在東安坊將府城義學改爲崇文書院，爲台灣第一個具有規模的書院。1720

年，知府蔣允焄在府學(孔廟)西邊建立海東書院，據說有一百多間廳舍。直到1885年左右，台灣一共有四十六所書院。

蘇東啓案

1961年3月9日，雲林縣議員蘇東啓及張茂鐘、詹益仁等在當夜武裝起義，準備乘一〇四七部隊移防時攻佔兵營，劫取武器，但因內部意見分裂而半途中止行動，事洩後，9月19日蘇東啓被捕，陸續逮捕三百多人。1962年5月17日，警備總部軍法庭宣判蘇東啓、張茂鐘、陳庚辛(現役軍人)死刑，其他四十七人判罪。此案引起國內外的關切，國防部在7月23日才發回更審，1963年9月25日，蘇東啓等四人改判無期徒刑(1974年再改爲十五年刑)，其他四十六人改判十五年以下徒刑。

蘇聯間諜案　1950.3.1

汪聲和(31歲，北平人，齊魯大學畢業)，受蘇聯國家政治保安局(GPU)吸收，原爲航空公司無線電報務員，1949年2月與妻斐俊(28歲，四川人)來台，聯絡李朋(32歲，天津人，西南聯大歷史系畢業，美軍翻譯、紐約時報記者，來台後爲省政府祕書)。1949年5月，國府情治單位偵破汪聲和與蘇聯通訊，1950年3月在台北市廈門街逮捕汪聲和，並牽連潘申慶、黃珏(女)、黃正(女)等共十六人。

蘇鳴岡　So Bing Kong

華人領袖

福建同安人。1610年代至爪哇，1619年至巴達維亞，被荷蘭總督封爲甲必丹，管理華人。1636年曾至台灣居留三年，始返巴達維亞。

[參]B. Hoetink, "So Bing Kong Enen Nalezing", 1923. Bijdragen tot de Taal－Landen Volkenkunde v. Ned. Indië 79.

蘇昌　十八世紀[清]官吏

正藍旗滿洲監生。1764年(乾隆29年)爲閩浙總督，1766年鎭壓北路「生番」，把土著分散，派兵監視；禁止漢人開墾界外荒埔。

蘇新　1907.11.14～1981.11.13

台共

台南佳里人。1922年入台南師

範，1924年被退學，入東京私立大成中學(～1926年)及東京外語學校，1927年加入東京台灣青年會附設的社會科學研究部，1928年加入日共，擔任東京《大衆時報》(新文協刊物)總編(5～7月)，並轉移黨籍至「台共東京特別支部」；1929年2月回台灣，至羅東太平山當伐木工，暗中搞工運，受注意再至基隆附近礦區與蕭來福一起工作。1930年10月在松山會議上成立台灣赤色總工會，11月提出〈台灣礦山工會行動綱領〉，12月與王萬德準備鬪爭謝雪紅，1931年1月成立改革同盟，5月31日召開台共二次臨大，開除謝雪紅；6月台共被檢舉，9月中他被捕，判刑十二年，1943年9月出獄，結婚(蕭來福之妹)，並在佳里吳新榮的油脂工業會社擔任專務；1945年戰後遷至台北，先後參與《政經報》、《人民導報》、《台灣文化》的編務與寫作，1947年5月至上海，再赴香港，妻子與女兒(蘇慶黎)回台，加入廖文毅的「台灣民主自治同盟」，並主編《新台灣》，(以莊嘉農筆名)發表《憤怒的台灣》。1949年3月抵北平，1950年因謝雪紅反對而未能擔任日本科科長，轉至對台灣廣播電台工作，1967年起被勞改、下放，1974年因陳逸松投奔中共始獲自由，1978年才獲平反，並當選政協委員，1981年11月病逝。

[參]宋冬陽(陳芳明)〈永遠的望鄉人：蘇新的生平與思想初論〉(《八十年代》第2、第5、第6期，1984.4～6月)；蘇新口述，蔡福同整理〈蘇新回憶錄〉(《台灣與世界》，第6期，New York，1983.11)。

熟番 [清]

已經漢化了的原住民，尤其是指住在台灣西部各地的平埔族，以相對稱呼「不服王化」的「生番」，其條件爲①服從教化；②服徭役；③納賦稅。至十九世紀有一百二十九社「歸化」。

孫景燧 十八世紀[清]官吏

浙江海鹽人。1784年為台灣知府，1786年彰化天地會起事，他下鄉緝捕、騷擾莊民，激起林爽文反清(1787年)，後來守彰化，被林軍殺死。

孫開華 ?～1892 [清]武官

湖南慈利人。湘軍出身，鎮壓太平天國有功，升總兵，加提督銜；追捻軍，1866年至漳州為總兵。1874年駐廈門海防，募兵勇建立「捷勝軍」，赴台灣蘇澳開山，詔署陸路提督。1876年至台灣，駐雞籠、淡水。1877年鎮壓北部番社，賞黃馬褂。1883年再回台辦防務；1884年法軍攻台，他守滬尾，擊退法軍。

孫立人 1900～1990 軍人

安徽舒城人。清華大學畢業後，入美國普渡大學唸機械工程，並至維吉尼亞軍校受訓，1928年回國，歷任團長、少將支隊司令，1940年為三八師師長，1941年赴緬甸援救英軍，升第一軍軍長，1945年調任東北長春警備司令，1947年為東北保安副司令，陸軍副司令，1949年調任東南行政副長官兼台灣防衛司令，1950年升陸軍總司令兼台灣防衛司令，1954年調任總統府參軍長，1955年8月20日因舊部郭庭亮匪諜案而被國民政府扣上「圖謀不軌，涉及叛亂」，造成大冤案，長期軟禁於台中，1980年自請退役。

孫爾準(平叔) ?～1832 [清]官吏

江蘇金匱人。1805年進士，歷任汀州知府、廣東布政使、安徽巡撫，1823年為福建巡撫，1824年巡閱台灣，1825年為閩浙總督，請開海禁，1826年彰化發生械鬥，遍及北部，他駐廈門，渡海追捕，以閩人捕閩人，粵人捕粵人。1826年又鎮壓黃斗奶的反抗，事平，加太子太保。1831年退休。

孫毓汶(萊山) ?～1899 [清]官僚

山東濟寧人。1856年由進士升至翰林院編修。1860年在故鄉因抗捐而被免職，1862年復職，至各地當考官,1879年爲內閣學士,1881年爲工部右侍郎,參與國政。1885年擔任總理各國事務大臣、軍機大臣。1889年爲刑部尙書,1893年任兵部尙書,1894年甲午戰爭後,他力主和談,割台灣給日本,1895年引咎辭職。

[參]《淸史稿》442,《淸史列傳》62。

孫元衡(湘南) [淸]官吏

安徽桐城人。由貢生授漢中知府,1701年授台灣府海防同知,後來陞爲山東東昌知府。

[著]《赤崁集》(詩)

孫文(中山) 1866〜1925

中華民國建國者。廣東香山人。先後在檀香山、香港及廣州學習,1892年畢業於香港西醫書院,1894年上書李鴻章要求變法自強被斥,在檀香山組織興中會,1895年在香港提出「驅逐韃虜,恢復中華,創立聯合政府」等主張,掀起革命。1900年日軍由台灣出兵廈門之際,他到台北向兒玉總督支援革命並承諾事成後把廈門交給日本。日軍撤出廈門後又來台灣,談不攏。

[參]藤井昇三《孫文の硏究》(1966)P.32〜36。

〔T〕

台北帝國大學 [日]

1928年建校。1899年阪谷芳郎就向桂太郎(台灣協會會長)建議設立台灣的大學，未蒙採用。1919年田健治郎總督命令下村宏民政長官規劃創立醫農文科大學。1922年總督府公佈《台灣教育令》(勅令二十號)，計劃在台灣設大學，1925年度開始預算，1928年上山滿之進總督才在3月17日公佈《台北帝國大學官制》，由幣原坦擔任第一任校長(總長)。同年3月30日舉行開校式，設文政(哲、史、文、政治四科)及理農(生物、化學、農業、農藝化學四科)，採講座制。1935年12月再設醫學部(1936年4月開辦)，1941年又設工學部。以往的台北農林專校也在1928年3月成爲大學附屬農林專門部，醫學專門學校也在1935年末成爲附屬醫專。台北帝大以研究南洋史學、熱帶農學、熱帶醫學著名。1945年11月15日被國民政府接收，計學生1666人(台灣人322人)，教職員1841人(台灣人有600人)，改爲文、法、理、工、農、醫六學院及附屬醫專；預科改爲先修班。

[參]《台灣年鑑》(新生報，1937)

台北高等商業學校 [日]

根據1919年6月8日公佈〈商業專門學校規則〉而在台北市創立此校。1926年又另設台南高商，1929年南商停辦而併入北商台南分校，1930年併入本校；1936年4月設一年制貿易專修科，1944年改爲經濟專門學校。北商爲研究台灣及南洋而設，授課包括台灣事情、華南經濟、殖民地法制、熱帶衛生學、台語、馬來語及荷蘭語、民族學等，爲培養經略南洋及華南的幹部學校之一。

[參]新生報《台灣年鑑》(1947)

台北工業學校 1918.8.18 [日]

爲應運台灣工業的發達，總督府公佈勅令第二八七號〈台灣總督府工業學校規則〉，成立台北工業學校，招生對象爲日本人。1921年5月25日，改爲台北第一工業學校，以別於台灣人唸的台北第二工業學校。

台北無產青年 [日]

1923年7月10日，台北市的無產青年在太平公學校的同學會上，翁澤生(廈門集美中學學生)用台語大聲演講，鼓吹學生自治。會後，他們聯絡蔣渭水、王敏川等成立「台北青年會」(8月12日)，推舉林野爲常任幹事，有一百七十多人，被當局禁止。不久，又重組「台北青年體育會」，由楊朝華、鄭石蛋、陳世煌、童琴等負責，1926年底因經費不足而解散。

台北市工委會案

1950年1月，台大醫學院助教郭琇琮所發展出的組織被偵破，包括謝湧鏡(台大熱帶病醫學研究所血清室主任)、朱耀珈，台大內科主任許強、謝桂林等皆處死刑；其他胡鑫麟、胡寶珍、蘇友鵬醫師皆判刑十年。台北市第六倉庫合作社總務主任王耀勳(死刑)、新莊初中校長陳烱澤(一年)、台銀會計室辦事員林從周(十五年)……及小販、教員、工人等，共五十一人涉案，共有十五人被處死。

台大法學院支部案

1954.2.8

「葉城松於1947年10月間，由奸匪李登輝介紹，參加匪幫，受楊匪廷椅領導，擔任台大法學院支部書記」……至其潛逃後，由張璧坤繼續領導，……案經警務處協同嘉義縣警察局偵破，葉城松、張璧坤(三十歲，嘉義)、胡滄霖(台南，卅一歲)、賴正亮(卅一歲，台南)、吳玉成(廿六歲，台南)等五人處死刑，蔡耀景無期徒刑，其餘李顯章等九人分別判處二～十年刑期不等。

[參]《歷年辦理匪案彙編》第1輯，p.186～190。

台獨聯盟

主張台灣獨立，台灣是台灣人的台灣的政治團體聯盟。1958年1月，美國的台灣留學生成立「台灣獨立聯盟」(United Formosans for Independence)，1961年陳以德對外公開台獨組織。在日本，由於廖文毅的「台灣共和國臨時政府」(1956年2月28日成立)式微，1960年2月王育德(台灣話專家)另創台灣青年社，發刊《台灣青年》，

1965年辜寬敏擔任委員長，改爲「台灣青年獨立聯盟」，1972年辜氏返台與蔣經國會晤。1960年代末，全美台獨聯盟運動興起，歐洲、加拿大方面的台獨運動也方興未艾；1970年1月1日，海外台獨團體結合成爲台獨聯盟，1985年洪哲勝另立台灣革命黨(1986年)，1987年台獨聯盟改爲台灣獨立建國聯盟(郭倍宏、許世楷分別爲美、日本部主席)，1990年獨盟宣佈遷台，陳婉眞、許信良、李應元、郭倍宏、張燦鍙、王康陸等陸續衝破國府黑名單，潛返台灣，1992年10月，台獨聯盟總部在台中召開中委會，台獨聯盟正式遷台作業。

《台海使槎錄》

1724～1736年，首任巡台御史黃叔璥有關於台灣的記述，分爲《赤崁筆談》(四卷)及《番俗六考》(三卷)、《番俗雜記》(一卷)。內容包括台灣的天文、地理、人文、賦餉、城堡、武備、習俗、物產、名勝，以至原住民(平埔族)的居處，飲食、衣飾、婚嫁、喪葬、器用六項。爲清代記述原住民的先驅著作。(106,200字)

台美關係

二次大戰期間，美國已經開始注意台灣，1944年7月下旬，羅斯福總統在夏威夷的火奴魯魯召開軍事會議時，麥克阿瑟主張攻呂宋，海軍的尼米茲(Chester W. Nimitz)主張先攻台灣。但美國基於菲律賓是其殖民地，決定登陸呂宋。1945年8月戰後，美軍就在9月1日派三名軍官至基隆，不久，在昆明的美國戰略局業務局(OSS)也派十五人至台灣作調查。1947年二二八事變後，美國人也注視台灣，8月11日，駐華軍事顧問團團長魏德邁由南京抵台，對省參議會議長黃朝琴表明：「美國對台灣沒有野心」。9月17日，魏德邁向國務卿艾奇遜提出報告說，台灣人願由聯合國託管。11月15日，駐華大使司徒雷登(John Stuart)與蔣介石會談時，蔣表示爲了恢復經濟，贊成中美兩國以任何形式在一段期間共同管理台灣。1949年國共內戰激烈，大使館參事莫成德(L. Merchant)向艾奇遜建議美國支持在台灣的孫立人將軍，未獲答覆。8月4日，艾氏向國家安全會議執委會表示：「台灣可能即將落入中共手中，一切援助已無濟於事。」美國對蔣介石開始放棄，直到1950年6月25日韓戰爆發，才改變態度。在此之前，1950年1月5日，杜魯門總統發表〈不干涉台灣聲明〉，6月27日他卻發表〈台灣中立化宣言〉，指出台灣將來的地位，必須等到太平洋的安全回復後，及對日本的和平條約成立後，或者聯合國予以考慮後，才能確定。他下令第七艦隊使台灣海峽「中立化」，但此舉旨在保衛福爾摩沙，而非恢復國民黨在「中國」的政權或保衛「中華民國」。9月，國務院顧問杜勒斯出席聯合國大會，重申台灣中立化的論調，被蘇聯代表否決。1951年9月8日舊金山對日和會上，美國強勢下，中共及台灣方面都未出席，引起蘇聯、捷克、波蘭代表的退席抗議。1952年4月28日，日本與蔣介石政權簽定〈中日和約〉。1953年2月2日，艾森豪總統的國情諮文上指出不再阻止國民政府反攻大陸，以牽制中共在中南半島支援越共，宣佈廢除台灣中立化宣言。1954年9月3日，中共開始砲轟金、馬，引起台海危機，12月10日，蔣介石與美國簽定〈中美共同防禦條約〉(Mutual Defense Treaty)。1955年1月，中共解放軍攻陷一江山，艾森豪向國會提出〈福爾摩沙決議案〉(Formosa Resolution)，聲明爲保衛台灣與澎湖，要求國會授權總統在必要時使用必要且適當的手段，免其受攻擊。

1958年8月23日金門砲戰，中共第二度攻擊金門，引起台海危機，美國重申保衛台灣對抗中共的承諾，但也使蔣介石放棄以武力統一中國的念頭。1959年11月1日，美國參議院外交委員會發表《康隆報告》(Colon Report)，建議美國政府不再承認中華民國，改支持中華人民共和國，並鼓勵國民黨撤出台灣；但也同時主張使台灣在一段期間中立化，也就是將來成立一個獨立的台灣共和國。同時，美國也有一部分人士，例如副國務卿C. Bowles主張建立「中台共和國」(Sino-Formosa Nation)，或者像駐聯大代表A. Stevenson主張台灣的地位在

UN監督下，由住民投票以決定。詹森時代，也有一些美國學者支持「一中一台」或「兩個中國」。1969年尼克森上台，1971年季辛吉秘密訪北京，7月21日美國廢除〈台灣決議案〉，10月25日中共進入聯合國。1972年2月21日，尼克森訪問中國，2月27日發表〈上海公報〉，美國表示，認識(acknowledge)到台灣海峽兩邊的中國人都認爲只有一個中國，台灣是中國的一部分，美國對此不表異議，也表明將分段削減在台的美軍。1979年1月1日，卡特總統與中國宣佈恢復邦交，但也同時表示，美國承認中華人民共和國是中國的唯一合法政府，在此範圍內，美國人民將同台灣人民保持文化、商務及其他非官方關係。4月10日，美國國會通過〈台灣關係法〉(Taiwan Relation Act)，並在台灣設立美國在台協會，台灣方面也在美國設立北美事務協調會，雙方維持非官方的「外交」關係。1982年雷根與中國簽署〈第二份上海公報〉，一方面表明繼續維持美國人民與台灣人民之間符合雙方非官方的關係的全面接觸，但也繼續銷售武器給台灣；他更表明美國政府無意侵犯中國的主權與領土完整，或干涉中國的內政，或追求「兩個中國」或「一中一台」的政策，並愼重指出台灣問題是台灣海峽兩岸中國人自己要解決的問題，美國不會干預，也不因此而侵害台灣人民的自由選擇或對他們施加壓力。

此後，美國對台灣的態度是未公開支持國府，也未表示對台灣人自決的任何承諾。

[參]Marc J. Cohen, Emma Teng《Let Taiwan Be Taiwan》蔡百銓譯《台灣就是台灣》(前衛, 1991.12)

台南美新處與台北花旗銀行爆炸案

1970年10月12日及1971年2月5日，台南的美國新聞處及台北的花旗銀行先後發生爆炸，國府逮捕廿三人，包括謝聰敏(十五年刑)、魏廷朝(十二年)、李敖(十年)、李政一(十五年)、吳忠信(十二年)、劉辰旦、郭榮文、詹重雄、洪武雄(皆十五年刑)等處以重刑。又另外逮捕三名來自馬來西亞的僑生(皆在成大及中興唸書)，控告他們涉嫌台南美新處爆炸案。

台日關係

1945年8月15日日本戰敗,日本勢力退出台灣,結束五十一年的統治;1950年蔣介石政權在美國支持下厲行反共政策,日本也在東西冷戰體制下納入美國的一環,與台灣維持關係,1951年9月《舊金山對日和約》後,12月美國國務院顧問杜勒斯迫使日本與台灣簽和約(1952年4月28日),日本本著《舊金山和約》的精神,放棄對台灣、澎湖的一切權利、權利名義及要求,但未指明將台澎「放棄」給誰,並堅持中華民國無權提出賠償要求。事實上,台灣的經濟仍依賴日本的技術與資金,例如1960～1986年期間,日本資本佔外資的29.5%(美資爲39.5%),儘管台灣對美國爲貿易順差,而對日本卻爲逆差,(由1960年的43百萬元,至1986年已達2,088百萬元),換句話說,台灣從日本進口零件及半成品,加工後再外銷到美國。

儘管日本和台灣維持外交關係,但也努力尋求對中共政權的和平途徑,1952年6月,社會黨國會議員高平訪中,簽定〈第一次中日民間貿易協定〉,1953年及1955年又兩次簽民間貿易協定;1961年6月,中共指定日本的「友好商社」准予單獨對中國貿易,1962年11月高橋達志與廖承志簽定〈中國LT貿易備忘錄〉;1963年8月日本准許2000萬美元的尼龍工廠售與中國,引起台灣當局的不滿;加上10月7日,中共技術團員周鴻慶在日本訪問期間企圖逃亡,未獲日本的政治庇護,被遣送回中國,台灣方面除抗議外並由民間發動抵制日貨,不看日本電影,不聽日本歌的運動。1964年5月,前首相吉田茂寫信給國府的總統府秘書長張群,承諾日本政府在對中國發展貿易時採取「政經分離原則」,台灣當局堅持這是官方文件,要求日本政府遵守,引起困擾。1970年4月,中共總理周恩來向中日友好七團體代表團表示,援蔣、援南韓的商社,及在台、韓投資巨額的商社皆不得與中國進行貿易。1972年9月28日,日本與中國建交,但在台灣仍設日台交流協會(1972年12月1日),而台灣當局也在東京設立「亞東關係協會」(12月2日)。雙方維持曖昧關係。日本對中國表示台灣爲中國領土一部分的看法，只有表示「充分理解與尊重」。

台灣前鋒青年協會案

1952年4月，二二八事變時，中國兵在嘉義燒殺擄掠，洪養、李榮宗等人目睹實況，十分不滿，洪養召集李、蔡賠川、張守仁、陳森沂等人在番路鄉甕內村成立台灣前鋒青年協會，未起義而四散。1952年4月，洪養被捕，翌年1月與蔡賠川、張守仁等遭槍決，罪名爲建立地下武裝，陰謀進行「台灣獨立自治」運動。其他人判刑五～十五年不等。

[參]林樹枝《出土政治冤案》第1集

《台灣青年》(月刊)

1920.7.16～1922.2.15 [日]

留日學生刊物，反映1920年代初期台灣青年一代對民主與民族問題的觀點。發刊詞就標明「國際聯盟的成立、民族自決的尊重、男女同權的實現、勞資協調的運動等等，無一不是這個大覺醒的賜物。台灣的青年，高砂的健兒，我人還可靜默著不奮起嗎?」這份刊物由進步地主林獻堂出資，集合留日的彭華英、王敏川、林呈祿、蔡惠如、蔡培火等人傾力編輯，開創台灣人的民族意識的言論第一步。

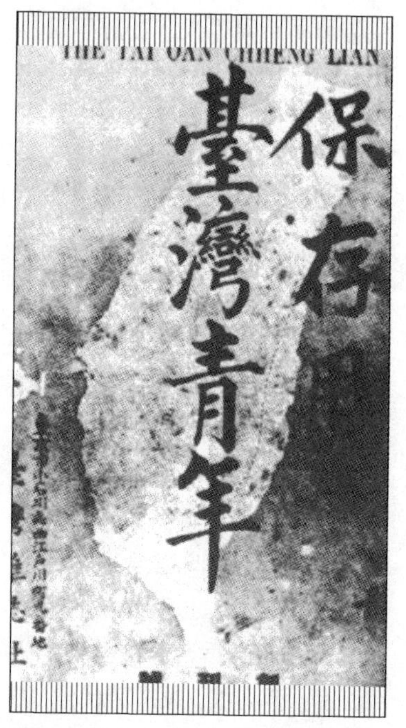

台灣青年會科學研究部 [日]

1926年許乃昌(日本大學生)召集東大的商滿生、高天成，日本大的楊貴、楊雲萍，專修大的林朝宗及印刷工人林聰等組成的團體，採納東京帝大新人會的建議，秘密集會(每週一次)，吸收了大成中學蘇新、中央大學黃宗堯、商科大鄭昌言、早稻田大楊景山、日本大學林兌、東大陳水土、東京醫專吳新榮等人，1927年11月13日，改選幹部時左派獲勝，沈榮、高天成、吳春霖等退出。

《台灣島史》

Geschichte der Insel Formosa

德人李斯(Ludwig Riess, 1861–1925)著。作者爲歷史研究者，曾至英國倫敦、愛丁堡研究，1887年應聘至日本東京帝大，介紹西洋史學，1903年返國，再擔任柏林大學講師、教授。本書是他在東京「德國東亞學會」的演講(1897年4月出版)，以西洋人的眼光來看台灣，認爲台灣被馬來人佔領，荷、西入據，鄭經時代爲「獨立國家」時代，清、日入據，皆有一定的見解。

台灣道 [清]巡視台灣的道員

1684年(康熙23年)設「分巡台廈兵備道」，隸屬福建巡撫管轄；1727年(雍正5年)再改爲分巡台灣道。1787年(乾隆52年)又設置分巡台灣兵備道，掌台灣、澎湖軍務，兼掌按察司(刑名，～1887年)，至1894年止。

台灣地方自治聯盟

1930.8.17～1937.8 [日]

台灣人政治團體，以實現自治及參與選舉爲目的，由民衆黨的溫和派退黨而成立，共有三百七十多人。楊肇嘉、蔡式穀、李良弼、劉明哲、李瑞雲等爲常理，林獻堂爲顧問。1931年8月16日，聯盟台中大會上，通過三點建議：①成員拒絕擔任公職，②厲行禁煙禁酒，③拒絕一切不依法令的公共負擔。他們被文協、農組、工友總聯盟等急進派指斥爲「灰色紳士」，只會向統治者叩頭請願，又甘受被指派爲協議員。1935年10月台灣第一次地方選舉，自治聯盟推出的有十一人當選(只有新竹州落選)，1937年8月因中日戰爭爆發及法西斯恐怖低壓下自動解散。

《台灣地質》 林朝棨、周瑞

燉著 1974(台灣省文獻會)

分爲㈠地層誌：⑴序論，⑵台灣之地層，⑶台灣新生代地層之堆積作用，⑷台灣之地質構造，⑸台灣之火山地質；㈡礦物誌；㈢岩石誌；㈣古生物誌：⑴台灣產化石，⑵植物化石，⑶原生動物門化石，⑷腔腸動物門化石，⑸蘚蟲動物門化石，⑹腕足動物門，⑺軟體動物門，⑻蠕蟲動物門，⑼節肢動物門，⑽棘皮動物門，⑾脊椎動物門化石。

《台灣電影戲劇史》

呂訴上著，1961(銀華版)

作者從事電影戲劇工作之餘，整理台灣影劇的歷史發展，共分別敍述電影、廣播、戲劇、歌仔戲、皮猴戲等十八種發展的歷史。全書插圖六二七幅。

《台灣教育沿革志》 1939

[日]台灣教育會編

渡邊精善主編，蒐集1895年～1936年間台灣教育法規及相關資料的集成，並附有台灣教育年表七十一頁，爲研究日據初期台灣教育沿革的第一手史料。

台灣調査委員會 1944.4.17

重慶的中央設計局內設此機構，從事調査台灣的狀況。以陳儀爲主委、沈仲久、王芃生、錢起宗、夏濤聲、周一鶚、丘念台、謝南光等人爲委員。該會作爲準備接收台灣的機構，主要工作爲：①草擬接管計劃；②翻譯法令；③研究具體問題。

台灣獨立黨案 1951.8.29

林錦文(卅一歲，彰化縣人)，彰化商校畢業，1942年爲海軍志願兵，受訓後至菲律賓教導台籍特攻隊，被美軍俘擄，戰後返台經商，成立台籍日本兵的「水交社」，二二八事變時率六十名彰化部隊加入謝雪紅部，失敗後自立「台灣獨立自願軍」，潛居台中，並派人聯絡日本的廖文毅。1951年6月因施炳棋走私案破，循線被捕於榻榻米地板下，曾引手榴彈抗拒未果而被擒，與莊金妙(廿六歲，台北人)、林永祥(廿八歲，桃園人)、施清智(廿六歲，菜販)皆處死刑，其餘黃文欽等分別判刑不等。

《台灣番事物產與商務》

Le Gendre:"Reports on Amoy and the Island of Formosa", 1871

美國駐廈門領事李仙得兩度赴台灣南部，深入琅璚(恒春)，調查1867年美船羅妹號遇難事件，1868年他至該地，與原住民頭目卓杞篤談判的經過。第二部分則描述台灣的煤礦與物產，第三部分爲商務，是十九世紀美國人調查台灣的第一手資料。

《台灣風俗誌》

1921年片岡巖撰。片岡爲台南地方法院檢察局通譯官，在公餘之際用十多年採集古書與調查台灣人情事故而成此書，共十二集，六十七章，舉凡台灣人的居家生活、社會風俗、陋習、婚喪、祭祀、拜拜、以至俚語均有所記述，不失爲研究台灣生活史的珍貴史料。

《台灣府城教會報》 1885

[清]台灣最早的報刊

1885年7月12日由巴克萊來台灣傳長老教，在台南市創刊《府城教會報》，爲《教會公報》的前身，1928年南北中會的報紙合刊爲《台灣教會報》，1932年又與《教會新報》(高雄)、《福音報》(台中)等合刊爲《台灣教會公報》，1941年被日本當局停刊。1945年重刊，1985年慶祝百週年紀念。

《台灣府志》

①1685年(康熙24年)由第一任台灣知府蔣毓英召集鳳山知縣楊芳聲、諸羅知縣季騏光等人合力調查台灣的風土、地理、戶口所纂成的第一部台灣府志。共十卷。上海圖書館有一孤本。

②分巡台灣道高拱乾在1696年(康熙35年)付梓，主要爲參考季騏光的《台灣郡志》及台灣貢生王喜的《台灣志稿》而成；分十卷(封域、規制、秩序、武備、賦役、典秩、風土、人物、外志、藝文等)，1960年台銀經研所據台北圖書館藏本整理出版。

台灣革命同盟會 抗日團體

1941年12月9日中國政府正式對日宣戰後，12月12日台灣革命同盟會成立，由「台灣獨立革命黨」、「民主總聯盟」、「台灣國民黨」、「台灣青年黨」等團體合成，投靠重慶的國民政府，後來這個團體的成員陸續進入台灣黨部及台灣調查委員會，積極推進國府「光復」台灣，戰後他們也以接收大員回台。(見「半山」)

台灣公益會

[日]御用反動團體

1923年11月8日由辜顯榮(會長)、黃逢平(總幹事)、林熊徵、李禧延、許丙等組成，目的在抵制台灣議會設置請願運動及台灣文化協會。1924年6月27日他們還召開「有力者大會」，被文協批鬥爲二十世紀的敗類；文協並發動「無力者大會」於台北、台中、台南三地，決議「爲擁護我們自己的自由與權利，誓必撲滅僞造輿論蹂躪正義而自稱爲有力者大會的怪物。」

[參]《台灣社會運動史》p.178

台灣工友總聯盟

1928.3.19～1930.8

蔣渭水領導的工運聯合團體，成爲支持民衆黨的主力，擁有六十五個團體，七千多人，其宗旨爲謀工人、店員的利益幸福及改善生活，統一全島工運。一年內就發動十九次罷工，並且支援高雄淺野水泥廠罷工及台北木工工友會罷工(1928年3月)、台灣製鹽罷工(1929年4月)。第三次大會後(1930年2月5日)，左傾色彩抬頭，但翌年隨著民衆黨被解散，工友聯盟也走下坡。4月3日召開第四次大會，只有黃白成枝、李友三等十三人出席，中、南部沒人參加。8月5日蔣渭水去世，工友聯盟也就沒落了。

台灣攻防戰 1895.5～10月

[日]日軍攻占台灣的半年戰役

5月29日，北白川宮能久親王率近衛師團登陸澳底，5月31日攻佔三貂角，6月3日日軍入基隆，台灣民主國義軍潰敗，6月7日，日軍在台北士紳派辜顯榮的引導下入台北城，6月17日舉行始政式。日軍開始南下：

①新竹戰役　6月21日，日軍在中壢、楊梅、靈潭坡(龍潭)遭遇客家人抵抗，6月22日，日軍攻陷新竹；6月28日，(桃)安平鎮激戰，7月10日，抗日軍攻新竹，7

日人所繪台灣攻防戰一景

月13日二甲九庄、大料崁戰役，8月1日銅鑼圈戰役，8月9日，楊紫雲戰死；8月14日日軍佔苗栗，吳湯興、吳彭年及徐襄退守大甲溪。

②大甲溪戰役　8月22日，日軍至大甲溪，被黑旗軍吳彭年在半渡突襲，徐襄又在北岸攔截。8月底，新楚軍大營被襲，統領李惟義逃走，袁錦清戰死，大甲溪失陷。

③台中戰役　8月24日，日軍渡過大甲溪，佔葫蘆墩(豐原)，台中方面林傳、林大春等死守，8月26日，日軍佔台中。

④八卦山戰役　8月27日，北白川宮率軍分三路攻彰化縣城，山根少將從烏日庄南進，川村少將也越大肚溪而來，8月29日，義軍三面受敵，吳彭年從大肚溪南岸率衆馳援，與吳湯興中彈戰死。徐襄逃出八卦山。8月31日，日軍佔他里霧，9月3日，蕭三發反攻彰化失敗。10月6日，西螺激戰，10月7日，日軍佔雲林。

⑤嘉義戰役　10月初，北白川宮再進攻打貓庄(民雄)，徐襄、王德標、林義成死守嘉義，10月

9日嘉義陷落，徐襄戰死。

⑥台南保衛戰　劉永福擁有七星旗軍、福字軍、慶字軍等六十餘營二萬六千多人馬，坐鎮台南。日軍又調來第二、第四兩個師團，由高島丙之助成立南進司令部，1895年10月兵分三路(四萬人馬)攻向台南，北白川宮也進逼台南。中路第二師團(乃木希典)的伏見混成旅(一萬三千人)從布袋嘴登陸，遇林崑岡父子抵抗；第二師團第三旅(一萬二千人)由枋寮登陸(10月11日)，占東港(10月12日)，占打狗山砲台(10月13日)、占鳳山(10月15日)。劉永福在10月19日逃回廈門，10月21日，日軍入台南城，俘虜五千多的中國兵，結束半年的戰役。日軍損失二七八人，傷九三一人，台灣人至少戰死一萬四千多人。

[參]黃昭堂《台灣總督府》；范文瀾《中國近代史》。

台灣共產黨

1928.4.15～1931 [日]

反殖民地、獨立運動的政黨

根據列寧〈關於民族與殖民地問題的綱領〉(1920)原則，共產國際(第三國際)在1927年由布哈林起草的〈日本共產黨綱領〉中規定「殖民地完全獨立」，即命令日共(1922年建黨)扶持台共爲民族支部，佐野學及渡邊政之輔起草台共的綱領及組織草案，並由莫斯科回來的謝雪紅、林木順回到上海，聯絡翁澤生、潘欽信與島內的蔡孝乾、林日高等人。1928年4月15日，在中共代表彭榮、朝鮮共產黨代表呂運亨等的祝福下，七名台灣人共產主義者(謝雪紅、林木順、林日高、陳來旺、潘欽信、張茂良、翁澤生)於霞飛路(法租界)一家照相館樓上成立台灣共產黨，但以日共台灣民族支部名義向第三國際報備。台共上海大會的〈政治綱領〉主張台灣的無產階級聯合農民，將民族革命轉換爲社會革命，「台灣民族革命是無產階級專政的先決條件」。在社會主義革命來臨前，台灣人民必將推翻帝國主義與贏得台灣獨立；因此，台共當前的口號爲打倒總督專制，台灣獨立萬歲，建設台灣共和國，爭取七小時勞動……。台共建黨不久，就被牽入上海讀書會事件(1928年3～4月間)，謝雪紅及張茂良被捕，獲釋後謝雪紅回到台灣，其他人則留在上海。謝雪紅與林日高、莊春火重建島內黨中央，並在台北市開「國際書店」。她同時吸收文協及農民組合的簡吉、陳崑崙、吳拱照等，並使農組通過支持台共的決議。

當時日共正被政府迫害，處於停頓狀態。1928年10月6日，日共中委渡邊政之輔由上海經福州抵達基隆，被水警盤問而打死水警，然後被包圍中自盡。他可能要來指導台共；另一位佐野學(歷史學者)也在1929年6月被捕(上海)。台共與日共完全切斷聯繫。謝雪紅在台灣另立中央，並開除蔡孝乾、洪朝宗、潘欽信、謝玉葉等四人，種下日後內鬥的禍根。1929年2月12日，特高警察突襲台灣農民組合，意在搜查農組與台共的關係，毫無所獲，但也使台共陷入困境。10月，謝雪紅重新召開中委會，並聯絡到由東京回來的蘇新、蕭來福，以及早在中國參加中共共青團的王萬得、吳拱照、劉守鴻等。11月，台共的吳拱照取得文協的中委地位，莊守、王萬得爲候補，開始掌握文協。

1929年11月，謝雪紅派林日高到上海聯絡翁澤生，期望透過翁而再度接觸中共或第三國際。林日高在1930年4月才出發，在上海受盡翁澤生的冷落與斥責；7月底回台，宣佈脫黨，莊春火也跟進。這段期間，謝雪紅懷疑王萬得是間諜，台共與中共之間已經有了裂痕。1930年10月27～28日在黨中央擴大會議上(台北松山上塔悠)，謝雪紅備受攻擊，尤其要對林日高等的脫黨行爲負責。而在上海的翁澤生也向東方局提出〈台灣情勢報告書〉，批判島內的工作毫無進展。12月，中共中委瞿秋白找翁及潘欽信(已重入中共)，聲明中共站在友誼的立場，準備向台灣的全黨同志建議改革黨組織。瞿秋白以布哈林的資本主義第三期危機論指出，日本帝國主義爲避免陷入經濟危機，必將積極準備大戰，包圍蘇聯、干涉中國革命，更加殘酷剝削殖民地，因此，作爲日本南侵基地的台灣，勢必遭受更強烈的剝削與控制，台灣的勞工農民在政治及經濟的雙重壓迫下，必然引爆革命鬥爭。他呼籲台共趕快召集臨時大會，先進行克服一般黨員所犯的機會主義錯誤。不久，東方局也派人傳達類似的指示給潘、翁。正好，農組的陳德興路過上海(擬往莫斯科而未能成行)，就受託帶潘、翁的〈指示〉回台，接觸王萬得等人。1930年12月12日，陳德興把東方局的指令交給謝雪紅，謝拒絕接受，並指斥這根本是對台灣現況無知的妄論，一定是翁澤生等的陰謀，絕非東方局的指令。王萬得拿著指令，在1931年1月12及27日兩度召集蘇新、蕭來福、趙港、莊守等人於鳳山郡烏松庄開會，另立中央——「改革同盟」，準備鬥爭謝雪紅。

1931年4月16日，潘欽信被中共逼回台灣，聯絡上王萬得。4月20日，潘在黨臨時大會準備委員會上報告東方局的指令。5月31日～6月21日，他們在八里坌召開第二屆臨時大會，選出王萬得爲書記長，潘欽信(組織部)、蘇新(宣傳)、蕭來福(勞工)、顏石吉(農運)、詹以昌(北區)、劉守鴻(南區)、盧新發(東區)等中常委。新中央解散改革同盟，開除謝雪紅、楊克培、楊克煌等人，並計劃發行《赤旗》，建立紅色工會。

〈1931年綱領〉(潘欽信草擬)否定台灣資產階級的革命力量，因爲他們全是地主，還在剝削農民；反帝、反封建會直接打擊他們。因此，「唯有無產階級領導農民與一般勞苦大衆，才能完成革命任務」。台灣革命現階段的任務爲推翻帝國主義統治，實現台灣獨立，實施土地改革，消滅封建殘餘勢力，才能完成工農民主獨裁的蘇維埃政權。謝雪紅主張「所有階級」的聯合陣線來爭取民族解放與台灣獨立，中共派不以爲然，因爲中共已經嘗夠不與資產階級的國民黨合作的苦頭，顯然中共的歷史教訓影響台共裡的中共派，但並不表示中共中央對台灣獨立的態度，至少到1943年〈開羅宣言〉發表以前，毛澤東、周恩來等人都還表明支持台灣獨立的。

台共在1930年已經滲入文化協會，文協第三次及第四次大會後，完全淸除連溫卿等社會民主主義派，並使委員長王敏川支持台共(1931年1月6日)，文協〈1931年綱領〉也成爲台共〈1931年綱領〉的翻版。

1931年3月10日陸軍節的防空演習上,有人散發反帝戰爭傳單,不久王日榮、林式鎔等人被捕,搜出第三國際〈致台灣共產主義者書〉,6月起,特高陸續逮捕謝雪紅等一七〇人,四十七人判刑;翁澤生也在1932年5月17日由上海工部局警察引渡給日警,1933年3月押回台灣。

●台共案

謝雪紅	13年刑	趙　港	12年
潘欽信	15年	陳德興	10年
林日高	5年	吳拱照	7年
蘇　新	12年	楊克煌	4年
劉守鴻	10年	莊　守	8年
王萬得	12年	翁澤生	13年
簡　吉	10年	簡　娥	5年

屬於謝雪紅派的海員劉纘周(化名彭金土)至日本聯絡日共,8月回台時台共已瓦解,他聯絡林樑材、張爛梅等公然散發傳單,11月4日被捕,劉死於獄中。簡吉等人組織台灣赤色救援會(8月9日),12月一併被當局瓦解,一五〇人被起訴。接著,1932年2月農組大湖支部的劉雙鼎等九十二人被捕,台共的三年活動終告結束。日本當局也在1933年7月24日及1934年6月13日、及7月17日公佈台共被捕眞相,指控台共以推翻總督府、變更國體、建立台灣獨立爲目的,並以煽動民族意識、民族獨立的餌來釣人。

台灣海防同知(台防同知)

[清]

1684年設,駐府城,專司稽查鹿耳門海口,兼督三縣捕務,1785年(乾隆50年)改爲「南路海防同知」,兼理南路理番同知,1875年(光緒1年)始裁撤。

台灣黑色青年聯盟 [日]

1924年起台灣的無政府主義及無產青年運動開始萌芽,連溫卿由於山口小靜的介紹到日本去開世界語學會會議等,順便拜會日本社會主義者山川均,逐漸傾向勞農共產主義,但他回台後先參加無產青年的活動。1924年9月25日,台北無產青年假借中秋賞月,在淡水河的船上成立「台北讀書青年會」,以許天送、林佛樹、鄭石蛋、楊朝華等爲委員。11月3～4日及1925年1月4～8日,兩次在港町(萬華)文協讀報社舉辦「打破陋習演講會」,乘機宣傳無政府主義及共產主義，洪朝宗及翁澤生因拒絕警察入場而被處以妨害公務罪而判刑三個月。此後，台北無產青年派半公開活動，1925年5月由連溫卿集結周和成、王萬得、高兩貴及彰化的連枝旺等人，傳播山川均的勞農共產主義。1926年6月17日,台北無產青年公開演講批評總督獨裁政治；8月1日又在《台灣民報》上發表〈公開狀〉表明與文化協會的立場不同；10月12日更邀請林獻堂等第七次議會設置請願團返台幹部座談，反對議會設置請願運動。1926年12月，在台北的日本人小澤一(1922年唸台北一中四年級時返東京,加入「勞動運動社」)聯絡王萬得、周和成、王詩琅、洪朝宗及彰化的吳滄洲、蔡禎祥等創立「台灣黑色青年聯盟」於台北市，散發《サバトランド》(Savatland,無政府主義的烏托邦)、《革命的研究》、《告青

●台灣黑色青年聯盟組織 (1926.11.17)

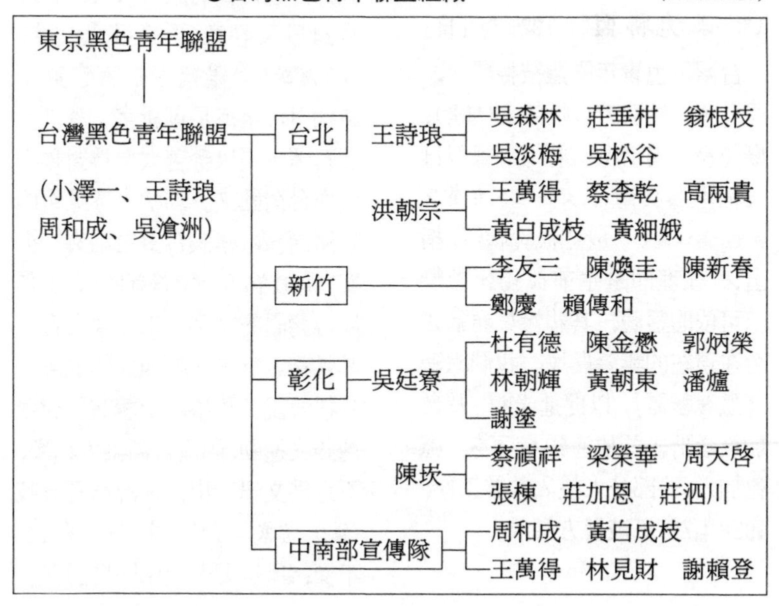

年書》、《列寧的革命運動》等小冊子，並發表宣言：「我們認爲只有直接行動才能獲得人性的解放，以暴力、暗殺爲最佳的革命手段，吾人誓約將死於黑旗下」。他們開始串聯，集體加入文化協會，聯絡王敏川、連溫卿，促使文協改總理制爲委員制。1927年1月底，他們和東京黑色青年聯盟的來往信件被警方查獲，2月1日一共有四十四人被檢舉、周和成病逝獄中。小澤一(判刑二年六個月)、王詩琅、吳滄洲(一年六個月)、吳松谷(一年)徒刑。

(附)孤魂聯盟　1925.7　[日]

台灣黑色青年聯盟被檢舉後，周合源、林斐芳、張乞食(維賢)、楊德發、楊清標、蔣德卿等與日人稻垣藤兵衛(在大稻埕開設貧民私塾「稻江義塾」)成立孤魂聯盟，指出：「孤魂即是生前孤獨死後無處可依的靈魂，其悲慘哀痛猶如活在現在的無產農民。我們組織『孤魂聯盟』，以促進光明，及參加無產階級解放運動」。不久，施乾加入，一部分人投入救貧工作，1928年7月終被警方解散。

台灣語文運動

主張台灣話的文、語一致，並以台語文字化來取代「國語」(日語)及文言文或中國白話文的運動。首先是九曲堂的鄭坤五，在《三六九小報》上輯錄台灣山歌爲〈台灣國風〉，強調用台語寫作。1930年8月16日起，黃石輝在《伍人報》上發表〈怎樣不提倡鄉土文學?〉(第九～十一號)，主張用台灣話寫作，因爲「你是台灣人，你頭戴台灣天，腳踏台灣地，眼睛所看的是台灣的狀況……嘴裡所說的亦是台灣的語言」；1931年7月24日又發表〈再談鄉土文學〉(《台灣新聞》)繼續主張有音無字時採用代字或另創新字。總之，黃石輝主張以勞苦大衆爲對象去創作台灣話文。郭秋生響應黃的呼籲，發表〈建設台灣白話文一提案〉(1931年7月，《台灣新聞》)，主張用台灣語的文字化來啓蒙文盲，其當務之急是先整理民間歌謠與各種傳說、故事。廖毓文反對台灣語文運動，因爲台灣話太粗鄙，不足爲文學所用，何況語音分歧(福佬、客家各有別)，尤其中國人看不懂，所以要普及中國白話文。

黃純青(10月15日)也發表〈台灣話改造論〉主張以廈門音爲標準, 重新改造台灣話, 使言文一致, 讀音統一, 並使台灣話與廈門話有一致, 與中國話有共通性。

上述論戰, 至1930年代隨著戰爭低壓, 日本當局壓制台灣文藝, 禁止漢文以來, 就消聲匿跡了。

[參]廖毓文〈台灣文字改革運動史略〉(《台北文物》第3卷第3期, 第4卷第1期, 1954.12.10～1955.5.5);
李南衡編《日據下台灣新文學》第5卷(明潭)。

台灣鎮總兵(鎮守台澎掛印總兵官)

[清]駐台最高武官, 正二品

1684年設置, 三年一換, 1721年一度移駐澎湖, 1733年(雍正11年)始再歸駐台灣府城, 與文官台灣道共同審判軍民, 予以掛印。掛印總兵在任內不必晉見皇帝, 遇事可直接上奏; 1875年福建巡撫駐台半年, 才取銷總兵掛印, 1878年又恢復舊制。總兵受福建方面督、撫的節制, 無實際兵權, 加上與台灣道爭權, 長期矛盾對立。總兵以下有副將, 統轄直屬軍隊(協), 分水、路二種(台灣水師協、澎湖水師協及北路副營將), 三年任滿, 即可升爲總兵。

台灣機械工會聯合會

1928.1.1～1930

連溫卿等七十八人組織的工會, 主張打倒日本帝國主義, 聯絡朝鮮、日本、台灣的勞工團結共鬥。主要份子爲楊添杏、胡柳生、陳木生等, 但逐漸被台共的蘇新所影響。

連溫卿在1928年6月3日, 召集二十五個工會代表於台北市, 準備成立新的工聯, 但南部代表反對(因爲已有「工友總聯盟」), 終於還是通過成立「台灣勞動運動統一聯盟」(王敏川派提出), 但連溫卿與王敏川的思想對立, 終於使運動不了了之, 他的支持者胡柳生、薛玉虎、陳總等人也鬧得不歡而散。

台灣基督教長老會教會

1865年蘇格蘭長老教會牧師馬雅各由廈門來台南傳教, 被趕至旗後。1866年才有四名台灣人受洗, 1868年當局宣佈傳教自由, 他才再回台南。1867年李庥至打狗傳教，1869～1870年他倆也在平埔族區傳道。1871年，甘爲霖抵台，傳教四十七年；1875年又有巴克禮來打狗，接替李庥，1876年他創建神學校(南神)，1885年創刊〈台灣府城教會報〉。

加拿大的教會也派馬偕在1872年來淡水行醫傳教，他一直傳教至宜蘭、新竹、花蓮各地，1880年創立馬偕醫館，1882年又在淡水砲台埔開辦牛津學堂。南、北兩個教派似乎以大甲溪爲分界。日據時代，長老教會也屈服於日本統治下，1940年代教徒並被迫向神社參拜。1945年戰後，長老教會迅速發展，1971年12月30日長老教會發表國是聲明與建議，反對任何國家罔顧台灣地區一千五百萬人民的人權與意志，首創台灣自決。1977年8月16日更進一步發表人權宣言，主張台灣人民獨立及自由，建立一個新而獨立的國家。目前長老教會傾向支持台灣獨立建國運動。

台灣基督長老教會對國是的聲明 1971.12.30

長老教會向國際及國內提出聲明，反對任何國家罔顧台灣地區一千五百萬人民的人權與意志，主張人民有自決的權利決定自己的命運。同時，也呼籲國府徹底革新，並「在全國統一之前能在自由地區作中央民意代表的全面改選」。

1977年8月16日，長老教會又發表《人權宣言》，致函美國總統卡特，在其與中共關係正常化時，要堅持保全台灣人民的安全、獨立與自由；面對中共的併吞威脅，長老教會堅持主張台灣的將來應由台灣一千七百萬住民決定，並期待早日使台灣成爲一個新而獨立的國家。

《台灣紀略》

1685年由林謙光(芝楣)，第一位台灣府儒學教授所寫的雜記，分爲十五篇，包括形勢、沿革、建置、山川、沙線礁嶼、城廓、戶役賦稅、學校、選舉、津梁、天時、地理、物產、風俗等。最多者爲「沿革」，約一千三百字，最少的「兵防」才三十二字(共六千字)，爲清初台灣最早的文獻之一。

台灣建省

1683年清代征服台灣後，翌年改隸福建省台灣府，由福建巡撫統治；1875年始在台北新設台北府。中法戰爭後，1885年7月左宗棠建議設台灣巡撫，10月12日台灣正式建省，劉銘傳爲首任巡撫。省下設台北、台灣(台中)、台南三府，淡水、新竹、宜蘭、苗栗、雲林、彰化、台灣、嘉義、安平、鳳山、恒春等十一縣及基隆、南雅、澎湖、埔里四廳、台東爲直隸州，這個體制一直維持十年。

台灣教育令 1919.4.1 [日]

日本統治台灣的教育制度確立的政策。在此以前，(1895年5月～1919年3月)爲教育試驗期，無一定方針，至1898年7月28日公佈《台灣公學校令》，始對台灣人開始初等教育，至1915年2月才有《台灣公立中學校官制》，設一所中學於台中；1912年始有農、工實業教育；醫學方面則早在1899年就開始。1919年公佈《台灣教育令》起至1922年3月，爲應運台灣的社會經濟發展與台灣人的民主民族主義要求，加上在台的日人子弟增加，則在中學教育設高等普通學校及女子高等普通學校，但仍有日、台學生分開的差別教育。至1922年4月～1941年3月，由田健治郎總督改正《台灣教育令》，除小學仍分爲公學校(不用日語者)及小學校(常用日語者)之外，原則上無差別教育。1941年4月又廢除公學校及小學校，一律改爲「國民小學」，但實際上仍有第一號表(即前小學校)及第二號表、第三號表的差別；1943年預定實施義務教育，至1945年戰後而告停止。

[參]《台灣年鑑》〈教育篇〉(新生報，1947)

台灣接收

根據1943年《開羅宣言》及1945年7月26日的《波茨坦公告》，台灣、澎湖在戰後必須交給中國。1945年8月15日，日本無條件投降後，美方的魏德邁(Abert C. Wedemeyer)將軍與蔣介石直接交涉，將台灣交給中國。8月29日，蔣命令陳儀爲台灣行政長官兼警備總司令；9月1日，在重慶設臨時辦事處，9月2日，日本代表在東京灣的美艦密蘇里號上向麥克阿瑟聯軍統帥投降。麥帥公佈《一般命令》第一號，指定中國佔領台灣及北緯16度以北之法屬印度支那半島。9月28日，「前進指揮所」在重慶成立，由台灣省行政長官公署秘書長葛敬恩兼任主任，警總副參謀長范誦堯爲副主任。10月5日，前進指揮所人員七十一人由重慶飛抵台北，10月6日成立辦公，發布通告第一號，命令日人方面在陳儀抵台前維持現狀。10月17日，第六十二軍及第七十軍在美國第七艦隊護送下分別登陸基隆及高雄。10月24日陳儀抵台，25日在公會堂舉行受降典禮。11月初～1946年4月才陸續完成接收。

國府從日人手上接收的除了官、公廳、學校、醫院、港口、鐵路、電信之外，還有各種工廠及相當於八十億圓的日本私人企業及財產，佔總耕地面積20%(181,000甲)及山林面積90%的土地、二十萬戶住宅、店舖，七家銀行及三十億圓，二十個師四十萬人的軍需裝備，車輛二千輛、船艦五二五艘、飛機九百架、槍枝一三三四二三枝、大砲一三六八門……等等。至1947年2月，除土地外，接收官、私企業及財產共計50,856個單位，1,099,090萬圓。

[參]《台灣省行政紀要》p.142,1946。

台灣警備總司令部

1958.7.1～1987

由原台灣防衛司令部、台北衛戍總部、台灣省保安司令部及台灣省民防司令部合併成立，成爲國民黨政權在台灣實施軍事戒嚴的工具，任務包括衛戍、保防、軍事動員、文化思想檢查及港口、機場的安檢、入出境管制、郵電、電影、電視檢查及監聽……。1987年7月15日台灣解嚴後，才交出一部分權力給新聞局、警政署等單位。

台灣決戰文學會議

1943.11.13 [日]

總督府情報課、皇民奉公會中央本部、日本文學報國會台灣支會共同召開台灣文藝作家的會談。日本人四十六人，台灣人十一人(包括黃得時、吳新榮、郭水潭、周金波、張文環、張星建、陳火泉、楊逵(貴)、楊雲萍、龍瑛宗、呂赫若)出席,最後由西川滿提出創辦《台灣文藝》雜誌,作爲奉公及決戰的宣傳。

台灣決議案

1958.1.28～1970.7.21

1955年1月18日中共佔領一江山島，繼而進攻大陳島之際，周恩來發表關於美國政府干涉中國人民解放台灣的聲明(1月24日)，譴責美台(蔣)共同防禦條約，要求美國撤出台灣海峽。同一天(美國時間)，美國總統艾森豪(D. Einsenhower)向國會提出「特別咨文」,要求國會授權總統使用武裝部隊以保衛台灣、澎湖免受武力攻擊；此權限包括總統認爲必要並適當的其他手段。即「台灣決議案」，分別送請參、衆兩院；1月25日,衆院以401:3票,參院(1月28日)也以83:3票通過。1月27日，第八轟炸隊移駐台北，2月5日～11日,美軍掩護國府軍退出大陳島。這個決議案在1970年7月21日,才由尼克森總統通由參議院廢除,這一年7月，季辛吉秘訪中國，10月，中共進入聯合國。

《台灣考古學民族學概觀》

鹿野忠雄著／宋文薰譯(省文獻會,1955年)

鹿野把台灣史前遺物分爲繩紋陶器、網紋陶器、黑陶，有段石斧，原東山文化、巨石、菲律賓文化等七個文化層。他以爲繩紋陶器是由亞洲大陸傳入台灣。第二篇台灣土著分類，是作者費二十年研究調查的成果。第三篇爲台灣土著之物質文化及其類緣，追溯台灣土著受大陸或南洋文化的影響。

台灣勞動互助社 **1929.11.1～1931.8.30** ［日］無產青年團體

1927年1月台灣黑色青年聯盟被檢舉後，彰化無產青年的無政府主義派(郭炳榮、陳崁、謝有丁、潘爐、王清實、陳源)與共產主義派(楊貴、葉陶、吳石麟、謝進來、吳蘅秋、石錫勳、李中慶、莊萬生、李明德)之間開始對立，雙方在1928年12月30日在彰化天公廟公開辯論，前者以相扶互助反對共產主義派的階級鬥爭論，激辯二個多小時不了了之。1929年9月文協彰化特別支部大會前，吳石麟故意不通知無政府主義派參加，使他們喪失支部各種職位，周天啓、蔡禎祥等憤而退出文協，10月中旬另起爐灶，趕在文協第三次大會期間的11月1日成立「台灣勞動互助社」，有三十多人參加，包括溫德良、賴水河、吳清木、吳泉、陳長庚……等人，決議以促進互助社來的實現爲宗旨，散發〈社歌〉：

民衆的旗幟——黑旗
包裹著戰士的屍體
死屍高堆冷氣凜然
熱血沾滿黑旗
飄揚吧，黑旗　在旗蔭下戰死
怯弱者快走吧　我們堅守黑旗
……
黎明的光輝照耀　戰鬥已開始
勇敢赴戰　同志已死
深深哀傷　壇上的死屍
飲恨長眠

「台灣勞動互助社」編成四組到全島串聯、宣傳，1930年7月由黃天海、林斐芳、張乞食、王詩琅、陳崁等人創刊《明日》(只出四期)，也派謝塗、吳本立到廈門、泉州各地聯絡同志。陳煥圭、郭茂已在台北開營養乳店(不到一年)。1930年5月27日他們還召開台灣社會運動清算大會，批判民衆黨及文協。1931年8月30日，日本當局藉口在員林車站逮捕蔡秋宗，在他身上查獲槍枝及一些書刊，以違反治安警察法及槍砲取締規則，一舉檢舉該社，蔡秋宗死於獄中，其他十四人包括王詩琅、陳崁、蔡禎祥、林斐芳、吳泉木、張乞食等人半年後才獲釋。

[參]《台灣社會運動史》p.895～914。

《台灣列紳傳》

1917年4月出版，爲日本佔領台灣後第一次對1896年頒布〈紳章條規〉以來，一千多名對日本有貢獻的台灣人地方角頭、士紳的列傳。

台灣賣却論　[日]

日本佔領台灣初期，遭遇台灣人抗義游擊隊的激烈抵抗，例如1895年占領初期，日本軍戰死278人(加上傷患者爲931人)，而台灣人至少被殺14,000人，即1比50(當時台灣人口2,600,000人)，至1903年的八年期間，台灣人被屠殺的至少超過32,000人，佔台灣人口的1%以上。加上大量的耗費，每年須由國內補貼巨款，引起一些人主張像俄國把阿拉斯加賣給美國一樣，把台灣賣給法國一億日元算了。後藤新平(民政長官)上任以來(1898～1906年)，逐漸用特別會計、發明公債，並以公賣利益來擺脫本國的補助(歷年總額共達三千萬圓)，至1905年起始完全使台灣的財政獨立，才使日本人改變這種想法。

[參]後藤新平《日本植民政策一般・日本膨脹論》(日本評論社，1924)，p.8、p47；戴天昭《台灣國際政治史研究》，p.272；黃昭堂《台灣總督府》，p.84。

台灣美術展覽會(台展) 1927.10.27

第一屆台灣美展在台北市樺山小學禮堂揭幕，由台灣教育會主辦，一共展出一百二十八件作品，分爲東洋畫及西洋畫二部。東洋畫由陳進(女)、林玉山及郭雪湖入選，西洋有陳植棋和廖繼春，前後一共十次(～1936年)，對台灣的美術運動頗有助益。

《台灣民報》 1923.4.15～1930

[日]台灣民主、民族運動的啓蒙性刊物

初期在日本東京印行，1927年7月16日改在台灣印行。創刊詞主張「處在今日的台灣社會，欲望平等，要求生存，實非趕緊創設民衆的言論機關，以助社會教育，並喚醒民心不可了。」宗旨，展開對台灣的社會、政治、經濟、文化的探索，並抨擊日本在台灣的統治，介紹世界局勢與思潮。日本殖民當局屢次查禁、檢查仍維持七年，1930年4月15日再由中部士紳的大東信託接辦，改爲《台灣新民報》。

《台灣民報》推展業務，開辦讀報社及每年的留學生返台演講會及藝術表演，提升1920～1930年代台灣人民族意識。

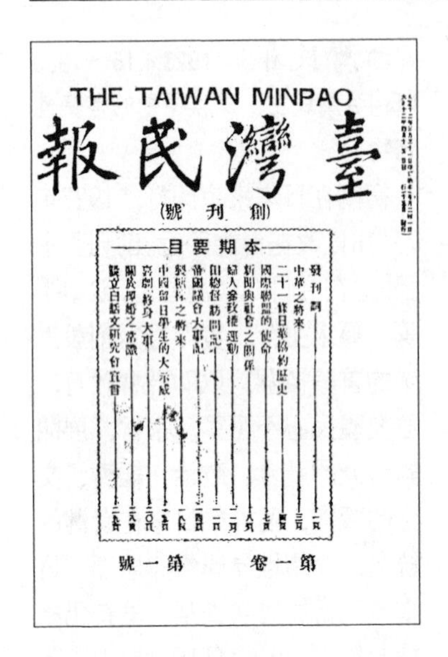
THE TAIWAN MINPAO

臺灣民報

(創刊號)

本期要目

發刊詞
中華之將來
二十一條日華協約歷史
國際聯盟的使命
新聞與社會之關係
婦人參政權運動
田總督訪問記
帝國議會大事記
經濟界之將來
中國留日學生的大示威
喜劇 終身大事
關於結婚之常識
設立白話文研究會宣言

第一卷 第一號

台灣民黨 [日]

1927年初，林獻堂、謝春木、蔡培火、蔣渭水等退出左派台灣文化協會後，先後申請成立「台灣自治會」、「台灣同盟會」，均遭日本當局拒絕，5月29日正式打出「台灣民黨」旗號，次日向當局申請，6月3日即遭總督府下令解散，後來再成立台灣民衆黨。

《台灣民間文學集》 1936

李獻章輯，收集台灣民間傳說、謎語、歌謠成冊，並由廖漢臣、黃得時、莊松林、楊茂松等改寫民間故事，經過賴和修改，台北文藝協會出版，爲台灣民間文學的第一個集子。

台灣民主國

1895年5月23日，台灣人在反抗日本佔領前夕，匆匆擁立巡撫唐景崧爲總統，宣佈獨立，建立「台灣民主國」(Republic of Formosa)，以丘逢甲爲首，包括進士、舉人和豪商在內，由福州人陳季同草擬出毫無民意基礎的民主國，並有內閣：總理兪明震、外交陳季同、軍務李秉瑞、游說使姚文棟、義勇統領丘逢甲。板橋林維源拒絕出任議長(捐一百萬兩，攜眷逃至廈門)，建立亞洲第一個共和國。日軍登陸澳底，6月4日，台北城混亂，唐景崧逃回廈門，台北士紳派辜顯榮迎日軍，6月17日，樺山資紀在台北欽差行轅(中山堂)舉行始政式。林朝棟、丘逢甲等紛紛逃至中國，劉永福在台南苦撐，仍稱幫辦。台南方面繼續打著台灣民主國招牌，許獻琛組成委員會，許南英擔任籌防局統領。各地台灣人展開武裝抗日，五個月內至少死14000人

(日軍戰死278人，傷931人)，清朝袖手旁觀，10月21日，長老教會牧師巴克禮引日軍入台南，民主國滅亡。

這是台灣士紳對大清祖國的幻想，國號仍爲「永清」，而台灣人民以浴血抗戰十年來捍衛鄉土，始在外來政權的壓迫下第一次叫出「台灣人」的共識。

[参]黃昭堂《台灣民主國の研究》(東京大學，1970)

台灣民主國獨立宣言

Official Declaration of Independence of the Republic of Formosa

1895年4月17日中日戰爭結束簽字《馬關條約》，割讓台、澎給日本，台灣人不甘被佔，由丘逢甲及士紳公推巡撫唐景崧爲台灣民主國總統，並由陳季同起草獨立宣言，5月24日將宣言英文譯文送給在台北的各國領事館，5月25日宣佈成立台灣民主國。宣言內容主要爲：

「日寇強橫，欲併台灣。台民曾派代表詣闕力爭，未蒙俞允。局勢危急，日寇將至。我如屈從，則家鄉將淪於夷狄；如予抗拒，則實力較弱，恐難持久。業與列國迭次磋商，僉謂台灣必先自立，始可予我援助。台灣同胞，誓不服倭，與其事敵，寧願戰死。爰經大會議決，台灣自立，改建民主國；官吏皆由民選，一切政務秉公處理。但爲禦敵及推行新政，必須有一元首，俾便統率，以維持秩序而保安寧。巡撫承宣布政使唐景崧素爲萬民所敬仰，故由大會公推爲台灣民主國總統……。」

台灣民主自治同盟(台盟)

1947年11月12日成立於香港，是二二八事變後流亡香港的台共謝雪紅、楊克煌、蘇新、周明等組成的，成立「新台灣出版社」，其組織綱領爲設立民主聯合政府，建設獨立、和平、民主、富強的新中國；建設台灣自治政府(省與中央採取均權主義，省得自制定省憲及由人民選舉省長及縣、市、區、鎮、鄉長與選出代表人民的議會)。1948年7月12日台盟宣佈由謝雪紅爲主席，楊克煌、蘇新爲理事，另外成立香港支部(丁光輝)，1949年9月應邀參加中國人民政治協商會議，10月以後接受中國共產黨領導，成爲民主黨派。總部設在上海，1955年遷至北京。歷屆主席爲謝雪紅、蔡嘯、蘇子衡、蔡孑民。1952年起謝雪紅被批鬥，1954年台盟完全聽命中共的領導，李純青(福建人)爲副主席，1957年反右派鬥爭運動時，再度批鬥謝雪紅。歷經1960年代文革，台盟的謝派慘遭紅衛兵鬥爭。1979年10月11日～22日，台盟才召開第二次大會，通過新宗旨爲擁護社會主義，爲社會主義服務的「愛國者的政治聯盟」，選蔡嘯(1919～，台南人，1939年參加中共的抗日戰爭)爲主席。

台灣民主自治同盟台中地區案(大甲案) 1951.5

大甲地區小學校長郭萬福發展以台中師範生爲主，加上廖學銳等人，起先逃亡山地，種西瓜或釀酒。1951年7月，郭萬福在偷渡前被捕，一共十八人死刑，其餘廿九人處三～十五年刑，五人交付感化(三年)，二二八事變時活躍的記者蔡鐵城也被處死。

●大甲案死刑者

姓　名	年齡	姓　名	年齡
廖學銳	27	蔡金和	36
郭萬福	41	廖金照	44
郭阿坤	30	陳水炎	31
蘇海樹	30	李振樂	44
賴登洲	28	林如松	27
邵萬壽	30	郭坤木	30
鍾來田	29	羅秋榮	41
王三派	30	蔡鐵城	31
葉金龍	32	陳坤良	35

台灣民自黨案

1956年9月間，趙清淵(高雄人，26歲，淡江英專肄業)創立「台灣民自黨」，意圖以政治革命手段爭取台灣獨立，建立「民主自由之台灣共和國」。後來經過建國中學職員向情治單位密告，1957年4月26日遂破案，判刑十年，其餘張振成(30歲，商人)、張東極(28歲，嘉義人，淡江英專學生)皆判刑二年。

台灣民衆黨

1927.7.10～1931.2.18

[日]台灣人的第一個合法政黨

1927年1月台灣文化協會左右分裂後，右派退出文協，林獻堂、蔣渭水、彭華英等人先在2月10日由蔣渭水倡議成立「台灣自治會」，被禁止；不久又以「台灣同盟會」名義被當局禁止活動。5月3日，他們又改爲「解放協會」，綱領改爲「實現台灣人全體的政治、經濟、社會的解放」，政策上刪去「促進台灣自治」，並未獲准成立。這段期間，當局指明其中有一部份極端民族主義者(蔣渭水)等參加結社，所以才禁止。6月間，蔡培火更挑明「蔣君參加，恐當局難以容忍，但若排除蔣君，又爲情所難容」，最後通過蔣渭水以個人身份入黨。6月24日由謝春木出面申請組黨。7月10日台灣民衆黨在台中市宣告成立，至年底共有十五個支部，四百五十六人。其綱領爲要求州街庄自治與普選；實現集會結社言論自由；改革學制；日、台語並用，教育機會平等；廢除保甲制度；改善金融制度、改革稅制、公賣制度等等。

民衆黨對於階級立場的態度，尤其意見紛歧，彭華英等主張不可公然支持無產階級，而蔣渭水卻主張知識份子領導的工農爲主，最後雙方妥協爲「本黨關切農工階級的利益」。彭華英取代謝春木爲主幹，蔣渭水領導台灣工友總聯盟；農運方面只有蘭陽農組及新竹農友會二個團體支持民衆黨。民衆黨事實上把主力放在爭取自治與選舉，「代表輿論，以合法手段來達成政策的交涉」，一再向統治者叩頭請願，唯一的成果是1930年1月向國際聯盟控訴日本當局繼續准許台灣人吸食鴉片，國聯派人來台灣調查，弄得總督府灰頭土臉。

蔣渭水領導的工友總聯盟幹部，被黨內保守派視爲蛇蠍，彭華英在1928年8月辭去主幹，洪元煌(地主)也辭去社會部主任，蔣渭水獨攬大權，1929年10月17日第三次大會上，蔣強調今後的方向爲以工農階級爲中心勢力，以工農學商爲共同戰線，對外聯絡世界無產階級及殖民地民衆。1930年1月，在中常會提出〈綱領修正〉，提出爭取勞動者、農民、無產市民及一般被壓迫民衆的政治自由、日常利益而鬥爭，使林獻堂等人嚇壞了，聲明新綱領極爲左傾，不外乎以無產階級爲本位，他們紛紛離開。1931年2月18

日，在第四次大會上，日警當場逮捕十六人(蔣渭水、陳其昌、盧丙丁、李友三、楊元丁、黃白成枝等)，理由是「該黨逐漸被強烈的民族主義者蔣渭水所率領的左派勢力所把持，運動日趨矯激」，而造成妨害內(日)台融合，對統治的影響甚大。民衆黨至此停擺，1931年8月5日隨著蔣渭水的去世而使追隨者各自散去。

《台灣年鑑》 1947.6

黃玉齋主編(新生報)，共分爲二十八章，一百三十多萬字。黃玉齋寫總論及歷史，王白淵寫文化、吳漫沙寫黨務、特產、貿易、專賣，其他包括孫萬枝、黃耀鏻、卓宗吟、王正、宋瑞臨等人分別撰稿，而其中的編纂委員之一吳金煉(新生報日文版總編輯)則死於1947年二二八事變後，此書也遲至6月才印行。這是一部代表二次大戰後台灣當時人士對歷史及政、經、社會、文化等各層面的總結性觀點，具有歷史意義。

台灣農民組合 1926~1932

[日]抗日民族運動組織

農民組合大湖分部

備受日本帝國主義資本主義與台灣地主雙重壓迫及剝削的台灣佃農，在日帝統治期間，不斷掀起反抗運動。1924年4月，彰化二林的蔗農向林本源製糖會社爭議，引發農運的序幕；10月，黃呈聰在線西組織甘蔗耕作組合，失敗。1925年1月，二林蔗農繼續與林本源製糖抗爭，6月28日，李應章醫生組織「二林蔗農組合」，有四〇四名成員，開創台灣農民組合運動的先河。同年11月15日，由小學教師簡吉組織「鳳山農民組合」，向陳中和物產的「新興製糖」展開抗爭。1926年6月6日，簡吉幫助大甲農組成立(趙港領導)，向退休日本官僚強占官有土地(大肚庄)的暴行抗爭。1926年6月，簡吉、趙港聯合全島各地農組成立台灣農民組合，9月20日成立總部於鳳山街縣口三五〇番地，以簡吉爲中委長，黃信國、黃石順、趙港、侯朝宗、陳德興、陳培初、謝財神等爲中常委，展開農民組合運動，簡吉起草綱領及宣言，主張：培養農民之知識，研究技術，陶冶品德；互助互愛；以穩健踏實之合理方法，期能達成共同之理想。台灣農組的主張爲：①交易合理化，②成立全台農組，③促進台灣自治的訓練，④發展農村教育，⑤發展農村文化。1927年2月，趙、簡至日本參加日本農組六屆大會，並接觸日本勞農黨；5月，古屋貞雄律師奉日本勞農黨命令來台中開業，爲農民爭議辯護。1927年12月4日，台灣農組在台中市召開第一次全島代表大會，通過決議要設置一支特別活動隊來進行無產階級的政治鬥爭，根據馬克思主義，促進工農結合，以推翻專制政治。簡吉、趙港、楊貴(逵)等十八人被推爲中委，黃信國醫師爲中委長。在台灣農組領導下，1927～1928年間一共發生四二〇件的爭議。1927年底，農組一共有十七個支部，21311名成員。台灣共產黨注意農組的發展，1928年8月28日，謝雪紅促使農組採納她的青年部、婦女部及救援部組織提綱。簡吉、趙港、顏石吉、張行、陳德興、陳崑崙等暗中加入台共，並且鬥爭以合法手段實行社會民主主義的楊貴、謝財神、賴通堯、陳培初等(山川主義派)。1928年11

月，台共東京特別支部的林兌帶回林木順的指示，台灣農民組合加速左傾，並提出宣傳馬克思主義，打倒日本帝國主義(民族解放運動)、土地改革、工農聯合的策略。1928年12月30日，農組在台中召開第二次大會，當場與日警衝突。1929年2月12日，日警以違反〈出版法規〉而檢舉農組，起訴十二人，中委長黃信國宣佈「轉向」，退出運動。台共謝雪紅則再度重整農組，未被捕的陳結、劉見業、周渭然等成立臨時中央指導部。趙、簡等人在7～8月間出獄後，繼續活動。然而，組合內部意見對立，1930年11月20～21日，終被納入台共外圍；1931年1月竹崎會議，決定支持台共，陳結、劉雙鼎等人至各地聯絡，1932年終於在大湖、永和山支部準備起義失敗後，各地支部活動均告停頓。

《台灣日日新報》

1898.5.1～1944.3 ［日］

總督府的機關報，資金一百萬圓，由《台灣新報》及《台灣日報》合併，守屋善兵衛獨資經營，木下新三郎爲社長兼主編，章太炎也曾來台當過漢文欄的主筆。1900年改爲企業化經營，1944年與其他五報合併爲《台灣新報》。

台灣人國籍選擇 ［日］

根據《馬關條約》第五條：「本約批准互換之後，限二年內，日本准中國讓予地方人民願遷居讓予地方之外者，任便變賣所有產業，退出界外。但限滿之後，尚未遷徙者，酌視爲日本國民」。1895年9月初日本佔領台灣後立刻公佈台灣人民退出之規定，要退出台灣者須於明治三十年五月初八日以前向官廳登記其鄉貫、年齡、住所、不動產；退出者准攜帶財物，免徵關稅。二年後(1897年)公佈，退出台灣的總計4500人，佔當時台灣總人口(280萬)的0.16%，即：

台北縣 1874人　台中縣 301人
台南縣 2200人　澎湖廳 81人。

［參］《警察沿革志》第2編上，p.668。

台灣人志願兵 ［日］

台灣人一向沒資格當兵，只能當軍伕、軍屬。1938年朝鮮實施自願兵制，台灣當局只收一名十六歲的新竹少年張彩鑑爲少年航空兵。1942年日本內閣才通過台灣人志願兵的決議，1942年4月4日才有第一批台灣志願兵入伍，此後三年共有六千多名陸軍及一萬一千多名海軍志願兵入伍(十七～三十歲)。1944年台灣人被徵爲義務兵，一共有207,183名軍人及軍屬，戰死30,304人。

●台灣軍人軍屬數目

		復員	死亡	計
陸軍	軍人	64237	1515	65752
	軍屬	50918	16854	67772
海軍	軍人	14050	631	14681
	軍屬	47674	11304	58978
合計	軍人	78287	2146	80433
	軍屬	98592	28158	126750
總　計		176879	30304	207183

台灣前途決議案

1983年11月5日美國參議院外交委員會通過(佩爾參議員提議)，主要爲台灣前途的解決應是和平的，不受控制的，其方式應爲台灣人民所能接受，並符合美國國會通過的《與台灣關係法》和美、中之間達成的公報精神。

《台灣三字經》 1900

王石鵬撰

以《三字經》爲本，首序位置、名稱、治亂、沿革，繼敍番部種族、山川、物產及經濟，爲啓蒙台灣兒童的一部歷史教科書。(31200字)

台灣尚志社 [日]

1923年6月23日，留廈門的台灣學生李思順(嘉義人)創會，8月發刊《廈門尙志號》，攻擊日帝的暴政。1924年1月30日，又召開廈門台灣人學生大會，反對日本台灣當局壓制台灣議會期成同盟。

《台灣思慟錄》

1896年，撰者未具名，但自序說「蓋生於台，長於台，身受台之創鉅痛深，親見台之同遭蹂躪而痛定思痛也。」分別記述台防、台北、台灣、台南、澎湖五篇。

《台灣新民報》

1930.4.15～1944 [日]

中部士紳的大東信託接辦《台

灣民報》，突破報禁，成爲日報，至1937年突破五萬份。但內容已漸趨溫和，仍不爲統治當局容忍，1944年3月17日併入《興南新聞》，終告停刊。

《台灣詩乘》 1921

連横集錄了唐代施肩吾，以至清代陳鐵香等二百多人的古詩。

台灣紳章規則 [日]

拉攏台灣人的紳士佩帶紳章的鬧劇規定，1896年10月23日實行，以對台灣人有學識者加以優待，共六條。規定有學識及有資望者，經審核發給紳章一枚，限本人佩帶，死後收回。從1897年5月～1906年。共有569人受勛，一般台灣人稱其爲「臭狗牌」。

台灣神社 [日]

日本人在台北圓山蓋的神社，1945年1月23日，剛落成不久就被軍機撞毀山門及屋頂，於是謠言四起，童謠也唱出「紅的黑的一直擦，日本仔警察乎我踢」，反映台灣人已對日本統治者失去信心。戰後，國民政府把台灣神社改爲忠烈祠。

台灣省工委會

中共在台灣的地下組織，1946年蔡孝乾由延安返台，在中共華東局派來的林英傑(福建人)、洪幼樵(廣東人)及張志忠(台灣人)的協助下成立組織，發行《光明報》，並與台共謝雪紅、簡吉等聯絡。1947年二二八時這個組織未發揮作用，1949年8月《光明報》在基隆中學被發現，扯出基中校長鍾浩東及成功中學、台大法學院、台大醫學院各支部，1950年1月，蔡孝乾夫婦被捕，一時脫逃，2月起，簡吉、洪幼樵、郭秀琮、許強(兩人皆台大醫生)被捕、蔡孝乾又供出全台灣八百多人。1950年3月，老洪(陳福星)重建台灣省工委會，退入山區及鄉村，終被國府派人滲透，在苗栗三義的魚坪洞一舉逮捕老洪等人(1952年4月25日)。一共有419人陸續落網，幾乎都被處死，蔡孝乾、陳福星則自首。

[參]裴可權《台共叛亂及覆亡經過紀實》(商務，1986)

〈台灣省戒嚴期間新聞紙

雜誌圖書管制辦法〉

1953年7月27日行政院核頒，1954年4月28日公布修正。重要辦法爲：[第二條]新聞、雜誌、圖書、告白、標語及其他出版品，不得爲下列各款記載：

①未經軍事新聞發佈機關公佈屬於「軍機種類範圍令」所列之各項軍事消息；
②有關國防、政治、外交之機密；
③爲共匪宣傳之圖畫文字；
④詆毀國家元首之圖畫文字；
⑤違背反共抗俄國策之言論；
⑥足以淆亂視聽影響民心士氣或危害社會治安之言論；
⑦挑撥政府與人民感情之圖畫文字。

此外，並規定新聞、刊物、圖畫及其他出版品在發行時，檢具一份送省保安司令部備查，各種刊物之來台行銷應呈主管機關核准始得進口，書刊進口，由省保安司令部檢查；違法者予以處分，並扣押其出版品。

[參]史爲鑑《禁》(四季，1981)

台灣省行政長官公署

戰後接收台灣的國民政府最高行政機關。1943年12月1日《開羅宣言》後，國府在中央設計局內成立「台灣調查委員會」(1944年4月17日)，以陳儀爲主任委員，開始訓練接收幹部(一千多人)及擬定接收計劃。1945年8月15日日本投降後，9月1日，國府公佈《台灣省行政長官公署組織大綱》，任命陳儀爲長官兼台灣警備總司令；9月14日，張延孟來台，10月5日秘書長葛敬恩、副參謀長范仲堯等來台設立「台灣前進指揮所」。10月17日，第一〇七、一七〇師登陸，10月24日陳儀抵台，10月25日在公會堂舉行「中國戰區台灣省受降典禮」，會後開始接收。

長官公署下設秘書、民政、教育、財政、農林、工礦、交通、警務、會計十處，均由大陸人掌管，半山及台灣人少數被納入體制。1948年4月陳儀下台後，才改爲「台灣省政府」。

〈台灣省行政長官公署組織條例〉

1945年9月5日公佈，共三條，規定①台灣省暫設行政長官公署，隸屬於行政院，設行政長官一人，依據法令綜理台灣全省政務；②行政長官公署於其職權範圍內，得發佈署令，並得制定台灣省單行規章；③長官公署受中央之委託，得辦理中央行政。行政長官對於在台灣省的中央機關，有指揮監督之權。

這無異是日本總督府的翻版，授權陳儀爲凌駕南京政府之上的土皇帝。

[參]《台灣年鑑》第7章(新生報，1947)

《台灣省通志稿》

1950～1968　六十冊

台灣省文獻會編，代表國民政府統治下的第一部官方說法的通志，分爲：

卷首5冊(綱目、圖表、疆域、史略、大事記)；卷一土地志8冊；卷二人民志5冊(人口、民族、語言、禮俗、宗教)；卷三政事志12冊；卷四經濟志11冊；卷五教育志4冊；卷六學藝志5冊；卷七人物志3冊；卷八同胄志(原住民)3冊；卷九革命志(驅荷、拒清、抗日)3冊；卷十光復志1冊(收復台灣之先聲與準備工作、台灣受降)。

《台灣省五十一年來統計提要》 1946.12

戰後台灣省行政長官公署統計室主任李植泉掛名，實際上由日本人(51人)及一些台灣人合力費時一年完成，共分爲三十四個大類。成爲研究台灣在日本統治五十一年來最完整的統計資料集。

台灣省議會

1946年5月成立省參議會，議員任期二年，二二八事變後，許多省參議員失踪或遇害。1950年4月國府公佈《台灣省各縣市實施地方自治綱要》，由於省縣自治通則未立法，1951年12月11日成立的是第一屆臨時台灣省議會。1959年6月才改爲台灣省議會，議員(第一屆)任期四年，可連任。省議會爲決定台灣省的民政、財政、交通、教育、金融等事業，又受所謂中央政府及立法院壓制，形成聊備一格的地方自治，但卻爲地方金權、黑道與國民黨掛勾的場所，也有象徵性的黨外及民進黨進出。

台灣水彩畫會

1924年「七星畫壇」成立同一年，石川欽一郎的學生又組此畫會，由倪蔣懷負擔經費，每年邀「日本水彩畫會」作品來台配合展出。1932年石川回日本後，改爲「一廬會」以紀念石川。

《台灣私法》

1910年4月1日，臨時台灣舊慣調查會編。計三卷六冊，附參考書七冊(合計5866頁)，爲調查台灣的社會與法制的第一部基礎大全。

《台灣社會運動史》 [日]

1939年出版，台灣總督府警察課及保安課的鷲巢敦哉、村上克夫、小林松三郎等共同編纂，關於1920～1930年代台灣人抗日運動的史料，包括文化運動、政治運動、共產主義運動(本章佔全書的四分之一)、無政府主義、民族、農民、勞工、右派運動的來龍去脈、人際關係、運動發展，皆有詳實的紋述,戰後被塵封四十年,尤其對日據時代台灣社會主義運動的史料，盡在其中。

台灣天然足會 [日]

1900年2月6日，大稻埕中醫黃玉階成立此會，鼓勵台灣婦女解放纏足，3月1日，大稻埕張家女婢剪絨(14歲)第一個放足。1911年起總督府規定20歲以下台灣婦女均得強制放足，違者罰金六百圓以下，至1915年，有485,825人放足，183,918人仍纏足。

[參]《台灣全紀錄》p.159

台灣鐵工所爭議 1928.4.3 [日]

王風在高雄組織「台灣機械工友會」,吸收一百六十多人,第二天他被台灣鐵工所解雇，工友會代表郭淸、陳良向資方抗爭無效,4月7日發動罷工。農民組合、台北機工會、連溫卿等都趕來支援。4月16日,談判破裂,有一二一人被開除。各地社運團體發動全島二十一個團體、一四三三人罷工。但不久被資方各個擊破，工人開始動搖而告失敗。

王風離台，帶兒子王平水逃到中國幾年。1947年二二八事變後,王平水以高雄市民代表身份與彭孟緝談判，被彭槍斃。

《台灣通志》

1892年台灣建省五年後，台北知府陳文駼、淡水知縣葉意深會稟巡撫邵友濂批准修台灣省的通志。聘蔣師轍爲總纂，但他不久離開，由王國瑞代理，至1893年再由薛紹元主持。1895年日軍佔台，原稿已完成十之六、七，被人帶走，1907人日本人由廈門購回台灣；1919年重抄一部。此志補充1760年以後一百二十六年間的台灣歷史。目前上海圖書館仍有六冊殘本。

《台灣通史》

1920年刊，連橫撰，仿司馬遷《史記》體例，分紀(4卷)、志(24卷)、傳(60篇)、表四類，共三十六卷，起於605年(隋)～1895年。是近代台灣人寫的第一部通史，內容以大漢沙文主義爲主綫，任意僞造鄭成功與荷蘭人的通信、荷人降書、吳沙侵略宜蘭平埔族土地、朱一貴、林爽文的起義文件等等，卻被蔣介石視爲台灣歷史官方教材。

台灣同化會

1914.12.10～1915.1.26 ［日］

幻想在日本皇恩下自治的團體。日本明治維新人物板垣退助在1913年5月結識林獻堂後，積極推動日本要同化台灣人，教育台灣人，使「島民及內地官吏互忘其形骸而舉混然同化之寶」。1914年11月板垣再度來台，忽忽集結一批退休官僚、浪人、文人(野津鎮武是前韓國軍事顧問、桶脇盛苗當過警察、鈴木宗兵衛在放高利貸)，自任總裁，寺師平一，野津等爲理事，1914年12月在台北鐵道飯店成立「台灣同化會」。總督府大肆壓制，阻止這場鬧劇，例如開除台南第二公學校的教員蔡培火，甘得中、蔡惠如等受跟踪。1915年1月21日各地廳長強迫同化會評議員退會，1月26日當局以「妨害公安」理由解散。

台灣拓殖會社 ［日］

1936年11月25日成立的南進政策殖民地公司，由官民合辦，其主要董監事須由拓務大臣認可，理事由總督遴選。總資本額爲三千萬圓，其中一半的官股由價值一千五百萬圓的在台官租地、國有林抵充；另一半由糖業公司募集(約占民股的三分之二)。至1942年台拓已增資至六千萬圓，且從1939年起發過四次公債籌款八千萬圓，成爲超過一億圓以上的大公司，進一步以經濟侵略南洋及華南。

《台灣外紀》

1704年(康熙43年)江日昇(東旭，福建同安人)用小說體所寫的台灣鄭氏東寧王朝的興亡史。作者在1684年親赴台灣，據耳聞及目睹文獻而成此書，所述之事有的地方過於偏頗與失實。分爲三十卷六十編紀事。有上海進步書局的六冊袖珍本。日本則有永保堂藏版。1960年台銀經濟研究所收入《台灣文獻叢刊》第60種出版；福建人民出版社在1983年重出版此書。

《台灣文化》 1945.10～1949

台灣文化協進會的機關報紙。楊雲萍主編，楊守愚、呂赫若、王白淵、黃得時、許乃昌等都常投稿，曾出〈魯迅逝世十周年紀念專輯〉，及悼念許壽棠(1948年遇害)專刊，1949年停刊。

台灣文化協進會

1945.11～1949

戰後台灣的文化團體，由游彌堅、許乃昌、楊雲萍、陳紹馨、王白淵、沈湘成、蘇新等人創立，發行《台灣文化》，並舉辦畫展、音樂會，1949年停止活動。

台灣文化協會

1921.10～1931.1[日]

文化啓蒙與民族運動的團體

1921年10月17日在台北市大稻埕靜修女中成立，公推林獻堂爲總理，楊吉臣爲協理，蔣渭水爲專務理事，王敏川、林幼春、連溫卿、蔡培火等41人爲理事，會員1032名，集結了台灣當時的進步地主、知識份子及醫學校、師範、商工學校的學生。「文協」主張「謀台灣文化之向上，圖教育之振興，獎勵體育，涵養藝術趣味」，展開文化啓蒙運動，發刊會報(1921年11月28日起，共八號)，建立讀報社，最重要的是至各地舉辦文化演講會，屢遭警方干擾與解散。文協支持台灣議會設置請願運動及話劇運動及農運、社運，引起當局的恐慌。1927年10月17日，文協第六次大會(新竹)後，終於分裂，林獻堂、蔣渭水、楊肇嘉、蔡培火等退出，他們主張以合法手段抗爭，先實現台灣地方自治，後來另創立台灣民衆黨。王敏川、連溫卿等繼續領導文協左派，堅持文協永遠爲農、工、小商人、小資產階級的戰鬥團體。從1927～1928年間，新文協積極參與社會運動，但在工人運動上卻分裂爲急進派(王敏川)與社會民主派(連溫卿)。台共滲入新文協，1929年，吳丁炎、吳拱照、莊守、王萬得等台共派取得中委，趕走連溫卿派。1931年1月5日在第四次大會上，推舉王敏川爲中委長，並以台共的綱領爲主要路綫及策略，1月6日當夜，新中常委會決議新文協支持台共。1931年年底，文協實際停止活動。

《台灣文獻叢刊》

台灣銀行經濟研究所主任周憲文(浙江人，日本京都帝大畢業，日本馬克思主義之父河上肇的學生)從

1957年至1972年12月止，一共出版歷年來有關台灣歷史、文獻的公私文獻共309種，595冊。

台灣文學奉公會

1943～1945.8

日本爲動員在台的日、台作家展開奉公、戰時體制的文學團體。會長爲山本眞人，會員有西川滿、濱田隼雄、池田敏雄、中山侑，及張文環、黃得時、楊逵、呂赫若、周金波、龍瑛宗、邱永漢等人。1944年6月，總督府還要求他們到工礦、農場、碼頭、軍營撰寫報導文學。

《台灣文藝》

①1902，日人村上玉吉編，共出五期。

②1931.8.13，吳坤煌等編，原名《文化消息》，出刊時改爲《台灣文藝》，只出創刊號七十本(東京)。

③1934.11.5～1936.8.28，台灣文藝聯盟的機關刊物。由張深切、張星建、賴和、楊逵等主編，標榜著「爲藝術而人生」。

④1944.5～1945.8，台灣文學奉公會刊物，西川滿主編，發行十來期。

⑤1964年由吳濁流創刊，1967年吳濁流去世後改由鍾肇政接辦，1982年再由陳永興接棒，再由前衛出版社發行，再由李喬主編(1994)，一直代表戰後台灣人文學香火的傳續刊物。

台灣文藝家協會

1940.1～1943

日本作家聯合台灣作家的皇民化運動文學團體，台北帝大教授矢野峰人爲會長、西川滿、濱田隼雄、北原政吉、中山侑、中村哲，及台灣人邱永漢、黃得時、龍瑛宗、張文環、葉石濤等人參加，刊行《文藝台灣》。

台灣文藝聯盟

1934.5.6～1936.6.18

台灣作家的第一個聯盟。由張深切爲委員長，賴和、賴慶、賴明弘、何集璧等爲委員。本部設在台中，鹿港、佳里、豐原、嘉義及東京都設分部，刊行《台灣文藝》，成爲當時台灣作家的總部。刊物的目的「不是爲藝術至上而從事文學，而是爲人生的藝術而從事文學工作」。

台灣文藝協會

1933.10～1935.1

郭秋生(幹事長)、黃得時、朱點人、林克夫、廖毓文、王詩琅、陳君玉、李獻璋等組織。發刊《先發部隊》(第二期改爲《第一綫》)。

台灣文藝作家協會

1931.6.13

台、日作家包括別所孝二、平山勳、藤原子三郎及王詩琅、張維賢、周合源等組成，不到一年就解散。

《台灣新報》 [日]

①1896.6.17

日本人在台灣的第一份報刊，由大阪府警部長山下秀實創刊，後來由總督府接辦，10月1日改爲日刊，1898年與《台灣日報》合併，另成爲《台灣日日新報》。

②1944.3.16

總督府將《台灣日日新報》、《台灣日報》、《新灣新聞》、《興南新聞》、《東台灣新報》、《高雄新報》等全台六家報紙合併而成，以坂口主稅爲社長、羅萬俥爲副社長、1945年8月廢刊，由李萬居接收，改爲《台灣新生報》。

台灣新劇運動 [日]

1920年代台灣的無政府主義者(即無產青年)所推動的戲劇運動。

①1925年10月，張乞食(維賢)范薪傳等與王萬得、潘欽信、王井泉等成立「台灣藝術研究會」，加上楊木元、賴麗水、楊旭、蔡建興、唐金火、余王富等組成「星光演劇研究會」，公演〈終身大事〉(胡適劇本)、〈黑籍怨魂〉(反鴉片)、〈母女皆拙〉(戒虛榮)等打破封建習俗及宣傳社會主義的劇本，但在1927年宣告解散。

②宜蘭民烽劇團：黃天海集結韓德發等十二人成立，(1928年12月6日～1929年2月)，準備演出尾崎紅葉的《金色夜叉》、托爾斯泰的《行屍走肉》，也因資金困難而告失敗。

③民烽演劇研究會：張乞食在1928～1930年至日本研究戲劇，回台後於6月15日在台北市蓬萊閣成立此會，聘請連橫(白話文)、

謝春木(文學概論)、楊佐三郎(美術概論)及黃天海(近代戲劇概論)等講演,半年後因資金不足而解散。

④彰化鼎新社:陳崁、周天啓、謝塗、楊茂松、林朝輝等人在1925年1月成立此社,首先在員林公演八幕話劇〈良心的戀愛〉;後來社員分裂爲純藝術本位的,及主張啓發思想的「社會派」;後者另創「台灣學生同志聯盟會」。1926年夏,從中國旅行回來的陳崁才使二派結合爲「彰化新劇社」,至各地公演。但也因資金不足而在1928年7月解散。

[参]《警察沿革志》第2編中卷, p.981。

《台灣新生報》 1945.10.25

台灣省政府機關報。由李萬居接收日據時代六報紙合併的《台灣新報》(1944.3.16～1945.8)改組而成。1947年二二八事件前成爲報導台灣政情、社會動態的主要報刊,後來改由李友邦擔任社長,1949年以後國民黨文工高幹掌握此報。

〈台灣新聞紙令〉 1917.12.18 [日]

台灣總督府公佈律令第二號的台灣新聞紙令,一共三十四條,主要爲管制新聞內容及事先由警察檢查,並列舉不准刊登事項有:①褻瀆皇室之尊嚴、意圖變更國體,紊亂國憲之事項;②預審中之被害事件內容;③煽動或庇護犯罪,反賞恤、救護、或陷害罪犯或刑事被害人之事項;④不得公開之文書、呈文、意見書……;⑤有關外交、軍事及其他祕密事項;⑥擾亂秩序安寧,及被視爲有害風俗者。

台灣新文學運動 [日]

1920年代關於台灣文學的方向與文字用法的運動與論爭。1922年由中國回來的黃呈聰及黃朝琴分別在《台灣》上發表〈論普及白話文的使命〉及〈漢文改革論〉,主張用中國白話文寫作,並作爲啓蒙民衆、吸收中國革命理念的工具。當時在北京唸書的張我軍陸續發表了〈致台灣青年的一封信〉(1924,《台灣民報》)、〈新文學運動的意義〉、〈糟糕的台灣文學界〉、〈爲台灣文學界一哭〉、〈請合力拆下這座敗草欉下的破舊殿堂〉

(1925)、〈絕無僅有的擊鉢吟的意義〉等等，主張台灣的新文學運動有帶著改造台灣言語的使命，因爲「依傍中國的國語來改造台灣的土語」，旣可以把台灣人的話統一於中國語，又可以使台灣文化得以「不與中國文化分斷。」(〈新文學運動的意義〉，《台灣民報》五周年紀念號)，他把台灣的現況(被日本殖民地統治)切斷，直接要把台灣文學納入中國文學的一環。此外，秀湖生(許乃昌)的〈中國新文學運動的過去、現在和未來〉(1923，《台灣民報》)、蔡培火的〈台灣新文學運動與羅馬字〉(1923)、蘇維霖的〈二十年來的中國古文學及文學革命的略述〉、悶葫蘆生的〈新文學之商榷〉(1925)、蔡孝乾的〈中國新文學概觀〉……等等，都介紹中國五四運動以來的白話文運動。胡適的〈終身大事〉、〈新式標點符號的種類和用法〉(1923～1924，《台灣民報》)，魯迅的〈鴨的喜劇〉、〈阿Q正傳〉(1925)等也都在《台灣民報》轉載。但中國白話文在台灣並未引起太大的反響，只有賴和開始用中國白話文嘗試寫作，其他有施文杞的《台娘悲史》(1924)、柳棠君的《犬羊禍》、鷺江TS的《家庭怨》、無知的《神秘的自制島》等反映台灣被壓迫者的苦悶與無奈的創作。1930年代，台灣新文學運動則進入成熟期，1932年有《南音》(黃春成、張星建主編)，提出「怎樣才能夠使思想、文藝普遍化」，以及在東京的台灣藝術研究會(張文環、巫永福、王白淵、吳坤煌、蘇維熊等)發刊《福爾摩沙》，標誌著要創造眞正台灣人所需要的新文藝。1934年由台灣文藝作家協會創刊《先發部隊》(後來改爲《第一線》)，以及張深切、賴明弘等創刊《台灣文譯》(中、日文)，主張反封建、反統治，結合有民族意識的台灣文化人。1935年，楊逵、葉陶夫婦在台中成立「台灣新文學社」，發刊《台灣新文學》，內容多爲日本左派作家以及高爾基、魯迅等人的作品與介紹，1937年4月日本當局全面禁止漢文，才停止中國白話文的創作運動。這段期間的代表作品爲賴和的〈鬥鬧熱〉(1926)、楊雲萍的〈光臨〉、張我軍的〈買彩票〉，以及楊守愚的〈斷水之後〉，以及蔡秋桐、朱點人、王錦江(詩琅)、張慶堂、郭秋生等人的作品，其中短命詩人楊華的〈一個勞動者的死〉(1935)更爲突出。

吳希聖的日文小說〈豬〉(《福爾摩沙》, 1934年6月)、巫永福的〈首與體〉、〈黑龍〉、王白淵的〈唐璜與加彭尼〉都在日本創作。楊逵的〈送報伕〉(1934)、呂赫若的〈牛車〉(1935)、龍瑛宗的〈植有木瓜的小鎮〉(1937)等日文作品成爲與日本作家並駕齊驅的創作。但這些作品都在1931～1940年代才展現風貌。

台灣學生運動 [日]

1920年代，台灣學生受文化協會影響，創立之初，就有二七九人參加，這些學運種子，成爲文協的主力，並在日帝統治下掀起學生運動。

①1922.2.5台北師範學潮

2月5日北師學生杜榮輝等數十人，不理日警栗山生的指揮，故意從東門派出所前的馬路靠左邊走。當晚巡查到學校找舍監瀧田和三郎談話，學生包圍舍監室前抗議，丟石頭打栗山生。南警署聞訊派員來「鎮壓」，事後有四十五人被檢舉(2月21日才放人)。日人乘機壓迫學生退出文協，這一年5月止，就有北師二〇五人、中商七十三人因此退學。

②1924.11.19第二次北師學潮

學生不滿校方要他們去宜蘭畢業旅行，出發前故意不早起，又大鬧校舍及教職員室。校方宣佈停課一週，學生紛紛回家。文協發動學生不返校，台中、彰化的學生紛紛響應，結果有三十八人退學。

③1925.4.4

台南師範二十三人退學，父兄召開大會抨擊校方。

④1926.10.7

台北市建成町的公共澡堂裡，澀川公然侮辱台北商工學校的學生，雙方打架，有七人被捕。台灣學生發動罷課七天。

⑤1927.5.16台中一中學潮

學生不滿日籍廚師中村的妻子在宿舍內鬧事，校方不理學生的抗議，5月8日學生在宿舍內燃放爆竹，校方強迫五年級生全部退出宿舍。11日夜間，憲兵、警察包圍宿舍示威，五年級生與三、四年級生一百七十多人集體退出宿舍。13日，二年級生罷住以示支持，接著發動罷課，校方迫學生寫悔過書始准復學，6月止，有六十多人退宿退學。

⑥1928.3.19

台南第二高女畢業典禮上，台灣女學生抗議差別教育，差點沒領到畢業證書。

⑦1928.4.28

台南二中的日、台學生打架，台灣學生反抗。

台灣巡撫 [清]

福建巡撫在夏、冬季駐福州，春、秋季駐台灣。1885年(光緒11年)改福建巡撫為台灣巡撫，駐台灣(首任巡撫劉銘傳)，1887年照新疆、甘肅巡撫例，關防改為福建台灣巡撫。

〈台灣鴉片令〉 1897.1.23 [日]

對台灣人吸食鴉片及鴉片由政府專賣的法令。主要分為三部分：①鴉片取締規則，禁止輸入或製造鴉片，禁種罌粟。但又准已經吸食鴉片成癮者，得經醫生證明，並經地方官廳向總督府申報，發給執照，憑證可吸食及購買鴉片；②鴉片由官方製造及銷售；③刑法令，規定上述兩個規則的罰則。

台灣義勇隊

1938年夏在浙江金華成立的台灣人抗日團體，總隊長是黃埔軍校出身的李友邦，副隊長李祝三，包括旅居上海、浙江、福建各地台灣人，至1943年6月已發展三〇一名成員，受國民政府節制，在中國被視為日本人走狗的台灣人，1938年陳儀在福建逮捕二百多人到崇安做苦工，至1942年才放到龍岩。他們組成醫療隊，1939年9月成立第一台灣醫院(金華)，至1942年在福建成立第四醫院，1945年奉命解散。

台灣藝術研究會

1932.3.20～1933.6

在東京成立的文學團體，由張文環、巫永福、施學習、蘇維熊、魏上春、王白淵、劉捷、吳坤煌、楊振基等人組成；標示著「以自由主義為精神，以圖台灣文學及藝術之向上」，創刊《福爾摩沙》，決心來創造「真正台灣人所需要的新文藝」(《宣言》)。

台灣議會設置請願運動

1921.1.30～1934.9.2 [日]

台灣人進步地主、資本家及受日本教育的第一代知識份子爭取在外來政權統治下設立台灣議會的運動。其目的在爭取特別立法及預算的協贊權,俾能「與帝國議會相輔相成」。從1921年1月第一次請願起, 歷經十三年, 前後十四次, 都被統治者視爲台灣人的「獨立陰謀」而刻意阻撓及擱置。從第一～七次(1921～1926年)的請願, 啓蒙了台灣人的政治覺悟, 正逢日本大正民主時代, 政黨政治及男子普選的實現,台灣士紳、知識份子幻想可以隨著日本國內的民主化而提升台灣人的政治地位; 第八～十五次(1927～1934年)又隨著台灣文化協會的分裂, 1930年民衆黨的再分裂, 終被當局強迫停止運動。

1920年秋天, 田健治郎總督宣佈〈六三法〉因台灣的實情尙未到達廢除之境, 使林獻堂等相當失望, 11月20日在東京富士町敎會由新民會及台灣青年會舉辦示威活動。12月,林呈祿在《台灣青年》第五期上發表〈六三法問題的歸著點〉, 主張與其被日本同化, 毋寧使台灣設置自己的議會。1921年1月30日向日本國會(貴族院及衆議院)提出請願書, 當時田總督趕往東京奔走阻撓, 並警告林獻堂、蔡惠如、林呈祿、蔡培火等人「日本當局絕不容許有如設置台灣議會的這種台灣自治主義」, 要他們不可煽動島民輕舉妄動, 妨害治安。眼看台灣人的爭取民主運動決心高昂, 當局在1921年6月公佈〈台灣總督府評議會官制〉,設置假民主的「府評」來混淆視聽,並把林獻堂納入府評之列,與御用紳士、走狗並列。

■八駿馬事件 總督府加強安撫台中州方面的地主士紳們。5月起, 新任知州事常吉壽德開始調派大批警察下鄉干擾, 動輒監視林獻堂等, 並吊銷支持運動的地方士紳的鴉片、鹽等販賣執照。9月29日, 常吉帶著林獻堂、林幼春、楊吉臣(林獻堂的妹婿)、甘得中、李崇禮、洪元煌、林月汀、王學潛等八人前往台北晉見田總督, 田勸導他們停止運動。同時,台銀又向林獻堂逼討二十多萬元的債務，加上8月間，北白川宮紀念碑上的「王」字被毀，當局宣佈是林獻堂的族人幹的，造成對他莫大的壓力，林獻堂等人退出運動，被世人諷刺爲「八駿馬」，謝星樓更寫小說〈犬羊禍〉(「獻」的偏旁爲「犬」，楊、羊同音)以示諷刺。

■台灣議會期成同盟 中部士紳脫離運動戰線後，在台北的蔣渭水、石煥長等人在1922年10月(文協一週年慶)成立「新台灣聯盟」，宣佈年輕一輩不畏當局的壓迫，繼續奮鬥，以期達成議會的設置，否則因害怕而撤旗，無異人格的自殺。1923年1月6日，石煥長醫師向台北市北警署提出「台灣議會期成同盟」申請被駁回。他們計劃在2月成立大會，但2月2日石煥長接到警告，但仍不顧阻撓。2月6日，蔣、蔡培火、陳逢源代表第三次上東京請願，與林呈祿、鄭松筠、蔡惠如等會合，2月21日，宣佈成立台灣議會期成同盟。2月22日由林呈祿向早稻田警署申請獲准。

台奸辜顯榮受當局指示，也在1923年6月在台中公會堂的時事演講會上歌頌日帝的德政，並揚言寧爲太平犬，不做亂世民。並在11月8日召集林熊徵、許丙、許廷光等御用走狗成立「公益會」，1924年6月公然以「有力者大會」反對文協及議會設置請願，被民主派召開「台灣無力者大會」予以痛斥這些「二十世紀的怪物」，林獻堂、林幼春等也再復出。

■治警事件 內田嘉吉總督及總務長官加來佐賀太郎對台灣議會期成同盟在東京成立頗爲痛恨，1923年12月16日凌晨發動全島大檢舉「同盟」各地成員，有四十九人被拘禁，五十人被傳訊，其中二十九人移送法辦。歷經三次的審理，檢察官三好一八指斥「台灣人在叫囂民族自決、民族解放，發動民衆運動以要求權利前，應先愼重考慮自己的立場。」被告等不顧延長主義、同化主義及總督各項措施的恩典、要求設立台灣議會，違反憲法，意在企求獨立。三好並舉印度爲例，英國人在印度統治一百五十年後始准其自治，台灣則在被統治二十五年後就獲自治了。被告等不先學顏智(甘地)先幫助母國(在南非波爾戰爭時助英人)，只會學顏智抗英，台灣如果有顏智，可能就是辜顯榮之流，一時騰笑內外。第一審庭長堀田眞猿宣佈爲尊重他們代表三百六十萬島民的心聲，爲內台融合起見，全體無罪。三好不服，再度上訴高院。第三審後，蔣渭水被收押(1925年1月20日)，林呈祿到3月趕回台灣坐牢，林幼春也抱病入獄。

●台灣議會期成同盟被捕名單

被告	第一審 1924.7.28～8.18		第二審 1924.10.15～10.29		第三審 1925.1.20
	求刑	判決	求刑	判決	
蔣渭水	6個月	無罪	5個月	4個月	放棄上訴(收監) 1925.1.20～5.10
蔡培火	6個月	無罪	5個月	4個月	放棄上訴2.21～5.10
蔡惠如	4個月	無罪	4個月	3個月	2.21～5.10
林呈祿	4個月	無罪	4個月	3個月	3.2～5.10
石煥長	4個月	無罪	4個月	3個月	3.22～6.16
林幼春	4個月	無罪	4個月	3個月	3.2～5.10
陳逢源	4個月	無罪	4個月	3個月	2.21～5.10
王敏川	3個月	無罪	3個月	無罪	
鄭松筠	罰金百元	無罪	罰金百元	罰金百元	
蔡年亨	罰金百元	無罪	罰金百元	罰金百元	
蔡式穀	罰金百元	無罪	罰金百元	罰金百元	
林篤勳	罰金百元	無罪	罰金百元	罰金百元	
石錫勳	罰金百元	無罪	罰金百元	罰金百元	
蔡先於	罰金百元	無罪	罰金百元	無罪	
林伯廷	罰金百元	無罪	罰金百元	罰金百元	
吳淸波	罰金百元	無罪	罰金百元	無罪	
韓石泉	罰金百元	無罪	罰金百元	無罪	
吳海水	罰金百元	無罪	罰金百元	無罪	
不起訴：許嘉種、蔡梅溪、賴和、林資彬、楊振福、周桃源、許天送、蘇璧輝、陳世煌、鄭耀東					

台灣議會期成同盟幹部被日本當局迫害的消息傳開，在中國的台灣人團體紛紛聲討日本人，例如華北台灣人大會(1924年3月5日)、廈門台灣尙志會(1924年1月30日)、上海台灣青年會(1924年1月12日)都發表激烈抗議。

日本人對這個運動分析爲背後是一種殖民地自治運動，而且帶有民族運動色彩，因此在政策上是恩威並用，對參與者分化離間，勸其中止，不聽勸者則以監視，逐漸以體制內的參政權及地方自治的改善來引導。

■**運動的退化** 1927年1月，台灣文化協會分裂後，自治運動也回天乏術了。1928年4月蔡式穀到東京請願時，被台灣左派學生痛斥爲「有產階級向日本帝國主義者哀求，企圖妥協……害怕總督府的壓迫而脫離大衆運動……」。1930年8月民衆黨又告分裂，第十二～十三次請願只用郵寄。1934年9月2日，林獻堂召集二十八名幹部協議停止運動，以避免被誤以爲獨立運動，及使日人反對地方自治改革，從此煙消霧散。

●台灣議會設置請願經過

請願次數	提出時間	日本議會(第　次)	簽署人數
1	1921.1.30	44	178
2	1922.2.16	45	512
3	1923.2.22	46	278
4	1924.1.30	48	21
5	1924.7.5	49	230
6	1925.2.17	50	782
7	1926.2.9	51	1948
8	1927.1.19/20	52	2375
9	1928.4.5	55	2031
10	1929.2.16/18	56	1905
11	1930.4.28/5.2	58	1314

12	1931.2.12	59	1382
13	1932.6.3	62	2415
14	1933.1.31/2.6	64	1773
15	1934.2.6/3.15	65	1348

(《台灣社會運動史》, p.327～330, 340～401)

《台灣遙記》(1959年版, 省文獻會) 馬偕著／林耀南譯 **1896**

在台灣傳道三十年的馬偕博士的所見所聞, 對於台灣歷史、風俗、原住民及傳教有生動的描述, 爲研究十九世紀台灣必備參考書。

台灣銀行 [日]殖民地銀行

1897年根據法律第三十八號《台灣銀行法》而成立, 資金五百萬圓(其中政府出資一百萬圓), 1899年9月開業, 是台灣第一家銀行, 發行台銀券。台銀扮演日本資本主義剝削台灣人血汗的蓄水庫地位, 並對中國展開活動, 例如1905年借款給福建布政使、1912年汕頭水道會社、1917年汕樟輕便鐵路、1917～1918年西原借款……等等。1923年日本關東大地震後, 台銀貸款給鈴木商店, 1927年4～5月間因「震災支票」跳票而停業, 造成日本的金融風暴。1937年中日戰爭以後, 台銀更積極進出中國及南洋。1945年10月, 國民政府財政部接收台銀, 1946年5月公佈《台灣銀行章程》, 發行舊台幣, 台銀資金六千萬元; 同年, 台銀合併三和銀行支店與台灣貯蓄銀行; 1949年2月～5月關閉南京、上海分行, 6月14日改幣制, 以舊台幣四萬元換新台幣一元。

[参]台銀《台灣之金融史料》(1953); 《台灣銀行四十年誌》(1939)。

《台灣之歷史》 **1898**

Geschichte Formosa's bis Anfang

德人Albert Wirth著, 從原住民歷史到日本佔領爲止; 他也認爲明鄭時代台灣是「獨立時代」。

台灣知府 [清]

台灣原隷福建省, 設台灣知府一員, 總滙各縣刑名錢穀、支放兵餉、經理鹽政。1885年台灣設省後，鹽政歸巡撫司掌；設支應局後，知府又撤支放兵餉兼務。

台灣再解放聯盟 1948.2.28

廖文毅在香港成立的反國府組織，主要成員有黃紀男、石霜湖(石煥長)、蔣時欽(蔣渭水之子)、以及台共的蘇新、潘欽信，後來台共派與廖派分裂，廖文毅期待英、美影響聯合國先託管台灣，再讓台灣獨立，1948年9月1日，向聯合國提出要求[廖史豪、邱炳楠(永漢)起草]；黃紀男並赴東京向麥克阿瑟遊說，再遊說菲國總統季里諾，皆無功而返。1950年1月，黃紀男與廖文毅姪子廖史豪、許朝卿(廖的外甥)、許劍雄、加上廖史豪之母廖蔡綉鸞，暗中活動，1950年5月被捕，其他鍾謙順(廿八歲)、溫炎煜(廿七歲)、偕約瑟(卅六歲)等也被判五～七年刑。1958年始獲釋，黃紀男等再以「台灣民主獨立黨台灣地下工作委員會」名義活動，1961年冬又二度入獄，黃紀男、廖史豪處死刑，廖蔡綉鸞處十五年刑，鍾謙順十年、廖溫進、林奉恩、陳火桐等十二年刑，其他陳嘉炘等五年徒刑不等。

《台灣政論》 1975.8～12

黨外雜誌，由康寧祥、黃信介、張俊宏等合辦，剛出獄的黃華負責編輯。該刊物指出，台灣面臨一個新的艱難局面(石油危機、蔣介石去世，頻頻與外國斷交等等)下，希望能搭起民間輿論的發言台，批評政府，發揮掃除髒亂，促進台灣的進步與和諧。前後共出刊五期，1975年年底因刊出邱垂亮的〈兩種心向〉，觸及兩岸關係及台灣前途，終被查禁，黃華又因此被判刑十年。

《台灣語典》 1933

連橫考據台語的著作，以期在「夫台灣之語日就消滅，民族精神因之萎靡」的情況下，有所寄託考據台語的語音及出處。(64,800字)

台灣專賣局 [日]

1901年設立的殖民地經濟統制機構，為控制台灣的鴉片、食鹽、樟腦、煙草、度量衡、火柴、石油等事業壟斷而成立專賣局。下設八個分處、十一個辦事處、六個工廠，三個試驗廠及一個度量衡所，最多時有員工七千多人。戰後，國府政權仍維持煙酒公賣，榨盡台灣人的血汗，成爲省政府的暴利收入主要來源。

《台灣戰線》 [日]

1930年7月台共外圍團體作家組成「台灣戰線」，郭德金等人爲主，發行《台灣戰線》四期。

台灣中立化宣言 1950.6.27

韓戰在6月25日爆發後，台灣的戰略地位丕變，美國一面出兵介入朝鮮半島，同時也在6月27日由杜魯門總統發表《台灣中立化宣言》：「從此次北韓攻擊南韓的戰爭行動，可以明白看出共產主義者不僅是進行破壞行動，更居然訴諸武力……在此情況下，台灣若落入共產主義者手裡，將直接影響到太平洋區域的安全。因此，余已下令第七艦隊必須防止任何對台灣的武力攻擊。另一方面，余也對在台灣的中國政府呼籲停止向中國本土全部的海空作戰行動，台灣將來的地位，必須等到太平洋的安全恢復，及對日本的和平條約成立後，或者聯合國予以考慮，才能確定」。

這項宣言，一方面放棄以往對台灣的考慮，並且挽救蔣政權的危機，但也牽制其反攻大陸的行動，並阻止中共侵台。更重要的是明確表示台灣中立化的地位。

[參]《American Foreign Policy, 1950～55》p.2468(1957)。

台灣總督府 [日]

日本帝國主義在台灣的最高統治機關，1945年8月終戰時，共有(中央)官房與文教、財務、工鑛、農商、警務五局、外事、法務二部、交通、專賣、港務、供託、氣象台五局，加上地方有五州、三廳、二支廳、十一市、五十一郡、六十七街、一一七庄，及三個法院與評議會、台北帝大及其他學校、醫院、實驗所、研究機關，一共有職員117231人(其中府員68357人)。台灣總督爲日本天皇親任，受內務大臣監督，爲轄區內治安之計，總督可兼任台灣的陸海軍司令，並可要求出兵；又因台灣之特殊性，總督得發佈〈律令〉(1921年日本第三號法律)及〈府令〉。台灣總督府並享有特別會計、事業公債、專賣、官(公)業等財源。台灣總督獨攬行政、立法、司法、財政及軍、警大權，成爲「土皇帝」。

[參]黃昭堂《台灣總督府》

台灣總督府

1919年3月新廈落成。自1912年6月1日開工，歷時八年，耗資二百八十一萬圓，由前民政長官後藤新平建議在台北市中心建此官廳。1895年6月日本佔領台灣初期，第一任總督樺山資紀在原基隆稅關樓上暫設總督府，入台北後始移至前清台灣巡撫衙門(中山堂舊址)。歷經1906及1907年兩次公開徵選，錄取長釋宇平治的設計，1910年冬送至東京審修，始於1912年6月動工。這是近世文藝復興式的五層大樓，正面有六十公尺(二百尺)的高塔，平面呈「日」字形，主要入口在東側，採迎接旭日東昇之意。地積達10800餘坪，建地2100餘坪，成爲日本殖民地統治的最高象徵，1945年戰後爲陳儀的東南行政長官公署辦公廳，1950年代起爲國民政府的總統府。

[參]莊永明《台灣紀事》上，p.472。

台灣總督府博物館

1915.4.18 [日]

紀念第四任總督兒玉源太郎及民政長官後藤新平的建築物落成，轉交給博物館。此館在1906年擇地於台北市新公園內東側天后宮舊址，1913年2月動工，是一座希臘多利亞式建築，落成後贈予總督府民政部殖產局，8月20日博物館開館。戰後，1946年4月1日正式開館，1947年1月1日正式改名爲台灣省立博物館。

台灣總督府美術展覽會

(府展)

延續台展，1938年開展，前後六次(～1943年10月26日)。第六次府展的台灣人入選者爲：特選(陳水堯、黃水文、余德煌)、總督賞(林之助)。第一次入選總督賞的是薛萬棟的〈遊戲〉，其他台灣畫家的作品也出現在這個官辦的美展上。

台灣總督府評議會

1921年台灣總督府設立的御用諮議會議。總督爲會長、總務長官爲副會長，由總督指派總督府內高官及居住台灣有學識經驗者爲會員(官吏七人，日本居民九人，台灣人九人)，必要時由總督免除其職務。最初的九名台灣人「府評議員」爲林熊徵(台北市)、顏雲年(基隆街)、李延禧(台北市，李春生之子)、簡阿牛(新竹州)、辜顯榮(台中市)、林獻堂(台中州)、許廷光(台南市)、黃欣(台南市)、藍高川(高雄州)。

[參]黃昭堂《台灣總督府》

台灣總督府商業學校

1917.6.14 [日]

根據1917年5月28日的〈台灣總督府商業學校規則〉，本校在6月14日開校，暫借台北中學內上課，校長也由台北中學校長松村傳兼任，1920年才遷至校址，1921年5月25日，改爲台北州立台北商業學校，即台北商專的前身，當時的課業爲五年，即預科二年，本科三年，入學年齡爲年滿十二歲以上，具有普通小學畢業或同等學力者。

台灣總督府圖書館 [日]

1915年8月9日開館，1922年起每年舉辦巡迴文庫將圖書分送各地四個月。1945年8月15日國府接收，合併南方資料館成立台灣省行政長官公署圖書館，1947年改隸省教育廳，改爲省立台北圖書館，1973年再改隸爲中央圖書館台灣分館。日據時代歷任五位館長(隈本繁吉、太田爲三郎、並河直廣、若槻道隆、中山樵)，都重視台灣及華南、南洋的文獻。完成《台灣關係資料展觀目錄》、《南方關係總合目錄》等。戰時由於有計劃的疏散，只有少數損失。

《台灣志略》

①[清] 1732年(雍正10年)尹士俍修，當時他正擔任台灣海防同知(1729～1732年)、1733年升爲台灣知府，1735年爲台灣分巡道；無傳本可尋。

②李元春撰，二卷，卷一爲地志、風俗、物產、勝蹟、原事；卷二爲軍政、兵燹、戎略、叢談，原書爲《青照樓叢書》，大都取材於郡縣舊志及前人著作。

《台灣志稿》 [清]

1684年以前台灣人王喜撰的台灣地方志，後來被當作修撰台灣地方志的首部參考資料，但一直未受注意。

《台灣治績志》 [日]

1936年11月井出季和太撰，內容爲敍述四十年間十六位總督的統治，並分爲人口、行政、衛生、文化、交通、財政、金融、產業、貿易、理番、工程各篇，參考各種史料與統計資料；另附圖照片另成一册爲《台灣統治寫眞帖》。省文獻會出版郭輝的譯本，改名爲《日據下之台政》，完全删改所謂「日人歪曲事實之報導，或政治宣傳等」，以及把年號一律改爲「民國某年」。

《台陽見聞錄》 1891

台南知府唐贊袞(1891～1895年)的著作，分爲建置、通商、洋務、田賦、鹽政、籌餉、刑政、政事、水利、文教、防務、山水、人物……等三十二項。(120,000字)

《台陽詩話》 1905 [日]

新竹詩人王松在日帝佔領台灣後，重返台灣定居，築「如此江山樓」，狂歌放酒，詩話分爲上、下二卷，評及古今一百五十多人的詩句(1898年完成)。另外，他又寫《滄海遺民剩稿》，收詩百餘首，1925年在上海刊行。

台陽美術協會

1934年11月10日成立的台灣美術運動團體，由赤道社的陳澄波、顏水龍、楊三郎、廖繼春、李梅樹及李石樵、陳清汾，立石鐵臣等八人創立，由楊三郎主持，幾乎每年舉辦一次展覽，戰後仍舊爲台灣美術界的前導。1937年舉辦第四次台陽美展，特別舉辦黃土水(1930年去世)及陳植棋(1932年去世)的作品特展，第五回設「植棋獎」，鼓勵後進。

台中案 1950.3

1949年3月起，台中二中教師鄧錫章(32歲，東京法政大學畢業)以七人爲一組，半年內發展讀書會近百人。另一方面，張伯哲(31歲，廣東人)來台在省林業試驗所魚池分所工作，由台灣省工委會洪幼樵指派在台中成立「台中地區工委會」。1950年初起陸續逮捕五十四名男士，九名女士。將這些彼此互不相屬的人一併打成一案，1971年唯一判處無期徒刑的張彩雲(台中醫院護士，25歲)出獄；另一位小學教師江漢津也坐牢二十五年。另一位謝桂芳死於獄中，其他八名無期徒刑犯也在1982年才出獄，都坐滿三十二年牢。

●台中案死刑者

姓名	年齡	籍貫	職業
張伯哲	31	廣東	無
陳添福	28	台中市	無
鄧錫章	32	台中市	台中二中教員
李炳崑	31	台中市	愼濟堂學園家教
陳孟德	22	台中市	大肚鄉民代表
李繼仁	27	台中	北斗鎭農會供銷部主任
簡慶雲	25	台中	北斗初中教員

[參]《安全局歷年辦理匪案案編》第二輯，p.54～64。

台中武裝工委會案

1950年3月24～30日。施部生、呂煥章等在台中縣鴨潭、白毛山、竹子坑、石崗等地被捕，共十八人，當場擊斃四人。

●台中武裝工委會案死刑者

姓名	年齡	籍貫	職業
施部生	27	台中	
呂煥章	27	台中市	
張建三	20	台中	
李金木	23	台中市	
莊朝鐘	23	台中市	新社鄉大南國校教員
林如松	23	台中市	
彭木興	21	台中市	
黃士性	24	台中	
劉嘉惠	20	台中	新社鄉國民兵隊附

台中一中　[日]

台灣人自己辦的第一所學校。鑒於日本人對台灣人的差別教育,即各地「一中」只收日人子弟,二中才收台灣人。1914年由林獻堂召集中部士紳,成立「私立台中中學」，總督府立刻接收爲官辦，改稱「公立台中中學校」，但仍維持招收台灣人，台中二中收日本人子弟，這是台灣教育上的唯一例外。1915年5月1日開校，選定台中街新高町(育才街)一帶建校，先假台中尋常高等小學(台中女中校址)爲臨時校舍，1917年始遷回校，1919年改爲台中高等普通科，1921年改爲台中州立台中高等普通學校，因校長小豆澤英堅持爲「一中」，始未被降格爲「二中」。

太平洋戰爭

1941.12.8～1945.8.15 ［日］日本帝國主義對太平洋地域發動的侵略戰爭

1931年9月18日，日本侵略中國東北以來，開始十五年的戰爭。1937年7月發動全面侵略中國戰爭；1939年德國侵略波蘭，掀起第二次世界大戰，1940年7月，第二次近衛內閣決定南侵政策；9月，日軍進駐法屬印支半島(越南爲主)。1941年眼看美、英發動對日禁運戰略物資及凍結日本資產，尤其10月禁運石油，遂使日本軍部在1941年12月8日發動偷襲美國夏威夷珍珠港，掀開太平洋戰爭的序幕。接著日軍又閃電登陸馬來半島，佔領菲律賓北部；1942年1月起陸續攻佔馬尼拉、新加坡、仰光及印尼，一舉攫取石油，並擴大勢力至整個西太平洋，東條英機首相聲明要建設「大東亞共榮圈」(1942年1月)；1943年1月日軍扶持菲律賓及緬甸獨立，但卻也大肆搶劫東南亞各地的資源及殘酷屠殺反抗者。1942年5月珊瑚海海戰，日本喪失大半的飛機，接著中途島戰役中，又被美軍擊沈四艘航空母艦，日軍頓失制空權。8月，美軍登陸南太平洋的卡達爾那島，開始反攻；1944年起美軍反攻，塞班島戰役(7月)，日軍全滅，東條內閣垮台。但日本開始徵召學生「出陣」，發動神風特攻隊攻勢。1945年1月，美軍解放呂宋島，決定跳島戰術，跳過台灣，登陸硫黃島(2月)及琉球(4月)，8月投原子彈，逼日本無條件投降。(見「台灣人志願兵」)

太田政弘 1871～

［日］第十四任台灣總督

山形縣人。1898年東京帝大法科畢業，進入內務省，歷任警保局長及石川、熊本各縣知事，1926年爲貴族院議員，1927年爲警視總監，1929年任關東廳(遼東半島)長官，1931年爲台灣總督(1931年1月～1932年3月)。他是民政黨的官僚，在位十三個月；安撫霧社事件後的原住民，計劃修建花蓮港。

因為九一八事變，日本暴露侵華野心，政友會的犬養毅組閣，他也被趕下台。

泰耶族 Atayal

分佈於台北、桃、竹、苗、台中、南投、宜蘭及花蓮山區的台灣最大原住民族群。當前人口約六萬四千多人(占高山族人口的22.7%左右)，分佈在海拔五百～一千公尺之間居多。分為泰耶亞族(西佳堡群、大料崁群、大湖群、西閘利克群)；與賽德克亞族二大支。現居地為台北縣烏來、宜蘭大同鄉、南澳鄉、桃園角板山(復興)、新竹尖石、五峰、苗栗大安、台中的和平、南投的仁愛、信義，及花蓮的秀林鄉。行父系社會小家庭制，有黥面(尤其女性)、紋身、及男子年輕時拔第二門齒或犬齒的習俗，成年後則在額上刺青，表示勇敢。西部族群由幾個部落形成gaga的集體居住，由頭目統率。

泰源事件 1970.2.8

台東東河鄉泰源政治犯監獄暴動，蘇東啓案的鄭金河、詹天增、陳良、鄭正成等(1961年3月案發時為服役軍人)，以及江炳興，謝棟榮等逃獄，奪步槍二支，擊斃二名警衛，但2月14日在台東山間被捕，除鄭正成外，1970年5月5人皆被判死刑。

[參]高金郎《泰源風雲》(前衛，1991)

覃子豪(譚基) 1912～1963 詩人

四川廣漢人。唸過北平中法大學、東京中央大學，1938年主編浙江《掃蕩簡報》，1947年赴台灣，任職資源委員會台中辦事處，台灣省糧食局。1951年與鍾鼎文創辦《自立晚報》副刊〈新詩週刊〉，1954年再創藍星詩社。1950年代與新詩派論爭，作品有現代主義，但反對脫離中國文學傳統的「橫的移植」。

[著]《海洋詩抄》、《向日葵》、《畫廊》、《匈牙利裴多菲詩抄》、《法蘭西詩選》。

湯德章 1907～1947 律師

日本警察坂本與台南湯姓女子之子。台南師範輟學，再入台北警察練習所，派至台南當警察，因辦案與上司頂撞，辭職，至日本唸東京私立大學，通過高等文官考試，回台南當律師。戰後，擔任台南市人民自由保障委員會主委，候補省參議員。1947年二二八事變後被捕處死。三月中，白崇禧來台後，他被高等法院審理宣判無罪，已經太遲了。

湯惠蓀 1900～1966 科技官僚

江蘇崇明人。1917年赴日本鹿兒島高等農校，1921年回國歷任浙江省立農業實驗場種藝科長，及江蘇、浙江、安徽各地農業研究與教學工作，1926年後歷任北京大學、浙江大學農業教授，1930～1932年赴德國留學並至歐洲考察；1932年回國任教浙大、中央政治學校，1946年爲行政院地政署副署長、地政部次長，1948年轉任農復會土地組長。1949年來台灣後致力土地改革工作，1950年兼爲土地銀行董事，1963～1966年爲中興大學校長。

[著]《台灣土地改革》

湯守仁 1923～1952

嘉義阿里山鄒族人。1941年以軍屬身份在廣東的戰俘營當守衛，破例被保送日本陸軍士校。結業後至關東軍服役(少尉)。1945年8月13日蘇聯紅軍攻入滿洲後被俘，送至西伯利亞集中營。戰後始回台灣。1946年爲國小體育代課老師，1947年二二八事變後率鄒族青年與嘉義的民衆，二七部隊會攻紅毛埤。後來退回山地，1951年10月被控爲匪諜，1952年遭槍斃。保密局檔案：「湯守仁、高一生於1949年由林良壽介紹陳顯富認識，再與省議員林瑞昌及高澤照、簡吉等在台北市川端町月華園聚會，組織『高砂族自治會』，湯負責軍事，另派民族自決代表，負責烏來及日月潭水源及電力維護，『以策應匪軍攻台』」，完全是一樁政治冤案。

唐景崧(維卿) 1841～1903

[清]官僚

江西灌陽人。同治進士，改吏部主事。1882年在安南與劉永福一起抵抗法軍，1883年入張之洞幕下招募「景字軍」。1891年爲台灣布政使、巡撫。1895年5月台灣被割讓，士紳擁立他爲台灣民主國總統，景崧被迫答應，終日以淚洗面，6月4日逃回廈門。

[著]《請纓日記》

唐文標 1936～1985

文學評論家

廣東開平人。十歲移居香港，入新亞書院。1957年定居美國，入加州柏克萊大學攻讀數學。1968年爲伊利諾大學數學博士。1972年來台灣教書，1970年代發表〈先檢討我們自己吧〉等評論，批判台灣的新詩派，又寫〈詩的沒落〉批評台灣及香港的新詩沒有繼承五四以來新文學改革的傳統，「只是鴕鳥式的埋首在藝術沙漠裡，在古典和西方之間飄泊」，所以「最大的錯誤地方不單只是文字語言問題，而是思想」。

[著]《天國不是我們的》、《唐文標雜碎》、《快樂就是文化》等。

唐榮(錦旋) 1880～1963 實業家

原籍福建晉江，自幼爲孤兒，依祖母爲命，當過伙計，1895年來台南依親，1922年在屏東開設米廠，1930年經營丸一運送店，1940年創設唐榮鐵工廠(高市苓雅區)，戰後收購廢鐵而成爲鋼鐵界的第一把交椅。卻因擴張過快，經營不善，1960年被五個銀行團委託中華開發接管，1962年由省府接管。他也在1955年退休，歸隱屏東，1963年去世。

[參]許雪姬〈白手起家的鋼鐵鉅子唐榮〉(《台灣近代名人誌》第3冊)

糖

台灣重要出口商品。十七世紀荷蘭時代台灣就已產糖，清代，糖業急速成長，尤其1860年開港以來，糖的出口更具重要：

●1868～1895年出口值 (海關兩)

年代	總值	糖	%	茶	%
1868	882752	514410	58.27	64732	7.33

1870	1655390	1081339	65.32	177403	10.72
1880	4874355	2155058	44.21	2156373	44.24
1890	5225880	1754638	33.83	3083879	58.67
1895	3423792	1244607	36.35	1552798	45.35

清代台灣的製糖完全採手工及獸力(牛)，這種糖廠稱爲「糖廍」。廍中有糖師二人、火工二人、車工二人、牛婆二人(鞭牛碎蔗)、剝蔗七人、採蔗尾一人(用以飼牛)、看牛一人。製造粗糖又分四組生產單位：①**牛掛廍** 十五～四十人，各自提供牛車及勞力，平均分攤製作費；②**牛犇廍** 十～十五人，「犇」指推動壓蔗石車所需的三頭牛，股份爲每三頭牛拉一～二小時爲成本計算，納股者可折錢納股，或提供牛隻；頭目由股東輪流，稱「大頭家」。③**公家廍** 二～五人合資，雇用頭目經營，或合資自營；④**頭家廍**由地主、資本家獨資。

1876年全球糖急需，台糖外銷到達頂點，但製糖技術落後，而外銷又爲洋商所壟斷，台灣人無甚可圖。日本佔領台灣後，糖與米成爲最大宗外銷商品，台糖挽救日本的原料加工，不但可抵外匯，還可做爲殖民地經營費。1901年新渡戶稻造提出〈糖業改良意見書〉，以國家權力挾持日本資本，排斥台灣土著資本，即大量融資給日商，禁止舊式糖廍生產；尤其限制蔗農所生產的甘蔗不許搬出其他區域使用。1911年台糖產量爲450,000,000斤，外銷日本，佔日本國內市場的81%。1911～1914年，五大日資糖廠就佔蔗田面積的70%。歷經幾番競爭，1939年爲止，三井、三菱及藤山三大社兼併瓜分台灣的糖業，控制30%的農戶，蔗作面積達167,000餘甲(占耕地總面積的19%)。糖業成爲日本帝國主義在台灣最成功的經營，但也犧牲廣大農民，例如蔗農以往納租12圓，但納給糖廠的卻達14～20圓(1919年)，蔗佃不得從事甘蔗以外的種植(甘蔗與甘藷混合種植，不到一年每甲就可收成100～200圓，而種甘蔗要一年半，才收59圓)。台灣最肥美的土地也被日本資本強佔爲蔗田。

●**台糖輸出量**　(10萬斤，%)

	生產量	輸出量
1895～1896	75	72
1900～1904	64	56

1920～1924	545	566
1925～1929	920	895
1930～1939	1293	1221

●日據時代米、糖外銷（1000円）

	輸出	米糖所占比%
1897	14857	30.7
1907	27376	49.7
1917	145713	69.8
1932	240728	78.1
1937	440175	72.2
1944	311204	51.5

1945年8月國民政府統治台灣以來，一直到1960年代，出口額美金13.9億，其中糖占7.7億，(55.4%)，米佔1億(12.9%)，兩者合佔70%。

●各種產品佔出口比重　(%)

	1952	1972
米	15.3	12.4（米、糖、其他合計）
糖	58.9	
其他	17.7	
工業品	8.1	電子 17.8
		其他 42.5

國府以分糖制，用保證收購價來搶奪蔗農的產品，1955～1964年間，台糖納入國庫共計925,000萬元，外匯收入美元83,000萬元，等於十年的財政收入的8.4%。而十五萬戶的蔗農，只有一家台糖公司，台糖把每年生產量的20%作爲原料而歸爲公司所有，再把80%的部分折半，以加工名義取走40%，其餘40%才分給蔗農。從生產成本看，原料費(蔗農提供甘蔗)佔50～60%，加工費(台糖支付)只佔15～20%，兩者折半分糖，蔗農吃大虧；何況，在其所分得的40%中，還要扣除10%的搬運費、收割費、貸款及利息等等。1955～1964年間，國民政府一共刼走925,000萬元的糖業利潤，加上83,000萬美元的外匯。

●砂糖推定價格　(元／1噸)

	中華農業學會推算	台糖推算	國府決定價
1958/59	1736	2525	2400
1960	2900	2736	2750
1964	5186	4520	3520

陶德　**Dodd, John**

十九世紀　[英]商人

1865年來台調查，1866年由福建安溪運來茶種，鼓勵台灣人種烏龍茶，翌年向澳門輸出。於是在艋舺設工廠。此後，他成立寶順洋行(1869年)於大稻埕(台北)。

《陶村詩稿》 1936 [清]

陳肇興的詩集，其中第七、八兩卷(《咄咄吟》)記述鎭壓戴潮春反清的史實。

陶甫斯號事件 1954.6.23

國府海軍在台灣海峽攔截前往中國的蘇聯油輪陶甫斯號(載運八千噸石油及石臘)，其中蘇聯船員並申明「投奔自由」。國府當局宣佈該船上有對中共禁運的戰略物資(6月28日)；8月2日，蘇聯向美國抗議。1955年7月26日，法國大使從中斡旋，陶甫斯號船員三十九人遣返蘇聯，剩下十九人前往美國及少數留在台灣。

在此之前，波蘭油輪柏拉薩號，在1953年10月4日於紅頭嶼(蘭嶼)東南海面被截，船長華沙斯基及十一名船員要求政治庇護。1954年皆前往美國。另有掛著波蘭國旗的高德比號貨輪，於1954年5月13日在台東海面被海空軍聯合攔截，十二名職員、水手要求政治庇護，9月21日獲准。

陶聲洋 1919～1969 科技官僚

江西南昌人。上海聖約翰大學土木系畢業，1937～1946年赴德國柏林大學專攻機械工程，1947年9月抵台，任教台南工學院，並參加中美聯合心戰工作。1952年爲美援公署視察主任，1959年爲美援會財務處副處長、工業發展投資研究小組執行秘書，1963年起爲國際經合會副主任、主任，1969年任經濟部長，三個月後病死任內。

特高 [日]特別高等警察

取締思想的治安警察。1910年大逆事件後，(當局誣陷無政府主義者幸德秋水企圖暗殺天皇而製造的政治冤獄)，1911年在警視廳內設置特高課，1928年並在全國各地縣警局設特高課，1932年權力擴張，特高跟監、逮捕、刑訊思想犯，對台灣及朝鮮的民族、社會運動大肆鎭壓。1945年始被盟軍總部GHQ下令解散。

天地會 [清]

清初以來盛行於中國南方以至東南亞華僑社會的革命秘密結社。相傳成立於1674年(康熙13年),由福建莆田南少林寺的「洪門五祖」向外傳播反清思想。1749年(乾隆14年)蘇洪重振洪門,以達摩爲祖師,取天時、地利、人和爲「三合」,又稱「三合會」;又三者中有「三河合水」一語,又稱「三點會」。天地會以天爲父,以地爲母,會衆俱爲兄弟,歃血結盟,1783年(乾隆48年),漳州平和人嚴烟由大陸來台傳天地會,林爽文、陳周全、洪協、戴潮春等都舉天地會旗幟起義。

[参]羅爾綱《天地會文獻錄》(1933);蕭一山《近代秘密社會史料》(1935)。

天津條約 1860.9 [清]

1847年12月在廣州有六名英國人被殺,1856年又有法國傳教士查德蘭在廣西遇害,1857年英、法聯軍攻破廣州、陷塘沽,天津,進逼北京,咸豐帝逃至熱河。1860年9月由奕訢(恭親王)爲全權大臣,與英、法兩國簽《天津條約》,開放牛莊、登州、漢口、九江、潮州及台灣、瓊州爲通商港。

台灣在1862年開放滬尾(淡水)、1863年開放雞籠,1864年開放安平、旗後(高雄)四港口,從此西方資本主義侵入台灣,扼殺本土資本的發展。第一個來台的英國副領事郇和(R. Swinhoe),首任副稅務司爲侯威爾(John W. Howell)。

天興縣

十七世紀鄭成功入據台灣,將台灣南部分爲天興、萬年二縣及承天府(台南)。以新港溪爲縣界,由台南、嘉義至雲林、台中一帶,縣治大目降(新化)與新港(新市)之間。鄭經改爲天興州。清代改爲諸羅縣。

(附)萬年縣

明鄭台南~高、屏一帶,縣治在二贊行(台南仁德二行村),清代分爲台灣、鳳山二縣。

田耕莘(聘三) 1890~1967 主教

山東陽谷人。兗州小修道院學習,1918年爲神父,1939年升爲陽谷區宗座代牧，1945年爲遠東第一位紅衣主教，1946年爲北平(北京)區總主教，1949年至美國芝加哥，1960年爲台北區署理總主教。

田川大吉郎 1869～1947
Tagawa Daikichirō [日]議員

長崎縣東彼杵郡人。東京專門學校(早稻田大學)畢業，當過《報知新聞》、《都新聞》的記者，1894～1895及1904～1905年日清、日俄戰爭期間爲陸軍通譯。後來爲東京市助役、衆議員；在任內支持台灣議會設置請願運動。1945年戰後屬於社會黨。

田健治郎 Ta Kenjirō
1885～? [日]第八任台灣總督

兵庫縣農民之子，苦學而畢業於東京帝大，當過警察局長、通信局長，1901年當選衆議員，以推展鐵路建設有功，1916年入閣爲遞信相，再爲內相，1919年10月爲台灣第一位文官總督(～1923年)，後來擔任山本權兵衛內閣的農商務大臣兼司法大臣。他在任期間改地方制度，廢廳而設台北、新竹、台中、台南、高雄五州。州下設市、郡、街、庄；修改《六三法》，設總督府評議會；提倡「內台一體」、內地延長主義；修建嘉南大圳。

挑夫械鬥 1830.8 [清]

噶瑪蘭挑夫的械鬥事件。當地有三家挑夫行，時常爲競爭生意而明爭暗鬥。和興號的林瓶與福興號的林儼時常對立；1830年3月，第三家開張，與前二家招攬生意起糾紛。通判薩廉裁決由兩家行夫輪流挑抬。但8月初八，和興號挑夫不肯遵照承諾，不許福興號先抬貨；翌日，福興號挑夫執武器到和興號叫罵，林瓶帶人還擊，但無火槍，被殺二人。11日，林瓶又帶七十多人大敗福興號，殺三十多人，並放火燒店。事後，官方並未過問，挑夫更形驕縱，欺壓百姓。9月初，參將周承恩調兵由艋舺來噶瑪蘭追捕林瓶，台灣鎮總兵劉斌廷也帶三百人來增援。林瓶、林儼等十四人處死，四十八人流放邊疆，四十二人受輕重刑。官方也限令城內只准開一家夫店(歇店)，不准增設夫行。

通事 [清]

漢人移民與原住民之間的代理人，精通雙方語言、風俗、習性者，可能是漢人，也可能是原住民的一份子。漢人通事憑其水平較高，又有官府撐腰。「驅役原住民，納番婦為妻妾，有求必與，有過必撻」(吳子光《台灣紀事》)，原住民敢怒不敢言，怒則殺通事反抗，例如吳鳳就是典型的惡霸。

通判 [清]

掌管司法及錢穀，遇刑民案件時，仍歸台灣知府審結案。

仝卜年 ?～1847 [清]官吏

山西平陸人。當過福建惠安知縣，1831年為噶瑪蘭通判，鎮壓挑夫械鬥。1835年為台防同知，1841年陞台灣知府，歿於任內。

土地調查 [日]

1898年後藤新平公佈〈台灣地籍規則〉及〈台灣土地調查規則〉，9月又設「臨時台灣土地調查局」(中村公是局長)，進行六年的全台土地調查與測量，前後動員1,670,000人次及5,250,000圓。其結果為：

(1904年／甲)

地目	舊甲數	調查甲數	增加甲數
田	214,734	313,693	98,959
園	146,713	305,594	158,881
建地	—	36,395	36,395
其他	—	122,168	122,168
計	361,447	777,850	416,403

(淺田喬二:《日本帝國主義下の民族運動》, p.33)

比劉銘傳時代更多出71%的田地，同時田賦也從92萬圓(1903年)增至298萬圓(1905年)，即增加3.27倍的收入，等於年總稅收的35%，從而奠定總督府的財政基礎。(見「土地改革」)

土地改革

日本人及國民政府掠奪台灣土地的一連串政策。1898年7月後藤新平民政長官公佈〈台灣地籍規則〉、〈土地調查規則〉，9月設「臨時台灣土地調查局」，前後六年調查土地地目及所有權，比劉銘傳時代還多出71%的耕地，田賦也增加3.3倍(由860,706圓增至2,989,287圓)。

●土地調查後地租增加面積

(1904年/甲)

地目	舊甲數	調查甲數	增加甲數
田	214,734	313,693	98,959
園	146,713	305,594	158,881
建地	—	36,395	36,395
其他	—	122,168	122,168
計	361,447	777,850	416,403

(淺田喬二:《日本帝國主義下の民族運動》，p.33)

土地調查的同時，也一併要求業主登記，制定〈大租名寄帳〉(大租名冊)，1903年12月，查出:

大租戶　398,000人

(大租權佔耕地的60%)

小租戶　300,000人

佃農　750,000人

(農業人口　900,000人)

1903年12月公佈〈關於大租之法令〉、翌年5月再公佈〈關於大租權整理之法令〉，由總督府發給「大租補償金」3,779,479圓(其中90%由事業公債抵償)，一舉消滅大租權，使小租戶成爲正式業主(地主)。如此，日本人一舉增收地租將近300萬圓，更把大租補償金的絕大部份由公債抵償，再由台灣銀行從大租戶手裡收回，每100圓只值40～50圓，共達公債面額290萬圓(等於補償金的76%)。一般大租戶就此沒落，但也有將公債轉爲資本，重新出發，例如林烈堂、蔡惠如、呂鶴巢的「台灣製麻會社」(1912年)、、林獻堂、吳汝祥、吳鸞旂的「彰化銀行」(1905年)；王朝文、徐德新的「嘉義銀行」(1905年)，但最後這些企業仍落入日本資本手裡。

國民政府在1949～1953年，也推行土地改革(省主席陳誠主持)，分爲三個階段：①三七五減租；②公地放領；③落實耕者有其田，一舉完成土地改革。1948年台灣土地所有實態爲:

公有地	2,640,000畝	(21.6%)
地主	6,550,000	(56%) [81,000戶]
佃農	2,745,000	(22.4%) [610,000戶]

■三七五減租　1949年4月開始，對地主要求租佃土地須先從一般的收穫物中扣除25%，作爲肥料、成本費，其餘的75%進行對分，即地主與佃農各得37.5%。地主所得租額，不得超出租地產品全年收穫量的37.5%，佃農所得也不能少於年收穫量的62.5%。

■公地放領　1951年6月公佈〈台灣省放領公地扶持自耕農實施辦法〉，把一部份公有地放領給佃農。當時公有地(由日本人手中接收過來)有181,940甲(其中台糖地佔10萬甲)，占耕地面積的21%。土地放領的代價爲該耕地作物年收成的2.5倍，分十年償還，每年償還金額與地租總計不得超過年收成量的37.5%。這一政策從1951～1976年的二十五年內，共放領200多萬畝(佔土地的76%)，有286,000戶農民承購到土地，每戶平均7.35畝地。

■耕者有其田　1953年1月26日公佈〈實施耕者有其田條例〉(36條)，地主可保留7～12則水田3甲、園6甲，老弱孤寡、祭祀公業爲一倍。其餘土地按年收穫量的2.5倍賣給農民。補償辦法爲其中70%由台銀以實物土地債券(分十年)抵償，及台泥、台紙、農林、工礦四公司股票抵付其餘30%(年息4厘)，把106,000戶地主的143,568甲土地強制賣給94,823戶農民(平均每户得0.7甲)。

1953年後，地主共獲得286,000萬元的補償金(相當於1953年GNP的12%)，其中154,000萬元爲實物券(米、甘藷)，6,600萬元爲股票。但國府釘死糧價，地主吃虧，而國府由農民收回22億元的作物。至於四公司股票在1954年3月上市，中、小地主拋售股票，甚至以低於面額的20%出售；而四公司股票上市前已浮增資本額7～11倍。地主歷年持有股票配當爲4～12%，配合通貨膨脹，實際只得2～7%。

土匪招降策 [日]

二十世紀初兒玉總督時代民政長官後藤新平對台灣抗日勢力的各個擊破政策；先刷新行政、吏治與警察，安撫地方，再派台灣地方士紳出面招降「土匪」，授予他們紳章。委派工作或承認其特權，使林火旺、盧阿爺、陳秋菊、簡大獅、林少貓、柯鐵等三十八人向日軍投降，若有反抗者，再予以誘殺。

屯制 [清]

1788年林爽文起義被鎮壓後，福康安奏議在台灣設熟番屯田；由他們負責捍衛地方、加強官兵的力量，二年後實施。全台共分十二處，各置千總一員統轄。屯丁大屯四百人，小屯三百人，共四千名番丁。屯丁不必服傜役，不支餉，分配土地耕種，每年分屯丁8元，屯外委60元，屯把總80元，屯千總100元。這種屯田地往往被福佬、客家墾戶承租，最後落入平地人手中。

呑霄平埔族抗官 [清]

1699年(康熙38年)2月，苗栗通霄(呑霄)的道卡斯族起義，反抗通事黃申的暴虐，由土官卓个、卓霧、亞生等人率衆殺黃申及其他數十人。官軍以北路參將常泰及新港、蕭壠、麻豆、目加溜灣等南路四社平埔族爲前導，與呑霄社展開血戰，淸軍死傷慘重。官方再遣人携糖煙銀布至岸裡社，說動岸裡社土著繞道由山後夾擊呑霄社，个、霧逃遁，終被岸裡社土著埋伏所擒。

退休官僚強佔土地事件 [日]

1925～1926年間，一批退休的日本官僚由總督府得到3,386餘甲的公有地，他們強迫台灣農民交出土地，引發抗爭。有關資料爲：

(單位：甲／人)

	地名	面積	退休官僚	關係農戶(户)	抗爭日期

台中州	大甲郡大肚庄	48.5	6	73	1926年4～7月，1927年6～9月
	台中市旱溪			4	
	大甲街日南、後厝仔、大安庄、牛埔……			7	
台南州	虎尾郡崙背庄沙崙後	144	17	77	1927年4～8月
	麥寮	56.3	6	10	
	興化厝	125	13	30	
	東石郡義竹過路子	9.9	1	200	
高雄州	鳳山郡大寮庄赤崁字潮州寮	73.5	8	82	1926年3～10月
	大寮庄粭潭	27.9	1	40	
	屏東六龜	10	1		

[參]《台灣社會運動史》，p.1034

卓杞篤 Tooketok

十九世紀屏東原住民領袖

1867年2月，美國船羅妹號(Rover)由汕頭開往牛莊，在恒春附近七星岩觸礁，僅一名華人水手逃走，其餘被排灣族及平埔仔殺害。美國駐廈門領事李仙得強行進入龜仔角，與十八社原住民大頭目卓杞篤談判。當時他約五十歲，精力充沛，雙肩極寬，其額剃髮，後垂十數吋長之髮辮，與李仙得協商，此後不再殺害漂難者，並簽訂友好協約(Territory under Tauketok, Village of the Tabarees, Feb.28,1869)。

〔W〕

外匯管制

1949年6月,實施貨幣改革的同時,並實行新的結匯簽發辦法,規定新台幣5元對1美元;並公佈〈台灣省進出口貿易及匯兌管理辦法〉,出口所得外匯應以20%按匯率結售台灣銀行,80%發給結匯證明書。但當時進口貨物爲大宗且無限制,導致外匯供不應求,黑市美金猖獗。1950年2月底,結匯證市價升到1:7.5元新台幣,而黑市美金則爲1:9.4新台幣。3月,正式採用複式匯率制,規定進口一般物資,得以新台幣按結匯證價格每1美元折合新台幣7.5元,向台銀申請代購公營事業結匯證,但生產所需機器原料則經「產金小組」核准,仍以1:5官價結匯。出口商仍須將所得外匯的20%以官價結售給台銀;由於無法抑制通貨膨脹,黑市美金繼續上漲,導致台銀拋售660萬美元的外匯。1951年4月國府採取緊急措施,禁止美金黑市買賣,同時訂定新匯率爲1美元對15.9元新台幣,買進和賣出價差上下限各5分,並以外匯雙重價格(申請外匯以1美元對10.3元台幣及15.6元兩種價格),使公營企業得以低價買入外匯,而民營企業則以高價才買到外匯。以1953年爲例,基本外匯官價爲10.3元台幣,適用於肥料、棉花進口及糖、米、水泥出口;而出口匯率爲15.6元,20%付官價,即10.3元,出口結匯爲14.5元;進口匯率爲1:15.6元。

王白淵 1901.10.25~1965.10.29

詩人

彰化二水人。台北師範畢業,1925~1928年入東京美術學校,

畢業後任教盛岡女師，1931年出版日文詩集《荆棘の道》，1933年加入台灣藝術研究會，發表〈唐吉訶德與卡波涅〉於《福爾摩沙》(第一號)。1935年任教上海美專，被日警以抗日分子罪名逮捕，送回台北坐牢。1945年爲《新生報》編輯主任，二二八事變後被捕，不久獲釋，但先後三次入獄。

王得禄(玉峰) ?～1817

[清]武將

原籍江西，祖先來台當兵，寄籍諸羅。1786年隨柴大紀收復被朱一貴佔領的諸羅，大小十九戰。後來他擒獲莊大田。1795年至大陸，爲右營千總。從總督羅伍拉納至台灣，鎮壓陳周全。1796年起改隸水師，隨李長庚追擊海盜，擢升澎湖水師副將。1806年他會同李長庚擊退蔡牽，升爲總兵。1808年授浙江提督，繼承李長庚的水師，追擊蔡牽，終於消滅之(1809年)。接著消滅駱仔幫、深滬治幫、金門鎮幫。後來他當到浙江提督，1815年又回台灣追剿叛民，升至太子少保。1816年英人攻廈門，他防守澎湖，翌年歿。

[參]陳衍《福建通志》〈列傳〉；《清史列傳》39。

王井泉 1905～1965

文化運動支持者

台北市人，台灣商工學校畢業，1925年曾參加演出〈終身大事〉等新劇，1931年爲「特維酒家」經理，1934年至日本考察，1939年開設「山水亭」餐廳，1941年與張文環、黃得時等組成「啓文會」，發行《台灣文學》(～1941年)，1941年又加入「厚生演劇研究會」，曾演出〈閹雞〉、〈高砂館〉等劇；1955年山水亭關門，受雇榮星花園整理花木直至去世。他一生支持文化藝術，仗義疏財，卻落得無棲身之處。

[參]王古勳〈山水亭：大稻埕的梁山泊〉(《台灣文化》第9期，1986.12)

王字事件 1922.8.4 [日]

彰化八卦山上的北白川宮能久親王紀念碑，即“王碑”上的「王」字被擦掉，日本人大肆逮捕汪庚申、葉天河，株連霧峰林朝棟之子林季商。汪、葉等被迫供稱「與林季商密切聯絡、現正著手募集兵勇，準備從事台灣革命」，有二十三人被起訴，改判竊盜罪。

王郡(建侯)　?～1756　[清]武將

陝西乾州人。逃荒而至福建當兵，1714年升至台灣鎮標把總，1721年朱一貴反清，他由廈門往淡水固守，進攻諸羅。1723年擢升參將，到浙江、江西爲官。1728年調升台灣總兵，1729年鎮壓(屏東)山豬毛番。1731年他向雍正帝建議，將台灣的武官一律按三年報滿，交待渡海實合三年；而千、把總等微員不時內調。不久，他調升福建陸路提督，鎮壓台灣大甲西番及吳福生抗清，升爲左都督，1733年升至福建水師提督。1735年他向乾隆帝奏議，嚴禁台灣人民製造鳥槍，嚴防台民造反。

王凱泰(補帆)　?～1875
[清]台灣巡撫

江蘇寶應人。1850年(道光30年)進士，任翰林院編修，1863年入李鴻章幕下，1865年署浙江糧道，翌年升浙江按察使，1867年爲廣東布政使，1874年日軍侵台，沈葆楨奏移巡撫至台，又保奏他爲巡撫，1875年到任，五個月內規劃開山撫番，積勞成疾，10月回福建，病歿。

王克捷(必昌)　[清]文人

諸羅人。1757年進士，爲台灣人登科之始。
[著]《台灣賦》

王民寧　1905～　半山

台北樹林人。唸過台北商工學校、北京大學經濟系，後來入日本士官學校工兵科，1929年至中國，歷任國民政府陸軍工兵學校主任教官、印度蘭伽美軍戰術學校教官；1945年回台，爲長官公署警備總部副處官長，鎮壓二二八事變(1947年)，調至警務處。

王敏川(錫舟)　1889～1942
社會運動家

彰化市人。師範學校畢業，任教彰化公學(1909年)，1919年入東京早稻田大學政經科，參加啓發會、新民會，籌辦《台灣青年》(1920年)，1922年回台當《台灣民報》記者，推動文協活動。1923年12月因治警事件入獄，判無罪(1924年10月)。1927年文協分裂，他擔任新文協(左派)的組織部主務，1928年因台南墓地抗爭事件入獄，5月底出獄，重整文協，1930年文協走向小市民的大衆團體路線，1931年1月文協第四次大會選他爲中央委員長，當夜，在豐原密會，決議支持台共。6月台共被檢舉，他奔走營救，12月被捕，入獄數年，抑鬱而終。

[著]《王敏川選集》
[參]楊碧川〈抗日過激的台灣青年王敏川〉(《台灣近代名人誌》第3冊)

王芃生　1893～1946　官僚

湖南醴陵人。陸軍官校畢業，入日本陸軍經理學校，1920年又至東京帝大經濟科旁聽，回中國後歷任華盛頓會議中國代表團咨議，及第八軍、第三十五軍工作，1927年爲蔣介石的總司令部參議。1934年出任駐土耳其大使館參事，1936年調駐日大使館，1937年爲交通部次長，中日戰爭爆發前他就成立國際問題研究所，後來在重慶繼續工作，台灣人李萬居等都在他的手下作對日本的研究。1945年戰後赴南京、上海各地處理日俘工作，翌年病故。

[著]《台灣交涉眞相秘錄》、《中日關係史之科學研究》。

王詩琅(錦江)

1908.2.26～1984.11.6　作家

台北市艋舺人。布商之子，早年唸過漢學仔，公學校畢業(1923年)，1927年因「台灣黑色青年聯盟」事件入獄判刑一年半；1931年又因「台灣勞動互助社」事件入獄十個月，1935年又因日本無政府共產黨事件被關二個月。此間發表創作〈蜂〉、〈夜雨〉、〈沒落〉等，編《台灣新文學》(～1937年)，1937年赴上海，在日人的宣撫班工作數個月又返台，1938年至廣州，主編《廣東迅報》，1946年返台，任《民報》編輯，1948年爲《和平日報》主筆，辭國民黨黨部職，主編《台北文物》(～1955年)，1955年編《學友》，1957年再編台北文獻(～1961年)，轉入台灣省文獻會委員編纂組長(～1973年)，退休後編《台灣風物》。

[著]張良澤編《王詩琅全集》11卷(德馨室)；張炎憲編《陋巷清士・王詩琅選集》(弘文館，1986)
[參]張炎憲〈陋巷清士王詩琅〉(《台灣近代名人誌》第2冊)

王世傑　十七世紀[清]拓墾者

泉州同安人。他鎮壓原住民(1682年)，強占竹塹(新竹)的道卡斯族土地，死後，子孫爭產而沒落。

王受祿　1893.1.17～1977.9.9
醫學博士

台南市人。1912年第一名畢業於總督府醫學校，擔任台南醫院醫官補，1917年與黃國棟合營回生醫院，1921年參加文化協會；1924年至德國弗萊堡魯兹大學研究肺結核診治法，1925年獲醫學博士。8月應邀至霧峰林家的夏季學校講授「外國事情」，主張「**台灣是世界的台灣**」。1927年爲民衆黨中央常委、台南支部主幹，1929年赴日請願，支持台灣議會設置請願運動。戰後潛心基督教，宣揚福音。

王松(友竹)　1866～1924　文人

祖籍福建晉江，1870年代來新竹定居，縱酒放歌，1895年逃回大陸，再回台，爲富戶鄭肇基的門客，終日以詩明志，借酒澆愁。
[著]《台陽詩話》、《滄海遺民賸稿》。

王添灯 1901.6.24～1947

實業家

文山郡新店庄人(北縣)。成淵中學夜間部畢業，1920～1929年間歷任新店庄役場庶務主任、台北市社會課(?)職務。1930年辭公職，致力皇漢醫道復活運動；同時爲台灣地方自治同盟台北支部主幹。1931年在台北市開「文山茶行」，生意遍佈海外。1945年戰後擔任三青團台北分團主任，翌年當選爲省參議員，曾追查糖包及鴉片失踪問題。他的友人蘇新、鄭明祿等創辦《人民導報》，王添灯繼宋斐如爲社長；又另創《自由報》。1947年二二八事變後爲處委會宣傳組長，3月7日，帶著《卅二條處理大綱》至中山堂，被陳儀怒斥。3月12日被捕，後來被憲兵用汽油活活燒死。

王田

十七世紀荷蘭人佔據台灣(1622～1661年)，把原住民(尤其平埔族)的土地劃爲屬於東印度公司的「王田」，再向原住民抽人頭稅(強徵鹿皮)，並招攬對岸漢人佃農來台開墾，但漢佃完全沒有土地的所有權。王田以「甲」爲單位，每五甲爲「一張犁」。

王萬得 1903～1985.7.26 台共

台北市人。總督府遞信部電信訓練所畢業(1919年)至新營、淡水郵局工作，1922年爲《台灣民報》業務員，1927年至武漢，出入東方被壓迫民族聯合辦事處，加入中共，再至南京，並轉籍入台共，1928年爲台共台北地方負責人，入新文協黨團工作。1929年6月17日散發〈反對始政紀念日〉而被拘禁。1930年與趙港、陳德興等籌立台共改革同盟，反對謝雪紅的領導。1931年1月台共改革同盟成立，爲中委，5～6月召開台共第二屆臨時大會，當選書記長。1932年被捕，判刑十三年。1947年二二八事變後被通緝，潛往中國，擔任政協委員、台灣民主自治同盟顧問，後來被中共批鬥、下放。

[參]李筱峰〈台共改革派主幹王萬得〉(《台灣近代名人誌》第2冊)

王喜 十七世紀[清]文人

台灣縣人。1688年歲貢生，曾手輯《台灣志稿》，爲高拱乾採爲《台灣府志》原稿。

王錫祺 十七世紀[清]拓墾者

漳州人。1661年至淡水河，開啨哩岸(北投～士林)，築七星圳，爲台北市的開拓者。

王雲五(岫廬) 1888～1979 官僚

廣東中山人，早年入守眞書館、同文館學英文，1909年兼上海留美預校教務長，1912年爲南京臨時總統府秘書，1921年起任上海商務印書館編譯所所長，發明「四角號碼」查字法。1930年爲商務的總經理，歷任國民參政員，1946年爲經濟部長，1947年任行政院副院長，1948年5月爲財長，搞金元券改革失敗，到台灣後歷任考試院(1954年)、行政院(1958年)副院長等職，及台灣商務印書館的董事長。

王育德 1924～1985.9.9 學者

台南市人。1943年入東京大學文學部中國文學系，翌年返台。1947年二二八後，其兄王育霖被殺；1949年流亡日本，1950年再入東大，1960年獲得文學博士。任教明治大學及東京外語學校。1960年2月在東京成立「台灣青年社」，終生致力台灣獨立運動，創刊《台灣青年》，1975年任台灣人原日本兵補償問題思考會事務局長。

[著]《台灣・苦悶的歷史》(台灣——苦悶するその歷史，1970)、《台灣語入門》(1983)、《台灣海峽》(1983)。

王育霖　1919～1947

台南市人。日本東京帝大畢業，回台當律師，1945年戰後擔任新竹地檢處檢查官，起訴市長郭紹宗(大陸人)貪污，反而被迫辭職，任教台北建國中學，並擔任林茂生主持的《民報》的法律顧問。1947年3月底被處死。

[參]王育德《台灣——苦悶するその歷史》(1970)

王鐘麟　1893～1962

民主運動人士

嘉義人。清代王得祿的後代，唸過京都帝大政治科。參加台灣文化協會，1923年5月發表〈實業同志會及其成的批評〉(《台灣民報》第三號)，提出台灣成立政治結社的見解。此外，又翻譯羅素的〈中國文化與西洋文化的對照〉。1927年台灣民衆黨成立，與謝春木主持政治部，後來遠渡上海執律師業，1945年返台。

違警例　[日]

1918年6月27日公佈，一共三條，其中「違警」部分列舉一二二項：包括無一定住所、亂丟棄禽獸屍體及污穢物、流言虛報、室外演講政事、教唆妨害安寧秩序、妨害他人自由、在公共場所高聲喧鬧、隨地吐痰、引誘未成年與學生飲酒玩耍、沒打掃公厠……。形成日本五十年統治下人人「談警變色」的惡法，警察可隨時隨地取締及處罰台灣人。戰後，國府更將此惡法照單全收，改為〈違警法〉。

韋特　[荷]長官(1625～1627年)

With, Gerard Fredrikszoon de

在1627年10月聯合福建浯嶼(金門)總兵俞咨皐攻打鄭芝龍，在銅山兵敗，逃回巴達維亞。

韋麻郎　[荷]海軍提督

van Waerwyk, Wybrant

1601年由荷蘭Texel啓程，1602年率「Erasmus」及「Nassau」二船，經過馬來半島東岸抵澳門，被葡人趕走。1604年6月，他再由Patani出發，駛至廣東海岸，遇風而在8月8日駛抵澎湖，逗留一百三十日。他一面聯絡漢人李錦、潘秀等人，與沿海居民交易。12月15日，終被沈有容趕走。

[參]廖漢臣〈韋麻郎入據澎湖考〉(《台灣文獻》創刊號，1949)；村上直次郎〈ゼーランヂセ築城史話〉(台灣文化三百年紀念會《台灣文化史說》，1935)

尾崎秀眞(古邨)　1874～

[日]報人

岐阜縣人。東京報知新聞記者，來台灣擔任《台灣日日新報》記者，並為漢文版主筆達二十五年，其間擔任台灣總督府囑託，私立台北中學校長。

衛阿貴　?～1800　[清]

賽夏族竹塹社頭目麻勝吻直雷之子，1791年助清軍鎭壓林爽文有功，得賜姓「衛」，族人稱他為「衛什班」。率族人入墾新埔，招漢佃來耕，併漢人陳福成、戴南仁、陳智仁等之地，拓地至鹽菜甕(關西)，1800年去世。他有五子，建「衛壽宗」公號。

魏道明　1901～1978

江西德化(九江)人。法國巴黎大學法學博士，1926年回中國當律師，1927年起歷任國民政府司法部秘書長、次長、代部長、司法行政部長等職，1930年爲南京特別市長，1935年任《時事新報》、《大陸報》、《大晚報》等三報總經理，1937年抗戰後爲行政院秘書長，1940年起歷任駐法、駐美大使，1945年戰後爲行政院副院長，1947年4月繼陳儀爲台灣首任省主席，1948年底辭職赴美。1964年爲國府駐日大使，1966年爲外交部長。

魏宏　十九世紀[清]文人

台灣府(台南)人。1848年中舉人，至福建，與當地文人較量文章，使他們不敢輕視「台灣蟳」，回台後隱居以終。

烏鬼

汎指隨西方人來台的黑奴或黑人。台灣有些地名與「烏鬼」有關，例如：烏鬼埔(高雄燕巢)、烏鬼埤(台南，新營東南，溫厝廍溪上游)、烏鬼洞(小琉球)、烏鬼井(台南市內)。

文開書院　1827 [清]

道光4年由知府鄧傳安及日茂行主人林振嵩之子林文濬籌建，歷四年而成，爲鹿港文教之地，紀念沈光文(字文開)。日據時代改爲「北白川宮紀念堂」，1975年12月又遭火災，至今滿目瘡痍。

《文星》　1957～1965

在1960年代白色恐怖低壓下，《文星》雜誌(蕭孟能創刊，至1961年爲止是介紹生活、藝術、文化的刊物)帶給當代苦悶的知識份子及異議份子些許慰藉。1961年起，李敖(1935～，吉林人)開始出現，首先重新塑造胡適的形象，鼓吹全盤西化，同時抨擊中國傳統文化，矛頭指向國民黨，他點名批判黨國要人、社會名流(包括張其昀、陳立夫、陶希聖，以及棲身於政治與學術之間的胡秋原、任卓宣、鄭學稼、錢穆、徐復觀……)，引起反彈及批判，一場文化論戰一直鬧到台北法院，雙方互稱對方爲匪諜(尤其與胡秋原之爭)。1965年10月在〈我們對國法黨限的嚴正表示〉出現後，《文星》被查禁。1971年3月，李敖被捕，以叛亂罪判刑十年。

文石書院　1767 [清]

乾隆32年貢生許應元在澎湖募款建立的書院，用當地特產「文石」砌成，爲澎湖的文風之先聲。中法戰爭(1885年)被法軍砲火毀掉古圖書，日據時期把它改爲野戰醫院，改祀孔子，至今成爲孔廟。

[地址：馬公往風櫃方向的西文里]。

《文藝台灣》 [日]

1940年1月1日創刊的台灣文藝家協會刊物，1939年9月，日人西川滿、北原政吉、中山侑等人與台灣人楊雲萍、黃得時、龍瑛宗等成立「台灣詩人協會」，創刊《華麗島》雜誌(12月)，並改組台灣文藝家協會，共六十二人(1939年12月)，西川滿爲刊物主編兼發行人，共出六期；1941年3月又配合皇民化運動而改組，一共出刊三十八期。成爲純文藝刊物中最長久的。

文運革新會

[日]學生抗日團體

1924年11月，台北師範的台灣大學生反對旅行，與校方衝突，夜間包圍舍監室，丟石頭，有三十六人被退學，大都到東京再唸書。1925年11月，這批人爲主，集結四十多人成立「文運革新會」，宣言「當今之世，雖有強權蔑視公理，但對殖民地的觀念已經不同，蹂躪其他民族以圖自己民族幸福者，在戰前雖爲強國的光榮，但戰後已降爲以促進未開化民族的文明爲文明開化國的義務了。……政治家『不求則不與』，我文運革新會有鑒於此，爲圖台灣民衆的覺醒，……乃集憤慨時弊的同志組織本會」。他們主張破壞，反對台灣議會設置請願運動。

翁鬧 1908～1939 文人

彰化人。台中師範畢業，當過教師，後來赴日本留學，1932年與張玉文、巫永福等創辦《福爾摩沙》，1939年因精神病死於日本。著有〈戇伯仔〉等。

翁澤生 1903～1939.3.19

台共創始人

台北市永樂町人。小學畢業後至中國廈門集美中學(～1924年)、廈門大學唸書，不久轉至上海大學社會系，1925年加入中共，派赴閩南工作，任中共漳州支部書記、閩南特委常委兼宣傳部長(～

1927年)；1928年與謝雪紅等籌建台共，爲候補中委，1931年起爲中央巡視員、中華全國總工會黨團秘書長，1932年3月4日在上海被捕，引渡台灣，判刑十三年。六年後假釋出獄，不久病逝。

[參]包恒新《台灣知識詞典》

翁俊明 1891～1943

台南人。總督府醫學校畢業，1913年在艋舺、和尙洲(蘆洲)一帶活動；1915年攜霍亂菌謀刺袁世凱失敗，1916年避居廈門，1938年逃至香港。1940年至重慶，力陳收復台灣。1942年在福州成立國民黨台灣黨部，1943年在福建漳州遇刺。

吳磋 ?～1854 [淸]抗淸者

噶瑪蘭人。與林汶英據梅州(廣治以西)，擊退官兵，8月攻占城市。林汶英出面與頭圍縣丞王衢談判，被誘殺。吳磋被窮搜、痛剿，不久被捕處死。

吳球 ?～1696 [淸]抗淸者

諸羅新港東田尾(台南縣新營田尾村)人，好拳勇，有勢力。1696年農曆7月初1，藉中元節聚會，推朱祐龍(自稱明朝後裔)爲首，準備起義。新化里保長林盛密告官方，吳球倉促起事，事敗而在府城被活活打死。

吳得福 ?～1895 抗日烈士

淡水縣大安莊(台北市)人。道士兼漢醫，1895年參加台北保衛戰，退至三角湧(三峽)。乘日軍南下，潛返大安庄，8月糾集同志，殺五歲幼子祭旗，懸賞擒樺山總督，被台奸出賣，刑前自盡；其妻亦自殺。

吳大廷(桐林) ?～1877[淸]官吏

湖南沅陵人。歷任內閣中書、福建鹽道，1866年(同治5年)爲台灣道，翌年遇美艦羅妹號事件，他拒絕讓美國領事李仙得入台調查，幾經折衝，未得效果。1876年以台灣吏治腐敗而辭官，沈葆楨再薦他至船政單位。

[著]《小酉腴山館集》

吳德功(立軒) 1850～1924 文人

彰化人。貢生，主修《彰化縣志》(1894年)，日人派他爲彰化弁務署參事、彰化及台中廳參事，1918年與吳汝祥創辦彰化銀行。

[著]《戴案紀略》、《施案紀略》、《讓台記》、《瑞桃齋詩文稿》。

吳鳳 ?～1769

日本人製造出來的神話人物，說他是通事，爲勸阿里山的鄒族戒出草(砍人頭)陋習，身穿紅衣，騎白馬，被殺。「番」愧恨驚懼，埋石爲誓，尊爲阿里山神。1913年3月19日，嘉義廳長津田重新翻修吳鳳廟，總督佐久間左馬太也親臨會場致祭，提「殺身成仁」匾額。1988年12月31日，嘉義市火車站前吳鳳像被原住民拆除。

吳福生 ?～1732[清]抗清者

福建漳州和平人。住在鳳山，是朱一貴的餘黨。1732年2月18日，乘北路原住民反抗之際，自立爲大哥(元帥)，豎三角白布旗「大明得勝」旆號，以謝侶爲軍師，楊秦(32歲，唯一識字者)爲副元帥，林好、吳愼、許籌等人爲國公。3月29日攻岡山汛，虎頭山、赤山一帶民衆響應；4月2日又燒毀石井汛(楠梓以南)，兵敗退至鳳彈山。清軍及屏東客家人義民分路圍攻，七天內這場起義終告失敗。5月3日，吳福生落網，處死。

吳鴻麒 1898～1947 法官

中壢客家人。當過小學教員，再唸日本大學法律系，戰後為台灣高等法院推事，二二八後3月12日被架走，3月16日被發現慘死棄於南港橋下。

吳化 十八世紀 吳沙的侄子

1798年繼承拓墾，至二圍、湯圍(礁溪)。1799年泉人聯客家人對抗漳人，失敗而棄地，吳化安撫泉、客人；1806年平埔族聯客家人鬥爭漳人，亦失敗，1809年漳人奪阿里史社(羅東)。

吳國楨 1903～1984

台灣省主席

湖北建始人。1921年清華大學畢業後赴美，1926年獲普林斯頓大學博士學位回國，歷任湖北煙酒稅務局長、湖北省財政廳長、漢口市長(1932年)、重慶市長(1939年)、外交部政務次長(1942年)、國民黨中央宣傳部長(1945年)、上海特別市長等職，1948年因改革幣制與蔣介石父子失和，1949年12月為台灣省主席兼保安司令，延攬台灣人為省府委員，與蔣氏父子不和。1953年4月以病假赴美，住芝加哥。11月不歸，被國府指為「套匯美金」，向蔣氏解釋不被採納。1954年3月13日他致函國民大會，指斥蔣氏一黨專政，軍隊內有黨組織及政治部，特務橫行、干涉選舉、逮捕人民，威脅敲榨，人權無保障，思想控制，言論不自由……，並指出「國際變幻，時不我與，又何以苟安偏隅，閉門稱王?」3月17日被控背叛國家，誣蔑政府而撤免一切職務。晚年致力中國歷史研究。

[著]《中國文化史》(英文)

吳海水 1899.5.6～1957.3.5

台南市人。1916年入台北醫專，1922年畢業，繼續研究熱帶醫學一年，再赴鳳山開業，1923年因治警事件被扣押，至三審始判無

罪。戰爭末期(1941年)因鳳山東港事件而被捕，以叛亂首魁判刑十五年。1945年戰後歷任高雄縣三青團主任、鳳山區署區長、台南市黨部指導員，兩袖清風。1957年病逝。

吳淮泗 ?～1805? [清]

海盜蔡牽攻擾台灣，1805年鳳山人吳淮泗等在埤頭起義，攻佔縣城。後被清軍所敗，逃入海，不知所終。

吳金鍊 1913～1947 報人

台北市人。台北師範肄業，東京文化學院畢業，1934年回台，入台灣新民報社，擔任台南支局、蘭陽支局長(～1938年)，1941年爲《興南新聞》政治部次長，1945年8月後爲《新生報》日文版總編，1947年2月27日當晚，群衆要求刊登有關當晚緝煙血案的報導；3月12日與經理阮朝日一起被捕，處死。

其他《新生報》成員遇難者還有：邱金山(高雄分社主任)、蘇憲章(嘉義分社主任)、吳天賞(台中分社主任)、林界(新生報印刷廠長)。

吳彭年 1877～1895 [清]

浙江餘姚人。1895年爲台北縣丞，至劉永福幕下。6月率七星旗兵七百人至彰化馳援抗日軍。轉戰大甲，苗栗淪陷後，在大肚溪一帶駐防，8月27日日軍攻占八卦山，徐驤、吳湯興等敗走，吳彭年躍馬衝上八卦山，中彈身亡。

吳沙 1731～1798

[清]宜蘭的開拓者

福建漳浦人。年輕時來三貂嶺(北縣貢寮)，與平埔族噶瑪蘭族來往；1787年招募福佬、客家人開拓蛤仔難，1796年至烏石港(頭城)，與原住民爭地，其弟吳立被殺，停止拓墾，出施藥方爲原住民治天花，翌年再佔頭圍，後病逝。

吳三桂 1612～1678 [清]軍人

祖籍江蘇高郵，生於遼東。武舉出身，以父蔭襲爲軍官，明末爲遼東總兵，駐防山海關。1644年李自成攻陷北京，他引清兵入關，受封爲平西王，爲清兵前驅，鎮壓陝、川反抗，追殺永曆帝至緬甸，後來鎮守雲南。1673年因康熙帝削藩而舉兵反抗，自稱周王，並聯絡台灣的鄭經，1678年病死於衡州。

吳三連(江雨) 1899～1988

政治人物、報人

台南州北門郡學甲庄人。木工之子，1919年國語學校畢業，獲林本源獎學金入日本東京商科大學經濟系，參加留學生運動，編《台灣青年》(1920年)，1925年畢業入大阪《每日新聞》工作，1932年返台，任《台灣新聞報》總務及社論委員，1933年轉任該報東京支局長。1938年1月，反對當局的台灣米穀輸出管理案而被東京警視廳拘禁二十一天。1941年至中國，入日本人的大冶會社(天津)支配人，並在天津經商，1946年返台；1947年爲第一屆國大代表，1950年任省府委員兼台北市長，1951年當選台北市長，1954年爲臨時省議員，1955年爲台南紡織董事長；1959年任《自立晚報》發行人；1960年創辦環球水泥，1974年任總統府國策顧問。1987年創「吳三連文藝獎基金會」。

吳石案 1950.2.18

國防部中將參謀次長吳石(54歲，福建人)被控與中共情報員朱諶之(女，浙江人)聯絡，提供國府軍中情報，並運用陳寶倉(聯勤總部第四兵站中將總監)、聶曦(東南長官公署總務處交際科長)、王正均(吳石的副官)、林志森、王濟甫(空軍訓練部參謀)等人，根據台灣省工委會蔡孝乾的供詞，而循線偵破此案。

吳士功 十八世紀[清]官吏

河南固始人。1733年進士，1758年爲福建巡撫，建議開放海禁，使在台灣的人得以招致家眷來台，乾隆帝准行，1760年始開放，但不准人民自由往來。

吳湯興(紹文) ?～1895
抗日烈士

苗栗銅鑼灣人。知識份子，聞日軍攻破台北城，6月召集鄉人，與北埔姜紹祖等人抗戰；轉戰中部據守頭份，再轉戰老科崎，7月拒日軍於新竹城外十八尖山。8月又戰於苗栗，下旬，與徐驤扼守彰化，在八卦山戰死。其妻黃賢妹也自殺以殉。

吳天賞 1909～1947 小說家

台中市人。台中師範畢業，1930年代赴日本東京青山學院讀英文，返台爲《台灣新民報》、《興南新聞》記者。在東京時用日文創作小說〈龍〉(1933)、〈蕾〉(1933)、〈野雲雀〉(1935)、詩〈夕陽〉(1940)等。

吳子光(芸閣) [淸]文人

廣東嘉應州客家人。年輕時來台灣，寄籍淡水。1865年中鄉試，被同知陳培桂聘爲修纂《淡水廳志》，後來在三角仔莊呂家(苗栗)教書。

[著]《一肚皮集》

吳瀛濤 1916～1971 詩人

台北市人。台北商校畢業(1934年)，1939年任職淸水組，開始創作，1942年以小說《藝妲》獲《台灣藝術》小說獎。1944年居香港，戰後在台大圖書館及長官公署秘書室、公賣局任公務員(～1971年)。1946年與陳千武、林亨泰等發起「笠詩社」。

[著]《生活詩集》(1953)、《吳瀛濤詩集》(1970)、《台灣諺語》(1973)等。

吳新榮(震瀛) 醫生、作家
1907.10.12～1967.3.27

台南將軍庄人。家道中落，1922年入總督府商業專校預科(台南)，1925年至日本岡山金川中學，1928年入東京醫專，1929年擔任台灣青年會會計，受四一六日共大檢舉而被捕二十九天。1932年回台，接掌佳里病院，開始結識文學界，1939年當選佳里街協議員，1945年戰後為三青團台南分團北門區隊主任，1946年落選省參及鎮長，1947年二二八事件後向警方「自新」，遭關押一個月。1953年主編《南瀛文獻》，1954年10月又因李鹿案入獄四個月；1960年底完成《台南縣志稿》十卷十三冊。他的作品主要有〈亡妻記〉(1942)及《震瀛隨想集》。

[參]張良澤編《吳新榮全集》8卷(遠景, 1981)

吳濁流(吳建田) 作家
1900.6.2～1976.10.7

新竹新埔人。醫生之子，1916～1920年入總督府國語學校師範部，後來擔任小學教師，1940年辭職，1941年在南京《大陸新報》當記者，兼日本商工所翻譯，1942年回台，先後擔任《日日新報》、《台灣新報》、《新生報》、《民報》等報記者，1948年為大同工職訓導主任，1964年創辦《台灣文藝》，1969年設「吳濁流文學獎」，1970年發表《無花果》。1945年5月他正式完成《亞細亞的孤兒》(日文)，描寫台灣知識份子在日帝統治下的苦悶與無法掌握命運的無奈；

1948年又完成《波茨坦科長》，被查禁。

[著]張良澤編《吳濁流作品集》(遠行，1977)

五虎利 [清]

駐軍放高利貸，每百錢按日取息五文，停繳一日，即前繳抹銷，稱爲「五虎利」。劉家謀有一詩描述爲：「五虎長牙舞爪來，秋風避債竟無台，驚心昨夜西鄰哭，掌上明珠去不回。」(《海音詩》)

五二〇農民抗爭 1988.5.20

來自雲、嘉、南十多縣市農民集結，在立法院前示威，與警方衝突。群衆再轉向國民黨中央黨部，又遭警方攔截，轉向警政署。有部分民衆被逮捕，民衆徹夜包圍城中分局要人，砸毀警車及機車，5月21日凌晨，警方出動驅散，爆發街頭巷戰。6月16日，法院審理「五二〇滋擾事件」，林國華、邱鴻泳、蕭裕珍等九十三人被提起公訴，在押九十九有二十二人飭回。包括中研院及各大專的敎授一百七十二人聯署向政府抗議。

五二〇抗爭由雲林農權會(林國華會長)領導，主要向立院及國民黨表明七項要求：①全面農保與眷保；②肥料自由買賣；③增加稻米保證價格收購面積；④廢止農會總幹事遴選；⑤廢止水利會會長遴選；⑥設立農業部；⑦農地自由買賣。國府當局卻指控農權會有暴力預謀，攜帶石塊北上，引起各界的抗議。

五一九綠色行動 1986.5.19

黨外人士抗議國民黨在台灣實施戒嚴(1945年5月19日起)，由鄭南榕(《時代》系列創辦人)發起在台北市龍山寺集合二百多人，手持標語，身佩「取消戒嚴」的綠色彩帶，準備示威遊行到總統府前，被千餘名警察團團圍住，僵持十二個小時而告失敗；但卻掀起台灣人民要求解除戒嚴的歷史性第一步行動。

霧峰林家

台中阿罩霧林家，至1862年(同治1年)戴潮春起義抗淸之際，林奠國拒絕與戴合作，退守家園一年多，直到林文察回台消滅戴潮春。林奠國被授為知府，翌年隨林文察至中國鎮壓太平天國軍。林文察戰死於福建(1864年)，林奠國收拾台勇殘部，要求回台，反被總督慶瑞刁難，留在福州而歿。他有三個兒子(林文鳳、文典、文欽)，第三代即林烈堂、林獻堂等人。

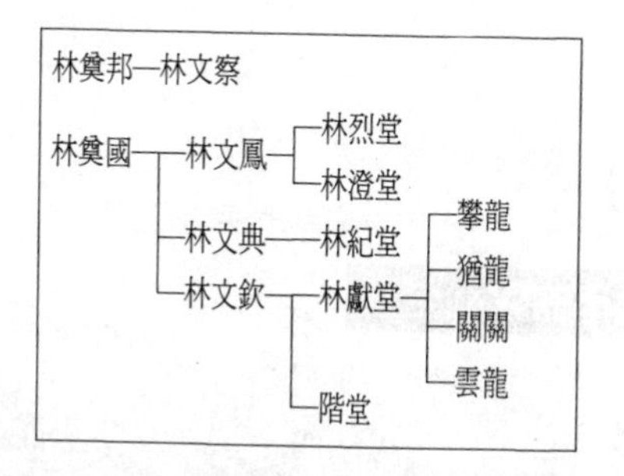

霧社事件 1930.10.27～12.1

南投霧社的泰耶族反抗日本暴政的起義。日本警察壓制原住民，強迫他們搬運木材建小學校舍，又苛扣工錢；日警常凌辱山地婦女；馬赫坡社頭目莫那魯道父子遭吉村巡查羞辱，引爆起義。這一天凌晨，莫那魯道父子率三百人進攻日人宿舍、郵局，8時殺正在開小學運動會上的日本人一三四人，誤殺二名穿和服的台灣人，搶到步槍一三八挺，莫那魯道率族人退據深山。台灣總督石塚英藏，調動各地警察一一六三人、軍伕一三八一人及八百名軍隊攻山，歷時一個多月，12月1日，日本飛機丟傳單並施放毒瓦斯，莫那魯道自殺，花岡一郎、花岡二郎亦死。起義六社(馬赫坡、勃阿崙、荷戈、羅得福、太羅萬、東庫)頭目被殺，原有一千四百多人只剩五百人，被強制拘禁在羅得福、巴西二社。第二年4月25日，日人又提供武器給「味方番」屠殺二百多人，只剩二八九人又被遷至川中島，十五歲以上者盡滅，至1937年只剩二三〇人。

倭寇

十三～十六世紀橫行於朝鮮半島以至中國沿海的海盜集團。其中包括眞倭(日本人)、僞倭[80%以上爲中國人，連葡萄牙人(佛郎機)也參加在內]。他們攻略朝鮮半島沿海各州，李成桂(成祖)用懷柔與征服手段來擺平他們。在中國，明太祖(朱元璋)因胡惟庸事件(通倭陰謀)而對倭寇十分警戒。十六世紀日本(豐臣秀吉時代以來)對外貿易銳減，走私盛行，薩摩、肥後、長門、筑前、筑後各地海盜由薩摩出海，經過大小琉球、江南、福建、廣東一帶搶掠，其中包括汪直、徐海、陳東、毛海峰等「從倭」、「引倭」在內。豐臣秀吉統一天下後，命令停止「賊船」(1588年)，倭寇勢力始衰。

倭寇顯然路過台灣，始有林道乾、李旦等的傳說。

霧社事件發生當年的霧社全景

〔X〕

西班牙人佔領台灣北部 1626～1642

西班牙人征服菲律賓後，謠傳日本豐臣秀吉有攻略台灣的準備。無異爲攻擊呂宋的先兆。1596年6月西班牙總監古斯曼(Don Francisco Tello de Guzman)提議先佔領台灣，但軍事會議以兵力太少而作罷。22日，前代理總督達斯馬利安斯(Don Luis Pérez Dasmarians)又力主早日佔領台灣，但當時援軍未到，不久豐臣秀吉又去世，西人不再感到威脅而打消企圖。1620年英、荷聯軍封鎖馬尼拉，使西人再圖攻略台灣；事爲巴達維亞的荷蘭人所偵知，荷人先一步進佔台灣南部(1624年)，1626年5月，由伐爾得斯(de Valdès, Don Antonio Carreño)率二隻軍艦及十二艘船經過台灣東岸，在澳底灣(澳底)登陸，11日稱此地爲Santiago(三貂角)，12日至雞籠，稱其地位爲「三位一體城」(Sanctissimo Trinidado)，並在社寮島築San Salvador城。1629年西人先後征服雞籠、滬尾各社平埔族凱達格蘭族，並施行教化，由馬地涅(Barmo Martine)傳天主教，愛斯基偉(Jacinto Esquivel)更成立馬尼拉支會，積極傳教。這一年8～9月間，荷人攻擊北台灣，被西人擊退。而西班牙人也對雞籠的地位過度樂觀評估，中國船隻沒來多少，日本又在1635年鎖國，雞籠的轉口地位漸失，1638年西人先破壞淡水的聖多明尼哥城，再把防禦範圍限於聖撒爾瓦多，減少駐軍。1642年荷人哈勞哲(Hendrick Harroussee)在8月19日率艦攻雞籠，西人投降，8月26日退出台灣北部，共據十七年。

西螺三姓械鬥 1862 ［清］

同治1年，雲林西螺鎭小茄苳(振興里)李龍溪的兒子放馬吃了廣興庄廖雀的稻子，其馬被廖雀的兒子用鐮刀砍傷。李龍溪把廖的兒子抓走，挖掉雙眼，廖雀也抓李的兒子同樣挖去雙眼。雙方各自聯絡親戚，李姓以新庄爲據點，聯絡姻親鍾姓，廖姓也以七崁爲中心。廖姓得勝，毀掉新庄；李、鍾姓再反擊，歷經三年，兩敗俱傷,最後官府出面將李龍溪、廖雀處死，才停止這場械鬥。

西皮福祿械鬥

1860～1870年代噶瑪蘭的戲班大拚鬥。因用樂器(絃仔)及拜祖師爺的不同，前者拜田都元帥，稱爲「西皮」；後者拜西秦王爺，而稱「福祿」。兩派互相排擠而起衝突。1865年，羅東發生林、李兩名賭徒的口角，引起西皮、福祿二派械鬥，最後被軍隊鎮壓，斬死倡亂者。1870年代，兩派又鬥，甚至乘機刼殺富戶。

西鄉從道 Saigo Tsugumichi

1843～1902 [日]軍人

薩摩藩鹿兒島人，西鄉隆盛之弟。1868年(明治1年)隨其兄打仗，1869年至歐洲研究軍事；1870年爲兵部權大丞，1874年爲陸軍中將，出兵台灣牡丹社，爲台灣蕃地事務都督，1877年爲近衛都督，1885年爲海軍大臣(～1890年)，1894年爲海軍大將，1898年陞爲元帥，並爲內務大臣。

下村宏 1875～1957

[日]總務長官

和歌山士族子弟。東京帝大法科畢業，入遞信省，當過北京郵局局長，留學德國，再當貯金局長，1918年當明石元二郎總督的民政長官，田總督留任他(～1919年)，廢止小學教員佩劍、廢<罰金及笞刑處分例>(1905年施行)，並建設高等專門學校。1921年退任，入《朝日新聞社》，後來在東京郵電學校、早稻田、中央各校教書，也在1945年擔任過鈴木內閣的國務大臣兼情報局總裁。

夏濟安(夏元澍) 1916～1965

文藝理論家

江蘇吳縣人。金陵大學、中央大學及光華大學畢業，1949年去香港，1950年任教台大外文系，1955年赴美國印地安那大學英文系一學期，1956年創辦《文學雜誌》，介紹西洋文學，培養台灣戰後作家。

[著]《夏濟安選集》、《黑暗的閘門》。

夏瑚 十八世紀[清]官吏

浙江仁和人。監生出身，1758年(乾隆23年)爲台灣知縣，禁止台灣人停柩，並送死屍回廈門招其親屬認領歸葬。1760年署淡水同知，1763年實授其職。

夏獻綸 ?～1879 [清]文官

江西新建人。由左宗棠選用；1873年當台灣道,整飭吏治。1874年牡丹社之役，折衝洋務。他寫《台灣輿圖》，研究台灣地理有深鉅貢獻。

夏之芳(筠莊) [清]官吏

江南高郵州人。御試第一入史館，1728年巡視台灣，兼管教育(學政)，以振興文教爲已任。編《海天玉尺》，他指出台灣的文學爲「大抵文人之心,觀從其地之風氣。台士之文，多曠放，各寫胸臆，不能悉就準繩」。

廈門事件 [日]台灣總督府對廈門的侵略野心事件

1898年4月日本要求清朝宣佈不割讓福建省給任何外國成功後，加強擴大在福建省的勢力，1899年6月兒玉總督的〈關於台灣統治的過去及未來的覺書〉更指出要收攬台灣民心，必須注意對岸廈門的民心，以期防堵廈門民心之反射至台灣。1900年1月，總督府設「對岸事務掛」，2月，向清廷要求引渡簡大獅回台處死；4月，民政長官後藤新平訪廈門。8月，日人又乘八國聯軍之亂，廈門的東本願寺布教所被焚的藉口，由台灣出兵廈門。再派室田義文至廈門處理善後，要求引渡滯留的台灣抗日者蘇力、許詔文、林清秀、王振輝等十一人(指控他們放火)，結果未成功。

同時，孫文也在這段期間到台灣，向兒玉要求支援革命，許諾事成則割讓廈門給日本。

[參]許世楷《日本統治下の台灣》，p.116～117；藤井昇三《孫文の研究》p.32～36(1966)。

鄉土文學論戰

強調以反映台灣本土社會的一種現實主義的文學主張,叫做「鄉土文學」。1930年8月黃石輝就在《伍人報》(第9～11號)發表〈怎樣不提倡鄉土文學〉，以「你是台灣人，你頭戴台灣天，腳踏台灣地，眼睛所看的是台灣的狀況，耳孔所聽見的是台灣的消息，時間所歷的亦是台灣的經驗，嘴裡所說的亦是台灣的語言」爲前提，主張「用台灣話做文、用台灣話做詩、用台灣話做小說、用台灣話做歌謠，描寫台灣的事物。」1931年7月24日他又在《台灣新聞》上發表〈再談鄉土文學〉，主張用台灣話描寫台灣的事物，因爲「我們所寫的是要給我們最親近的人看的，不是要特別給遠方的人看的」；並在文字上主張有音無字時儘量採用代字，或另創新字。郭秋生響應黃石輝，也發表〈建設台灣白話文一提案〉，主張「台灣話的文字化」。當時，廖漢臣(毓文)、朱點人、林克夫皆在8月間發表文章反對鄉土文學，理由是其內容過於泛濫，沒有時代性、沒有階級性，也不知屬於那一種形式；此外，他們反對台灣話文，因爲它太粗雜幼稚，太紛歧不一，何況「中國人」看不懂，所以他們主張普及中國白話文。雙方論爭數年，沒有結論。

1950年代，在國民黨的反共文學及中國舊文學君臨下，台灣作家也開始反省，吳濁流、鍾理和、鍾肇政、楊逵等的作品，恒夫、白荻、趙天儀等的詩，都開始反映台灣本土的事物。1970年代起，陳映眞、黃春明、王楨和、王拓、楊青矗等的作品反映當時的台灣社會，尤其描寫從農業進入工業社會的台灣。對於寫作的方向與路綫，也在1970年代中期開始論爭。1976年初何言寫了〈啊！社會文學〉，9月，朱炎的〈我對鄉土文學的看法〉，主張「台灣和大陸是一體的」，「作家必須擴大視野」。華夏子提倡「三民主義文學」，建議「不可醜化社會」。1977年5月，葉石濤發表〈台灣鄉土文學史導論〉(《夏潮》)主張台灣的鄉土文學應該是以「台灣爲中心」寫出來的作品。國民黨的軍方作家朱西甯則寫〈回歸何處？如何回歸？〉抨擊鄉土文學說：「在這片曾被日本佔領經營半個世紀的鄉土，其對民族文化的忠誠度和精純度如何?」同時，銀正雄批評王拓的小說〈墳地哪裡來的鐘聲?〉是一種普羅文學；8月，《中央日報》總主筆彭歌在《聯合報》上發表〈不談人性，何有文學?〉點名批判王拓、陳映眞及尉天驄等三人，指責他們「不辨善惡，只講階級」，和共產黨的階級理論掛上鈎；國民黨開始準備扣大帽子了。8月20日，余光中也在《聯合報》上發表〈狼來了〉，一口咬定台灣的鄉土文學就是中國大陸的「工農兵文藝」，其中若干觀點和毛澤東的《在延安文藝座談會上的講話》，「竟似有暗合之處」。於是，國府官方及所謂兩大報，都從1977年7月15日～11月24日截止共有五十八篇文章攻擊鄉土文學。8月29日爲此召開第二次文藝會談(二百七十多人)，凡有問題的作家都未被邀請，嚴家淦出面大聲疾呼「堅持反共文藝立場」。王拓、陳映眞、尉天驄皆有所反擊，陳映眞提出「文化上精神上對西方的附庸化，殖民地位——這是我們三十年來精神生活的突出特點」，因此主張「建立民族風格的文學」。尉天驄主張「個人才具的有無發展，決定於他是否合於整個民族的喜怒哀樂。」至於在反映現實上，陳映眞主張日據時代的台灣文學作品是「強烈地表現了整個近代中國抵抗帝國主義的歷史場景」下，「勇於面對當時最尖銳的政治、經濟、社會和文化諸問題」，片面誇大及強暴了日據時代台灣文學的中國民族屬性，儘管王拓、尉天驄等人比較傾向反對貴族文學的無病呻吟，但卻也沒反對台灣文學是中國文學的一個支流的看法。

1978年1月18～19日，在台北召開的「國軍文藝大會」上，楚崧秋期待文學界要平心靜氣、求眞求實，共同發揚中華民族文藝；總政戰部主任王昇則強調要團結鄉土，鄉土之愛，擴大了就是國家之愛、民族之愛。這次大會意味著官方對鄉土文學的批判的終止，但1980年代起，鄉土文學早已被拋棄，「台灣文學」隨著時代進步與台灣人意識的逐漸覺醒而再度浴火重生了。

[參]葉石濤《台灣文學史綱》(1987)；尉天驄《鄉土文學討論集》(遠景，1978)。

小刀會 [清]台灣民間的一種自力救濟武裝組織

1772年(乾隆37年)大墩(台中市)街民林達賣檳榔，被汎兵強買毆辱，林達召集林六等十八人結拜爲「小刀會」，相約遇有營兵欺負，各帶小刀幫護。1773年又有彰化縣民林阿騫邀集黃添等六人結拜小刀會。1780年7月，興化營兵丁洪標等七人在彰化濘田拜祭從前「征番」陣亡兵丁，在住民楊振文新蓋的房子前祭拜，被楊搶走供品，雙方互毆，兵丁開鳥槍誤傷賣水果的林水，兵丁陳玉麟被縣官革糧逐伍，懷恨而屢次糾衆擾民，百姓相約結成小刀會以抗拒營兵。1798年(嘉慶3年)茅港尾(台南下營)的徐章、胡杜猴等人，各出三百文，歃血結盟，焚香後人人走過小刀下，不久被密告，官府抓徐章、胡番婆等人，胡杜猴逃逸。1801年11月，逃犯郭定躲在白啓家中，他們相約結爲小刀會，準備在11月11日攻打鹽水港，早被官方截獲情報，白啓不敢妄動，轉而率衆搶刼武生蔡廷光的家，事敗而被處斬。

小林躋造 Kobayashi Seizō

1877～1962 [日]第十七任台灣總督

廣島人。海軍出身，歷任駐英、美武官。1931年爲聯合艦隊司令，1936年當台灣總督(1936年9月～1940年11月)。他是海軍預備役提督，卻就任文官總督。1937年7月

中日戰爭後，他加強統制台灣的物資，強化皇民化運動，以及大力剝削台灣人；同時，推行同化政策，擴充教育，使(內)日台共學，改革地方制度。1944年任小磯國昭內閣的國務大臣，戰後以戰犯身份被囚禁(～1947年)。

[參]黃昭堂《台灣總督府》(1981)。

蕭朝金 1908～1947 牧師

彰化社頭人。鄉下醫生之子，高中資格檢定合格，再念台南神學院，至高雄岡山傳道。1945年爲三民主義青年團岡山地區負責人，1947年3月10日出面交涉被捕青年，一去不回，慘遭槍斃。

謝春木(南光) 1902～1969

彰化二林人。東京高等師範畢業，1921年參加文化協會，曾任《台灣民報》主筆。1927年參加民衆黨，1930年與黃白成枝創辦《洪水報》；1931年民衆黨被禁後赴上海，1937年入重慶國際研究所，奔走「光復」台灣，及組織台灣革命同盟會工作。1946年爲駐日代表團文化組副組長，1951年投奔中國。1954年爲中國第二屆政協、外交學會理事，曾批鬥謝雪紅。

謝金鑾(巨廷, 退谷)

[清]教諭(督學)

福建侯官人。嘉慶年間中舉，爲郡武教諭，1810年爲嘉義縣教諭，當時蔡牽攻陷鳳山，他調動人民守城；後來台灣知縣聘他修《台灣縣志》(1807年)。謝金鑾關心蛤仔難，著《蛤仔難紀略》六篇，主張開闢當地，1810年清廷准開地，翌年置噶瑪蘭通判，1812年置噶瑪蘭廳。他也曾爲平息械鬥而奔走，善詩文，被當地視爲文學先導。

[著]《二勿齋集》、《春世暮雲編》。

謝冠生 1897～1971 司法院長

浙江嵊縣人。上海徐匯中學畢業，商務印書館編輯、震旦大學法科畢業，1924年法國巴黎大學博士。歷任外交部條約委員會委員(1927年)，司法院秘書長等，1950年爲司法院副院長、院長(1958～1971年)。

[著]《中國法制法》、《蘇聯與國際法》。

謝國城(萬里) 1912～1980

台南人。早年隨家人遷居日本，

早稻田大學政經科畢業,當《讀賣新聞》記者,1946年回台灣,歷任台灣省體育會總幹事、大公企業總經理、合作金庫協理、省政府參議等職。1949年起接任台灣省棒球協會理事長(～1977年),致力推廣台灣的少棒運動,使台灣的青、少棒揚名國際。後來當選爲立委,並爲明治奶粉董事長等職。

謝國文(星樓) 1889～1938 詩人

筆名「柳棠君」。台南市人。1921年參與台灣文化協會運動,1922年寫《犬羊禍》小說諷刺林獻堂、楊吉臣等被日本人安撫,後來至大陸遊歷,1924年治警事件起訴時,日本人舉辜顯榮爲印度顏智(甘地),他寫「辜顯榮比顏智,破尿壺比玉器」轟動一時。

[著]《省廬遺稿》

謝介石 1878～?

台灣新竹人。新竹公學畢業,赴日本,任教東京東洋協會學校,再至中國福建法律講習所擔任總教習。1915年以後歷任直隷巡按使署外交辦事員、直隷交涉公署署長,1931年後爲吉林省政府交涉署長,1932年爲滿洲國外交部總長,1934年爲參議府參議,1935年任滿洲國駐日大使(～1937年)。

謝立三 Alexander Hosie
1853～1925 [清]英國領事

1876年至中國爲使館翻譯學生,1881年起歷任重慶、溫州、煙台、台灣領事。1902年4月爲駐成都總領事,1905～1908年爲商務參贊,1909～1912年爲駐天津總領事,1919年被召回。他寫了有關台灣問題的報告

[著]《華西三年》、《鴉片問題探索:中國主要產烟省份旅行記》

謝廉清 1903～?

彰化市人。台中商校畢業,北京朝陽大學政經科畢業(1923～

1926年)，歷任天津地方法院書記官、北京郁文大學教授、中國陸軍大學教官、三十三軍政治訓練處主任(1926～1937年)。1932年入台灣民報社，1937年再赴天津，中日戰爭後爲「北京新政府」實業部商工科長、畜產司長。

謝雪紅(名阿女)

1901.10.17～1970.11.5　台共

彰化人。製帽工之女，本名「阿女」，十三歲當台中富商之妾，1917年離家至台南當製糖場女工，再嫁張樹敏(台中東勢人)爲妾，赴日本神戶三年，自修日文與漢文，1920年返台中爲勝家裁縫外務員，1922年自設嫩葉屋洋服店。加入台灣文化協會(1921年)，1925年前後抵上海，參加過五卅運動，化名謝飛英，入上海大學社會系(主任瞿秋白)四個月，1925年10月與林木順至莫斯科東方大學，1927年11月回上海；1928年4月15日在上海參與創建日共台灣民族支部(台灣共產黨)，爲候補中委及駐東京聯絡日共；1928年3月起上海讀書會被日警逮捕，她在4月26日被捕(～6月2日)，回台獲釋，在台中的台灣農民組合本部成立「社會科學研究部」(9月)，吸收簡吉、楊克培等人。11月召開台共島內第一次中央會議。1929年與楊克培在台北開設「國際書店」，1930年10月召開松山會議，開始被蘇新、陳德興等鬥爭，1931年5月31日～6月2日在台北被捕，判刑十五年，1934年改判十三年，1939年以患肺病保釋出獄，化名山根美子在台中開「三美堂」百貨店。1945年10月戰後，在台中成立「人民協會」、「農民協會」，接辦建國工藝學校，開大華酒家。1947年3月2日在台中號召人民起義，攻佔台中警局及公賣局台中分局，成立「人民政府」，3日成立「台中地區治安委員會作戰本部」爲總指揮，攻佔軍營及彈藥庫，供應嘉義、虎尾的起義軍，6日編「二七部隊」。9日退入埔里；5月逃至香港。11月12日成立「台灣民主自治同盟」(上海)，1948年入中國，歷任中國婦女聯合會執委、政協委員會，1951年爲華東局委員，1957年12月被批鬥爲右派，1958年1月趕到鄉下餵豬。1968年文革期間又被紅衛兵批鬥，1970年病逝，留下三個遺言：⑴她不是右派；⑵信仰社會主義；⑶一生也犯過錯誤。1988年9月中共始恢復她的名譽。

[參]陳芳明《謝雪紅評傳》(前衛，1991)

新渡户稻造 Nitobe Inazō

1862~1933 [日]農學家、思想家

盛岡藩士之子。札幌農校畢業，歷任第一高校校長，東京女子大學校長。1901年他應後藤新平之邀，就任總督府殖產局長，提出〈糖業改良意見書〉，以國家權力及資金補助糖業發展生產，保護市場；尤其確保原料，即未經許可不准設新式糖廠，蔗農所生產的甘蔗不得搬出其他區域，因此日本糖業資本得以在台灣發展。新渡戶是基督徒，寫很多關於東西哲學比較及介紹日本思想的著作，包括《武士道》、《東西接觸》等。

《新港文書》

十七世紀荷蘭傳教士用羅馬字拚寫平埔族語的《聖經》、〈祈禱文〉、〈十誡〉等，或日常會話，包括 Jac. Vertrecht 的《Favtorlangh語基督教教材及說教書》、Gilbertus Harprt的《Favorlangh語辭典》、Daniel Gravius的《Sideia語馬太福音》等等。新港即台南新市的平埔族社名。至十

八世紀(1774年),《台灣府志》還記載著:「習紅毛字者日『教冊』,用鵝毛管,削尖,注墨汁於筒,蘸而橫書自左而右。登記符檄錢穀數目;暇則將鵝管插於頭上,或橫貯於腰間。」

1933年5月15日,台北帝大文政學部出版由村上直次郎將新港文(西拉雅族使用)的地契(番仔契)一〇一件輯成《新港文書》,成爲研究平埔族與漢族交流的寶貴原始史料。

新民會 [日]台灣留學生的第一個政治運動團體

1919年底林獻堂在東京召集蔡式穀、林呈祿、蔡培火、王敏川、黃周、吳三連等成立「啓發會」,無固定宗旨與組織,不久消散。1920年1月8日,蔡惠如組織「新民會」,取《大學》中的「作新民」爲會名,推林獻堂爲會長,主要章程爲「專爲研究台灣所應予革新之事項,以圖謀文化向上之目的」,集結當時在東京的台灣學生;3月,制定三個主要目標爲:①增進台灣人的幸福,效力台灣統治的政治改革;②擴大宣傳,啓發島民(籌辦《台灣青年》);③聯絡中國人同志。1921年起,這個團體都以「台灣青年會」名義活動。

新台灣安社

[日]無政府主義團體

1924年2月由范本梁及燕京大學學生許地山組成,無所發展。范本梁主張驅逐日本強盜,暗殺日本總督及官吏、走狗、資本家。他更主張:「同胞們,毋忘巴枯寧在盧昻應訊時的話及虛無黨的一語。二事即:㈠腦中的思想、槍口的子彈;㈡一個炸彈勝過十萬冊的書籍。一語即『目的決定手段』」。1926年3月東北軍閥張作霖佔北京,迫害社會主義運動,范本梁在7月潛回台灣,不久被捕。

[參]范本梁《新台灣》(1924);張深切《我與我的思想》(1965)。

新竹騷擾事件 1927.11.27

[日]

新文協在新竹市西門媽祖宮召開攻擊警察暴虐大會,聲討11月3日因「反對土地及產業政策大會」而被拘留二十天的新竹支部委員陳繼章、楊國成。警察上台制止，鄭明祿、林冬桂、林碧梧、張信義等率領三百多人向郡役所示威，並丟石頭，當場有一〇七人被捕，七十一人判刑。日本勞農黨的水谷長三郎、上村進都趕來台灣在法庭上聲援。

新學研究會 [日]

1906年8月成立，會長爲日本人伊藤政重，副會長羅秀惠，會員包括洪以南、王慶忠、黃茂淸、謝汝銓等，宗旨爲普及新知識，以抗拒日本消滅漢文化之企圖。

興台會案 1962.7

高雄中學同學會爲主的陳三興、施明德等人被捕，施明德(砲校畢業，在金門服中尉役)、蔡財源(陸軍官校第37期生)、吳炳坤等軍人及軍校生皆被判重刑，並牽涉施明德的二個兄長施明正(作家)、施明雄；陳三興與施明德皆判處無期徒刑，其餘三十多人分別處重刑。他們都主張台灣獨立，並建立亞細亞聯盟。

修來館 [淸]

1679年福建總督姚啓聖在漳州設置的招降鄭經部衆的賓館。由鄭氏的叛將黃性震建議，以高位厚祿收買人心，不用干戈；凡東寧國來投降者，文官以原銜題照推補，武官換箚保提現任；兵、民投誠的，留長髮的賞五十兩，短髮的賞二十兩。這一招果然使鄭經的部衆紛紛叛逃，上下生隙，陰影重重。

徐孚遠(闇公) 十七世紀[明]

江蘇華亭人。秀才出身，南明福王敗亡後，他輔佐夏允彝抗淸，授福州推官、兵科給事中。唐王敗後，他遁入海上，擁立魯王(監國)，升爲左僉都御史；後來投奔鄭成功。1658年冬，至越南。朝覲桂王。1661年隨鄭成功入台，歿於台灣。

徐宗幹(樹人) ?～1866[淸]官吏

江蘇南通人。嘉慶進士，歷任山東曲阜、武城、高唐州知縣、知府，汀漳龍道，1848年爲台灣道，改造台灣軍隊，1850年訂〈全民紳民公約〉，強烈排外，嚴禁鴉片。1853年天地會林恭起義，他以「用盜攻盜，以民防民」政策收容游民，驅其爲鎭暴隊伍，1854年寫〈勸民歌〉要人民莫從「總大哥」去造反，同年陞福建按察使，被上司彈劾而去職，旋復職，歷任浙江按察使、福建巡撫。

徐坤泉 1907～1954 作家

筆名「阿Q之弟」。澎湖人。上海聖約翰大學畢業，去過日本、南洋，回台後編《台灣新民報》學藝部，他的小說纏綿悱惻，愛恨交織，著有《暗礁》、《靈肉之道》(1937)、《可愛的仇人》(1936)等。

徐立鵬 十八世紀[清]開拓者

廣東陸豐人。由南寮登陸，至紅毛港新莊仔拓墾，西至海岸，南至鳳山崎，北抵楊梅壢之笨仔港(在新竹一帶)，爲大租戶。

徐驤(雲賢) 1858～1895 抗日烈士

苗栗頭份人。諸生出身，1895年在家鄉組抗日義軍，參加新竹保衛戰，兵敗退至中部，與吳湯興、吳彭年一起抗敵，在大甲溪大敗日軍，後來退守曾文溪，戰歿(11月)，死前說過：「不守此地，台灣必亡，我不願生還於中原」。

徐用儀 1821～1900 [清]官僚

浙江海鹽人。1862年爲軍機章京，翌年兼總理衙門「行走」，歷任大理寺卿、及兵、工部侍郎；1894年爲軍機大臣。中日甲午戰爭(1894～1895年)期間，擔任總理衙門大臣。他和孫毓汶主張對日和平，屬太后派，與翁同龢對立而被免職。1898年西太后重掌政權，再度啓用；1899年兼兵部尙書。義和團運動激烈時，他和立山、許景澄、聯元、袁昶等人力主壓制義和團，卻被保守派所忌。1900年八國聯軍攻進北京前，五人都被斬。

[參]《清史稿》472；《清史列傳》62。

許丙(芷英) 1891～1963 台奸

淡水街芋寮林字庄人。1911年(台北)國語學校畢業，至板橋林家管帳，曾赴日本明治大學唸過書。1930年爲總督府評議員，歷任華南銀行監查、協成建設、永昌產業等主持者。1945年8月日本戰敗後，他和林熊徵、簡朗山、辜振甫等主張聯合日本在台少壯軍人宣佈台灣獨立，失敗後被國民政府判刑一年十個月(1946年10月)，1950年被吳國楨聘爲省政府顧問，不久去職。1951年策劃扶林頂立爲副議長。

[參]謝錫德〈帳房出身的理財家許丙〉(《台灣近代名人誌》第3冊)

許丙丁 1900～1977.7.19 民謠詮釋者

台南市人。以台南市各大小寺廟的神佛爲故事，寫出《小封神》，戰後又寫《廖添丁再世》。他還塡寫〈六月茉莉〉、〈卜卦調〉、〈丢丢銅仔〉、〈牛犁歌〉、〈思想起〉等歌謠的歌詞。一生熱心公益。被世人尊爲「肝膽一古劍，風雪萬梅花」。

許強 1913～1950 醫生

台南佳里人。台北帝大醫學部畢業，二十七歲獲醫學博士，1950年與郭琇琮等被捕處死，當時還擔任台大醫院內科主任，被控爲台北市工委會台灣大學附屬醫院支部負責人。

許地山(贊堃，筆名「落華生」) 1893～1941 作家

台南人。進士許南英的第四子。1895年隨父逃至龍溪，1914年任教緬甸仰光。1917年入燕京大學，1921年與周作人等成立「文學研究會」，1923年赴美，入哥倫比亞大學，1925年入英國牛津大學，獲文學博士。1926年回中國，任教於燕京、北大及清華各大學。1933年留學印度，1936年爲香港中文大學文學院長，病歿。他曾與范本梁在1924年成立「新台灣安社」的無政府主義組織(北京)。

[著]《空山靈雨》、《綴網勞蛛》(1925)及《許地山選集》(1951)。

許南英(子蘊) 1856～1917 文人

安平縣人。1884年中恩科會魁，

志不在當官，回台灣。他深入山地，研究如何教化土著。1895年在台南爲籌防局統領，率民兵抵抗日軍。兵敗逃亡中國，後至新加坡、曼谷。1897年起歷任陽春、陽江知縣等職。1911年武昌起義後，赴漳州爲革命政府民事局長；1913年爲龍溪縣知事，不久退休。1916年回台省親，再赴蘇門答臘。1917年歿。

[著]《窺園留草》

許乃昌(筆名秀湖)

1907.2.14～　文化人

彰化市北門人。1922年進入上海大學，由陳獨秀保薦入莫斯科中山大學。1925年6月至東京，入日本大學，組織留日學生商滿生、楊逵、蘇新等成立「台灣新文化學會」(1926年1月)，再改爲「東京台灣青年社會科學研究部」(9月)。1926年8月至1927年1月，與陳逢源論爭中國改造問題，以無產階級爲肩負中國改造的歷史使命反駁陳逢源的不可先跳過資本主義階段而冒然進入社會主義的發展論述。台共在台灣發展期間他似乎沒什麼參與。1932年在《興南新聞》工作，1937年爲昭和製紙董事之一，1942年擔任台北市集大產業的支配人。1945年起主持過東方出版社、創立台灣文化協進會。

[著]〈中國新文學運動的過去、現在、未來〉(1923)，〈歐戰後的中國思想界〉(1927)。

許尚　?～1824　[清]抗清者

鳳山縣港西里廣安庄(屏東)人。檳榔販，1824年鳳山知縣追緝社會不穩份子，許尚與林溪、蔡雙弼、高烏紫、王曾、楊良斌等人聚義，準備在10月11日起事。林溪(軍師)的母親告密，使他們提前攻埤頭，被四鄉的義民擊退；

楊良斌企圖由彰化逃出海，也被抓回府城，一共有四十五人被處死。事後，官方加強淸鄉與修建城墻。

許錫謙　1915～1947

花蓮人，花蓮首富許柳枝的獨子，北二中(成功高中)畢業，1931年與王懋卿等人組織「台灣經濟外交會」花蓮分會。1946年爲三民主義青年團花蓮分團股長，並編輯《青年週刊》、《青年報》。1947年二二八事變時爲事件處委會成員，不久避走台北，回家途中在南方澳就地被殺害。

[參]楊照〈尋親——記我與外祖父許錫謙先生〉(《自立晚報》副刊，1988.7.25～26).

許石　1920～1980.8.2　作曲家

台南人。當過教員(台南中學、台南高工、樹林中學)，1952年創辦中國唱片公司，後來失敗，貧病交迫而去世，主要作品有〈南都夜曲〉、〈酒家女〉、〈夜半路灯〉、〈安平追想曲〉、〈行船人〉等。

許世賢　1908～1983　政治家

台南市人。前淸秀才許煥章之女，台南州立第二高女、東京女子醫專(1930年)畢業，1933年與張進通醫師結婚，再入九州帝大醫學部醫院當醫生，1939年獲醫學博士。1941年在嘉義開順天堂醫院，1945年爲嘉義女中校長；1946年爲市參議員，1954第二屆臨時省議員，1957年再當選議員，與李萬居、郭國基、郭雨新、吳三連、李源棧號稱「五龍一鳳」。1960年參加籌組中國民主黨，1966年嘉義市長，1972年增額立委，1982年爲嘉義市長，翌年歿於任內，由四女張博雅繼任。

許壽裳(季黻)　1882～1948.2.29　學者

浙江紹興人。日本東京高等師範畢業，1909年返中國，任譯學館教習；1912年入教育部，兼北京大學、北京高師教授。歷任江西省教育廳長(1917年)、北京女子高師校長(1922～1924年)、中山大學國文系教授(1927年)等職，及中央研究院文書幹事、西北聯大史學系主任(1937年)。1946年來台灣，擔任編譯館長，1947年擔任台大中文系主任。他是魯迅的知交，在台期間致力編譯學校課本、社會讀物。1948年小偷入室，遂遇害。

許松年(蓉雋)　[清]武將

浙江瑞安人。1805年(嘉慶10年)護理金門總兵，率兵至台協防蔡牽攻擾，擊退蔡牽(2月)及朱濆(3月)。翌年又大敗蔡牽，與李長庚夾擊蔡牽，迫其出海。1823年(道光3年)渡台閱兵(任福建水師提督)，入山鎮壓噶瑪蘭匠首林泳春，1926年壓制北路閩粵械鬥，後與總督孫爾準不和，去職。

胥吏　[清]

無給職，介於官、役之間的本地人，分爲八房：①吏房(官員陞授、報捐功監)；②戶房(管官營的蔗廍、牛磨、當铺、地丁、糧錢之耗羨)；③糧稅房(稅收、採買、屯餉等)；④禮房(學校、考試、祭祀)；⑤兵房(海防、兵站、驛站)；⑥刑房(民、刑事)；⑦工房(公共建設、拏獲私載鐵鍋、硝磺、鉛葯)；⑧承發房(一切文書批發、仰訊)。各房設首書一名，下有幫書數名(安平縣則有五十～一百人)、淸書(謄繕公文)。胥吏爲當地土豪與沒落知識份子，包攬民間一切事務，上通官府，下壓百姓，一手遮天，父子兄弟相傳，爲所欲爲。

[參]戴炎輝《清代台灣的鄉治》第8篇

《續修台灣府志》

1762年(乾隆27年)余文儀主修，黃佾纂輯，二十六卷，沿襲范咸《重修台灣府志》分類，除卷首鍾音作序、余文儀自序、續修姓氏外，其餘皆「范志」原有者，只增加一卷，即「詩」；子目中只改「養濟院」爲「郵政」，人物志增加「進士」一目，武備之「官秩」改爲「武職」。內容增加乾隆時代以來體制、土地、田賦、開發與藝文，成爲後來台灣地方志的範本。

薛志亮(耘盧)　?～1813[清]官吏

江蘇江陰人。乾隆年進士，1806年(嘉慶11年)爲台灣知縣，擊退海盜蔡牽；他延攬鄭兼才、謝金鑾編《續修台灣縣志》(1807年)；1809年升北路理番同知，1913年調升淡水同知，卒於任內。

薛珍允　十七世紀[清]拓墾者

福建海澄人。渡台至台灣府油巷尾，後至大莆林，其子孫開拓斗六(雲林)。

學政提督 [清]

主管文教的官吏，舉凡批閱試卷、任命府縣學教授官、秀才黜陟，經費運用皆受其掌理。清初由滿漢巡台御史兼理，後歸台灣道，清末則改歸台灣巡撫兼管。在學政下設提調官，由知府兼任，專司調派教授、學生、教諭、訓導等四種教官(通稱「老師」)。

學委會案 1950.5.10

台大，師院及北、竹、中、嘉、南、高各支部形成「學生工作委員會」，1950年被蔡孝乾等供出，四十五人被捕，十一人處死刑：

●學委會案被判死刑者

姓名	年齡	籍貫	出身，職業	
李水井	31	台南	日本山口商專	開南商職教員
楊廷椅	25	新竹	日本明治學院	無
陳水木	26	高雄	師範學院	
黃師廉	26	台南	東京兩洋中學	朴子國校教員
陳全目	27	台南	師範三年生	
賴傳裕	22	高雄	師範畢業	高雄商職教員
吳瑞爐	23	台中	師範畢業	斗南中學教員
王超群	24	台北	台大工學院四年級	
鄭文峰	22	台南	台大工學院四年級	
葉盛吉	28	台南	台大醫學院	潮州療疾所醫生
鄭澤雄	25	澎湖	師範學院	澎湖水產學校教員

[參]《歷年辦理匪案彙編》第2輯，p.93～105。

巡檢 [清]

掌管地方警察職務，並監督義塾，屬下有二十七名吏役壯丁。

《巡台退思錄》

1881.9～1884.10[清]

台灣兵備道劉璈在任內的文

稿，舉凡對台灣的庶政、洋務、海防各方面，都有獨到的見解，尤其有關開山撫番與煤務、海防及外交上，他批評劉銘傳巡撫的急進冒功，後來兩劉交惡，劉銘傳撤其職，流放黑龍江；並且奏請銷毀他的著作，但書已印行。(171,600字)。

[參]夏德儀〈巡台退思錄弁言〉

巡台御史 [清]文職

滿、漢各一員，駐台灣府，每一年更替。歷經變革，1781年停派，1787年罷之，改派督、撫來台巡視。

郇和 Swinhoe, Robert

1836～1877 [英]領事、鳥類學者

皇家學院及倫敦大學畢業。1854年至香港，1855年至廈門，1858年隨H. M. Inflexible號至台灣，尋找流落在台灣北部硫礦礦當苦工的歐洲人。1860年至天津，1861年任台灣府副領事，駐淡水。他鼓勵台人種茶。1864年在淡水設領事館的辦事處。在台灣八年(1858～1866年)，研究博物而聞名。1866年改駐廈門，1875年退休。

[著]On the species of Zosterops inhabiting China & japan,with the discription of a new Species; Catalogue of the birth of China;Narrative of a Visit to the Islang of Formosa.(1958)

〔Y〕

鴉片

台灣過去爲亞熱帶病的溫床，霍亂、瘧疾隨時發生，一般人用鴉片混合煙草吸食，以抵抗瘴氣。十九世紀台灣估計有五十萬人吸鴉片，即每五個台灣人當中有一人吸食鴉片。年耗100,000斤，每日耗銀10萬兩。1860年開港以來，英國人從印度經華南運鴉片來台，換走樟腦及糖、米，每年平均不下40,000斤的鴉片進入台灣。每100斤爲400兩，每年台灣就要耗掉1,200,000兩，試以1885年爲例，鴉片輸入1,610,000兩，佔同年台灣輸入總額的51%。而且鴉片的進口關稅，尤其1887年以後，幾乎占台灣財政的一半以上。

●鴉片進口值

(1868～1895)　10,000海關兩

年代	進口總值	鴉片進口值	%
1868	116	86	74
1870	145	101	70
1875	222	149	67
1880	356	226	63
1885	316	161	51
1890	384	198	52
1895	281	116	41
合計	8317	4706	57

(劉明修《台灣統治と阿片問題》,〔山川〕, 1983)

●鴉片在台灣財政上的收入(兩)

年度	關稅	釐金	合計a	歲入總額b	a/b(%)
1881	139,842		139,842	538,865	26
1882	114,154		114,154	572,283	20
1885	90,655		90,655	525,095	17
1887	126,983	299,289	426,272	872,100	49
1888	139,339	371,566	510,905	1,002,590	51
1892	153,522	412,061	565,583	1,079,101	53

(劉明修《台灣統治と阿片問題》,〔山川〕, 1983)

鴉片戰爭 1839～1842 [清]

1839年4月,欽差大臣林則徐到廣州，沒收洋商鴉片，英商不從而被沒收二萬箱付之一炬,9月28日，英艦砲轟廣州，揭開戰火，1840年5月，英艦封鎖廣州，占舟山，翌年又佔舟山、寧波、廈門、上海、鎮江，進逼南京。清廷在1842年8月29日與英國簽定《南京條約》,割讓香港,開放五口通商。鴉片戰爭後，台灣方面總兵達洪阿及兵備道姚瑩嚴防英軍入侵，1841年7月英艦紐布達號(Nerbudda)攻雞籠，被清軍擊退，中彈而觸礁，有二〇四名印度兵被俘，全體被殺。9月，英艦又在雞籠被擊退。1842年1月30日，又有三艘英艦攻大安港，被擊退，其中安因號(Ann)觸礁，又有五十七人被俘。達洪阿被道光帝賞太子太保。鴉片戰爭結束後，英使樸鼎查指控達洪阿、姚瑩殺俘,清廷在1843年將二人革職治罪。

鴉片政策 [日]日本人對台灣鴉片的公賣與漸禁政策

1895年7月6日的〈台灣人民軍事處分令〉上(第一條，死刑)嚴禁台灣人提供鴉片給日本軍人、軍屬吸食，否則處死。衛生局長後藤新平力主漸禁政策，向伊藤博文首相提出〈關於台灣島鴉片制度之意見〉(1895年12月)，1897年1月21日台灣總督府公佈〈台灣鴉片令〉,嚴禁台灣人販賣與製造鴉片，一切由政府專賣，無特許者處以重刑(二～五年以下)與重罰。最大的措施爲發鴉片吸食特許證，需向官方登記，至1928年准許吸食者只剩27,000人，爲1900年(165,752人)的16%,吸鴉片的占人口總數比例也從1879年的2.1%降至1930年的0.5%。

●台灣人鴉片吸食特許者

年度	特許者人數	占人口比例%
1897	50,597	2.1
1900	169,064	6.2
1910	98,987	3.2
1920	48,012	1.3
1930	23,237	0.5
1941	7,560	0.1

鴉片爲公賣，也使地方士紳得以申請販賣及製造吸食器具、開煙館，至少有一成的利潤。鴉片煙膏的大賣商約六十人左右，即

每個地方平均一人(配合警署的分佈), 小賣商約一千多人(逐年減少), 由當地警察課指定, 成爲御用紳士最大的特權。例如彰化的楊吉臣當過保良局長, 「平亂」有功, 被指定爲彰化地區的鴉片大賣商, 1923年還受五等瑞寶勳章。

鴉片的公賣收入更是總督府的大財源, 1914年度台灣的財政獨立, 地租及鴉片收入是最大的貢獻。

●鴉片收入占經常歲入比率(%)

年度	鴉片收入①	經常歲入②	①/②(%)
1898	1640210 (圓)	5315879	30.9
1913	5289595	38330994	13.8
1914	5226495	39007619	13.4
1921	7533625	70438196	10.7
1929	4027936	107581500	3.7
1941	1841522	265864601	0.7

劉明修《台灣統治と阿片問題》, p.204

雅美族 Yami

在離島的蘭嶼(紅頭嶼)上的原住民, 人口約三千人, 語言幾乎與菲律賓的北部巴丹群島居民一致, 生性和平, 以漁獵爲主, 善打造獨木舟, 行原始分配財物制。

岩生成一 1900~

台灣歷史學者

福岡小倉市人。東京帝大文學部畢業(1925年), 1929年爲台北帝大助教授, 1930年赴荷、英、印尼留學, 1936年升爲台北帝大教授, 精通荷蘭時代台灣歷史。

顏思齊 1588?~1625

[明]海盜

福建泉州人。早年流亡日本, 與鄭芝龍等縱横海上, 1624年攻打長崎失敗, 逃到笨港(北港), 翌年病歿。

顏水龍 1903~ 畫家

台南下營人。台南州立教員養成所畢業, 當教師, 1920年入東京正則中學, 1922年進東京美校, 1929年回台, 再赴巴黎, 1931年以〈少 女〉及〈Mont－Souris公園〉入選秋季沙龍; 1932年至日本, 1933年回台, 在純德女中及淡江中學教書; 1937年起籌辦美術工藝學校, 受總督府委託調查台灣的工藝基礎(~1939年), 1940年在台南海邊學甲、北門一帶開發海草，1941年成立南亞工藝社，1944年被徵調至陸軍經理部，戰後推展工藝及美術不遺餘力，主要作品有〈裸女〉(1927)、〈少女〉。

[著]《台灣工藝》

顏雲年 1875～1923 實業家

台北瑞芳鯤魚坑人。入漢學仔，1895年爲日軍守備隊通譯，轉任瑞芳警察署巡查補。1900年爲藤田傳三郎的金礦供應工料及勞工，1903年設金裕利號，1904年創立雲泉商會，1918年承購藤田的金礦，1919年與三井會社合資成立基隆炭礦，1920年籌設台陽礦業。其弟國年(1886～1937)加入採礦。1921年爲總督府評議員，1923年去世。1925年國年創海山炭礦，1929年國年任府評議員，1937年去世。

[參]友青會《顏雲年翁小傳》

閻錫山 1883～1960 軍閥

山西五台人。1901年入山西武備學堂，1904年至日本陸士，1910年任山西新軍標統，1911年辛亥革命後爲山西都督，自立爲王，1927年與蔣介石合作，1930年與馮玉祥反蔣失敗(中原大戰)，逃亡大連，1931年回太原，中日戰爭期間爲第二戰區司令兼山西省主席，1949年6月爲國府行政院長兼國防部長，12月底至台灣，交出職權，1960年去世。

嚴家淦(靜波) 1905～1993

江蘇吳縣人。上海聖約翰大學化學系畢業(1926年)，曾任西門子

洋行買辦，京滬、滬杭甬鐵路管理局材料處長，陳儀主政時代的福建省貿易公司總經理、福建省建設廳長、福建省銀行董事長，1945年調重慶，12月來台灣，任台灣省長官公署交通處長、財政處長，1947年爲台灣省財政廳長，1950年起歷任經濟部長、美援運用委員會副主任、財長，1954年任省主席，1957年起爲行政院政務委員兼美援運用會主任，1958年再任財長，1953年爲行政院長，1966年爲副總統，1975年繼蔣介石爲總統，1978年退休。

嚴慶齡　1909～1981　企業家

江蘇上海人。上海同濟大學機械系畢業(1931年)，留學德國柏林高等工業大學，1932年回國，爲泰利機器製造廠經理，開始經營紡織業，1949年來台，創立台元紡織，1953年創建裕隆汽車，1956年生產第一台汽車，卻在國府保護下，汽車工業遲遲不進步。1974年又在三義設廠。

延平學院

戰後台灣人自己辦的學校，1946年10月10日開校，由劉明(礦業家)、朱昭陽等創辦，借台北市開南商工學校教室開辦夜校，有政、經、法三系，由日本東京帝大畢業的朱昭陽、宋進英、朱華陽、邱永漢等及台大教授授課。1947年二二八後，陳儀藉口該校發現私藏武器及「興華共和國」旗幟而強迫停辦，至今只有延平中學繼續延續香火。

[參]林忠勝《朱昭陽回憶錄》(前衛，1994)

鹽分地帶文學

台南縣北門郡(包括佳里、學甲、將軍、七股、北門、西港一帶)靠近台海，土質含有大量鹽分，被稱爲「鹽分地帶」，從1930年代起，吳新榮、郭水潭、徐淸吉、王登山、林精鏐等作家輩出，但沒有固定的組織及刊物。1979年起，鹽分地帶作家開始舉辦「鹽分地帶文藝營」，一年一次集會。1960年代起，林佛兒(林淸文之子)、楊文雄(楊青矗)、王明發、羊子喬、黃勁蓮、蕭郎、鄭烱明等人也繼續成爲鹽份地帶的第二代作家。

[參]林佛兒、羊子喬《鹽分地帶文學選》

(林白, 1979)

楊朝棟　?～1661　[鄭]

閩北人。投效鄭成功, 後來協理五軍戎政。1661年他堅持攻台灣, 5月辦承天府尹, 因剋扣軍餉而被鄭成功殺死。

楊昌濬　?～1897　[清]武官

湖南湘鄉人。辦團練、追擊太平天國軍, 1864年收復杭州, 升爲浙江按察使。1870年授浙江巡撫; 1878年幫辦甘肅、新疆善後, 1880年爲陝甘總督, 1883年爲漕運總督, 1884年調補陝甘總督, 任期內無法處理甘肅的回教徒反亂, 革職查辦。

楊岐珍　1837～1903　[清]武官

安徽壽州人。辦團練而隨軍追擊太平天國軍, 轉戰江浙、福建, 爲記名總兵。1867年又擒捻軍的賴汶祥, 再賞爲記名提督。1875年在直隸, 1883年至溫州、台州防守。1887年調補浙江定海鎭總兵, 1892年爲福建水師提督, 1894年赴台灣防守, 回大陸後仍出洋巡視福建海面。

[參]《淸史列傳》72。

楊傳廣　1933～

台東人。台東農業畢業, 美國加州大學洛杉磯分校(UCLA)體育系畢業。1960年在羅馬十七屆奧運會上奪得十項運動銀牌, 號稱「亞洲鐵人」。1982年爲全國體協理事, 1983年爲增額立委。

楊華(名顯達)　1906～1936.5.3　詩人

屏東人。一生貧病交迫, 以教私塾爲生, 1927年被捕, 在獄中寫《黑潮集》三十五首新詩, 1936年懸樑自盡。小說只有二篇(〈一個勞動者的死〉、〈薄命〉(1935))。他的詩反映台灣被壓迫大衆像小草一樣被踐踏, 在黑潮壓頂下詩人感到無奈與不安。

[參]林載爵〈黑潮下的悲歌——詩人楊華〉(《日據下台灣新文學集》(4)詩選集)

楊芳聲　[清]第一任鳳山知縣

直隸萬全人。貢生, 1624年至台灣鳳山, 規劃建制, 三年秩滿擢戶部江南司主事。

楊金虎 1898.10.7～

台南歸仁人。1920年台北醫學校畢業，1925年日本醫專畢業，曾在東京帝大醫院工作，並遊歷華南、朝鮮，1927年回台，在高雄開業，加入民衆黨，1935年當選高雄州議員，1942年爲皇民奉公會高雄州生活部長，高雄市政委員，1947年爲國大代表，1950年代加入民社黨，1953年競選高雄市長失敗，至1968(七十歲)才當選高市第五屆市長，1973年以涉嫌賣官鬻爵及國民住宅弊案下台。

楊亮功 1897～

安徽巢縣人。北京大學國文系畢業(1920年)，留學美國史丹福大學(MA)、哥倫比亞大學及紐約大學(Ph.D)，1928年回國，歷任大學校長，1931年爲北京大學教授，1933年爲監委，1938年起爲皖贛、閩浙、閩台監察總署監察使，1947年二二八事變後來台調查，率同憲兵登陸基隆，一路展開屠殺台灣人。1948年爲安徽大學校長，1949年起爲師範學院教授、國立編譯館代館長，1968年爲考試院副院長、院長(1973年)。

楊克煌 1908～1978 台共

彰化人。1929年台中商校畢業，至其堂兄楊克培與謝雪紅開的國際書店(台北)當店員，1931年被捕，1945年繼續政治活動，1947年二二八事變後與謝雪紅潛赴香港，再至中國。1949～1954年爲中共政協代表，1958年被剝奪「台盟」理事職務。他與謝雪紅相依爲命，1952年起就被蔡孝乾派的徐萌山鬥爭，1958年被扣上右派、反革命份子大帽子，與謝雪紅隱居北京，1967年文革期間再度被迫害，後來病逝北京。

[著]《台灣二月革命》(1948，香港，署名「林木順」)

楊克培 台共

彰化人，1927年日本明治大學政治科畢業，至武漢政府工農部工作，不久返台，結識謝雪紅，1928年加入台共，與謝雪紅合資開國際書店。1931年被捕，關五年。後來他在汪精衛政府當過縣長，終日抽鴉片。

楊克彰(信夫) 1835～1895 文人

淡水縣人。少從黃敬讀書，精通易數。屢試不第，設教於鄉，其塾爲「培蘭軒」。教書三十多年，後來當過書院監督，1895年逃回中國，再回台灣，奉母至福建同安，不久去世。

[著]《綱溪詩集》

楊逵 1905.10.8～1985.3.12 作家

台南新化人。本名楊貴。台南二中畢業，1924年入日本大學文藝科夜間部，1926年加入許乃昌主持的東京台灣青年社會科學研究部，1927年下半年回台灣，加入文化協會(左派)，並在年底參加農民組合全島第一次大會，被選爲中常委；1928年6月被台共派(簡吉、趙港)等開除，1929年及1931年兩度被捕，出獄後寫《送報伕》，1934年參加台灣文藝聯盟，1935年創刊《台灣新文學》，1937年兩度至日本，回台後辦「首陽農園」，戰後創辦過《一陽週報》、《力行報》、《文化交流》等刊物，1947年因二二八事件被關四個月；1949年4月因《和平宣言》而被捕，在火燒島關十二年。1961年出獄在台中經營東海花園，貧病交加。

[著]《鵝媽媽出嫁》、《羊頭集》。

楊三郎 1907.10.5～1995 畫家

台北市人。小學畢業後，1924年入京都工藝美術學校，1927年由哈爾濱回台渡假，參加台灣美展，1931年回台，在三重埔作畫，1932～1935年至歐洲，1933年以〈塞那河畔〉入選法國秋季沙龍。他的畫深具拉丁情調，1991年創立楊三郎美術館。

楊三郎 1919.10.18～1990.5 作曲家

台北永和人。貧農之子，十八歲負笈日本學音樂，二十一歲至中國東北、大連各地夜總會爲樂師，1946年加入中央廣播電台，以《望你早歸》一曲風靡全台，1948年在台北中山堂舉辦個人作品發表會。1952年自組黑貓歌舞團(～1965年)。一生作曲包括〈秋怨〉、〈思念故鄉〉、〈異鄉月夜〉、〈孤戀花〉、〈苦戀歌〉、〈秋風夜雨〉等台語歌謠。

楊守愚(楊茂松)
1905.3.9～1959.4.8 作家

彰化人。前清秀才之子，小學畢業，1929年起開始創作，戰後任教於台灣省立工職，他是多產的作家(小說三十多篇、新詩數十首)，主要有〈凶年不免於死亡〉(1929)、〈醉〉(1930)、〈元宵〉(1931)、〈一群失業的人〉(1931)等，相當反映台灣人被壓迫的層面。

楊士芳(蘭洲) **1835～1903** 文人

宜蘭人。早年隨父兄耕作，後來在黃纘緒門下讀書。1868年進士，授浙江即用知縣，未赴任。1882年掌教仰山書院，1895年日本人用他爲宜蘭廳參事。

楊廷理(雙梧) [清]官吏

廣西柳州人。由拔貢署福建侯官知縣，1786年爲台灣南路海防兼理番同知。年底，林爽文起義，攝理台灣知府，嚴守台灣府(台南)，並追擊莊大田。1791年爲分巡台灣道，建府城城牆。1795年因在侯官縣時貪污案發。流放伊犁(～1803年)。1806年捐錢爲知府，至台灣抵擋海盜蔡牽。1807年至蛤仔難，趕走朱濆。他計劃開拓當地，未獲准。1810奉總督方維甸命令，籌辦蛤仔難，1812年設噶瑪蘭廳，他擔任第一個通判。年底，調升建寧知府。

[著]〈議開蛤仔難節略〉、《東遊草詩》。

楊英 **?～1680** [鄭]鄭成功部將

他一直擔任後勤工作，運糧籌餉，隨鄭成功征戰。鄭經封他爲戶官(1666年)，兼理禮官。1674年隨鄭經攻閩南。著有《從征實錄》，是鄭氏時代活動的重要史料。

楊元丁 **1889～1947**
基隆市議會副議長

桃園八塊厝人。公學校畢業，在基隆大祥行(煤商)作學徒，後來賣布；日據時代加入文化協會，六次被捕，1931年散發傳單控訴日本人繼續賣鴉片給台灣人吸食，被關二八四天。1937年中日戰爭後赴上海，1945年回台，任基隆市倉庫合作社經理，1946年爲市議員、副議長。1947年3月8日被捕，慘死後棄屍田寮河內。

[參]楊光漢口述，省文獻會《二二八事件文獻輯錄》，p.296。

楊岳斌　?～1890　[清]武將

湖南善化人。軍人出身，隨湘軍攻太平天國，他負責水師，1855年署湖北提督，攻克湖南、江西、安徽水域，十年內戰功顯赫。1864年升陝甘總督，追擊捻軍。1870年中法戰爭起，他奉命至福建會辦海防事宜。1872年至台灣，籌防台南，並抵淡水駐防。

[參]《清史列傳》54。

揚文會　1900.3.15

[日]攏絡台灣民心的宴會

兒玉源太郎總督招待前清的舉人、拔貢、歲貢、恩貢、廩生等全台灣一百五十一名士紳(有科名的佔七十二人)在台北淡水館開揚文會，以唐玄宗的詩「振武威荒服，揚文肅遠墟」爲其義。會後推台北縣的李秉鈞及台南縣的蔡國琳爲正副座長，決定每一年一次小會，每三年一次大會，以期「敦尙學藝品位，彌補文運進步」，但不久無疾而終。

洋行　[清]

1860年台灣的安平、淡水、雞籠、打狗陸續開港以來，西方資本主義侵入台灣，各港口的洋行林立，他們透過華人買辦，控制台灣的生產，例如由生產者把茶葉賣給茶販，茶販賣給茶商，茶商賣給買辦，買辦再交給洋行。洋行透過「媽振館」，把資金交給茶商、茶販，最後放高利貸給茶農。洋行成爲台灣金融與通貨的最後控制者，直到1895年日本佔領台灣後，才把洋行勢力壓下去。清代台灣的洋行主要有：

怡和洋行(Jardine, Matheson & Co.)1860年(打狗、淡水、大稻埕)；怡記洋行(Elles & Co.)1866年(打狗)；寶順洋行(Dodd & Co.)1869年(淡水、大稻埕)；公泰洋行(Butler & Co.)；東興洋行……。

[參]《台灣省通志稿》卷3〈外事篇〉

葉公超 1901～1981 外交家

廣東番禺人。南開中學(天津)畢業，1914年赴美，先後唸過麻州阿默斯特學院、哈佛大學、英國劍橋大學。1929～1949年任教暨南、清華、北京各大學，國民黨駐英屬馬來亞專員，外交部歐洲司長、次長等職。1949～1958年爲國府外交部長，也當過駐美大使等職。

[著]《中國古代文化生活》

葉后詔 十七世紀[鄭]文人

福建廈門人。永曆帝開科取士，他乘船未達廣東，回廈門以詩酒自娛，和徐孚遠、鄭牧仲等人稱爲「方外七友」。1664年來台灣，1670年鄭經封他爲國子司業，掌理教育。

[著]《鵝草五經講義》

葉劍英「九條件」

1981年9月30日，中共人代會常委會委員長葉劍英(1897～1986)對台灣當局所提的招降呼籲。主要爲建議國、共兩黨對等談判，實行第三次合作，共同完成「祖國統一大業」；海峽兩岸各族人民通郵、通商、通航(三通)，及開放探親、旅遊與學術、文化、體育交流；統一後台灣可作爲特別行政區，享有高度自治權，並保留軍隊，中央不干預台灣地方事務；台灣現行社會、經濟制度不變、生活方式不變，與外國的經濟及文化關係不變；歡迎台灣工商界人士回「祖國大陸」投資；統一祖國，人人有責。

[參]《全國人民代表大會常務委員會委員長葉劍英對新華社記者的重要談話》

葉秋木 1906～1947

屏東市人。日本中央大學肄業，經營水泥瓦、原木進出口，1946年爲屏東市參議會副議長，翌年二二八事變之際，被選爲臨時市長，率屏東軍攻擊憲兵，3月8日被捕後遭遊街示衆後在電信局前槍斃。

葉榮鐘(凡夫、少奇)

1900～1978.11.12 文人

鹿港人，1917年入東京中央大學政經系，1921年回台，擔任林獻堂的秘書，1935年入台灣新民報社，1940年爲該報駐日本分社社長。戰後在彰化銀行工作。

[著]《台灣近代民族運動史》(1979)、《半路出家集》。

葉陶 1904.5.25～1969.8.1

[女]社會運動者，楊逵夫人

高雄旗後人。1916年完成學業，分發至高雄公學校任教，七年後投入農民組合運動，結識楊逵。1927年爲農組婦女部長，結婚前夕夫婦雙雙入獄。戰爭前後，經營首陽農場，1947年二二八事變後，4月又與夫君雙雙下獄，8月始獲釋。1969年去世。

葉王 十九世紀[清]民間藝人

嘉義人。至廣東學製作陶器，1851～1874年間在嘉義一帶爲寺廟、豪宅陶製山水、人物、花鳥、動物等飾物，並彫塑神像及各種案桌上的供物，無不栩栩如生。

姚啓聖(熙之) 1624～1684

[清]官吏

浙江會稽人。年輕時殺土豪，流亡而落籍漢軍鑲紅旗，1663年爲鄉試第一，當過廣東香山知縣，與上司不和，丟官。1674年三藩之亂，他投效清軍，擢爲福建布政使。1678年陞爲福建總督，設修來館，招降鄭經的叛部，1680年鄭經逃回台灣後，他升兵部尚書。他力保施琅，駐廈門督師。1683年征服台灣後，他自陳無功，病歿。

姚瑩 1785～1853 [清]官吏

安徽桐城人。嘉慶進士，歷任福建平和、龍溪各地知縣，1819年爲台灣知縣，1821年爲噶瑪蘭通判，後改任高郵知州。1836年任台灣兵備道，1838年嚴禁鴉片。1840年鴉片戰爭起，他嚴守海口，1841年俘英艦Nerbudda號，1842年再俘Ann號，升官，1842年《南京條約》簽後，被英使樸鼎查指控屠殺俘虜而革職，1843年貶至川、藏，1850年任湖南按察使。

(見「鴉片戰爭」)

[著]《中復堂全集》

郵包爆炸案

1976年10月10日，當時的台灣省主席謝東閔，在拆開郵包時被炸傷左手。國府經由過濾役男指紋資料，鎖定在美國經商的台南人王幸男，進而先行逮捕王的父親、弟弟及好友四人，迫王幸男在1977年1月由香港返台投案，判處無期徒刑(～1990年始獲釋)。

游彌堅 1897～1971.12.12 半山

台北人。1924年赴日本留學，1927年畢業後赴中國，曾任中央軍校政治教官，1931年後擔任駐法公使館秘書，同時入巴黎大學，1933年回中國，歷任財政部稅警總團軍需處長、湖南財政廳視察兼湖南大學教授、邵陽稅務局長等職。1941年爲台灣革命同盟會常委，1945年回台接收後，歷任台灣區財政金融特派員、台北市長(1946～1950年)，台灣紙業公司董事長(1954年)、台灣紅十字會長，並創辦東方出版社。

有馬晴信 Ariuma Harunobu 1567～1612 [日]

江戶初期武將，肥前國高來郡日野江城城主。十三歲受天主教洗禮，1582年與大友義鎮等赴羅馬朝聖，原從豐臣秀吉，後來投靠德川家康，1612年被家康斬首。1609年奉家康密令率船由琉球企圖進入台灣，失敗而回國。

一清專案

1984年11月12日，國家安全局開始逮捕台北地區竹聯、四海等十九個大幫派的黑道份子一百一十餘人，至1985年4～9月間，共逮捕二千多人，包括江南命案的竹聯幫陳啓禮等人，表現蔣經國對台灣黑社會的掃蕩，但事過境遷，又無濟於事。

一江山島之役 1955.1

中共在1月18日以六艘軍艦切斷國府游擊隊與大陳島的聯絡，歷經三個小時，佔領浙江溫嶺外域的一江山島，進而進攻大陳島。1月24日，中共總理周恩來發表關於美國政府干涉中國人民解放台灣的聲明，反對美、台(蔣)共同防禦條約，指責美國干涉內政……云云。

一貫道

台灣最大的宗教教派之一。1945年由中國的江南一帶傳入本地，其信徒至少有百萬人以上，

1953年被內政部列爲邪教而查禁，1958年再度取締，1963年該教宣佈解散，至1987年始獲准公開，1988年3月在台北縣成立總會。此教派在十九世紀末由路中一(？～1921)在山東濟寧創立，經過末戒道士張天然(？～1947)等人的發展，融合釋、道、儒、佛、回、基督五教，以「天生老母」爲最高神，並拜濟公、呂洞賓、關公、觀音、孔子等神。教徒之上又有前人、點傳師、壇主、道親等級層，宣傳天下人皆爲理天天生老母的愛子，因迷於物欲而輪迴不休，要由點傳師指引及修道，重回理天。

一國兩制

中國對台灣的統戰政策，即「一個國家，兩種制度」。1984年鄧小平對外國人提到香港、澳門前途時的提法，此後中國當局一直以此爲對台灣統戰，基本策略爲：在中華人民共和國內，大陸十二億人口實行社會主義制度，港、澳、台灣實行資本主義制度，我不吃掉你，你也不吃掉我，兩岸合作互補，共同建立一個統一的中國(中華人民共和國)。

伊能嘉矩 Inō Yoshinori

1867.5.9～1925.9.30

[日]台灣文史家

盛岡市遠野町人。小學畢業，從祖父學漢學，岩手縣立師範肄業，入《東京每日新聞》助理，1895年冬以陸軍省雇員來台，在總督府任職，學福佬語、泰耶族語及自修馬來語；不久回國，他仍受總督府委託，編原住民資料及研究台灣歷史；1897年5月與粟野傳之烝，進入山地，由(北)屈尺入山，經大料崁、五指山，一直到高雄，先赴台東縱谷至花蓮，也赴紅頭嶼(蘭嶼)，合著《台灣番人事情》，他並將高山族分爲八族，1905年回日本，著手《台灣文化志》。

[著]《台灣志》(1902)、《大日本地名辭書》、《第三台灣》(1909)、《台灣文化志》(1928)、《台灣番政志》、《理番志稿》、《台灣年表》(1897)。

伊藤博文 Itō Hirobumi

1840～1909 [日]政治家

長州人。隨高杉晉作、木戶孝

允推翻幕府，後來到英國留學，當過兵庫縣知事，1871年隨岩倉具視到歐美考察，歷任參議、內務卿，1881年後明治政府最高領導，第一任內閣總理(1885年)，以後再當過三次總理(1892, 1898, 1900年)，他壓制自由民權運動，成立「政友會」，歷任貴族院院長、韓國統監、樞密院議長，在視察滿洲及調整日俄關係的旅途中，被韓國志士安重根刺死於哈爾濱車站。

1895年中日和談上，他是全權代表，逼李鴻章割讓台灣與遼東。

伊澤多喜男 Izawa Takio

1869～1949 [日]第十任台灣總督(1924.9～1926.7)

長野縣人。東京帝大政治科畢

業，歷任縣警部長、各地方知事，1914年為警視總監，1916年勅選貴族院議員，1924年他上任總督，一下子裁掉數百名官吏，卻安撫他們，讓他們得到放領的公地，引起台灣民衆不滿，引起抗議爭紛(1925～1926年)，1926年擔任東京市長，1940年後為樞密院顧問；1947年被麥克阿瑟趕出政界。

伊澤修二 Izawa Shūzi

1851～1917 [日]教育家

長野縣人。1874年長野師範學校校長，翌年發表《教授眞法》，同年赴美留學，回國後致力體育教育，編纂國定教科書及小學歌唱集，晚年轉致力盲啞教育。1895年5月台灣總督府聘伊澤為學務部長，他在大稻埕設學務部，推進日語教學，建立日語傳習所，並主張日本人來台者學台語，此外，尊重文教，保存文廟，聘任外國傳教士。他聘廈門人包連德、台灣人林瑞庭為顧問，將學務部搬到芝山巖，1898年4月上東京呈請改革教育，實施公學校(台灣人唸)而被拒絕，他的弟弟伊澤多喜男當過台灣總督(1924～1926年)。

移川子之藏 Usshigawa Nenozō

1884～1947 [日]學者

福島縣人。美國芝加哥大學畢業，New Heaven大學博士，至東南亞研究，1919年起歷任慶應大學、東京高師教職，1926年為台北高師教授，1928年為台北帝大教授，1940年為台北帝大文政部長。他對台灣高山族的調查與分類研究有卓越的成就。

易順鼎(實甫、哭庵)

1858～1920 [清]詩人、小官吏

湖南龍陽(漢壽)人。光緒年間舉人，河南候補道。1895年來台助劉永福抗日，回大陸向張之洞及譚繼洵(湖北總督)遊說支援台灣，毫無成果，9月間再回台灣，不久與劉永福失和而離台。1901年起歷任廣西右江道，雲南臨安開廣道、鑄印局參事等。他善詩詞及駢文。

[著]《石遺室詩話》等

義民 [清]

滿清統治者利用台灣人的種族與社經條件的對立、矛盾(即漢、番對立，閩客對立，漳泉對立，加上職業、地域上的區隔)巧妙分化，造成「以台制台」的典範。1721年(康熙60年)朱一貴反清後，藍鼎元隨軍來台鎮壓反抗，他呼籲人民在大兵上岸後，家家戶外寫著「大清良民」者，一概不被妄殺。接著，能招喚糾集鄉壯殺賊來歸者，為「義民」。換言之，助統治者消滅反抗者的為大清義民，可得軍功，如果被犧牲了，則為他們蓋義民廟、立祠、賜匾。原住民被利用來鎮壓漢人反抗者，稱為「番義民」，他們受封屯田，替主子守隘線，防止亂黨入山。閩、客對立，互相扯後腿，互相廝殺，雙方都在對方反清時成為與其對立的「義民」，漳、泉互鬥，統治者利用以泉制漳，以漳制泉的方法，來消滅反抗力量。地主、墾首、讀書人更容易抱著統治者的大腿，因爲利益與地位仰賴統治者的賜與及支持，所以積極扮演義民角色，但日本佔領台灣後，大清義民又紛紛搖身一變爲日本的「新付民」了。

[參]南兵和《台灣義民》(自印，1981)

義學 [清]

台灣的一種私校，由地方官紳捐助，提供清寒子弟唸書(六～十七歲)，授予四書五經及八股制文等。

異姓械鬥

①1862年戴萬生反清，台北地區動亂，北門外的蘇、黃二姓大拚。

②1870年代，台南學甲的黃姓因不肯歸還賴姓所擁有的魚塭，引起兩姓大拚，正逢日軍攻台(1874年)才熄滅紛爭。

③1882年，學甲堡申洲莊的陳姓與頭港莊的吳姓爭海埔地捕魚而械鬥，蔓延各莊頭。

殷海光(本名福生)

1919～1969 自由主義學者

湖北黃岡人。1938年入昆明西南聯大哲學系，1942年入清華大學哲研所。1944年加入青年軍，1945年戰後爲《中央日報》編輯。1949年至台北，兼《民族報》、《自由中國》編輯，並任教台灣大學(教邏輯)，1954年至哈佛大學訪問研究一年，他一向宣揚羅素哲學、主張自由民主的反奴役、反專制，最後被解除教職，黯然去世。

[著]《中國文化的展望》(1969)、《到奴役之路》、《海耶克和他的思想》等。

殷化行(熙如)

?～1710 [清]武將

陝西咸陽人。1670年武進士出身，升至副將。1687年爲台灣鎮總兵官。當時台灣無城，他堅持軍府所在要築木城，作爲統治的象徵。台灣剛被清朝征服(1683年)，原來通行的永曆錢，被改鑄爲「台字錢式」，貶值三～四成，軍餉尤其嚴重(例銀七成，錢三成)。駐軍強向民間換錢，幾乎激起民變，殷化行在調升襄陽總兵行前，向康熙帝奏請，清廷才停鑄台錢。

銀元　[清]

台灣的通貨，以庫平(秤)七錢二分爲一元，主要爲墨西哥鷹銀及西班牙、日本各地的銀行。

尹仲容　1903～1963　財經官僚

湖南邵陽人，生於江西南昌。1925年畢業於交通大學電機系，任教第三中山大學、軍事交通技術學院，1932年起爲國民政府交通部電政司科長、幫辦、中國建設銀行協理、1939～1945年赴美國爲國府資源委員會國際貿易處紐約分所主任，1946年爲行政院工程設計團長，1949年4月抵台，主持台灣區生產事業管理處，1950年爲中央信託局長。1953年爲行政院經濟安定委員會下屬工業委員會召集人，1954年爲經濟部長(～1955年10月)，1957年爲經濟安定委員會秘書長，1958年爲外匯貿易審查委員會主任，美援運用委員會副主任，1960年爲台銀董事長，對台灣的經濟發展起了重大作用。

[著]〈我對台灣經濟的看法〉初稿、續篇、三篇。

營盤田　1661～1683　[鄭]

鄭成功父子安插海盜隊伍，派他們到各地佔地拓墾屯田，稱爲「營盤田」。

《瀛海偕亡記》

1897年，洪棄生著。鹿港詩人洪棄生在日帝入據台灣後，逃亡中國，寫此書以記述台灣淪亡的實況。1922年由其子洪炎秋在北京大學代爲印行，改名爲《台灣戰紀》。

余登發　1904～1989.9.13

高雄橋仔頭人。台南商業學校畢業。由郡役所工作起，二十八歲涉入政治，爲橋頭庄協議會代表。1946年爲第一屆岡山鎮代表，

1947年爲岡山鎭長，並當選爲國大代表。1949年爲高雄縣水利會主委，1960年當選高雄縣長，1963年被控瀆職判刑二年，免職。1979年1月以涉嫌參與吳泰安叛亂案被捕，引起黨外人士抗議，4月判刑八年。1980年1月因病保外就醫，1989年9月11日陳屍仁武鄉八卦寮。他是高雄黑派的祖師爺，晚年頗主張中國統一台灣，其婿、媳、孫皆爲民意代表或縣長。

余清芳 1879～1916

[日]抗日者

生於屏東，台南長治后鄉人。在雜貨店當伙計，夜間至公學校習日文，1899年爲台南廳警察補，服勤於阿公店(岡山)、鳳山一帶，

1902年辭職，在台南、高雄一帶齋堂活動，加入鹽水港二十八齋總會，1909年1月被日警移送台東管訓，1913年出獄，出入台南市西來庵，與羅俊、江定共謀起義。1915年5月25日以「大明慈悲國」爲號召，自稱「倭據台已滿二十年，今有神示，値彼撤去之期。吾西來庵信徒，身佩符籙，槍彈不能傷，倭不足畏。」6月27日羅俊在嘉義尖山響應，失敗被捕處死。7月6日，余、江攻噍吧哖牛港仔山，滅甲仙埔、大丘園、小張犁、阿里蘭各地日警，占虎頭山。安東貞美總督下令軍警圍剿，余清芳率十一人突圍，至二會坪林，在蓬萊庄被保正陳瑞盛、邱通芳告密，一千九百人同時被捕，處死。

余文儀(寶岡)　[清]官吏

浙江諸暨人。進士出身，1760年由漳州知府調台灣知府，1762年攝台灣海防同知，1764年爲分巡台灣道幾個月，再調升福建按察使。1766年回台，鎮壓淡水各社土著。1768年黃教反清，他以報獲事首未符，革職留用。1771年升爲福建巡撫。編有《續修台灣府志》。

俞鴻鈞　1899～1960　官僚

廣東新會人。上海聖約翰大學畢業後爲助教，後來當過記者、外交部英文秘書、上海市宣傳科長、1936年爲上海市長，1939年爲財政部次長，1944年爲財政部長，1945年爲中央銀行總裁，1949年運八十萬兩黃金至台灣，1950年爲國府的財長、央行總裁，1953～1954年爲台灣省主席，1954年6月～1958年6月爲行政院長；1958年7月再任中央銀行總裁。

俞國華　1914～　官僚

浙江奉化人。清華政治系畢業，美國哈佛、倫敦政經學院進修。早年曾任職國府軍事委員會南昌、武昌及重慶行營，1936年爲軍委會侍從室機要秘書，1947年赴美爲國際復興銀行副執董，1955年返台，歷任中央信託局長、中央銀行董事長、財長(1967年)、行政院經建會主任委員(1977年)，及行政院長(1984～1989年)。他出身官邸，與蔣介石有親戚關係，爲蔣家的掌櫃。

郁永河(滄浪)　十七世紀[清]

浙江仁和人。1697年赴台灣採硫磺，由廈門出發，抵台灣，北上至淡水，居台半年。著有《稗海紀遊》、《海上紀略》。他在《稗海紀遊》上指出，從斗六門以上皆荒蕪，森林蔽天，麋鹿成群。沿途的原住民(平埔族)亦善良，如果能加以教化，「遠則百年，近則三十年，將見其風俗改觀，率循禮教，寧與中國之民有以異乎?」(卷下)。他更指出漢人社商、通事欺壓原住民，「平時事無巨細，悉呼番人男婦孩稚，供役其室無虛日。且納番婦爲妻妾，有求必與，有過必撻，而番人不甚怨之」。

[著]《裨海紀遊》、《海上紀略》。

雍正帝(胤禎) 1678～1735

[清]皇帝

康熙帝的第四子，得隆科多、年羹堯之助而奪取帝位(1723年)。1729年建軍機處集中權力，並取消諸王對軍隊的控制，對西南民族推行「改土歸流」政策，對反滿思想大肆壓制，大興文字獄。1723年他說過：「台灣地方，自古未屬中國，皇考(康熙帝)聖略神威，取入版圖」(《雍正朝東華錄》)，他不准台米出口，不准閩督劉世明奏議台灣田賦按福建同安縣標準(只有原來田賦的十分之三)，也不准台灣府縣築城，以免亂黨盤據。1733年頒《欽定聖諭廣訓十六條》，1735年始准官員無子者可攜眷來台。

袁聞柝(警齋) 1822～1884

[清] 武官

江西樂平人。在鮑超的旗下，辦團練追擊太平天國軍，賞五品軍功，隨左宗棠至福建，1869年捐陞同知。1871年至台灣。1874年日軍侵琅瑀，他與日人交涉，指責日人，主張「社番我之所屬，當由我官究辦」。沈葆楨來台後，派他攝理南路理番同知，由赤山入內埔(屏東)，至後山卑南。以功升知府，1879年他建議設卑南廳，後來升為台灣知府(1881年)。1883年補為福寧知府。

[參]《台灣通志》10

圓山貝塚

台北市圓山舊動物園內的文化遺址。年代約在2000—80B.C.之間，分佈二十多處，大致在新店溪及淡水河的河階以上台北盆地邊緣，其特色為貝塚——即人類在食取貝肉後丟棄貝殼所形成的堆積。此外又發現有肩石斧、大型扁平石斧，還有玉器及素陶。

〔Z〕

雜稅 [清]

陸餉(包括厝餉、廍餉、磨餉、檳榔宅、瓦窰、菜園等),水餉(包括標頭、潭塭、港滬[捕魚]、罟繒寮縺蠔蠔[捕魚器]等餉),成爲地方官吏巧立明目的剝削台灣人的血汗。施琅征台後,更勒索澎湖漁民每年納「魚規」1200兩,至1737年才廢止。

詹振 抗日烈士

淡水縣大加蚋堡五分埔(台北松山區)人。農民出身,1895年底率義軍與其他各路會攻台北城,轉戰南港、興雅、上埤頭及錫口(松山)一帶,退入深山。1897年夏與簡大獅會攻台北,直衝大稻埕,敗退而不知所終。

詹永和 ?~1895.6 抗日烈士

龜山(桃)人。精武術。1895年率八十多人守龍壽山尾,狙擊日軍,退據龜崙嶺,中彈而亡。日人毀龜山,以洩恨。

詹益樺自焚

詹益樺(1957.2.22~1989.5.19),黨工。生於嘉義竹崎。唸過工專,當過遠洋漁船的船員,最後四年獻身反對運動,1988年五二○農民抗爭時,拆下立法院招牌。1989年4月7日,鄭南榕自焚後,立即北上;5月19日當天,背著預藏的汽油,參加鄭南榕喪禮隊伍行進。在總統府前引火自焚,趴倒在蛇籠鐵絲網上。

[參]曾心儀《阿樺》

栴檀社 [日]

在台日本人與台灣人畫家的組織,從1938年起每年舉辦一次展覽，至1942年自行解散。

戰爭期間的台灣文學

1937年4月1日日本當局禁用漢文，楊逵主編的《台灣新文學》也廢刊。1939年，在台的日本作家西川滿、北原政吉、中山侑等結集楊雲萍、黃得時、龍瑛宗等成立「台灣詩人協會」(1939年9月9日)，發刊《華麗島》(12月)，只出一期。12月4日，改組爲「**台灣文藝協會**」，王育霖、郭水潭、邱永漢、黃得時、吳新榮、張文環、林芳年等人參加；1940年1月創刊《文藝台灣》(西川滿主編)，1941年2月該會改由台北帝大教授矢野峰人爲會長，逐漸配合日本帝國主義的皇民化運動；1943年11月在台北北市召開「台灣決戰文學會議」，西川滿提議撤廢結社並停刊《文藝台灣》(38期)。這段期間的日文作品，以西川滿等人的「異國情趣」爲主，只有龍瑛宗的〈村姑逝矣〉、〈白色山脈〉等才代表台灣人的創作。1941年張文環另創啓文會，刊行《台灣文學》(共十期)，主要作品有張文環的〈藝妲の家」、〈論語と雞〉、巫永福的〈欲〉、楊逵的〈無醫村〉(1942)、呂赫若的〈財子壽〉、張文環的〈閹雞〉等等。大體而言，在法西斯軍部高壓下，台灣文學多半反映農村及城市住民的悲哀與無奈，充滿著抵抗、妥協的精神荒蕪。

至於用漢文創作的，例如賴和在1941年入獄，1943年去世。王錦江兩度入獄，心灰意懶，楊逵也不敢太公然反抗。

[參]葉石濤《台灣文學史綱》第2章

〈戡亂建國實施要綱〉

1950.6.15

國府教育部公佈的教育方針，共二十六條，主要爲加強三民主義教育，在中小學授史地公民課，在專科以上授三民主義課。輔導失學青年，修訂課程標準，獎勵學術研究，轉移社會風氣，增進國際文教合作，發揮專門人材作用。蔣介石檢討在「大陸教育失敗」，提出如何反共、如何復國的精神教育及生產教育，下令教育當局制定推行中國文化，尤其在倫理教育上以愛國與四維八德，在思想上灌輸國家至上、民族至上、領袖至上的忠君愛國，最後則以反共與實施絕對服從領袖、民族救星來控制台灣學生的思想。

張丙 ?～1832 [清]抗清者

嘉義縣店仔口(台南白河)人。魚販。1832年夏季台灣米荒，官方嚴禁大米出境。陳壬癸勾結秀才吳贊通運米，被吳房攔劫，陳向官府誣控張丙共謀，張丙憤而起義，10月1日攻鹽水港，自稱「開國大元帥」，擊斃台灣知府呂志恒；張丙號召各路殺貪官，禁止姦淫搶掠，10月3日攻嘉義不下，水師提督王得祿渡台，召集客家人義勇守城。鳳山許成舉「天運」旗號，攻破羅漢門，彰化黃誠也在林投埔(沙連堡)起義，自稱「興漢大元帥」，攻陷斗六門。各路人馬無法協調，11月底張丙被捕；12月初，許成兵敗。客家人李受也乘機搶掠福佬庄，1833年初始被官方移送府城處死。

[參]周凱〈記台灣張丙之亂〉(《內自訟齋文集》)

張道藩(偉之) 1897～1968 立法院長

貴州盤縣人。天津南開中學畢業，1922年赴英、法學習美術，1922年加入國民黨，1926年回國，1927年回貴州主持黨務，1928年起歷任國民黨中央組織部秘書、南京市府秘書長、組織部副部長、教育部次長、1939年爲中央政治學校教務長、1942年爲國民黨中央宣傳部長、1948年爲立委，1950年爲中國廣播公司董事長，1952年起爲立法院長。

[著]《酸甜苦辣的回味》、《三民主義文藝論》。

張福興 1888～1954 小提琴家

新竹(頭份)人。1908年台北國語學校畢業，保送日本上野音樂學校，專攻小提琴。返台後教學，1922年受總督府委託，調查山地音樂，完成《水社化蕃杵音及歌謠》。1933年出任東京高砂寮(台灣學生宿舍)寮長，1935年投入勝利唱片公司，影響當時歌壇的「台灣風」創作(～1936年)。戰後在省立師院教書，並負責編小學音樂課本。

[參]莊永明《台灣第一》〈第一位音樂家·張福興〉

張火爐　?～1914　抗日烈士

台中廳捒東下堡阿厝庄人。1913年響應羅福星，在大甲、鐵砧山腳、下罩蘭、大湖一帶奔走，得四十七人，不久事洩，1914年3月判處死刑。

張湄(鷺洲)　十八世紀[清]官吏

浙江錢塘人。進士出身，1741年由翰林院遷巡台御史，兼提督學政，革除考場積弊。

[著]《瀛壖百詠》

張七郎　1888.12.16～1947.4.4　醫生

新竹楊梅人。1915年總督府醫學校畢業，至基隆醫院服務，翌年入馬偕醫院，同年11月在淡水開業，1921年至花蓮鳳林開設仁壽醫院。曾赴中國遊歷，1946年當選花蓮縣參議員，被推爲議長。同年10月，再當選爲台灣省制憲國代，年底赴南京。1947年初返台，抱病在床，未曾參與二二八事變。事變中被推爲花蓮縣長候選人，4月4日，設宴招待國府軍，由其長子張宗仁醫生(鳳林初中校長)代理參加。晚上，張宗仁及三弟張果仁醫生被軍隊帶走，張七郎及次子張依仁也被帶走，翌日父子三人被發現慘死於公墓，依仁得以倖免。

[參]劉峰松〈在地球上有這種事〉，見李敖編《江南・江南・哀江南》(1985.1)；莊玉嬋(張果仁遺孀)口述。

張其昀(曉峰)　1907～1985　地理學者

浙江鄞縣人。南京高師畢業(1923年)，歷任上海商務印書館編輯、中央、浙江大學教授，1943年赴美國哈佛大學研究，1949年爲總裁辦公室秘書組長。歷任國民黨中宣部長、改造委員會秘書長、中央委員會秘書長、教育部長(1954～1958年)、國防研究院主任、1961年創辦中國文化學院。

張群(岳軍) 1889～1991 軍人

四川華陽人。1908年由保定軍校保送日本士校，參加同盟會，1911年回國參加過上海戰役及反袁行動，失敗後再流亡日本。歷任國民革命軍總司令部參議、上海市長、湖北省主席，1937年任軍事委員會秘書長，1938年爲行政院副院長，1940年兼四川省主席，1947年爲行政院長(～1950年)，後來又當過總統府資政、重慶綏靖公署主任、西南行政長官；1954年爲總統府秘書長(1972年)，後來爲資政。

[著]《我與日本七十年》、《至德管窺錄》等。

張榮宗 1908～1947

嘉義朴子人。東京日本大學畢業，回鄉經營酒瓶木塞製造。雖爲富戶，卻結交當時社會運動左派人士(包括蘇新、簡吉、楊逵等人)。1945年爲朴子副鎭長兼三青團朴

子區隊長，《和平日報》東石分局長。1947年二二八事變後，率地方青年起義，在崎頂溪底遇害。

[參]鍾逸人《辛酸六十年》(自由時代，1988)

張深切(南翔)

1904.8.18～1965.11.8 作家

南投草屯人。過繼給表叔，1917年在公學校因講台語而被退學，

隨林獻堂至東京唸小學，1920年入東京府立化學工業學校，1923年至青山學院，再至上海，1925年至廣州，1927年3月與林文騰、郭德欽等成立「廣州台灣革命青年團」，5月返台，受台中一中學潮株連而被捕，1929年因「廣東台灣革命青年團」案被日人判刑二年，1930年出獄；1931年成立「台灣演劇研究會」，1931年赴上海日本報紙《江南正報》，1933年返台，進入《東亞新報》。1934年組織「台灣文藝聯盟」，1938年至北平國立藝專任教，利用日人出資創刊《中國文藝》。1945年4月險遭日本特務處死，1945年回台任教台中師範，二二八事變後逃入南投中寮山中，1948年出版《我與我的思想》、《台灣獨立革命運動史略》，1957年自組藝林電影公司，自編自導〈邱罔舍》，1960年發表《遍地紅》劇本(霧社事件)，及自傳《里程碑》，1965年病逝。

[參]黃英哲〈孤獨的野人張深切〉(《台灣近代名人誌》第2冊)

張師誠(心友) [清]官吏

浙江歸安人。進士出身，1801年任福建巡撫，追緝海盜蔡牽，1809年爲閩浙總督，命令王得祿、邱良功會攻蔡牽。1811年奏收噶瑪蘭入台灣版圖。

張星建 1905～1949

作家，筆名掃雲

台中人。台南商業專校(成功大學)肄業，1928年爲中央書局營業部主任，1932年4月爲《南音》主編(6～12期)。1934年11月起支持《台灣文藝》。1949年1月20日深夜被人買兇手刺死。

張維賢(乞食) 1905.5.17～1977

新劇運動推動者

台北市人。1923年台北中學畢業，至廈門、汕頭、香港、婆羅洲各地遊歷。1924年參加「星光演劇研究會」(陳凸)，1925年推動無產青年成立「台灣藝術研究會」。1927年與周合源、林斐芳、稻垣藤兵衛等成立「孤魂聯盟」，爲施乾的「愛愛寮」義演募款，並在連橫的雅堂書局當外務助理。1928年冬至東京築地小劇場研習，1930年返台組織「民烽演劇研究會」，一共訓練十多人，1933年公

演；1942年赴中國上海經商，1946年返台，拍電影、養雞皆失敗，遁居萬華。

張我軍(張榮清)

1902～1955.11.3　作家

台北板橋人。筆名一郎、速生、野馬、劍華等。小學畢業後當過工友，升爲新高銀行雇員，後來到廈門的新高銀行支店工作，1923年至北平，入北京高等師範補習班，受五四文學運動影響，發表一系列文章介紹中國新文學，評擊台灣的舊漢文，揭開台灣新舊文學論戰的序幕。1925年入中國大學國文系，1929年畢業於北京師大，歷任北京師範、北大法學院、中國大學等校教職，中日戰爭期間他代表北京方面參加第一回大東亞文學者大會(1942年)，戰後回台，歷任台北茶商公會秘書、合作金庫研究室主任等職。他以〈致台灣青年的一封信〉(1924年)、〈新文學運動的意義〉、〈請合力拆下這座敗草欉下的破舊殿堂〉(1925年)掀起文學論戰，並在1930年發表小說〈買彩票〉、〈白太太的哀史〉(1927)、〈誘惑〉及詩集《亂都之戀》，但背景都以北京爲主題，與台灣的現實無關。

[著]張光直編《張我軍文集》(1975)

張文環　1909～1978.2.12

日文作家

嘉義梅山人。富商之子，1927年入日本岡山中學，1931年進東洋大學文學部，1932年與巫永福、王白淵等共創《福爾摩沙》，組織「台灣藝術研究會」，發表〈父親的

臉〉(1932)；1937年回台灣，主編《風月報》，1941年與黃得時、巫永福等組織「啓文社」，創刊《台灣文學》，1942年爲御用的台灣文藝家協會理事，與西川滿共赴東京參加「第一回東亞文學者大會」。1943年小說《夜猿》獲皇民奉公會第一屆台灣文學獎。戰後，當選台中縣參議員，1948年任台灣省通志館編纂，1972年出版《在地上爬的人》(地に這うもの)。他的作品反映台灣農民的悲哀與受辱，含著人道主義的關懷。

[作品]〈山茶花〉、〈哭泣的女人〉、〈豬的生活〉、〈泥土的味道〉、〈藝旦之家〉、〈閹雞〉、〈論語與雞〉等。

張學良 1901～

遼寧省海城縣人。東北軍閥張作霖之子。奉天講武學堂畢業，1924年張大帥被日本人炸死後繼任東三省保安司令，1928年底宣佈服從國民政府。1930年協助蔣介石。1931年「九一八」後入關，1933年赴義大利考察，1934年爲西北剿匪司令，進軍陝甘。1936年12月12日聯合楊虎城兵諫，發動西安事變，逼蔣介石抗日。事平後陪蔣回南京，遭軍法審判，1937年1月獲特赦，仍由軍委會管束。1946年移送台灣繼續監禁，1990年始接受日本NHK電視訪問。

張之洞(香濤) 1837～1907

[清]官僚

河北南平人。1863年進士，由翰林院編修當到地方學政、國子

監司業(1879年)等職。1882年爲山西巡撫，1884年中法戰爭時爲兩廣總督，主張強硬對法，而清朝卻與法國議和(1885年)。1889年調爲湖廣總督，在兩湖興辦洋務，編自強軍，籌辦鐵路。1894～1896及1902年兩度爲兩江總督。1895年台灣民主國成立前後，他鼓勵唐景崧另搞局面，最後卻不支援台灣。1898年提出「舊學爲體，新學爲用」主張，反對戊戌變法。1900年八國聯軍攻北京時，他參加東南互保，1907年調爲軍機大臣，被袁世凱排擠。

[著]《張文襄公全集》229卷(1928)

[參]清史稿443，列傳224；清史列傳64；胡鈞〈張文襄公年譜〉(1936)。

張振萬　十八世紀[清]

彰化人。原居貓霧捒、葫蘆墩(台中豐原)，與藍、秦二姓合力拓墾岸裡社，引大甲溪水自罩蘭內山流出，遂成巨富。

章炳麟(太炎)　1869～1936

中國學者

浙江餘杭人。1895年馬關條約後，參加維新運動，加入強學會，1897年辦《時務報》，抨擊滿清政府，1899～1900年間避禍台灣，主編《台灣日日新報》漢文欄。1899年再赴東京，結識孫中山，參加革命。1902年在上海與蔡元培等組織中國教育會及愛國學社，1903年因《蘇報》案入獄(～1906年)，出獄後再至日本，1910年重建光復會，1911年辛亥革命後回國，任孫中山總統府樞密顧問。後來在政壇上無所作用。

[著]《章氏叢書》

彰化莿桐腳漳泉械鬥

[清]

1782年(乾隆47年)8月23日，莿桐腳(今雲林縣)當地演戲，有三塊厝的漳人黃添與林阿鏗因賭博而發生口角，黃添之子黃璇誤殺泉人廖老，泉人不甘，26日毆搶黃添，引爆械鬥。28日，三塊厝漳人打算聯絡大里杙(台中大里)的漳人搶番仔溝(台中市附近)的泉人村落。泉人在謝笑的領導下，先發難搶漳人庄園，引起彰化、諸羅各庄漳泉互相火拚，官府調停無效。10月，清廷派福建水師提督黃任簡渡台平亂，追捕謝笑、許國樑(漳人)等處死，生員施彬、翁雲寬獲罪；謝笑之子次年問斬，共處決一百四十三人。

《彰化縣志》 1832［清］

周璽總纂，分爲封域、規制、官秩、學校、祀典、田賦、兵防、人物、風俗、物產、雜識、藝文等十二門。周璽是廣西臨桂人。1826年當彰化知縣，不久因閩粵械鬥而被停職，留掌崇文、白沙兩書院。

彰化銀行 1905.10.1

台灣中部地主所組成的銀行

1903年12月日本人完成土地調查後，公佈〈關於大租權之法令〉，發給大地主補償金共3779479圓，及408餘萬的公債(三十年償還)，交付大租所有權者。當時人士不歡迎公債，日本政府乃鼓勵彰化的吳汝祥出面辦銀行。1905年6月5日，吳汝祥召集1058人，包括台灣銀行台中支店長奧山章次郎，開始認股，8月15日向台中出張所聲請登記，9月15日發行股票，10月1日借彰化廳舍開張。

樟腦

台灣的特產，獨步全球。十七世紀鄭芝龍就曾運樟腦到日本當作藥材。1720年清廷嚴禁人民入山採樟。1725年(雍正3年)，閩浙總督覺羅滿保奏准台灣水師的戰船在台製造，所需樟木由南、北各設一個「軍工料館」來供應，由瑯璚及艋舺的匠首負責。匠首入山採樟木，並獲准製樟腦，但由料館收購，賣給外商。官方價格偏高(1855年每擔賣16元，而腦戶只得8元)，使商人轉而直接與腦戶交易，走私盛行。1860年台灣開港後，樟腦更重要，官方屢次申禁走私，不斷與外商衝突。1868年3月發生截留英商怡記洋行的樟腦，引發戰爭，翌年始開放外商自由採購。1870年(同治9年)兵備道黎兆棠開始抽釐金，每100觔抽5角5分；1886年，劉銘傳又奏設官辦，每年可獲利三萬餘元，並以每擔8元收購。後來，樟腦可製無煙火藥，價格暴漲，1890年官方收購價每擔提高爲30元(12元給製造者)，當時國際價格爲70元，外商競相來台採購。1890年廢腦局，併入「磺腦總局」。

樟腦戰爭　1868.7～10

[淸]英國人爲掠奪台灣樟腦而發動的小戰役

1860年台灣開港後，英人的怡和、鄧特、德記等十三家洋行基本上收購占全球產量70～80%的台灣樟腦。1863年淸廷把樟腦收爲官有官賣，並限制洋商在台的活動。由於收購官價每擔16元，而洋人向民間私下收購價只有2元，形成洋商與台灣人之間走私交易盛行。1868年5月，打狗怡記洋行(Elles & Co.)在梧棲裝運樟腦，被鹿港海防同知洪熙恬扣押，與英商必麒麟起衝突，必氏逃往淡水。同時，又有打狗德記洋行(Tait & Co.)代理人夏禮(Hardie)爲鳌金事情與海關哨丁互毆；而各地民衆反洋教暴動四起，英國公使阿里國(R.Alock)在8月間調派Icars號由廈門來台，與台灣道梁桂元交涉，不得要領。英國領事吉必勳要求撤換台灣道，11月20日率阿爾及利亞號、布斯達號出發，21日占安平要塞，要求台灣當局出面談判，23日更要求淸軍退出安平，25日向安平開砲，閩督派來的代表曾憲德及台灣知府葉宗元被迫簽下《樟腦條約》，准外人自由收購樟腦，賠償損失。

[參]廖漢臣〈樟腦糾紛事件的眞相〉(《台灣文獻》17(3))；Piekering "Pioneering in Formosa"(《老台灣》)。

樟腦條約　[淸]

樟腦戰爭及安平事件後，淸廷在英國砲艦壓力下所簽的條約。1868年11月下旬，淸廷答應停止台灣的樟腦官辦，准許洋商領照往內地採辦樟腦，賠償怡和洋行損失六千元，並撤換台灣兵備道梁方柱及鹿港海防同知洪熙恬。從此，英國資本主義壟斷台灣樟腦的進出口及製造，收購價也從16圓跌至7圓8角。

趙港　[日]農民運動領袖

台中人。1924年台中一中畢業，經營木炭生意，1925年因日本退休官僚強佔大甲郡大肚庄的「官有地」八十四甲，引起農民反抗，趙港代表農民抗爭，並向鳳山農組的簡吉請求支援，從此獻身農民運動。1926年6月台灣農組成立時爲中常委，1929年12月加入台灣共產黨，1931年被捕，判刑十二年。戰後，1950年代初被國府當局處死。

趙愼畛(笛樓)　?～1825[清]官吏

湖南武陵人。1769年進士，1822年爲閩浙總督，1824年鎮壓許尙、楊良斌反抗，並制伏噶瑪蘭的匠首林泳春(1823年)。他整頓軍隊，嚴緝台灣的出口米。他奏〈查辦台灣淸莊、緝私各事宜〉(1825・秋7月丙戌朔)，道光帝指示要嚴緝「遊民」。1825年升雲貴總督，歿於任內。

趙明河事件　1928.5.14[日]

東久彌宮親王由台灣總督上山滿之進陪同遊覽阿里山，歸途在台中車站附近，被預先潛入台灣的朝鮮人趙明河狙擊，趙明河當場被捕，不久處死刑。上山總督因此引咎下台。

鄭成功　1624～1662

[鄭]台灣的統治者

本名森，福建泉州南安人。海盜鄭芝龍與日本人田川氏的兒子，生於平戶，七歲回安平。1644年明朝亡，福王在南京即位，封鄭芝龍爲南安伯，成功入南京太學(1645年)，入錢謙益門下，不久南京淪亡，唐王由鄭氏扶持，封成功爲賜姓朱，改名成功，典禁軍，號稱「國姓爺」。1646年反對其父降清，在南澳起兵，據廈門中左(改爲思明州)，縱橫福州、興化、溫州、台州一帶，並在沿海打刧，商船至日本、南洋經商。1648年奉永曆帝爲正朔，受封威遠侯、漳國公，1653受封延平郡王，拒絕清朝的招降。1658～1659年攻略南京，敗退廈門，1661年以二萬五千人攻佔台灣；趕走荷蘭人，建東都(台南)，準備反淸復明，並派意大利傳教士李科羅招諭呂宋。1662年因永曆帝被吳三桂殺害，加上世子鄭經淫亂，氣憤而歿。

鄭兼才(文化)　1765～1821

[淸]教諭

福建德化人。乾隆年間拔貢，充正藍旗官學教習，1804年(嘉慶9年)爲台灣縣教諭，擊退蔡牽有功，回大陸，1820年再回台灣縣當教諭，翌年歿。他主張開闢蛤仔難，以防海盜，兼招撫流民。
[著]《六亭詩文集》、《宜居集》。

鄭經 1642～1681
[鄭]台灣統治者

福建南安人。鄭成功的兒子。1662年即位，以陳永華主政、劉國軒掌軍，先鎮壓叔父鄭襲的自立為王，1664年由金門回東都，改為東寧，不再圖反攻，清朝發動和談，一直未成(1667，1669年)自稱東寧國主，對英商開放貿易，英人他稱為「King of Tayoan」。1673年乘三藩之亂，攻佔廈門、泉、漳、潮州，並奪靖南王耿精忠之地，導致內訌。1680年退回台灣，縱情詩酒，翌年病逝。

鄭經「西征」 1674～1680 [鄭]

鄭經乘三藩之亂(1673～1681年)而占福建海澄、泉州、漳、潮各地，與耿精忠反目，進佔惠州(吳三桂調停，尚之信割讓給鄭)，1676年又占粵東，西入浙江，清軍反攻，退出泉、潮、1678年鄭經又攻漳平、圍海陸(～9月)，1679年劉國軒大敗清軍於漳州板尾寨，但大勢已去，1680年退回東寧。此役使東寧耗盡國力，鄭經也轉為消極，不再圖「西征」。

鄭介民 1898～1959 特務頭子

海南島文昌人。參加革命而逃亡馬來亞，1924年入黃埔軍校，1925年赴莫斯科中山大學。1927年回國後為蔣介石搞情報工作。1932年為參謀本部上校參謀，成為軍統頭子戴笠的助手，歷任軍令部二廳副廳長、新加坡盟軍軍事會議代表、軍統局長、國防部二廳廳長兼保密局長。1947年為國防部常務次長，1949年後為國民黨中央第二組主任(對大陸工作)，1954年任國安局局長。

鄭芝龍 ?～1661 [明]海盜

福建泉州南安人。十八歲去日本，娶平戶的田川氏為妻，生鄭成功。1624年與顏思齊企圖進攻長崎，兵敗逃至台灣。1625年繼顏思齊為海盜頭子。1628年投降明朝，官至游擊、都督、總兵。1645年擁立唐王在福州建立南明隆武政權。1646年清軍入福建，投降清朝，1661年仍被殺於北京。

鄭光策 十八世紀[清]進士

在泉州講學。1787年林爽文反清時，他上書巡撫徐嗣曾派兵嚴守淡水。1788年會見福康安，上〈平台八策〉:「宣聖恩以散賊黨，出奇兵以覆賊巢，招義勇以厚兵威，通廣莊(客家莊)以分賊勢，專逆魁以速蕆事，多間諜以制勝機，裕糧餉以賑賊眾」。而〈治內地策〉則爲:「急平糶、招米商、清海盜、放小船」。鎮壓林爽文後，他又建議〈善後八策〉:「定章程、散義勇、增兵額、興屯田、緩城工、嚴盜課、設官莊、舉吏職」。

[參]《福建通志》〈台灣府〉，〈國朝儒林傳〉。

鄭克壆 1664～1681

[鄭]鄭經養子

1674年鄭經攻打福建時，受命駐台，號稱「監國」。在岳父陳永華輔佐下，深得人心。1681年鄭經去世，鄭經的兄弟鄭聰、鄭智及鄭克塽岳父馮錫範聯合發動政變，遂遇害，年僅十八歲。

鄭克塽 1670～?[鄭]鄭經次子

1681年十二歲繼承王位，由岳父馮錫範掌權，劉國軒主軍務。1683年清軍水師提督施琅攻克澎湖，劉國軒勸他投降，遣回中國，封爲公爵，授漢軍正黃旗。

鄭南榕自焚 1989.4.7

鄭南榕生於1947年9月12日(台北市)，後來遷居宜蘭，1966年入成功大學工程系，1967年入輔大哲學系，1968年再轉至台大哲學系，1971年因拒修「國父思想」而放棄畢業證書，1972年退伍，結婚,開始工作及創業,1981～1984年爲自由作家,1984年3月12日創辦《自由時代週刊》，1986年發動「五一九綠色行動」，抗議國府在台戒嚴三十九年。6月2日被張德銘控告「違反選罷法」，未判決先入獄，1987年1月出獄，參加「二二八和平日促進會」。4月6日在北市金華國中演講，公開主張台灣獨立。1988年12月10日，刊出〈台灣共和國新憲法草案〉(日本方面台獨組織的草案)，12月底被當局控告妨害公務、妨害自由等罪。1989年1月21日，收到高檢處的「涉嫌叛亂」傳票，27日，自己宣佈「國民黨抓不到我的人，只能抓到我的屍體」,在雜誌社展開七十一天的自囚行動，4月7日，當局採取行動之際，他自焚以殉道。

[参]《台灣之愛》，p.101。

鄭評事件　1972.4

在台北市開麵包店的鄭評與林見中、洪維和、游建台等人被國府當局以參加史明的「獨立台灣會」——「台灣獨立革命軍鄭評小組」,陰謀行刺蔣經國等政要爲罪名,鄭評判處死刑(8月11日)，黃坤能、洪維和、林鳳中各處無期徒刑；柯金鐘、游進龍等各處十年徒刑。

鄭泰　?～1661　[鄭]戶官

福建泉州人。鄭成功的堂兄弟。一直支持鄭氏,負責軍需與貿易。他是大富豪，被鄭經懷疑通敵而囚禁，自殺。

鄭英通商協約　[鄭]

1670年6月26日,英國東印度公司的班丹號(Bantan Pink)及珍珠號(Pearl)抵安平，由指揮克利斯普(Ellis Crisp)携函向鄭經要求通商。書信上稱鄭經爲「台灣王」(King of Tayoan)。9月10日，協約成立，雙方准許自由貿易，鄭經要求英船入港時須交出所有銃器、火藥予以保管，公司須派砲手二名留台服務，及一名鐵匠製造槍炮。英船來台須載運炸藥、銃器、鐵、黑胡椒、布匹、琥珀等，英人得轉賣台灣之鹿皮、砂糖及其他貨品。1672年又有船從倫敦來台，1675年飛鷹號(Eagle)由班丹抵台，帶來大批軍火，並接受鄭經訂購銅砲(此際鄭經攻打閩南)，並允許英人赴廈門。1667年英商隨鄭軍至閩南，1680年始隨鄭軍撤退，1681年撤台灣的商館，結束雙方的貿易關係。

鄭用鑑(藻亭)　1789～1867

[清]文人

新竹人。鄭用錫的堂弟，1825年(道光5年)入貢國學，後來主講明志書院三十年，學生有陳維英等人。1852年以籌運津米有功，加內閣中書銜。1862年(同治1年)舉賢良方正。

[著]《易經圖解》、《易讀》(未刊)。

鄭用錫(祉亭) 1788～1858

[清]文人

新竹人。1823年進士，1826年向孫爾準總督建議開建竹塹廳城，監督工事，敍同知銜。1809年至北京，爲兵部武選司，翌年授禮部鑄印局員外郎兼儀制司(～1812年)。1842年英艦侵入大安港，他募民兵捍衛有功。1853年奉旨辦團練，鎭壓民變。晚年築北園，詩酒自娛。

[著]《北郭園全集》

曾宗 ?～1934 抗日烈士

台中牛罵頭(清水)的算命仙仔、居紫雲寺。1927年至中國，回來與陳發森、陳宗魁等彫像師結成「衆友會」，發展至潭仔墘、竹林、鹿寮、沙鹿一帶。1931年聯絡同志到廈門買武器，1934年6月事洩，9月與呂清池、蔡雙加、楊馬等被拷死獄中。有四百七十多人被捕。

政治行動委員會

1949年7月蔣介石在高雄召集親信，成立「政治行動委員會」，由唐縱(內政部警政總署長)爲召集人，蔣經國(國民黨台灣省黨部主任)，鄭介民(國防部次長)、毛人鳳(保密局長)、葉秀峰(調查局長)、張鎭(憲兵司令)、毛森(保密局台北辦事處主任)、陶一珊(保密局台北辦事處副主任)、彭孟緝(保安副司令)、魏大銘(國防部技術實驗室主任)等爲委員；8月20日在台北圓山成立，下設書記處(五組)，及石牌訓練班；翌年3月改由周至柔爲掛名主任，蔣經國實際主持，1950年底改組爲「總統府機要資料組」，1954年3月再改爲「國防最高會議」(1967年2月始廢)裡的一個機關「國家安全局」，接著在1967年2月又改爲「國家安全會議」。

正供(田賦)

台灣號稱「萬萬稅」，外來政權

一再巧立名目苛捐雜稅，多如牛毛。荷據時代有土地稅、人頭稅、漁獵稅、關稅及納貢，例如1653年公司總收入667,000盾，其中土地收入佔285,700盾；而支出爲328,000盾，盈餘就有338,917盾，相當於收入的57.5%。

清代，最大的正供(稅)是田賦，其征收實況爲：

●清代台灣的田賦 (單位：石／斗)

	東寧國時代		清　代			1843年以前
	官田園	文武官田園	舊額	新墾地		大租額
				1731～1744	1744～1788	
上田	18	3.6	8.8		2.740	8
中田	15.6	3.12	7.4	1.758	2.080	6
下田	10.2	2.04	5.5		1.750	4
上園	10.2	2.24	5.0		2.080	6
中園	8.1	1.62	4.0	1.716	1.758	4
下園	5.4	1.08	2.4		1.716	2

台灣的田賦重於中國內地，內地計弓論畝，台灣計戈論甲，每甲約比內地11畝3分多。至1843年才改納穀制爲納銀制，十八世紀時藍鼎元就指出「穀價賤時每石3錢，是每甲徵本色銀2兩6錢4分，較內地加倍也」，1731年福建總督劉世明奏請台灣田賦依照福建同安縣標準(上田每甲9錢3分)，但戶部以爲只有原來的十分之三而駁斥。1731年(雍正9年)才比照減輕三分之一。1744年(乾隆9年)才再減輕1729年以後新墾地按照同安縣例；如此造成地賦混亂，使業主爲逃漏稅而隱報(稱爲「隱田」)。1790年台灣知府楊廷理把「道斗」改爲「滿斗」，前者只抵後者的8升，在兩者之間取新造斗9升爲「公平斗」，使賦稅增加10%。1843年(道光23年)，兵備道熊一本、台灣知府仝卜年奏准改本色爲折色(納銀制)，粟1石徵番銀2元，官價比市價多1倍，而內地1畝徵1錢，台灣1甲(11畝3分多)徵番銀19圓3角6辨，比內地重十數倍。正供加外，還加上所謂「耗損」，「銀日爐

火之耗，穀曰鼠雀之耗」，耗必有「羨」，從而徵之，番銀1兩耗銀7分，粟一石，耗1斗，折銀5分，以爲「羨」，是一種惡性附加稅。

芝山巖事件 1896.1.1 [日]

日本佔領台灣後，在總督府民政局下設學務部，計劃設置日語學校以教育台灣人。伊澤修二(伊澤總督之兄)擔任學務部長，他選擇士林芝山巖的開漳聖王廟及文昌祠爲學堂。1896年1月1日，北部抗日軍攻打芝山巖學堂，打死日本教員楫取明道、桂金太郎等六人。

《植民政策下の台灣》

1926 [日]山川均著(プレブス出版社)

日本社會民主主義者山川均對日本帝國主義壓榨台灣人的批判，由張我軍翻譯成〈弱小民族的悲哀〉，1927年5～7月在《台灣民報》上發表。山川均指出，日帝從1895～1904年以特別會計、關稅一半繳納國庫、砂糖消費稅等，獲取十倍暴利。1919年文官統治開始，但更加強剝削台灣農民與工人。在政治方面，台灣總督府以官派、御用的議會來作民主的假相，更以保甲、警察來鎮壓人民的反抗。在教育上又以差別待遇來區隔日本人與台灣人。

芷江洽降會談

1945年8月15日日本投降後，日軍的支那派遣軍總司令岡村寧次派今井武夫(副總參謀長)等三人至湖南芷江，與中國陸軍總參謀長蕭毅肅及陸軍總司令何應欽的代表、中國戰區美軍參謀長柏德爾，從8月21起展開談判。中方代表宣讀何應欽致岡村的第一號備忘錄，規定日軍停止行動，並指定台灣、澎湖爲第十五戰區，以陳儀爲受降官，該區日軍集中地點由陳儀指定。

治安維持法 1925.5.12 [日]

日本政府爲了鎮壓社會矛盾所引發的勞動問題、社會問題(包括民主自由的要求)下一般勞工、農民、小市民及急進知識份子的抗爭，1900年(明治33年)就未經討論由國會通過〈治安警察法〉，授權警察任意取締罷工、結社、集會，禁止女性、學生、教員、軍人參加政治結社，更嚴禁勞工的團結權與爭議權，違法者處一年以下徒刑或五十圓以下罰金。面對1920年代社會主義運動的昂揚，1911年警視廳設置特別高等警察(特高)，各地(包括台灣)的警署也陸續設置特高課，取締思想及社會運動。日共建黨(1922年)、關東大地震(1923年)，刺激統治者加強鎮壓社會運動，1925年4月22日國會強行通過〈治安維持法〉，至1928年〈治維法中改正緊急勅令〉第一條更修正爲:「以變更國體爲目的之結社之組織者及其工作者，或從事此事之其他組織者，處死刑、無期徒刑或五年以上之懲役及禁錮」，否定私有財產(即共產主義)也適用此惡法。因此，台灣的議會設置請願運動在1923年就以違反〈治警法〉壓制，台共及社運也以〈治維法〉來壓制。

《治台必告錄》 1867 [清]

丁曰健編，八卷，收錄藍鼎元、魏源、謝金鑾、鄧傳安、周凱、姚瑩、達洪阿、劉韻珂、熊一本、仝卜年、史密、徐宗幹及編者本人對於台灣問題看法的文、疏、紀、論等184篇。1863年戴潮春起義，福建巡撫徐宗幹奏准丁曰健(當過鳳山、嘉義知縣、鹿港同知)爲台澎兵備道，並授與他這些《必告錄》，要他「治台方略，全在因地制宜，名賢往事可師」，遂有此書的編輯。(358,800字)

中比通商條約

1865.11.2～1926.9.19 [清]

不平等條約，共四十七款，其中第十一款規定開放台灣、淡水兩地，及牛莊、天津、上海、寧波……各港口，予以比利時商人自由出入及給予保護及優惠。1926年9月期滿宣佈無效。

中丹天津條約

1863.7.13～1928.6 [清]

清朝與丹麥簽訂的不平等條約，共五十五款，其中第十一款規定；台灣、淡水兩地，及牛莊、天津、煙台、上海、寧波、福州……等地，允許丹麥人自由出人通商及給予優惠待遇如同其他國家。至1928年6月底期滿，由中國外交部照會丹麥駐華大使聲明作廢。

中法戰爭 1884～1885［清］

法軍乘中法戰爭(爭奪越南)而攻打台灣的戰役。1884年6月劉銘傳爲台灣巡撫，8月16日，法軍由孤拔率領十三艘戰艦攻基隆，10月1日攻陷砲台而登陸。法軍攻基隆失敗又回過頭來向福州馬江發動突襲，消滅南洋艦隊。10月2日，法軍攻滬尾(淡水)，一星期後始退，被斬首二十五人(內將校二員)，槍斃三百多人，台灣方面損失也頗重。10月20日孤拔宣佈封鎖台灣。1885年1月，法軍再攻基隆，在月眉山一役損失四百多人，不久撤退。3月31日，孤拔又佔澎湖，他在6月病逝。4月6日，中法議和，始解台灣封鎖。6月21日法軍撤出基隆。8月4日完全撤出澎湖。清朝承認法國佔領越南。和談中法國要求基隆港及煤礦、關稅的九十九年利權，後來終於放棄。

［參］《中法戰爭》第7冊，王竇琪譯〈法國黃皮書〉第7冊；戴天昭《台灣國際政治史研究》，p.194～197(法政大學，1971)。

中國改造論論爭

1926.8.29～1927.2.6［日］

陳逢源與許乃昌、蔡孝乾之間關於中國社會的論爭。《台灣民報》記者陳逢源首先發表〈我的中國改造論〉，接著由留學上海及莫斯科、當時在日本大學的許乃昌寫〈駁陳逢源氏的《中國改造論》〉(《台灣民報》，1926.10.10～31)，陳再以芳園筆名寫《答許乃昌氏的駁中國改造論〉(1926.11.7～1927.1.9)，其間又有從上海回台省親的蔡孝乾寫〈駁芳園君的中國改造論〉(1926.12.5)，最後則由許乃昌的〈給陳逢源氏的公開狀〉(1927.1.30～2.6)而告結束論戰。陳逢源主張中國尙處於封建社會及四分五裂狀態，未經資本主義洗禮；因此要先求國家統一，在國民主義(Nationalism)成功之前，要把妨害國民運動的超國家思想的共產主義先束諸高閣，不可跳過資本主義而冒然進入社會主義的發展。許乃昌的主張主要是反駁陳氏的機械式分析中國社會，而認爲中國社會是帝國主義時代的中間的制度，將來可以過渡到共產制度。他並堅持中國的無產階級才眞正是肩負改造中國的歷史使命。蔡孝乾則提出中國是世界的一部份，中國問題就是世界問題之一；中國的封建制度已經逐漸被國際資本主義所破壞，中國的商工階級能否能打倒國際帝國主義呢？從1925年五三〇運動中看出，能夠長期維持戰綫的不是商工階級而是無產的工人階級。因此，他的結論是中國本身無法走向資本主義，無產階級已經逐漸邁向社會主義之道，中國全民族的解放也只有期待社會主義的實現了。

連溫卿在〈1927年的台灣〉一文總結上述論爭，指出論爭焦點是在台灣是否有資本主義。一邊認爲台灣還沒有資本主義，因此必須使台灣的資本主義發展，才能與日本資本主義對抗；爲此，必須推行民族運動；即追求台灣議會的設置。另一邊則認爲台灣已有尙未獨立發展的資本主義，因爲日本資本主義已在台灣建立強固基礎，被剝削的不止少數地主及資本家，還有大多數的農民及勞工，要解救台灣人非主張階級鬥爭不可。

[參]許世楷《日本統治下の台灣》，p.280～283。

中共對台灣地位的看法

基於第三國際的民族、殖民地綱領(1920年7月28日)，中共(1921年創黨)在1921～1943年間對台灣的態度是支持台灣人獨立的。1928年4月15日，中共代表彭榮出席台共建黨(上海)，對政治綱領「建立台灣共和國」並無異議；7月在莫斯科召開的共青團第五次大會上，把居住於中國境內的台灣人與蒙古人、朝鮮人同列爲「少數民族」。1931年11月7日在瑞金召開中華蘇維埃工農兵第一屆全國代表大會上，其憲法大綱裡保障中國境內的蒙、滿、朝鮮、安南人享有平等權利、包括分離與獨立建國的權利。1932年～1934年間，蔡孝乾、施至善等以台灣代表出席蘇區反帝同盟。1936年7月16日，毛澤東在延安與美國記者史諾(E. Snow)會談時，指出要支持朝鮮及台灣人民的脫離日本殖民統治的獨立鬥爭。1943年12月〈開羅宣言〉發表後，中共才開始改變對台灣的態度。1947年二二八事變後，中共宣稱台灣人民的反抗為「自治運動」。1949年10月中華人民共和國建國後，中共中央政治局開始計劃攻打台灣，但韓戰爆發(1950年6月)，美國第七艦隊防守台海，阻止中共的侵台，中共也開始痛斥美國侵略台灣，並宣稱台灣為中國領土的一部份。1955年1月中共軍佔領一江山、大陳島，美國國會通過〈台灣決議案〉，加強防衛台灣，中共更加譴責美國侵台；1956年起，周恩來號召蔣介石政權的政要至大陸參觀，及發動國共合作攻勢。1958年8月23日，彭德懷(國防部長)發動攻擊金門的砲戰，美軍支援蔣介石，加上蘇聯赫魯雪夫反對中共挑起台海緊張，迫中共停止軍事行動。1971年10月25日中國取代台灣進入聯合國。1973年2月28日，廖承志提出不以武力解放台灣，起用國民黨黨員的政治承諾。1975年4月蔣介石死後，中共特赦國民黨戰犯，送至香港，被國府拒絕入台；五月，鄧小平發表中美建交三條件(廢除蔣美共同防禦條約，與蔣政權絕交，撤退在台美軍)。1978年2月26日，中國第五屆人代會在新憲法上加添「台灣省是中國的神聖領土，一定要解放台灣，完成祖國統一大業。」1979年1月1日美中建交，同時，人代會常委會發表《告台灣同胞書》，號召台灣當局與中國三通、四流；1981年9月30日，人代會常委會長葉劍英發表談話，對台灣當局提出九條件，包括三通、四流，保持台灣的一切政治、經濟、社會、對外關係的現狀，保障台灣工商界回大陸投資……等等。至1984年6月21～22日，鄧小平進一步提出「一國兩制」，企圖招降台灣。

總之，中共在建國後一貫地把台灣視為中國領土的一部份，並且在與其他國家建交時都要求對方承認這一點，但只有葡萄牙、約旦等十一個國家承認台灣為中國領土的一部分，其他國家則持著「注意」、「理解與尊重」、「認知」的態度。

[參]Frank S.T Hsiao & Lawrence R. Sullivan, "A Political History of the Taiwanese Communist Paryt, 1928～1931" (Journal of Asian Studies XLII：2) (1983.2).

Moriyama Akio,"A Study on the Chinese Communists Attitude toward Formosa" (國際基督教大學社會科學ジャーナル,

(12)1974.5)

中國代表權問題

聯合國有關中國代表權問題的爭論與決議。1949年10月中華人民共和國建國後，11月1日，中國政府通知聯合國大會主席羅哈斯及秘書長賴伊，要求儘速解決中國代表權問題，並宣稱國民政府已喪失代表中國人民的地位。1950年1月10日，中共通知聯大祕書長，已派張聞天爲駐聯大大使。早在1949年12月29日，蘇聯代表就提出「中國問題代表權決議案」，被3:2、1票棄權否定(1950年1月13日)。後來美國一再堅持國府爲中國代表；1950年11月15日，第五屆大會通過第一次特別委員會的菲律賓代表提議，「在韓戰結束前，把中國代表權問題擱置而不討論」。1951～1959年，中國代表權問題擱置案在美國強力運作下一再通過，蘇聯及印度支持中共案共達六十九次均失敗。1960年第十五次大會仍以42:34票通過(22票棄權)。1961年美、澳、日、義、哥倫比亞五國又以中國代表權問題指定爲重要事項決議案(三分之二票通過才能決定)，以61:34，棄權7，缺席2的過半數通過，否決蘇聯所提的中共進入聯合國決議案。1971年，阿爾巴尼亞提議案以76:35，保留17票而使中國進入聯合國，國府退出，結束長達二十多年的紛爭。

中國民主黨組黨運動

失敗的組黨運動。其主體是1949年後流亡台灣的中國自由主義知識份子及台灣本地的政治活動者。1960年以前《自由中國》雜誌不斷宣揚反對黨的理念，抨擊國民黨一黨專政，1960年正逢縣市長及省議員選舉，促組黨運動進入高潮。3月，在省議員選舉前夕，由李萬居、高玉樹、郭雨新、吳三連等人召開選舉座談會，《自由中國》發行人雷震及中國青年黨的夏濤聲、民社黨的蔣勻田皆出席。地方選舉挫敗後，5月18日，無黨籍人士及民、青兩黨召開「在野黨及無黨派人士本屆地方選舉檢討會」，主張解散民、青兩黨，與台灣民主人士共同組織有力的在野黨。歷經多次討論，6月26日，召開第一次委員會，責成李萬居、雷震、高玉樹爲新黨發言人，並責成十七名委員至全台各地巡迴座談。7月25日，在台中召開中部四縣市改進選舉座談會上，宣佈10月前成立新黨，一份《中國民主黨創立宣言草稿》也正在研擬，9月4日，雷震被捕，涉及「叛亂」，使新黨運動流產。

中壢事件 1977.11.19

台灣地區五項公職人員選舉上，中壢國小內的第二一三投票所有一對老夫婦在圈選票後，其選票被范姜新林(該所主任檢察員)把他們的票投入票箱，引起林火煉及邱奕彬(牙醫)指責范姜妨害投票。群衆湧向中壢分局要求桃園地檢處廖明宏檢察官處理此事，當局不理群衆，一味拖延，引起群情激憤，搗毀警局窗戶，掀翻警車，警察開槍打死一名中原大學學生。下午八時更有人縱火燒警局。事後，官方追查此案，邱奕彬等人被判刑。但許信良也當選桃園縣長。

[參]林正杰、張富忠《選舉萬歲》

中美共同防禦條約

1954.12.3～1979.1.1

冷戰體制下的美、台(蔣)軍事同盟。一共十條，主要內容爲共同互助維持且發展對締約的領土保全及政治安定的來自外界武力攻擊及共產主義者的破壞活動的、個別的、及集體的抵抗能力(第二條)；各締約國認爲在西太平洋地區對任何一方締約國領域的武力攻擊，即危害自國的和平及安全，且基於自國憲法手續，宣言爲了對付共同的危險而行動(第五條)；上述第二條及第五條所規定的適用上，所謂領土及領域，在中華民國是指台灣及澎湖列島(第六條)；關於在台澎及其周圍，爲了防禦所必要的美國陸海空軍，基於互相同意的原則，中華民國政府許諾其配備的權利，美國政府予以接受(第七條)。直到1979年1月美國才宣佈廢除此條約。

中川健藏 1875～

[日]第十六任台灣總督

新潟人。東京帝大法科畢業，歷任北海道事務官、拓殖局書記官、遞信省通信局長、北海道長

官，1929年爲東京府知府及文部次長，1932年爲台灣總督(1932年5月～1936年8月)，他屬於民政黨，和總務長官平塚廣義(1875年生，屬於政友會系統)一起統治台灣，在他任內，致力拓展南洋、華南的經貿關係，並通過實施台灣地方自治。辭職後他擔任貴族院議員，1940年爲大日本航空的總裁。

中村輝夫(李光輝) ?～1978

日治時代原住民(台東)台灣兵，被派往南洋摩鹿加島(印尼)，盟軍反攻後逃入叢林(1944年11月)，獨自生活三十年，白天裸露，夜間以苧蔴抽絲編織的毯子取暖，以野菓果腹，以鏡子在中午反射太陽光取火。1974年12月被發現，重返文明社會，四年後卻以肺癌去世。

中日北京專約 1874.10.30

[清]

牡丹社事件，日軍佔領瑯璚後，清廷總理衙門大臣恭親王奕訢與日本全權大臣內務卿大久保利通幾經談判(8月7日～10月31日)，才達成協議；㈠日本國此次所辦，原爲保民義舉起見，中國不指以爲不是；㈡前次所有遇害難民之家，中國定給撫恤銀兩。日本所有在該處修道建房等件，中國願留自用，先行議定籌補銀兩，別有議辦之據；㈢所有此事，兩國一切來往公文彼此撤回註銷，永爲罷論。至於該處生番，中國自宜設法，妥爲約束，以期永保航客不能再受兇害。

據此約，清廷承認日軍侵略南台灣爲「保民義舉」，並賠償日本人撫恤金十萬兩，修道建房費四十萬兩。

中日和約 1952.4.28

國民政府與日本所簽訂的和平條約。1951年9月8日〈舊金山對日和約〉後，美國國務卿杜勒斯至日本，向首相吉田茂提議日本急速與國民政府簽和約，否則美國參議院恐怕不容易通過〈舊金山和約〉，此際正逢韓戰激烈化，美國強迫日本對台灣當局簽約，日本只有承諾，但吉田茂也在12月24日寫《吉田書簡》給杜勒斯，表明日本終究希望與鄰邦的中國建立全面的政治和平及通商的條約，日、中(蔣)兩國間的條款，其中有關中華民國的範圍，應限定於中華民國政府現在支配，及將來可能支配的領域爲限。1952年2月27日，河田烈與葉公超外長開始談判，耗時二個月，最後由美國駐台公使藍欽(Karl Rankin)協調，才在4月28日簽定(8月5日生效)。和約上有關領土問題，第二條規定：「日本國基於1951年9月8日在美國舊金山簽署條約第二條所規定，放棄對台灣與澎湖列島，及新南群島、西沙群島的權利、權限及請求權。」只「放棄」台澎，並未指明台澎歸屬給誰。1972年9月25日，日、中(共)建交後，大平正芳首相宣佈《中日和約》失效。

[參]吉田茂《世界と日本》p.154；《回想十年》第3卷，p.74(1957)。

中日戰爭 1894.8～1895.4

[清]中、日爭奪朝鮮的霸權而引發的戰爭

1894年4月，全羅、忠淸兩道人民響應東學黨起義，揭「逐滅倭夷」、「盡滅權貴」旗號，打敗朝鮮政府軍，6月中、日同時出兵鎭壓。事後，日軍在7月23日入王宮擄朝鮮王，迫其請日軍驅逐在牙山的清軍，戰爭爆發。7月25日，日本海軍在豐島冲大敗清艦隊，7月29日，日軍在成歡大敗聶士成部。9月15～16日，日軍擊敗北洋陸軍於平壤，17日，日本海軍又在黃海大敗北洋艦隊；10月下旬，日軍入滿州，占遼東、大連、旅順。1895年2月日軍入遼西，3月陷田莊台。另一方面，日軍又佔山東威海衛，2月7日迫丁汝昌的北洋艦隊投降。同時，伊東亨佑也在1895年1月攻澎湖，3月進逼牛莊、營口。清廷內部分爲主戰及主和二派，北洋大臣李鴻章有西太后爲靠山主和，光緒帝主戰。李鴻章期待列強干預，並派張蔭桓、邵友濂到日本談判，被日方拒絕

(1895年1月30日～2月2日)，日方指名李鴻章來談判。3月20日，李鴻章至下關春帆樓與伊藤博文談判，伊藤要求清朝交出山海關、天津、大沽及各該地鐵路，李嚴拒之。3月24日，李被暴徒刺傷，3月27日，日軍為此事件無條件停戰。3月30日，中日停戰條約簽字，台、澎不包括在內。4月1日，日軍陷遼陽、鞍山、清廷廷臣議論割地，4月17日，《馬關條約》簽字，割讓台灣、澎湖及遼東給日本、英、法、俄三國強迫日本歸還遼東(5月4日)，日軍在5月29日登陸澳底，進入台北，6月17日舉行「始政式」。

[參]《中日戰爭》；黃昭堂《台灣民主國の研究》(1970)。

中台同志會 [日]

1926年3月23日在南京成立的台灣學生團體，由吳麗水(羅東人)在1925年9月聯絡李振芳、以及中山學堂教師文化震、陳君起等，吸收上海大學附中的藍煥呈、上海大學的翁澤生、蔡孝乾、何景寮等組成。他們主張追求中國及台灣的自由獨立，同沐文化；支持中國革命，期望中國富強才能使台灣自然而然達成獨立。關於中國與台灣的關係，即台灣將來有自決權，台灣人民決定中、台為聯邦或者合併。1926年7月31日，日警在羅東逮捕吳麗水、李振芳(皆判刑三年)、藍煥呈(二年)，其他楊如松、黃招松、黃天海等無罪，中台同志會就此瓦解。

中央改造委員會 1950.7.22

中國國民黨中央常委會通過〈中國國民黨改造案〉，進行黨的改造。蔣介石總結在大陸失敗的原因為：「黨的失敗主因，是一般人對三民主義信仰的動搖，其應特別警惕者：㈠曲解三民主義；㈡毀棄革命領袖。」1949年6月，蔣介石在草山成立總裁辦公室，7月，他主持國民黨中常委會與中央政策會聯合會議以來，積極準備改造黨。中央改造委員會由張其昀為秘書長，陳誠、張道藩、谷正綱、蔣經國等十六人為中央改造委員，歷經二年多的改造(～1952年10月)，始完全重整黨的人事及組織，並且把CC系(陳果夫、陳立夫兄弟)的勢力壓制下去，

1952年10月蔣介石連任國民黨總裁，蔣經國、張其昀等三十二人爲中央委員。改造後的國民黨分爲六組(島內、大陸、海外、宣傳、民衆、及保衛室、中美心理合作會、LACC聯絡)與五個委員會，加上秘書處、革命實踐研究院，均由蔣經國的太子派主持。

鍾皓東　1915～1950

基隆中學校長

高雄美濃人。作家鍾理和的異母弟，自幼喜歡漢文，平日愛讀魯迅、巴金等人作品，1940年與蔣碧玉(蔣渭水的外甥女)同赴中國，一下船就被國民黨軍以「日本間諜」罪嫌逮捕，幸由丘念台奔走營救。1945年回台，爲基隆中學校長。目睹二二八事變的慘狀。暗中組織學生自治會、班級讀書會。1949年8月23日被偵破，9月被捕，不屈而遭槍決。年僅35歲，其他同案共三十九人，李蒼降(27歲，基隆市工委)、唐志堂(21歲)、張奕明(女，廣東，基隆中學幹事)、鍾國明(28歲，同上)、羅卓才、錢開誠(宜蘭中學教員，江蘇)等皆遭槍斃；其餘判刑一～十年不等。

[參]《安全局機密文件》第2輯，p.1～9(李敖出版社)。

鍾理和　1915.12.15～1960.8.4

作家

屏東人。1933年遷居高雄美濃尖山，翌年與女工鍾台妹戀愛，不爲家庭所容忍，1938年至滿洲，入瀋陽自動車學校，1940年回台與愛人私奔，1941年遷居北平，暫時當日本人的翻譯，不久經營煤炭，全力寫作(《夾竹桃》，1945)，1946年回台，任教屏東內埔中學代用教員，1947年因肺病入松山療養院三年多，1956年以《笠山農場》獲中華文藝獎，1960年在病床

上修改《雨》，喀血而逝。他跨越兩個時代，足跡遍歷台灣、日本、中國北方，一生貧病潦倒，年輕時熱愛祖國，以「原鄉人的血，必須流返原鄉，才會停止沸騰」爲創作動力，但也對中國傳統與民族劣根性有深刻的批判，戰後他更沒沒無聞，死後才被肯定。

[參]張良澤編《鍾理和全集》8冊(遠景，1976)

縱貫鐵路

1891年台灣巡撫劉銘傳完成基隆至台北間的鐵路(1887年6月開工，全長28.6km)，1893年又有台北至新竹間的鐵路通車。日本佔領台灣後，首任總督樺山資紀鑒於台灣的交通不便，無法迅速運兵領壓反抗，及不利經濟開發，乃建議日本政府舖設南北縱貫鐵路。日本政府撥款十萬圓，聘增田禮作等專家分別勘察。1899年3月，總督府公佈《臨時台灣鐵道敷設部官制》，由國會爭取來的二千八百萬圓資金爲基礎，先舖設台北～淡水的鐵路，(1900～1901年，14英里)，並由北路改進原有路段；南部以打狗爲起點，向北漸進，1904年經台南、嘉義至斗六段完成；北路也推至三叉(三義)附近。適逢日俄戰爭(～1905年)，俄艦有東進的警報，乃加速完成縱貫鐵路，在1908年4月18日完成三義至豐原段，10月24日在台中公園舉行全綫通車慶典。

周鴻慶案

1963年10月7日，中國訪日科學團成員周鴻慶躲入蘇聯大使館要求政治庇護，而被蘇聯大使館把他交給日本政府處理。10月26日，日本決定把他引渡給中國，引起台灣的抗議，11月17日，台灣學生發動五不運動：不買日貨、不看日本電影、不聽日本音樂、不看日文書刊、不講日本話。12月27日，日本將周鴻慶引渡給中國。12月30日，台灣召回駐日公使，大使張厲生奉准辭職，直到1964年1月31日，池田勇人宣佈嚴守一個中國政策，並於2月23日派岸信介來台，台日關係才告改善。

周鍾瑄(宣子)　十八世紀

[清]官吏

貴州貴筑人。1714年爲諸羅知

縣，修水利，建三十二個陂；又延聘陳夢林纂修縣志。1722年出任台灣知縣，設平糶法以救災荒，他停止磨戶輪稅，鼓勵生產蔗糖。

周至柔 1899～1968 軍人

浙江臨海人。保定軍校步兵科畢業，1925年任黃埔軍校教官，歷任師團長，後赴歐美考察空軍教育，1934年爲杭州中央航空學校校長；1946年爲台灣第一任空軍總司令，1950～1952年間歷任參謀總長、國防會議秘書長、台灣省主席(1957～1962年)兼保安司令部司令，1962～1965年爲總統府參軍長。

周凱(仲禮) 1779～1837 [清]官吏

浙江富陽人。歷任襄陽知府，福建興泉永海防兵備道。1832年至澎湖賑災時，提拔蔡廷蘭。1833年爲台灣兵備道，搜捕張丙的餘黨。1836年再至台灣，鎮壓嘉義沈知、岡山吳福反抗。他又到噶瑪蘭(宜蘭)巡視，向閩浙總督建議治理台灣方針，後歿於任內。

[著]《內自訟齋文集》

周元文 十八世紀[清]官吏

遼左金州人。1707年爲台灣知府，正逢災旱，請免正供十分之三，在任六年，設義學、修孔廟，禮賢下士。

鄒族 Tsou

又稱「曹族」，分佈在玉山西麓，北以阿里山爲中心，分散於曾文溪上游及陳有蘭溪上游左岸一帶；南四社則在下淡水溪上游荖濃溪及楠梓仙溪流域；即南投的信義、嘉義的阿里山、高雄的三民、桃源一帶。人口約四千五百人，男子繼承，早期有「出草」(砍人頭)習俗。歷史上備受漢人及其他族群的壓迫。

朱點人(本名朱石頭) 1903～1947

台北市萬華人。小學畢業，醉心文學，與郭秋生、廖毓文、黃得時等共創台灣文藝協會(1933年)、戰後參加文學同志社，1947年二二八事變時遇害。他深受魯迅、小林多喜二、高爾基的影響，作品反映台灣人被壓迫的無奈。

[著]〈島都〉(1932)、〈紀念樹〉、〈無花果〉(1934)、〈蟬〉(1935)、〈安息之日〉(1935)、〈秋信〉(1936)、〈長壽會〉、〈脫穎〉等。

朱濆 ?～1808 [清]海盜

福建同安人。自稱「海南王」，1807年攻擾鹿港、淡水，再被清軍追擊，北上至蘇澳，被當地士紳陳甸邦與平埔族潘賢文擊退；1808年他在長仙尾洋被許松山擊斃。

朱鋒(莊松林) 1910～1974.12.10 民俗家

台南市人。會計、保正之子，台南市商補校畢業(1924～1926年)，參加文化協會活動，1927年至廈門集美中學，1929年回台加入台南赤崁勞動青年會(1928年成立)及「台灣工友總聯盟」，發表《反對普渡宣言》；1930年1月出任宜蘭農民協會書記，加入台灣民衆黨，4月回台南，1月與林秋梧、林占鰲等籌辦《赤道報》，1932年被日警禁止出國十年，任職興鐵工廠外務員，開始研究與整理台灣民俗與文學、文獻，1939～1945年經營永安公司玩具部，1945年戰後加入國民黨，歷任台南市黨部秘書、委員、組長(～1961年)；1948年籌辦台南市歷史文物展覽會，1951年起爲台南市文獻委員會委員。作品包括〈鴨母王〉、〈林投姊〉、〈賣鹽順仔〉、〈郭洸侯抗租〉等，共有二〇一篇。

[參]李筱峯〈從無產青年到民俗學家〉(《台灣近代名人誌》第4冊)

朱景英(幼芝) [清]官吏

湖南武陵人。乾隆年間解元出身，1769年(乾隆34年)爲台灣海防同知，刷新海運，1774年移駐北路理番同知，署汀州邵武知府。

[著]《畬經堂集》(1769)、《海東札記》(1772)。

朱山 十八世紀[清]官吏

浙江歸安人。乾隆年間進士，1755年(乾隆20年)爲彰化縣令，嚴厲整飭治安，因得罪台灣道德文，幾乎被整死，押送福州，不久復職，再遷灤州知府。

[參]《彰化縣志》

朱仕玠(壁豐) [清]官吏

邵武人。1763年爲鳳山縣教諭，著有《小琉球漫誌》(1765)，考證台灣的掌故。

朱術桂　?～1683
[明]宗室，遼王後裔

隨南明政權流亡，唐王封他爲「監國」。後來投奔鄭成功，避居金門、廈門。1664年隨鄭經來台灣，拓墾竹滬一帶。1683年清軍征服台灣，他自殺，其妻妾五人亦自盡。

朱天貴　1647～1683　[清]武將

福建莆田人。原隨鄭經，統領樓船二十八鎭，1680年率二萬多人投降清朝，被升爲南澳總兵。1683年隨施琅攻澎湖，大敗鄭軍，奪六嶼，中砲而歿。

朱一貴　?～1722　[清]抗清者

漳州長泰人。在羅漢門養鴨爲生，知府王珍縱容其子暴虐鄉民，1721年3月，朱自稱明朝後裔，攻岡山汛，潮州人杜君英率客家人響應，5月佔台灣府，稱「中興王」。閩、客雙方失和，杜氏走虎尾溪、據貓兒干，後退入羅漢門，沿途搶掠福佬庄。施琅之子施世驃及南澳總兵藍廷珍在澎湖人的引導下攻陷府城，朱逃到大穆降(新化)、茄茇(後壁)。藍廷珍的堂弟藍鼎元發表〈檄台灣民人〉布告，號召人民當大清良民及「義民」(有能糾集鄉壯，殺賊來歸者)，台南人及下淡水的客家人反過來追殺起義軍。朱一貴在諸羅溝仔尾被義民所擒，押解北京凌遲，他的部衆江國論、鄭元長等在阿猴林(屏東)、林君在六加甸、黃輝在紅毛寮各處抵抗，紛紛失敗。

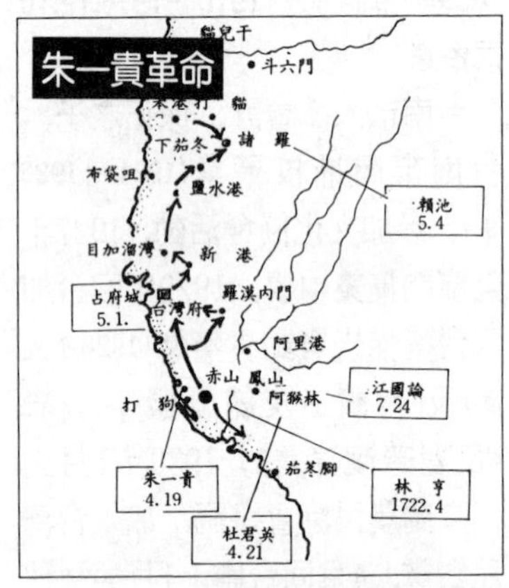

[參]《淸聖祖實錄》294；藍鼎元《鹿洲文集》、〈平台紀略總論〉。

《諸羅縣志》　1718　[清]

陳夢林編撰。十二卷，分爲封

域、規制、秩官、祀典、學校、賦役、兵防、風俗、人物、物產、藝文、雜記等。此書內容以風俗志爲最重要，分漢俗、番俗兩類，記錄了平埔族的風俗。此外，物產志又成爲後來修志者所取法。雜記志又多保留沈光文的遺稿。

《諸番志》 [宋]

趙汝适著。1225年刊行，上卷《國志》三十六條，下卷《物志》四十八條。其中關於台灣澎湖的史料，有「流求國」、「毗舍耶」兩條，但仍未能明白指出台灣的地點。

竹林事件 1912～1929.3.12 [日]

南投竹山、嘉義竹崎及雲林古坑一帶的種竹爲生的台灣人反抗三菱財團的抗爭。這一帶有156,000餘甲竹林，1908年就被總督府以林野調查名義，搶走3260多甲，1909年又查封7915甲。1908年總督府把15000餘甲地以「無主」爲理由，強行劃給三菱會社作爲委託經營。1910年三菱在林內庄設立製紙廠，頓時使百餘年來賴竹林爲生的二萬多台灣人喪失使用權，1912年引發劉乾的反抗(林圯埔事件)。1915年4月三菱又取得9000甲所謂「放領竹林」及6098甲原野，強迫當地居民承租，(造林期間十年，許諾住民可自用、共用竹林、免費採筍；提供一切貸款與方便)，但三菱一再欺壓住民，1925年4月6日，竹林庄民抗租、保甲長拒絕執行公務，公學校學童罷課，派代表(張牛)至台中州廳及總督府請願(10日)，並有四百多名庄民至竹山郡役所示威(4月18日)，他們甚至準備向來台的皇弟秩父宮「告御狀」，但被警察提早阻止(逮捕九名代表)。1926年7月，台灣農民組合的簡吉至當地領導鬥爭，日本勞農黨的律師麻生久也到竹崎演講。9月12日，當地竹農七十多人加入台灣農民組合嘉義支部。

1928年2月，總督府將保管林以時價三成限五年內賣給當地各庄充作庄財產，同時讓原來的居民繼續使用。1929年3月12日，三菱吐出小梅、竹崎、番路、中埔等庄共2700多甲林地，農民繼續抗爭，終於在警察的壓制下結束二十多年的竹林問題。7月，三菱以每甲1圓50錢搶走14,514甲林地，只花21,771圓就奪走5萬至6萬圓的台灣第一美竹林。

《主津新集》

1894年李春生著。四卷，內容爲台事其一至其七，對清末台灣時事，洋務的感想；卷二靈魂繫於教門；卷三說僻；卷四禮、俗、通病、時宜等。

專賣 [日]

剝削台灣人經濟、壟斷重要資源及生產與銷售的制度。從1897年1月公佈〈鴉片專賣令〉起，逐漸擴大至樟腦(1898)、鹽(1899)、香煙(1905)、度量衡(1906)、酒及酒精(1922)、洋火(1942)、石油(1943)、鹽汁(1944)共十種。專賣收入是總督府最大的財源，販賣特權則交給日本商人、退休官僚及一部份台灣人(辜顯榮等)；零售則由各地名望家、保甲長及親日份子沾享。

專賣收入一直佔總歲入的30%左右。

庄司總一 Shōji Sōich

1906～1961 [日]作家

山形縣酒田人。早年至台灣，1931年畢業於慶應大學英文科，1940年發表《陳夫人》，1942年獲大東亞文學獎。1945年戰後爲慶應大講師。

[著]《残酷の季節》、《聖なる恐怖》。

莊大田 ?～1788 [清]抗清者

鳳山竹仔港庄人。南路天地會領袖，1787年林爽文起義，大田響應，攻陷埤頭，自稱南路輔國大元帥，與林爽文會攻台南，其部衆莊錫舍(泉州人)倒戈，1788年兵敗退入大武壠，占枋寮，終被擒，處死。

莊芋 ?～1885? [清]抗清者

嘉義梅仔坑(梅山)的土豪，被官方視爲「群盜之首」，1881年他殺死線民吳登科，在梅仔坑自立爲中路大元帥，與其他抗清人馬活動於山豬窟(雲林)、大湖、甘蔗寮(嘉義民雄附近)一帶，分巡台灣道劉璈下令圍剿，知府袁聞柝攻佔各據點，至1882年仍未追捕到案。1885年他投入林朝棟的東字營爲哨兵，病歿軍中。

[參]連橫《台灣通史》卷35

郡　[日]台灣的行政單位

1920年起，台灣總督府在台灣改爲五州，州下設廳、市，市下設郡，郡爲大街區，例如，台北州七星郡，下轄汐止、士林、北投、內湖；海山郡下轄板橋、鶯歌、三峽、中和、土城；台中大屯郡下轄大里、霧峯、太平、北屯、西屯、南屯、烏日各庄或街，此後各郡時有調整區域。

《自由中國》 1949～1960

來台的大陸自由主義學者、政客的批判國民黨的刊物

1949年4月胡適在赴美前，爲《自由中國》撰寫發刊詞，11月20日在台北創刊，由胡適擔任發行人，一共出260期，主要編輯爲雷震及殷海光(台大教授)，他們主張「支持並督促國民黨政府走向進步，逐步改革，建立自由民主社會」，以英美的民主思想爲引導，不斷批評國民黨的黨、政、軍、特，對黨化教育、救國團，甚至情治單位都敢於譴責，1954年12月，蔣介石下令開除雷震的國民黨黨籍。1957年7月～1958年3月，《自由中國》更以「今日問題」爲總標題，發表十五篇社論，提出反攻無望論，指出國民黨藉反攻大陸神話而一黨獨大，爲所欲爲，殘害人權，浪費民族時光精力。1959年1月更反對蔣介石第三次連任總統。另一方面，胡適也委婉表達要求蔣介石別再連任(1956.10.31,《祝壽專號》)，社論也反對軍隊國家(黨)化、取消救國團、貫徹自由教育方針。1959年3月，胡適又寫《自由與容忍》(26卷第6號)表達「容忍比自由更重要」。他鼓勵台灣出現一個反對黨，雷震多年奔走結合台灣政客，1960年起動作頻頻，引起國民黨的警惕，1960年9月4日終於以包庇匪諜罪逮捕雷震，打壓了「中國民主黨」的籌建工作，同時查禁《自由中國》。

左宗棠 1812～1885 [淸]武將

湖南湘陰人。1832年中舉人，三次應試落第，回鄉教書，1852年由胡林翼推薦在湖南巡撫張公亮的帳下，後來加入曾國藩的湘軍，轉戰江西、安徽，1861年當

到浙江巡撫。他與法國人的常捷軍合作，先後攻陷寧波、紹興、杭州(1864年)，升爲閩浙總督。1866年至馬尾籌辦船政局，同年調爲陝甘總督，追擊捻軍六年(～1871年)。1875年督辦新疆軍務，1877年征服新疆，1881年調升軍機大臣。1884年中法戰爭時，爲欽差督辦福建軍務。

[著]《左文襄公全集》13卷

[參]清史列傳51

佐久間左馬太 Sakuma Samata

1844～1915 [日]第五任台灣總督

長州藩士之子，爲佐久間家的養子。1874年日本出兵台灣時爲參謀，1895年以後歷任近衛師團長、大將，1904年復任東京衛戍都督，1906年爲台灣總督。他起先留用後藤新平及其繼承者祝辰已爲民政長官，1908年起用警察本署長出身的大島久滿次(Ojima, Kumaji)，開始鎮壓台灣高砂族，1906～1909年共十八次「討伐」生蕃，推進隘勇綫，殘殺高山族無數。此外，他更鎮壓北埔事件(1907年)、林圯埔事件(1912年)、土庫事件(仝上)、羅福星事件(1913年)、六甲事件(1914年)等，九年內鎮壓台灣人反抗無數，辭職後不久去世。

[參]黃昭堂《台灣總督府》(1981)

地名附册

〔A〕

阿罩霧 Adabu

台中霧峰。原爲泰雅族眉加拉社的獵場，1742年(乾隆7年)漳州平和人林江至此拓墾，建貓羅(baloh)新莊，1920年改爲霧峰。當地有林家庭園，及台灣省議會。

阿緱 Akgao

屏東市。原爲西拉雅族馬卡道支族(Makatto, Makatau)之地，稱爲「阿猴社」(Akauw)，他們由打狗遷入，以往當地森林蓊翳，故稱「阿緱林」。1920年因位於半屏山以東南，改爲屏東。

阿公店 Akgongdiam

高雄岡山。位於阿公店溪北岸，有前鋒、後協等鄭氏兵營。清代設汎防於大岡山，後來形成竿蓁林街。1920年改爲岡山(Okayama)。

阿里港 Alikgang

屏東里港。爲西拉雅族馬卡道支族之地，鄉內有搭樓及武洛(大澤機、茄苳村)兩社址。1767年將原在萬丹的縣署移至此，爲山豬毛番社要街。1920年改爲里港。

庵古坑 Amkgohkin

雲林古坑。地名可能是種菴瓜(越瓜)的坑而名。1690年(康熙29年)有漳人吳、陳、劉等入墾本地及麻園(永昌村)，斗南鎮溫厝角(將軍里)一帶。1920年改爲古坑。

安定里 Andengli

屏東滿州鄉的排灣族猪勝束社之地(里德村)，及大港口庄(港口村)，1896年日本人在此設學校教育原住民兒童。

安定里東堡 Andenglidangbø

台南安定鄉。爲平埔族目加溜灣社之地，稱爲直加弄(Baclon)，沈光文流寓入山，1683年再至台灣府(台南)。

安平鎭 Anbeng

桃園平鎭。以往稱爲「張路寮」，爲防盜設寮瞭望之地。1895年日軍在此遭遇客家人的抵抗，街市全毀，1920年改爲平鎭。

安平港 Anbengkang

台南市郊的港口，爲岸外沙洲，稱「一鯤身」或「大員嶼」，隔台江和赤崁(台南市)相望，1642年荷人築熱蘭遮城，1661年鄭成功以故鄉南安縣安平鎭(安海)爲名改爲安平。

紅水溝堡 Angjuikgaobø

宜蘭冬山，平埔族打那美社之地，原稱「那美堡」，1874年(同治13年)改爲紅水溝堡。

紅頭嶼 Angtaosu

在台東市南約81公里海上的小島，面積45.74平方公里，雅美族之地，1877年被恒春縣併入版圖。原住民捕魚爲主，目前爲管訓流氓及存放核廢料之地。歐洲人稱爲「Botel Tabago」。

漚汪堡 Aaongbø

台南將軍鄉。爲平埔族漚汪(蕭壠)社舊地，爲施琅的封地，稱爲「將軍」。

後大埔 Aaoduabo

嘉義大埔。在曾文溪上游大埔河谷上。原爲曹族簡仔霧社(Karabura)之地，十七世紀客家人至此拓墾，在東山鄉前大埔(東原村)之後，故稱「後大埔」。1924年羅阿頭，後來余清芳等皆據此抗日。

後壠 Aaolang

苗栗後龍。爲道卡斯族後壠社(Yassu)之地，十七世紀末泉人向原住民贌地，形成田心仔；後壠即後方田埒之意。1920年改爲後壠。

〔B〕

巴塱衛 Balongwi

台東大武。位於恒春半島東北岸，大武溪口南端，排灣族巴卡羅群舊地，稱為「Parongoe」。1875年有橫貫中央山脈的南路，自四林格(牡丹)經牡丹灣、巴塱衛到卑南。1920年改為大武(Taibu)。

擺接堡 Baijapbø

台北平原南部新店、大料崁兩溪流之間，即板橋、中和、永和、土城與新莊的西盛、柏林二里之地。原為平埔族擺接社之地，1720年代大加蚋堡墾首林成祖向原住民贌地，漸成枋橋街肆。

八里坌 Batlinhun

北縣八里。淡水河口南岸，西北瀕台灣海峽，為平埔族八里坌社之地，土名挖子尾，十八世紀形成街市，1732年設巡檢司(後遷至新莊)，1792年開港。1796年毀於大水，對渡港口移至滬尾(淡水)。

八里坌堡 Balihunbø

台北縣八里及泰山、林口、五股的獅子頭、觀音坑、牲仔寮(成洲村)、五股坑庄(五龍、五股、德音村)。

叭哩沙 Bailisua, Purusarum

宜蘭三星鄉。平埔族地名「叭哩沙喃」，1920年改為叭哩沙，國民政府又改稱三星。清代設隘以防泰耶族(顆剌王字生番)，內有一山路從鹽菜甕(關西)翻玉山腳，可通竹塹九芎林；為客家人開拓地點。

枋橋 Bangkgiø

台北縣板橋市。位於台北盆地西南的淡水河東岸，十八世紀初，有漳人林成祖、廖富豪等入墾，1750年大安圳完成，日益拓墾，當時在目前西區的崁仔腳的小溪上架橋，稱為「枋橋」(Bang Qioh)，1846年始興盛，稱為「枋橋新興街」。1850年代初，北部閩粵及漳泉械鬥激烈，新莊的首富林本源家遷入大料崁(大溪)，1853年再遷至枋橋。1920年改為板橋。目前為台北縣第一大城市(人口超過五十多萬)，爲縣治所在。

放索 Bangsø

屏東林仔邊。大社村的馬卡道族自稱放索(Pangsoys)至境內水利村(田墘厝)移民，再擴展到林邊村。1920年改爲「林邊」。

蓬山(崩山) BangsuaN

大甲、房里二溪下游海岸的總稱。爲道卡斯族崩山八社之地，即大甲東、西社、宛里社、日南社、日北社、貓盂社、房里社、呑霄社(雙寮社)。

北埔(竹) Bakbo

原住民之地，1834年(道光14年)由淡水同知李嗣業准客家人姜秀鑾(原住九芎林庄)、福佬周邦正，並撥官銀一千元，合開「金廣福號」(金代表官方，廣爲客家、福爲福佬)，分二十四股，設隘，從1834～1847年起開闢北埔、峨眉、寶山三鄉荒埔。後來福佬人勢力衰，北埔一帶成爲客家人的天下，姜家爲首富。

北投 Bakdao

台北市北投。平埔族凱達格蘭族北投社(巴豆社)、唭哩岸社之地，「北投」爲巫女之意。

北投埔 Bakdaobo

南投草屯(碧峰里)平埔族阿里坤社Savasava社之地，分爲兩群，漢人稱爲北、南投社。1730年間(雍正)閩人入北投社瞨地，十八世紀已成一街肆，並在東界土城庄(南埔)置木柵以防蕃，形成北投堡，管轄草屯一帶。

白鬚公潭堡 Beciukgongtambø

嘉義義竹及鹿草的下潭、龜佛山、竹仔腳，及布袋的過溝、考潭一帶，境內有白鬚公潭而設堡(1723年)。

白沙墩堡 Besuadunbø

雲林元長。1734年(雍正12年)成一堡。1720年有傅元掌拓墾元掌(長南、長北里)，1730年代又有吳大有入墾；境內有客仔厝庄(客厝村、卓運村)，可見客家人在此拓墾。

八塊厝 Bedecu

桃園八德。1747年左右僅有八戶住家，稱此名。1920年改爲八塊，1945年又改稱八德鄉。

保東里 Bødangli

台南新豐的埤頭、下湖村及歸仁鄉的媽祖廟庄(西埔、大廟村)爲保東里。

寶斗 Bødao

彰化北斗。原爲平埔族東螺社之地，1806年(嘉慶11年)漳泉械鬥，全街被毀，東螺又被大水冲壞，1821年始在北邊河洲上建寶斗庄，爲濁水溪上的大市鎭，與西螺相對。

卑南 Binam

在台東市西北處，位於台東縱谷平原南部，卑南溪與太平溪之間，爲Puyuma族與阿美族之地，其族長Pinarai英勇強悍，征服附近各部落。1722年(康熙61年)，朱一貴的部衆王忠等人逃至此地，盡被原住民趕走。1855年再有鄭尙從鳳山縣水底寮至此開墾。日據後改爲卑南庄。

屏東 Bindong

舊稱「阿猴」，爲平埔族西拉雅的阿猴社之地，又稱爲「阿猴林」、「鵶緱林」。此族原居打狗(高雄)，後來遷至本地，1684年隷屬鳳山縣。1875年(光緒1年)劃率芒溪以南爲恒春縣；1895年日本人將本地改隷台南縣下的鳳山、恒春二支廳。1897年又改隷鳳山縣，1898年廢縣，又改隷台南縣，下設阿緱、潮州庄、東港、恒春四弁務署。1901年廢縣置廳，改隷阿緱，恒春二廳。1909年裁恒春廳，本區全部改隷阿緱廳。1920年廢縣置州，隷屬高雄州，下設屏東(在半屏山以東而稱之)、潮州、東港、恒春四郡。1933年升屏東爲市，1945年仍屬高雄縣，1950年劃屏東市及潮州、屏東、東港、恒春四區爲屏東縣。

坪林尾(北) BiNnav(u)e

位於北勢溪的低位河階面上，以往此地長滿九芎、樟、水卯樹，而在森林末端建村，故稱爲「坪林尾」。十九世紀初始成村落。1920年改稱「坪林」。

埔姜崙 BokgiuNlun

雲林褒忠鄉。明鄭時泉人陳帝老入墾馬鳴山，1724年蔣昇燦入墾埔姜崙、龍巖厝各地。相傳乾隆年間，有人官拜埔姜崙布政司，因而賜名褒忠。清代屬於布嶼西堡，日據時代屬土庫庄，1945年設鄉。

埔姜頭 BokgiuNtao

台南永康。明鄭時爲永康里，1920年改爲永康。埔姜即黃荆(Vitex Negund)，可燻蚊子。

埔里(南投) Boli

位於海拔443公尺的低位河階上盆地。以眉溪爲界，北爲泰耶族眉社之地，南爲邵族埔社分布地。1796～1820年間統括爲水沙連番境。1814年隘首陳大用、郭百年、黃里仁等率壯佃千餘人入侵埔里社，被清朝官方趕走。1823年起又開放給平埔族各支從草屯、南投、台中各地陸續遷入，而將泰耶族、邵族趕走。1875年始設埔里社，1878年建中路理番廳於此。

布袋嘴 Bodecui

嘉義布袋，位於鹽水溪口北側與鹿草溪口之間，作半島狀突入海中。原稱「冬港」。十八世紀已形成市集，後來瀉湖淤廢，新市集再轉到目前之處。清代分屬於大丘田西堡、白鬚公潭堡、龍蛟潭堡，1920年改爲布袋。

布嶼堡 Bosubø

雲林二崙、崙背及褒忠一帶，1721年(康熙60年)設布嶼稟堡，爲平埔族猫兒干社故地，他們自稱爲「Bosulim」，布嶼稟大庄即今天崙背的舊庄。

本城堡 BunsiaNbø

宜蘭市爲主，原稱「五圍三結堡」，1802年(嘉慶7年)有漳人吳表、楊牛、林循、簡東來、林胆、陳一理、陳孟蘭，及泉人劉鍾、客家人李先等人率一千八百多人至此，設五圍，每人分地五分六厘。1810年置噶瑪蘭廳，楊廷理以此地爲城，環植九芎樹。

笨港 Bunkgang

雲林北港，位於北港溪下西岸，荷人稱爲「Poonkan」，爲對廈門、泉州、福州及台灣西岸的重要轉口港。由於北港溪不斷變化，北港市集也跟著遷徙，1717年(康熙56年)市集在南岸；1750年(乾隆15年)大水，北街始興起。1782年械鬥後，漳人遷至東邊建新港街(新港)，1830年一次大水，南街始衰。1850年械鬥，北街漳人盡遷入新港，泉人則遷至北街。十九世紀末，港口淤塞而被其他港口取代。目前只有北港媽祖廟仍爲台灣最大的宗教朝聖地。

半屏里 BuaNbinli

高雄仁武的五塊厝、八卦寮、大灣庄一帶，在半屏山下。

半路竹 BuaNlodek

高雄路竹。在二仁溪與阿公店溪之間。鄉內竹滬村爲明寧靖王朱術桂拓墾之地。社中、社西、社東三村爲大傑巓社之地，後來遷入大小岡山。半路竹在清初爲鳳山縣下三大街市之一(安平鎭街、興隆街)。距安平二十公里，南距鳳山十六公里，故稱半路竹。

半線 BuasuaN

彰化地方，平埔族帕布薩半線社之地，明鄭劉國軒在半線庄屯墾。1721年代設半線堡，乾隆年間又分爲猫羅、北投及大肚堡，再把半線分爲東、西二堡，1873年又改爲線東、線西堡。

〔C〕

柴頭港堡 Cataokgangbø

1734年(雍正12年)設置，連接嘉義西堡(嘉義市)的一地區，在當前的磚磘、劉厝、港坪、頭港、大溪里，及水上的大堀尾、大崙～回歸村一帶，以往是牛稠溪的一個港口柴頭港之地。

田中央 Candiongng

彰化田中。1850年沙仔崙街肆被濁水溪沖掉大半，乃在此地建新街市於稻田中，故稱爲田中央。

草鞋墩 Caoedun

南投草屯。位於進入埔里的中途站，挑夫在此地換草鞋休息而得名，1875年(光緒1年)隨著埔里廳的設置而興起。原爲洪雅族阿里坤(Arikun)北投社(碧峰里北投埔)故地，十八世紀有吳洛入墾，1899再有曹和尚入墾。

臭水　Caojui

彰化秀水。巴布薩(平埔族)族之地，清代屬燕霧上堡、馬芝堡。

莿桐巷　Cidanghang

雲林莿桐。1720年代已有漢人拓墾，1920年改爲莿桐(shidō)，1935年有九十戶日本人移民至虎尾溪新生地，建「榮村移民村」(埔尾村)。莿桐樹(Erythrina Variegata)在當地林蔭成聚。

赤山堡　CiasuaNbø

台南六甲鄉及官田鄉的官佃、中脇、二鎭、烏山頭、拔仔林、笨潭一帶。明鄭時爲開化里，林鳳在林鳳營拓墾，遍及龜仔港、港仔頭、中社、青埔各庄及二鎭、中脇、官佃各庄。清代再由閩、粵各族分別擴展至烏山頭、六甲一帶，稱爲赤山堡。

赤山里　CiasuaNli

高雄鳥松鄉及鳳山的赤山庄(鎭西里、文山里、文英里、鎭北里)一帶。《台灣府志》:「自鳳彈山而聯於東北者，名曰赤山，以土色赤故名」。

深坑　CimkiN

北縣中部，清代屬於淡水縣文山堡，日據時爲深坑庄，.1945年後改爲鄉，境內四面環山，中部景尾溪谷地低窪，故稱爲「深坑」，盛產文山包種茶。

深耕堡　Cimkgengbø

彰化沙山、大城、竹塘一帶，原屬二林下堡之地，爲原住民巴布薩於二林社故地。清初有曾機祿入墾，道光年間形成大城厝(大城)及芳苑的番仔挖、後壁寮各莊。

清水溝堡　Cengjuikgaobø

宜蘭羅東的北成庄、歪仔歪(仁愛里)、頂一結，及冬山的廣興、柯林村，三星的尾塹村之地。

樹圯埔　Ciukibø

新竹竹東。樹杞(象齒)繁茂之

地，1920年改稱竹東。此地原爲竹塹平埔族道卡斯族之地，1765年(乾隆30年)始有客家人入墾，至1769年廣東惠州客家人聚落已形成；1774年饒平人林欽堂開闢頭重埔、員山一帶；1810年(嘉慶15年)閩粵各七股，合創「金惠成」號，開闢番地，1811年彭開耀、彭開彩開闢樹圯林埔。其幼子乾和、乾順至樹圯林一帶拓墾，乾和被北埔面盆寮方面的原住民殺死(1827年)。

樹林 CiunaN

台北縣樹林鎭，隔大漢溪與板橋相接。十八世紀末有同安人及安溪人至此,賴科招佃拓墾潭底,1757年客家人至柑仔園,三塊厝,1777年械鬥後,客家人退出。1759年河水泛濫，沿岸高木叢生，故稱爲樹林。

〔D〕

噍吧哖 Davani

台南玉井。爲平埔族噍吧哖社之地,清代分屬安平縣噍吧哖庄,善化里西堡、外新化南里，1920年改爲玉井。1915年余清芳抗日，在虎頭山浴血混戰七天，後來被誘殺數千人。

打貓 DaNniao

嘉義民雄。洪雅族打貓社之地，界於三疊溪與牛稠溪之間，附近一部分爲明鄭屯墾區，其中北勢子、新庄子(民雄)合爲北新莊，爲諸羅十七莊之一。1920年按日文Tamio改爲「民雄」。

打貓東頂、下堡

雲林古坑大湖底(華山、華南村)，崁腳一帶爲打貓東堡；嘉義梅山及大林溝埧(溝背)、義和～三村一帶爲打貓東頂堡；大林潭底庄(吉林、平林里)及民雄陳厝寮(三興)、葉子寮(東興)，竹崎番仔潭(義仁村)一帶爲打貓東下堡。

打貓北堡

嘉義大林明華～湖北里，大埤的大埤庄(北和～尚義村)，舊庄(北鎭～西鎭村)一帶。

打貓南堡

嘉義民雄的舊街市。

打貓西堡

嘉義水上水堀頭(水頭村)，南靖庄～柳子林庄，及新港街一帶。

大竹里 Daidekli

高雄鳳山及高雄市鹽埕區、鼓山區岩壁墘、漁行口、哨船頭、三民區、新興區、前金區，苓雅區……等皆爲大竹里。

大里杙 Dailikit

台中大里。1750年客家在此拓墾，1769年林爽文起義，大里杙庄被毀。1832年(道光12年)柳樹湳汛移駐此地。「杙」即繫船筏的小木樁，以往溯大肚溪到此地，在碼頭豎杙以繫舟筏。

大甲 Daikgah

台中大甲，原爲道卡斯蓬山八社的大甲東、西社之地(在外埔與義和里番仔寮附近)。自稱Riravo－an,荷人稱其Tackais。該社酋長柯達王(大甲王Quataong)1645年反抗荷蘭人失敗。1732年(雍正10年)大甲西社反抗清軍失敗，改爲德化社。1827年建城堡。

台北 Daivak

台灣北部第一大都市。十七世紀時仍是平埔族凱達格蘭族的雷朗、奇武卒、大浪泵，里拔等社的居地，1628年西班牙人佔淡水，建聖多明尼哥域，1636年退出，1689年(康熙37年)泉人陳賴章墾戶開始拓墾大加蚋(Takala)，1694年台北盆地下陷，海水入浸成一鹹水湖，盆地北面大部份陷入湖底。1723年改隸淡水廳，1755年劃歸竹塹，1760年(乾隆25年)移八里坌都司至艋舺，1767年又改八里坌巡檢爲新莊巡檢，1808年(嘉慶13年)移新庄縣丞於艋舺，淡水同知半年駐竹塹、半年駐艋舺，台北始成爲北部重鎭。1875年(光緒1年)始設台北府，轄淡水、新竹、宜蘭三廳縣及基隆廳，1892年台北成爲台灣省治之地，1895年日軍佔台，在台北建總督府，1920年建立台北新都市，1945年戰後，仍沿用爲台北市，面積不斷擴大。

台東 Daidang

舊名寶桑，爲Puyuma(又稱卑

南族)之地，清代以其地偏遠，屢次嚴禁人民越渡。1845年始有鄭尙從水底寮(枋寮)越山入巴塱衛(大武)開拓；1875年(光緒1年)置卑南廳，1887年改爲台東直隸州，左界宜蘭，右界恒春，包括目前的花、東二縣爲轄境。1895年日人置台東廳，屬台南縣；屢經更張，1909年又劃出花蓮廳。1937年在台東廳下設台東、關山、新港三郡。1945年國府改爲台東縣。

台中 Daidiong

舊名「大墩」，爲平埔族貓霧捒族之地，清初劃歸諸羅縣，1723年(雍正1年)改隸彰化縣。1862年(同治1年)戴萬生與清軍激戰於邱厝溪(柳川)，後來又發生閩粤械鬥，一時荒廢。1887年台灣建省，在台中建台灣府，下置台灣縣。1896年日人改爲台中縣，屢經變革，1920年置台中州，下設大屯、豐原、大甲、東勢四郡。1945年國府改州爲縣，1950年台中縣再劃爲台中、彰化、南投三縣。

台江 Daikgang

台南一帶海岸，即一鯤身至七鯤身。一鯤身隔北綫尾接鹿耳門，爲出入台南的咽喉地。荷人在一鯤身築熱蘭遮城(安平古堡)。今已與台南市相通。

大溪(桃) Daike

原爲平埔族宵里社之地，稱爲「大姑陷」(Takoham，即大漢溪)，爲淡水河侵蝕大嵙崁溪源頭而留下的崁地。1788年(乾隆53年)漳人謝秀川，賴基郎溯淡水河而上，向泰雅族贌租該地，拓墾月眉一帶，不久江番一族成爲首富。1832年(道光12年)台北發生械鬥，新莊的豪族林本源家避居於此，建立一座佔地四甲多的方型石城，發展大姑陷爲農業集散地及通淡水河的市集，至1845年林本源家始遷至枋橋。接著，大姑陷成爲附近龍潭、關西、竹東各地茶、樟腦及煤的集散地，一躍而爲淡水河畔的商港，1892～1897年所謂「崁津歸帆」爲大嵙崁的黃金時代。1886年設墾撫局於此，開山撫番，1894年置南雅廳，1920年改稱「大嵙崁街」。1925年隨鐵、公路的遠離而日益沒落。日軍佔台灣之初(1895年)當地士紳反抗，大嵙崁被全毁，改建新式建築。

台南 Dainam

原爲平埔族西拉雅族與洪雅族的居地。1624年(明天啓4年)荷蘭人佔領台灣，由安平登陸，1630年建熱蘭遮城於安平(一鯤身)及普羅汶蒂亞城於赤崁。1661年鄭成功佔台灣；改爲東都，赤崁爲承天府，置天興、萬年二縣；1684年清朝改爲台灣府，下設台灣、諸羅二縣。1787年(乾隆52年)改諸羅爲嘉義縣，1887年改台灣縣爲安平縣，同隸台灣府，1895年日據初仍置台灣府，本境分隸台南、台灣二縣；屢經變革，1898年改爲台南縣，下設台南，麻豆，店仔口(白河)、鹽水港、大穆降(新化)、蕃薯寮(旗山)六弁務署。1901年廢縣置台南廳、鹽水港廳。1909年撤鹽水港廳，分隸台南、嘉義二廳；1920年置台南州，下設新豐、新化、曾文、北門、新營五郡及嘉義市、斗六、北港、東石各郡。1945年國府改爲台南縣，1950年又將台南縣及嘉義市分爲雲、嘉、南三縣、劃上述台南五郡(區)爲台南縣。台南是漢人最早的拓墾區，原住民的平埔族則被漢化，四大社(麻豆、新港、蕭壠、目加溜灣)則從荷據時代逐漸被征服。

東螺東堡 Dangle

彰化濁水溪及東螺溪之間沖積扇的扇頂部分，原爲巴布薩東螺社之地，十八世紀分爲東西二堡，包括二水、田中、田尾、溪洲及埤頭、北斗各地。

東勢 Dangsi

雲林縣西部，清代分屬海豐堡、布嶼西堡、日據後又屬虎尾郡海口庄所轄。1950年與台西鄉分開，自成一鄉。

東勢角(中) Dangsikgak

大甲溪上游的縱谷，古稱東勢角埔。1754年客家人至此，1786年林爽文反清後，更有大批客家人湧入。此地原爲巴則海族的樸仔籬五社之地，山上則爲泰耶族居地。客家人先開發石岡，再入石城(下城庄)。1808年(嘉慶13年)潮州府饒平人劉阿滿開拓新伯公地方，1823年住在番社的大馬僯社遷至埔里，而在社寮的社寮角社也遷至埔里。

銅鑼灣 Dangløwan

苗栗銅鑼。在苗栗台地三義斷層谷內，聚落形成於打哪叭溪與後龍溪分水嶺西麓，狀似銅鑼，以此爲地名。1920年改稱此地名。

斗六門 Daolakmng

雲林斗六。洪雅族柴裡社故地，稱斗六門，1733年(雍正11年)設斗六門汛，十九世紀始有泉人楊仲熹入墾。爲中南部重鎮，東通內山，西抵他里霧(斗南)、北至虎尾溪，清代時「土匪」出沒，一遇動亂，當地立刻陷入危機，所以清廷才在1893年雲林縣治由竹山(林圯埔)移至此。柴里社(Asissan-gh或Talackbayen)遷至溝地、江厝、三光等里(舊溝仔地、柴里)。

長樂里 Dionglokli

屏東滿州的永靖及響林村一帶，以萬里得山爲中心。

長治一圖里 Diongdi

高雄路竹鄉竹滬(明寧靖王朱術桂的拓墾地)、後鄉庄及一甲(甲北、甲南村)；湖內鄉的大湖街、田尾、湖內庄一帶爲長治二圖里。

哆囉滿 Døløvuan

花蓮太魯閣附近花蓮溪口，1500年代葡萄牙人經過時取名爲金沙(Rio Duero)，一百年後，西班牙人的記錄「台灣東海岸的Turumoan盛產砂金……」。但這個地名的實際所在仍未淸楚。

哆囉嘓堡 Døløkgokbø

台南東山鄉東山、東正、東中等村一帶。靠近六甲分割台地西麓，六重溪南岸，爲平埔族洪雅族哆囉嘓社舊地，十八世紀中葉爲諸羅十七莊之一，由嘉義的客家人武舉李貞鍋招佃拓墾，形成大埔庄。藍鼎元《東征集》中〈紀十八重溪〉：「自諸羅邑治，出郭南行二十五里，至楓仔林，皆坦道，稍過則爲山蹊，十里至番子嶺，嶺下爲一重溪，仄逕迂迴，連涉十五重溪，則至大埔庄，四面大山環繞，人亦至此止矣。東南有一小路，行二十五里，至南寮，可通大武壠。」清代設哆囉嘓東頂、東下、西堡，包括東山及白河的一部分(崁仔頭，糞箕湖、木屐寮、關仔嶺一帶)。後來改爲「番社街」，1920年始改爲東山，因其東約十二公里處有大凍山。取其音。

卓蘭(苗) Dølan

泰耶族之地，十八世紀時平埔族的Paiten社至此定居，後來客家人又從東勢角(台中)方面遷來，幾度與原住民衝突，1884年(光緒10年)原住民四百多人包圍罩蘭，1886年中路棟字隘勇營至此駐守，才漸安定。此地原爲巴則海(Pazeh)語Taren，十八世紀中葉稱爲「搭連」，泰耶族語稱其爲Arandoan。

竹北堡 Dekbakboh

舊竹塹堡分出來，包括新竹縣新埔、關西、竹北、新豐、湖口與桃園的新屋(新厝)、觀音等地。

竹南堡 Deknambø

苗栗竹南、頭份、三灣一帶，1736年張徽揚由彰化入墾道卡斯族之地，開海口、公館各庄，由是閩、客與原住民混居，再向頭份、三灣、南庄一帶發展。

竹塹社 Dekjansia

大甲溪以北，接台北一帶的西海岸平原，爲平埔族道卡斯族竹塹社之地。1600年代荷人稱爲Takeys。原住民分佈爲東西二群：大甲社、日南社、日北社、房里社、貓盂社、苑里社、吞霄社、後壠社、新港社、嘉志閣社、中港社、眩眩社等，以竹塹社最有力，最初在香山一帶，後來被明鄭部隊趕入寶斗仁庄(北埔、月眉)。其餘受漢化的熟番成爲新竹、苗栗、台中各地福佬、客家人的混血後裔。

竹塹堡 Dekjanbø

新竹市爲中心，包括新埔打鐵坑庄、石頭坑庄、關西的上南廳庄(南山里)、暗潭庄、四寮、及香山、竹北、竹東、寶山、橫山、芎林、北埔、峨眉等地。

竹頭崎 Dektaokgia

嘉義竹崎。在牛稠溪上游南段，十七世紀末已有入墾。1920年改爲竹崎。

德和里 Dekhφli

屏東恒春西海岸一帶，南端爲貓鼻頭；原爲排灣族龜仔兒社之地，清初漢人至射寮庄及大樹房(四溝里、德和里、龍水里、山海里、大兵里)一帶拓墾。

治平里 Dibengli

屏東排灣族四格林社之地，(牡丹鄉四林村)，十九世紀始有漢人入墾，建立九個厝庄(滿州長樂村)。

店仔口 Diam-a-kao

台南白河，位於急水溪支流白河溪北岸。清代爲大排竹舊街，店仔口新街(白河里)舊地，分屬於嘉義下茄苳堡、哆囉嘓西堡、東下堡。1920年改爲白河街，屬台南州新營郡。

朝貓籬 Diaobali

台東太麻里。清代屬於台東直隸州卑南撫墾局，日據時屬台東郡太麻里庄，此地爲排灣族的舊地。

頂雙溪 Deng-siang-ke

三貂嶺與草嶺之間，台北縣雙溪。清乾隆(十八世紀)年間漳人喬吳爾來此拓墾。其東有澳底灣(三貂灣)，有舊社土著(凱達格蘭族)之地。

中萬里加投 Diong-van-li-kgadao

北縣萬里。位於大屯山以東，基隆西北之地，有瑪鍊溪、員潭溪等大山錐體的散流注入東海。西班牙人稱漢村落爲Parian，閩人稱爲Banli。1950年改隸台北縣。

中埔 Diongbo

嘉義中埔。1680年代已有賴剛直招佃開墾公館(和睦村)，1730年又有邱純德、翁珍友入墾中埔。

中港 Diongkgang

苗栗中港，位於大東河下游中港溪入海口，原爲道卡斯族Makarvu社(中港社)之地。十八世紀爲繁榮港口，清廷設有海關(在尖山)，1941年太平洋戰爭後，對中國的貿易衰退，始成廢港。

中壢(桃) Dionglek

舊稱「澗仔壢」，1765年(乾隆30年)漳人郭樽至此開拓，取「澗谷之間」爲名，也可能是介於竹塹、淡水之間的壢地爲名。客家人稱「澗」即福佬人的「坑」之意。十九世紀(道光年間)由客家人謝國賢倡議設中壢新街城堡，1870年代許文方率衆拓墾，日益繁盛。1895年日軍佔台之初，此地客家人奮勇抗日。

直加弄 Dit-kga-long

台南安定鄉。西拉雅族目加溜灣社之地，1600年代起接受基督教。1660年沈光文從羅漢門至此隱居二十多牛，以避鄭經的壓迫。1827年(道光7年)有方、曾二姓至中崙海埔(港口村)拓墾。

都蘭 Dolan

台東東河鄉。舊名大馬武窟，阿美族舊地。有都蘭巨石文化遺址(二～三千年前)。泰源村爲國府囚禁政治犯之地，1970年2月爆發監獄暴動(泰源事件)後，再把政治犯移至火燒島。

頓物 Duŋvut

屏東竹田。清末稱爲「頓物潭」，即客家語「丟東西」的潭。1920年改爲竹田。

大埤頭 Duavitao

雲林大埤鄉。清代分屬打貓北堡(北和、南和、大德、松竹、尚義)及北鎮(舊庄、興安、怡然、西鎮各村)與他里霧堡(茄苳莊、埤頭庄、埔姜崙庄)。1920年改爲大埤庄。

大莆林 Duavolan

嘉義大林。十七世紀已有薛大有入墾，1766年形成街市，稱「大莆林街」。1920年改爲大林。

大目根堡 Dua-bak-kgun-bø

嘉義竹崎的大半，1734年(雍正12年)設大目根堡(附近有大目根山)，包括番仔路轆仔腳庄(新福村)一帶，以產龍眼聞名。

大目降里 Dua-bak-kgang-li

平埔族大目降社(Tavokang)之地，即台南新化。清代爲大穆降本庄、大目降街之地。那菝為卓猴社舊地，明鄭時已在營盤後(協興里)、下坑尾(大坑里)、大、小春洋(豐荼、羊林里)拓墾。

大稻埕 Dua-diu-diaN

台北市建成、延平、大同區沿淡水河一帶部分，原為平埔族凱達格蘭族奇母卒社舊地。1709年始由陳賴章墾號至此種稻，中間留一塊埕子曬稻谷，稱為大稻埕。1851年(咸豐1年)林藍田從基隆來中街(廸化街)建「林順益」商號。1853年艋舺械鬥後，原居八甲庄的同安人敗退至大稻埕，林佑藻建立新街市；1856～1859年間新莊又發生械鬥，同安人再退入此地。1860年天津條約後，洋商在此地建洋行、買賣茶葉。1887年劉銘傳建建昌街(貴德街)、六館街(西寧北路南段)、千秋街(西寧北路北段)以招徠外商。

大肚 Duado

台中大肚。原為帕瀑拉族大肚社(Tatututo)之地，明鄭時受劉國軒壓迫(1670年)而移至埔里。漢人十八世紀始入此地拓墾，1701年漳人向大肚社贌地，開闢荒埔(頂溪、永和等村)，1733年楊泰盛入墾南大肚山腳(山陽村)。

大肚上堡

台中大肚山橫岡以西至海岸一帶的北部，原為貓霧捒西堡，乾隆時代分為大肚堡(貓霧捒及半綫二堡)，1875年(光緒1年)又改為大肚上、中、下三堡。大肚上堡即清水(牛罵頭)、沙鹿的鹿寮庄(鹿峯、鹿寮里)、公館厝、西勢寮。大肚中堡即沙鹿為主，包括梧棲、龍井三塊厝、新庄仔。大肚下堡則為龍井、大肚一帶。

大加蚋堡 Duakgalabø

台北窪地的中央，東至基隆、新店兩河之間，包括台北市的松山，大安、中正(古亭)、雙園區的東園、龍山、城中、建成、延平、大同、中山區及內湖一帶。為凱達格蘭族(Tagalan)之地。

大槺榔東(頂)堡 Duakngl-ng

1734年(雍正12年)分大槺榔堡(北港)為東、西二堡，再發展至雲林水林一帶。

大槺榔東下堡

嘉義太保茄苳腳崙仔、後潭(后潭～宏仁村)一帶。

大槺榔西堡

嘉義朴子爲中心的地區，包括朴子、六腳(蒜頭)、太保(東勢、新埤、田尾)一帶。

大坵園東堡 Duakuhngdangbø

清代雲林土庫爲中心，隔虎尾溪與布嶼堡相對。

大坵園西堡

嘉義朴子雙溪里(雙溪口)、仁和里(小槺榔)、大鄉(大槺榔)、下竹圍(竹圍里)、崁前；東石，布袋一帶。

大龍峒 Dualangbong

台北市大同區。爲凱達格蘭族大浪泵社之地，1709年始有陳賴章墾戶至此。1802年改爲大隆同，後來又稱大龍峒，有王、鄭、高、陳四姓合蓋二排共四十四店舖，稱爲「四十四坎店」。

大湖(苗) Dua-o

原爲泰耶族之地，1850年代始有客家人吳立傳由雞籠來此開拓，大戰土著，佔領草崠庄、水尾坪，把泰耶族趕入南勢的深山；但吳家及其他入墾者也傷亡慘重。另一方面，詹姓客家人也在1852年(咸豐2年)左右由房里溪上溯至壢西坪，改爲新開庄；黃南球也開拓南湖。大湖是樟腦製造的要地，官方並派中路棟字隘勇一個營駐守獅潭至罩蘭一帶。1932年台灣農民組合劉雙鼎在此地內山組織游擊隊準備起義，事洩被捕四十人。

〔E〕

下茄苳堡 Ekgadangbø

台南白河鎮白河、客庄內、大排竹、新營的王公廟、後庄，及後壁鄉的全部地方，皆爲下茄苳南、北堡之地。

援巢 ENjø

明鄭在高雄燕巢一帶置援巢中、援巢後兩個鎮屯兵。

燕霧堡 Envubø

彰化員林爲主。閩人施長齡招客家人開拓，包括大林；燕霧上堡指秀水、花壇一帶。燕霧即「煙霧」。

永靖里 Enjengli

屏東滿州鄉蚊蟀社(滿州)、永靖村(射麻里)之地，屬排灣族；十九世紀中葉始有客家人至此。

〔G〕

義竹圍 Gidekwi

嘉義義竹。原稱「二竹圍」。明鄭時已開發，后鎭爲明鄭屯所，溪州村又稱鳳山宮。1920年改爲義竹庄，屬東石郡。

宜蘭 Gilan

舊名蛤仔難，爲平埔族噶瑪蘭三十六社之地，以濁水溪分爲北(西勢)二十社，南(東勢)十七社。1632年西班牙傳教士記載其地名爲Kibanuran。1769年漳人吳沙在林平侯的支持下至蛤仔難拓墾，被原住民趕退回三貂，1797年吳沙佔頭圍(頭城)，他自稱「吾奉官命而來，以海寇將據茲土，爲番人患，非有心貪爾之土地也。且駐兵屯田，亦藉以保護爾之性命爾。」(此爲連橫《台灣通史》所僞造的神話)。吳沙死後，他的姪子吳化繼續入侵至四圍，拓墾者漳人居多，分得頭圍至四圍辛仔罕羅漢溪地，泉人不到二百人，只得二圍菜園地，客家人則只有做佃農，1799年、1802年皆發生漳泉械鬥，泉人敗走。1802年(嘉慶7年)漳泉客家人共分五圍，每人得五分六厘地，共九旗。漳人得金包里股、員山仔、大三鬮、深溝地；泉人得四鬮一、四鬮二、四鬮三、渡船頭；客家人得一結至九結；而泉人又另闢溪洲。1804年，彰化平埔族潘賢文率岸裡、阿束、東螺、北投、大甲、呑霄、馬賽諸社千餘人播遷至此。1806年，北部漳泉械鬥後，泉人逃入蛤仔難；不久，泉人聯合客家、及平埔族阿里史社攻漳人，一年多後失敗，泉人只剩溪洲一地，阿里史社逃至羅東。1810年(嘉慶15年)，漳人吳全率衆夜渡叭哩沙(三星)潛出羅東，趕走阿里史社，盡奪其地，不久，泉、粵人亦求和。1806年海盜蔡牽曾攻烏石港，1807年朱濆又攻蘇澳(被王得祿趕走)，1807年知府楊廷理向清廷奏請開闢蛤仔難，不准。此後，潘賢文與頭人陳奠邦等合力擊退朱濆，1810年清廷始准開蛤仔難，改爲噶瑪蘭。1811年設噶瑪蘭通判駐五圍。1812年割淡水廳三貂角溪南爲噶瑪蘭廳，以楊廷理爲通判。1875年(光緒1年)廢廳置宜蘭縣。日據時期置宜蘭廳，1920年廢廳，置宜蘭、羅東、蘇澳三郡，隸屬台北州；1940年升宜蘭街爲宜蘭市。1950年9月國府再改爲宜蘭縣。

五間厝 Gokgengcu

雲林虎尾。1720年代有漢人入墾五間厝(新吉里一帶)，1795年郭元才招佃拓墾平和厝、埒內、竹圍仔一帶。清代此地分屬大坵田東堡和他里霧堡，1920年改爲虎尾溪街，屬台南州虎尾郡，因當地有虎尾溪(在鎭南邊)。

五城堡 GosiaNbø

南投水里的拔社埔(民和村)及魚池鄉的全境，以銃櫃、水社、貓囒、司馬按、新城等五地爲發源，俗稱「五城」。

牛稠溪堡 Gudioakebø

嘉義新港，沿牛稠溪兩岸一帶，1734年(雍正12年)成一堡，包括當前的月眉、月潭、溪北、菜公(厝)、中洋仔、三間厝、番婆庄(安和)、大客庄(潭大村)一帶。

牛罵頭 Gumatao

台中清水。平埔族帕布拉族的牛罵社(Gomach)之地，1699年反清失敗而被改爲「感恩社」。十八世紀始有福佬及客家人至此向原住民贌地，建牛罵新庄。1745(乾隆10年)楊、蕭、趙、王四姓開闢大甲溪南岸。1786年林爽文反清後，客家人轉移到葫蘆墩(豐原)及東勢角。

〔H〕

海豐堡 Haifongbø

雲林麥寮。1721年(康熙60年)成一堡，居民爲海豐客家人爲主，故稱海豐堡。當時稱爲「海防港」，乾隆末(十八世紀中)新虎尾溪改道，街市荒廢，遷至麥寮。

海山堡 Haisanbø

清乾隆40年(1775年)稱鶯歌石與三角湧(三峽)一帶爲海山庄，當地多爲福州府海山島移民，包括目前的樹林、鶯歌、三峽及土城的沛坡村(沛坡舍)一帶，及清末開山撫番而形成的大料崁(大溪)。

蕃薯寮 Hanjiliao

高雄旗山。在屏東平原西北隅楠梓仙溪西岸的山中狹谷地帶，爲羅漢外門里中部，原爲西拉雅族大傑巓社之地，也有魯凱族居住。漳人由鳳山招客家人(汀州人)入墾，種蕃藷，故名爲蕃薯寮。1731年設縣丞，1789年改置巡檢。1920年改爲旗山。

學甲堡 Hakkgabø

台南學甲(學甲庄、宅仔港庄、中洲庄、學甲寮)及北門兩鄉。學甲爲平埔族一個小社名稱，清初漢人至此拓墾。

咸昌里 Hamciongli

屏東車城溫泉、保力二村，臨四重溪。十九世紀始有客家人入墾，1874年日軍在其北的石門與原住民激戰。

效忠里 Haodiongli

台南市安平爲主的一里，1722年(康熙61年)當地老幼助清軍鎮壓朱一貴有功，改爲「效忠里」。

和尚洲 HesiuNjiu

北縣蘆洲。原爲淡水河上的浮洲，1731年始有人入墾，十九世紀有和尚梅福至此拓地，報墾爲關渡媽祖廟的產業，稱爲「和尚洲」。1920年改爲鷺洲(RoShiu)。

火燒島 Hesiødø

台東綠島。在台東市東偏南約18浬海上小島，面積15.09平方公里。舊名雞心嶼，歐人稱爲「Samasana」。原爲阿美族之地，1798年(嘉慶3年)始有小琉球的泉籍漁民至此，建村落於北岸的公館，再拓墾至中寮，趕走原住民。日據時爲台東廳所屬，流放島內的流氓、小偷。戰後，國府把政治犯關到此地而聞名。

魚池 Hidi

南投魚池。平埔族頭社(頭社村)、水社(水社村)、貓囒(中明村)、審鹿村(魚池村)、福骨社、哆咯啷社(均在日月潭東岸)故地。1822年(道光2年)王增榮等向平埔族贌地拓墾五城~銃櫃(武登村)、水社、貓囒、司馬按(大林村)、新城各地;1887年又有吳永興拓墾木屐囒(東光村)。

興直堡 Hengdiboh

台北縣新莊市爲主,以及三重、五股的一部分(興珍、更寮、竹華、洲後各里),原爲八里坌及芝蘭二堡的一部分,道光年間(1820年代)始成一堡。

興化厝 HiNhuacu

雲林麥寮興華村。1744年(乾隆9年)巡台御史六十七的《台灣番社采風圖》中:「南社、貓兒干二社,其祖爲閩族興化府人,渡海遭颶風,船破漂流到台,娶蕃婦爲妻云云」。

興隆內外里 HiNlong

即高雄鳳山舊城(埤仔頭街)一帶及高雄市鼓山區、左營區、楠梓的宏南里、三民區的覆鼎金一帶。

和美線 HøbisuaN

彰化和美。以大肚溪與大肚爲界,原爲巴布薩族的「Hobisoa」,舊稱「勝狸散」,1920年始改爲和美。

葫蘆墩 Holodun

台中豐原。原爲巴則海族岸裡大社之地,包括葫蘆墩社(豐原里)、西勢尾社(社皮里)、蔴裡蘭社(西勢里)、翁仔社(翁社里)、牛欄社(田心里),十八世紀先由客家人張達京引築水圳,1732年六舘墾戶張振萬等拓墾樸仔籬(朴子里),再由漳州人廖舟開墾。當地的觀音山是原住民的神山——Tupozuararyuz,相傳天神由此降臨,山麓稱爲「Haluton」。本地物產豐饒,爲中部米的集散地,又稱"富春",1920年改爲豐原。

滬尾(淡水) Hovue

台北附近三大河流(大料崁溪、基隆河、新店溪)匯聚成淡水河流過台北，其北岸出海處爲滬尾(「滬」，用碎石圍築海坪之中，水滿魚藏其內，水汐則捕之,《台灣府志》)，河口南有觀音山，北有大屯山相對，爲直通福州的要港，淡水河未淤塞前成爲台灣北部的良港。1629年西班牙佔領時代，在Casidor築Santo Domingo城(紅毛城)，1731年(雍正9年)設八里巡檢並開港，當時以八里坌爲停泊處，滬尾還是小市集，八里坌淤塞後淡水始興。1860年天津條約後，淡水開港；1884年法軍曾經至此與清軍交戰。1887年劉銘傳允許外人居住淡水，至二十世紀初淡水始衰微。

富貴角 Hukguikgak

台北縣石門。土名「打賓」，爲平埔族打賓社之地(小雞籠社)。1726年荷蘭傳教士稱此地爲「De Hoek van Camatiao」；Hoek即岬地，因取譯音而轉爲漢字地名。

花蓮 Hualian

原住民崇爻、奇來、秀姑巒社之地。奇萊平原爲阿美族之地，他們稱呼山上的泰耶族爲Tsongau(崇爻)。相傳花蓮溪東注入海，其水與波濤相激，迂迴澎湃，形如洄瀾，後人因此稱爲「花蓮」。1500年代葡萄牙人發現花蓮溪，取名Rio Duero，即「哆囉滿」，1600年代西班牙佔北台，稱其爲「Turumaoan」。1684年清朝將此地劃歸諸羅縣，1874年(同治13年)沈葆楨奏請開山，1875年(光緒1年)移台灣南路理番同知駐卑南，轄花蓮港。1887年台灣建省，此地隸屬台東直隸州，1895年以來日本人屢次興廢台東支廳，此地在1897年設奇萊弁務署，1901年改設花蓮港、璞石閣二支廳，仍隸台東廳。1909年劃富里以北爲花蓮港廳，1937年又在廳下設花蓮、鳳林、玉里三郡；1945年國府改廳爲花蓮縣。

雲林 Hunlim

1887年台灣建省時，設縣治於林圮埔(南投竹山)的雲林坪，故稱雲林縣。因此地東界一帶山峰毗連，入夜雲霧深濃。1893年移治於斗六，設縣城，仍沿用舊名，或稱斗六爲雲林。雲林縣的發展是由北港(笨港)開始，鄭氏劃歸天興州，清初改隸諸羅縣。1731年(雍正9年)設縣丞於笨港，1761年(乾隆26年)添斗六門巡檢司，1887年劃分嘉義之東，彰化之南，自濁水溪始，止於石圭溪，添設雲林縣。1895年日人改爲台灣縣嘉義支廳，後來又改隸台中縣，1920年改隸台南州，下設斗六、虎尾、北港三郡。1945年仍隸台南縣，1950年才改建雲林縣。

番仔路 Huan-a-lo

嘉義番路。在八掌溪上游北段，通阿里山曹族達邦(Tappan)的路上，故名之。1920年改爲「番路」。1790年程會入墾，1820年又有郭姓入墾觸口，劉玉入墾公田。

蕃界中路 [清]

1874年(同治13年)計劃開山撫蕃，分南、北、中三路横斷中央山脈，其中由林圯埔(竹山)～璞石閣(花蓮玉里)的中央山脈在1879年(光緒5年)開通，吳光亮在鳳凰山勒石「萬年亨衢」，又在八通關山頂立「過化存神碑」。

番仔田 Huan-a-can

台南官田鄉。清末平埔族麻豆社遷至此。此地在荷人時代已有王田，鄭氏接收改爲官田。現改名爲「隆田」。

番社街 Huansia

台南東山。原屬洪雅族哆囉嘓社舊地，漢人向其贌耕，形成街肆，1920年改爲「東山」。

〔I〕

員山堡 INsuabø

宜蘭員山爲主，1804年(嘉慶9年)閩人至此拓墾，漸成內員山庄、三鬮、大湖各庄。

〔J〕

查某營 JavoyiaN

台南柳營士林、光福、中埕、東升各村，在急水溪及溫厝溪之間，爲明鄭拓墾之地，分屬鐵線橋堡及果毅後堡，發展爲果毅後街，日據時代因縱貫線經過查某營，市鎮始興，1920年改爲柳營。

芝蘭堡 Jilangbø

台北市士林(芝蘭一堡)、北投、蘆洲(芝蘭二堡)及淡水、三芝、石門(芝蘭三堡)一帶，更早則包括三貂、基隆、金包里，1888年始劃爲三個堡，原爲平埔族關渡及唭哩岸社之地，1724年形成芝蘭街(士林)。

至厚里 Jihiø

屏東恒春東南的大坂埒(南灣)、墾丁及鵝鑾鼻一帶。1867年3月美國船羅妹號在此遇難，船員及其他人被岸上的龜仔兒社土著殺害，英、美出兵攻打；美國人李仙得終於和原住民議和。

集集(投) JipJip

水沙連的集集社之地，漢人稱爲「社仔社」。1771年(乾隆36年)由邱、黃、劉、許四姓合股開闢林尾庄；1773年吳姓拓墾柴橋頭一帶，兩地之間的半路店也隨著發達起來。1887年台灣道陳鳴志派總兵高元率人從集集東南的拔社埔橫貫中央山脈，副將張兆連也由水尾至丹大山，打通山路，不久遇布農族反抗而停止開路。

尖山堡 JiamsuaNboh

雲林口湖、四湖及一部分水林鄉(牛挑灣、灣東，灣西村，萬興庄、尖山林)。1720年代起始有漳、泉人至此拓墾，逐漸發展四湖、口湖兩庄及三條崙、三姓寮、水井莊等村落。

彰化 Jionghua

舊稱「半線」，爲平埔族貓霧捒族的「半線社」居地。1684年置北路營，1723年(雍正1年)劃分諸羅縣的虎尾、大甲二溪間土地爲彰化縣，取「顯彰王化」之意，縣治半線(原由藍鼎元建議，巡台御史吳達禮奏准)。1887年(光緒13年)台灣建省後，分烏日以北爲台灣縣，濁水以南爲雲林縣，埔里社置廳。1895年日據初仍屬台灣縣，後來又改隸台中縣、彰化廳；1909年裁廳改隸台中縣，下置彰化、員林、鹿港、北斗、二林五郡。1920年起歸隸台中州，下置彰化、員林、北斗三郡。1933年升彰化街爲市，1945年彰化仍屬台中州，

1950年才建彰化縣。

漳和 Jionghø

台北縣中和。1850年代械鬥劇烈，當地漳人爲求和平，取名「漳和」。境內秀朗爲秀朗社之地。1920年改爲中和，1958年再把竹林、中興、網溪、頂溪各里劃出爲永和。

蔦松堡 JiaoCiNbø

①雲林水林鄉蕃薯、山腳、松北、松中、松西、柘埔各村一帶。明鄭時代已有陳氏至此屯墾。

②嘉義東石下揖村、港口村、鰲鼓村一帶。

石碇堡 Jiødengbø

台北縣汐止爲主，包括瑞芳的三爪仔庄、四腳亭、鰈魚坑、及平溪鄉一帶。

石崗仔 Jiø-kng-a

台中縣石崗。原爲巴則海族樸仔籬社之地，1775年客家人(潮州大埔)曾阿榮、何福興、巫良基等入墾。1920年改爲石岡。

崇德里 Jongdekli

台南歸仁的大潭、武東(剖豬厝)及關廟的田中央、龜洞、八甲寮(布袋村)一帶爲崇德西里；高雄田寮鄉的古亭坑、狗氳氤(崇德、西德村)爲東里。

諸羅 Julø

嘉義的舊名。原爲平埔族洪雅族諸羅山社之地。荷蘭文記載爲「Tirocen, Tiraocen」。淸代共有十七個部落，稱諸羅十七莊：

(1)諸羅山庄　嘉義市附近
(2)北新庄　民雄北勢子及新庄子附近
(3)大棣椰庄　朴子
(4)井水港庄　鹽水
(5)茅港尾庄　台南下營
(6)土獅子庄　台南佳里
(7)鹿仔草庄　嘉義鹿草
(8)龜佛庄　鹿草龜佛山
(9)南勢竹庄　義竹南勢竹
(10)大坵田庄　布袋內田
(11)龜仔港庄　朴子龜子港
(12)大龜壁庄　水上
(13)舊嘓莊　水上番子寮附近
(14)新嘓莊　番社庄
(15)下茄苳庄　台南後壁庄下茄

莛

⒃打貓庄　嘉義民雄

⒄他里霧庄　斗南

水燦林　JuicanlaN

雲林水林。十七世紀明鄭時已至此屯墾水添林(水南、水北村)、塗間厝(土庫村)、蔦松等地。清代分屬尖山堡、大槺榔東堡、蔦松北堡，1920年改爲水林。水燦即生於水邊的水漆，又名「咬人狗」，容易刺痛皮膚。

水返脚　Juidngka

台北汐止。位於基隆河曲流處，原爲凱達格蘭族峰仔峙社(Kypanas)之地，1765年始有漢人至此，稱爲「峰仔峙店」，此地爲潮漲至此而返，又稱水返腳，1920年改爲汐止。

水堀頭　Juikutao

嘉義水上。清代屬於嘉義西堡、柴頭港堡和下茄苳南堡，1920年改爲水上(Mizukami)。

水尾　Juibue

花蓮瑞穗。在秀姑巒溪支流紅葉溪與富源溪之間。原爲阿美族之地，十九世紀(道光年間)宜蘭的加禮宛平埔族入墾，建立打馬烟部落。阿美人稱水尾爲「Kotto」，意爲廣濶平原。日人在此建立移民村「瑞穗」，紀念日本神勅豐葦原之瑞穗國，1920年改稱瑞穗(Mizuho)。

水沙連(投)　Juisualian

彰化山邊的平埔族稱內山的土著爲Sualen(沙連)，水沙連在廣義上指沙連堡、五城、埔里社，狹義的則指五城、埔里。1726年(雍正4年)骨宗率族人反抗，被台灣道吳昌祚鎭壓，1734年置水沙連堡。1771年(乾隆36年)始有漳人邱、黃、劉、許四姓合資開拓此地。

〔Kg〕

加走灣　Kgajoawan

台東長濱。在三間屋(三塊厝)附近發現五千～一萬年前的八仙洞文化遺址。1888年(光緒14年)清軍在此與奇密社番交戰。1923年改爲長濱(Nagahama)。

加禮宛 Kga-le-wan

宜蘭平埔族噶瑪蘭族被漢人趕走，播遷到花蓮及台東一帶，被當地阿美族人稱爲加禮宛，分佈於鳳林的加路蘭、新社、姑律、石梯及台東的姑子律、水母丁、城子埔、加走灣(長濱)一帶。

嘉禾里 Kgahøli

屏東枋山鄉的枋山村、加祿村一帶，西臨海岸，東界山嶽的狹長地帶。十九世紀始有泉人張金至枋山拓墾，再進入平埔庄，1887年泉人林克昌與原住民議和，始再拓地。

嘉義 Kgagi

舊名諸羅山，荷據時代稱爲Tirosen，爲平埔族Honya族的諸羅山社之地。鄭氏時代屬天興州，清初爲諸羅縣，縣治佳里興(台南佳里)，1701年(康熙40年)始移至諸羅，1704年署理知縣宋永清始築木柵，1723年改建土城，1786年(乾隆51年)林爽文反清，各地失陷，只有諸羅縣城保住，乾隆帝改爲嘉義，以「嘉其義」。1887年劃出雲林縣，1895年日人劃歸嘉義支廳；1897年由台南縣分出，轄嘉、雲二縣；1898年又復隸台南縣，下設嘉義、打貓、樸仔腳三弁務署，1901年又置嘉義廳。1920年廢廳，改隸台南州，設嘉義、東石二郡。1930年升嘉義爲市。1945年國府仍將其劃歸台南縣，1950年始設嘉義縣。

嘉義東堡

嘉義竹崎糞箕湖庄(中和、光華村)及番路、中埔、大埔一帶。

嘉義西堡

嘉義市爲中心，加上水上(水堀頭)一帶。

佳里興堡 Kgali

台南佳里一帶，明鄭時爲開化里。1684年置諸羅縣治於佳里興，1732年再遷至鹽水港。

嘉祥內里 Kgasiong

高雄大小岡山二脈爲中心，田寮鄉(除古亭、崇德、西德村外)及阿蓮鄉，岡山的前峰仔庄、挖仔莊(即嘉峰、潭底～三和里)一帶，加上燕巢鄉的水蛙潭(尖山村)。

茄苳下 Kgadang'e

屏東佳冬。為馬卡道族茄藤社之地，1920年改為現地名。

茄苳脚 Kgadangka

彰化花壇。1920年改現地名，日語發音「Kuwadan」。

柑仔瀬 Kgam-a-lua

台北縣瑞芳。陳登、賴世兩人在此開雜貨店(簸仔店)，而稱為「瑞芳店」。

關渡 Kgandao

台北北投附近，原為平埔族嗄勝別社之地，稱為干豆、肩脰門或甘答門，位於淡水河出台北口的東岸。有觀音、大屯兩山分別延伸至此，形成峽門。清初建有靈山廟(關渡宮)，為北部名刹之一。

港西里 Kgangseli

屏東市及長治鄉、麟洛鄉、九如鄉、鹽埔鄉、里港鄉及竹田鄉的二崙、南勢、溝仔墘(大湖村)、鳳山厝、西勢庄、萬丹鄉的社皮、上蚶莊(上村、廈北)、新園鄉一帶。

港東里 Kgaodangli

屏東潮州、萬巒及竹田的竹田、竹南村(頓物)、及新埤鄉、東港鎮、新園鄉的烏龍莊、崁頂鄉、林邊鄉、南州鄉、佳冬鄉、琉球鄉一帶。

溝尾 Kgaobue

嘉義太保。十七世紀即有移民，1710年代江西人王奇生來台鎮壓朱一貴，定居溝尾(後庄里)。1736年(乾隆1年)洪士集入墾溪南(田尾里)。清代屬於大槺榔西堡、大槺榔下東堡、柴頭港堡、嘉義西堡。1920年改為太保庄及鹿草庄，屬東石郡。1945年為太保鄉，1985年升為縣轄市。境內保安宮(1653年)為台灣古廟之一。

猴樹港 Kgaociukgang

嘉義東石，位於朴仔溪口，西臨台灣海峽，1661年泉人柳櫻的後代在此拓墾頂東石(猿樹村)；1720年黃生、黃堅入墾東石寮；1766年吳梓入墾頂東石。居民多爲晉江縣東石人，故地名仍稱東石。東石港南聯布袋嘴、北接下湖口(尖山壁)，爲嘉義的出海口。

旗後 Kg-iao

高雄旗津。在旗山之後而得名，1673年始有徐阿草等漁民入墾，清代屬大竹里。1924年改隸高雄市，成爲高雄的內港，山上有燈塔；北部有北汕尾(平和町)。旗後半島即「Saracen's Head」。

鹽水港堡 Kiamjui

台南鹽水。位於八掌溪與急水溪之間，1662年明鄭部將何則善至此拓墾，形成舊營，1712年又有陳有度、陳德昌入墾圭壁莊。由於河口淤積，失去功能，1885年又逢瘟疫，一度沒落。1920年改鹽水港爲「鹽水」。

咸菜硼 Kiamcaiong

新竹關西，原爲泉人墾地(美里莊)，受泰耶族侵略而放棄，再由平埔族衛阿貴開墾此地，1812年(嘉慶17年)已形成老街，1829年(道光9年)改爲鹹菜甕街，可見客家人已至此開拓，以產樟腦及茶葉聞名，1920年日本人改用日語發音「Kansei」即關西，老街也以大正型建築爲主。

金包里 Kgimbaoli

台北縣金山。爲金包里社之地，十八世紀初泉人創金包里街，客家人則入山區，1733年(雍正11年)設金包里塘。至十八世紀末閩客械鬥，客家人遷出。1920年改爲金山(Kanayama)。

羗仔寮 Kgin-a-liau

南投鹿谷。在東埔蚋溪右岸，1668年林圮追殺水沙連番至此，1677年拓墾大水堀(鳳凰、永隆村)，1704年泉人程志成拓墾番仔寮(瑞田村)、大丘園(清水村)，1756年(乾隆21年)泉人許廷瑄招佃拓地至新寮(鹿谷村)、坪仔頂(坪頂村)、羗仔寮(彰雅村)等地。羗仔即麋、獐，一種比鹿還小的動物，無頭角，母獐的牙露於外。1920年改爲鹿谷庄(Shikatani)。

公埔 Kongbo

花蓮富里。秀姑巒溪上游東岸阿美族之地。1875年漢人入墾，規定每人先分田一甲，另給附近埔地(原野)一甲，凡未報墾之地，稱爲「公埔」。1920年改爲富里。

廣儲里 Kong tsuli

台南新化豐榮、會興、知義、大坑各里爲廣儲東里，王田庄爲廣儲西里。

貢寮(北) Kongliao

舊稱「槓仔寮」，在雙溪川下游北岸，昔爲三貂社之地，1825年漳人簡江山至此拓墾。「槓仔」即平埔語「陷穽」，以捕山豬。槓仔寮即在設陷阱處搭寮的地方。

高雄 KgøYioNg

原爲平埔族西拉雅族打狗社之地，鄭氏時代置萬年縣，1684年清朝改爲鳳山縣，自紅毛寮溪以南至沙馬磯頭(恆春以南)爲境。1875年劃率芒溪以南爲恆春縣。1895年改隸台南縣，屢經變革，1901年分隸鳳山、蕃薯寮二廳，1909年再改爲台南、阿緱二廳。1920年置高雄州，改用日語發音，近打狗，稱爲「Takao」，在本境內設高雄、鳳山、岡山、旗山四郡，並轄屏東、潮州、東港、恆春四郡。1945年國府改爲高雄縣，1950年劃爲高雄、屏東二縣。

果毅後堡 Kgøge bø

台南柳營的神農(果毅後)、果毅、旭山、篤農(小腳腿、大腳腿)一帶，爲明鄭果毅後營地。

龜山嶼 KusuaNsu

宜蘭北部頭城海外五浬的島，西人稱Steep，遠望狀如海龜，十八世紀有漳人至此，征服平埔族多羅遠社。

舊港 Kgukgang

新竹竹塹港。因淤淺而失去地利，後來又挖香山港，但仍失去價值。

關帝廟 KguandeViø

台南關廟的山西、香洋、北勢等村，在三老爺溪上游許縣溪以南，十七世紀已成街肆，稱爲舊社街，爲赤崁社(新港社)舊地。因祀奉關羽，新街市改名關帝廟。1920年改稱現名。

觀音里 Kguamyim

高雄大樹鄉、仁武鄉、大社鄉一帶。明鄭時代已在此屯墾，分爲援巢中庄、援巢右庄、角宿庄(上里)、仁武庄(下里)各地。

基隆 Kg(u)elang

台灣北端的港口，舊名雞籠，爲平埔族Ketagalan族的居住地，1592年日本海盜攻掠過此地，1626年西班牙人佔雞籠，改爲三位一體城(Sanctissimor Trinidado)，稱當地華人居地爲Parian(八里)，附近的社寮島(和平島)在荷人的地圖上稱爲「t' Eyl. Kelang」。西人建立St. Salvado, 1642年西人退出。清征服台灣後，1723年劃大甲溪以北至雞籠，置淡水廳。1875年(光緒1年)設基隆廳，取「基地昌隆」之意，置通判兼理煤務。基隆附近產煤而聞名，西方列強屢次入境探測，1884年(光緒10年)法艦砲轟基隆(～1885年)，1887年台灣建省，改置同知。轄淡北四堡。日本佔台後，屢次興革，1920年設基隆郡(下設基隆街、萬里、金包里、七堵、瑞芳、貢寮、雙溪七庄)，1924年底升基隆爲市，仍隸台北州。1945年11月成立基隆市府。

基隆堡

指北縣瑞芳的龍潭堵莊、九芎橋、猴硐、九份、焿仔寮、深澳、鼻頭、及基隆港一帶。

歸仁里 Kguizin

台南縣歸仁。鄭氏時代爲歸仁里，1723年分爲南北二里，日據時代屬新豐郡。

〔K〕

溪洲 Kejiu

在西螺、虎尾兩溪的大三角洲頂點，臨濁水溪，十八世紀有黃、張、王三姓入墾，附近舊眉原爲平埔族眉裡社之地，客家人入墾形成舊社樣仔庄，新社眉裡新庄，形成東螺。1806年(嘉慶11年)械鬥後全毀。

溪洲堡 Kejiuboh

①西螺、虎尾兩溪之間的三角洲地方，1888年東螺西堡的分支，另成一堡。

②包括雲林斗六、莿桐、林內一部份。

〔L〕

林内 Lanlai

雲林縣鄉鎮，清代分屬斗六堡和溪洲堡。1920年分隸於斗六街和莿桐庄，1946年始自成一鄉。

羅東 Lødong

宜蘭地名。平埔族語lohdong，即猴子。1804年(嘉慶9年)由台中潭子來的阿里史社頭目率千餘人入阿里史(成功里)，與漢人爭地，1804年又有彰化阿東社頭目潘賢文等率衆遷入，被漢人趕到羅東平原(羅東、開羅、開元各里)。

羅漢門 Lø-han-mng

高雄內門、旗山一帶。在二仁溪(二層行溪)上流的田寮分割台地內，東至楠梓仙溪，西達烏山。十七世紀，住在路竹的大社西拉雅族大傑巓社人退入大小岡山，再被漢人趕入羅漢內門里。1691年左右，又被來自新港、關廟一帶的新港社番趕入羅漢內門里。外門里稱「施里庄」，1731年(雍正9年)置縣丞，1789年置巡檢，即蕃薯寮街(旗山)，1920年改羅漢內門爲內門，外門爲旗山。

羅漢門地勢險要，朱一貴據內埔庄(鴨母寮)反清以來，官方直接派兵統治，視爲戒嚴要地。

六腳佃 Lak-ka-diam

嘉義六腳。1654年漳人陳士政等招佃六人入墾，稱爲「六腳佃」。十八世紀初，引牛稠溪水灌溉，日據時在此設蒜頭糖廠，1920年改稱「六腳」。

犁頭店 Le-tao-diam

台中市南屯。1731年設貓霧捒巡檢署於此，1788年毀於林爽文起義，1791年重建。因打造農具的打鐵店集中，故稱此地名。1920年改爲「南屯」。

靈潭陂(桃) Lengtampø

龍潭。1748年(乾隆13年)霄裡社通事知母六招佃拓墾，客家人逐漸進來。1895年業主林本源家重修靈潭陂圳。日軍攻台之初，在此地被客家人打得七零八落。

1920年改爲龍潭。

龍蛟潭堡 Liongkgaotam

嘉義義竹及布袋的崩山(江山里)、菜舖莊(菜鋪里)一帶。

鯉魚尾 Lihib(u)e

花蓮壽豐。在花蓮溪下游西岸，原爲南勢阿美族之地，1875年(光緒1年)羅大春率兵由蘇澳南下，漢人逐漸入墾，其地有一鯉魚潭，1920年改爲壽(Kotobuki)，戰後又改爲壽豐。

鯉魚頭堡

南投竹山的虎尾溪上游清水溪一帶，在田子、福興、鯉魚等里。

利澤簡堡 Lijekkganbø

宜蘭蘇澳爲主，爲平埔族利澤簡社之地。

里壠 Lilan

台東關山。原住民語「Terater-ar」，漢人稱爲「Liran」。1923年日人改爲關山(Kuansan)。1945年又恢復里壠舊名，1954年始改稱關山，爲阿美族之地。

林圯埔 Limkibø

南投竹山。1677年鄭成功參軍林圯在此屯墾(竹山、中正、中山三里)及竹圍仔(雲林里)，以後屯弁杜、賴兩姓再拓地至社寮、山腳(山崇里)、後埔仔(中央里)、東埔蚋(延平里)。1886年(光緒12年)爲開山撫番，設雲林縣治於此(雲林坪)，翌年建土垣爲牆，城外植竹圍三重，稱「雲林城」，1893年才移治斗六。1920年改爲竹山(Ta-keyama)。

林鳳營 Lim-hong-YiaN

台南六甲鄉以西2.5公里，昔爲鄭成功部將林鳳屯田之地，1665年他在基隆與荷人交戰而陣亡。後人以其屯墾地爲林鳳營以紀念之。

鹿仔草 Lok-a-cao

嘉義鹿草。十七世紀沈紹宏請墾，先設一村即鹿仔草庄，後來又有同安人陳、林四姓來墾。《台灣府志》:「鹿仔草即楮也，以其枝葉爲鹿所嗜，因名之。」境內的碧潭(頂潭)、下潭二村即「白鬚公潭街」。清代屬於鹿仔草堡、大丘田西堡、白鬚公潭堡、下茄苳北堡，1920年改爲鹿草庄，屬東石郡。

鹿仔草堡

嘉義鹿草的大部份地區。

鹿仔港 Lok-a-Kgang

彰化鹿港。原爲平埔族巴布薩族的馬芝遴社，1684年興化人至此，建立興化媽祖廟，其次泉、漳人繼至。1783年(乾隆48年)12月16日閩浙總督富勒渾、福州將軍永慶奏請：台灣理番同知移駐鹿仔港，福寧府通判改駐蚶江口，以便稽查放驗海口出入船隻。1784年鹿仔港開放，與福建莆田的蚶江通航，路程爲廈門至鹿耳門的一半，成爲中部的第一大港，出口米、糖、鹽、樟腦，輸入布、紙、木材、磚瓦等，與台灣府、艋舺同爲台灣三大主要港口，稱爲「一府、二鹿、三艋舺」。鹿仔港的地名平埔族的巴宰海族稱之爲「Rokau－an」，清代有過六十多年的黃金時光，清末逐漸沒落。中日戰爭爆發，與對岸的關係切斷，鹿港始衰。

鹿寮 Lokliau

台東鹿野。1890年代已有漢人入墾，日據時代改爲「鹿野」(Shi-kano)，爲阿美族擺那擺社之地，1916年日本新潟地方人入墾，建立「鹿野移民村」。

暖暖 Luan-luan

基隆市區，位於基隆河與暖暖溪匯合口。原爲泰耶族暖暖社之地，清代稱暖暖庄，姚瑩的〈台北道里記〉：「暖暖地，在兩山之中，俯臨深溪，有艋舺小舟，土人山中伐木，作薪炭枋料，載往艋舺，舖民六七家云云」。日據時代因淘金和採煤業興起而成大街肆。

〔M〕

民壯圍堡 Min-jong-wi

宜蘭壯圍鄉。吳沙拓墾時，以土地分給出力的民壯，1810年成立民壯圍鎮平庄，又有壯一、壯二、壯三、壯七各庄。

苗栗 Miaolek

原爲平埔族道卡斯族的貓里社之地，1748年客家人至此開拓，稱爲貓里，1886年改爲苗栗。翌年台灣建省，將新竹縣內中港溪以南劃爲苗栗縣，屬台灣府(台中)。日據後1897年改隸新竹縣，1898年又改隸台中縣，1901年廢縣置苗栗廳。1909年又併入新竹縣，1920年屬新竹州，下置苗栗、大湖、竹南三郡。1950年國府始設苗栗縣。苗栗是福佬、客家及原住民混居之地，福佬分佈沿海，包括竹南、苑里、通宵、後龍，客家人則在苗栗、頭份、卓蘭、大湖、公館、銅鑼、三義、頭屋各地。原住民，尤其賽夏族則在南庄的山上。

苗栗一堡

苗栗爲主，包括苗栗市、西湖、公館、銅鑼、三義、頭屋、後龍、造橋、大湖、獅潭一帶，1875年(光緒1年)改爲竹南二堡，1888年再改爲苗栗一堡。

貓公 Mioukwon

花蓮豐濱。客家音唸法，原爲阿美語Bakon的譯音。在八里灣溪口，生長萬年青，即「Bakon」。此地阿美人稱其祖先由綠島(Sanasai)渡海到猴仔山(台東)，再北上至此定居。1920年改爲「豐濱」。

茅仔寮堡 Mó-a-liao

宜蘭五結鄉大埔、中一結、中二結、一百甲及茅仔寮，即協和、孝威、大衆、錦草各村。

茅港尾堡 Mo-kgangbue

台南下營。清初爲南北交通要衝，商業鼎盛，分爲東、西二堡。

蔴豆 Muadao

台南麻豆。西拉雅族麻豆社(Mattau)之地，荷據時代已接受基督教洗禮，當地有小學。1781年(乾隆46年)謝衷遠贌耕番仔橋埤田地，1790年又有林文敏入墾草店仔尾(麻口里番仔寮)。清代分屬嘉義縣麻豆堡及佳里興堡，1920年設麻豆街，盛產文旦柚。

麻荖漏 Maraurau

台東成功。位於台東海岸山脈南段東側、新港溪南，爲阿美族之地，即草木枯萎的形狀。1920年改稱「新港」，1945年後再改爲「成功」。

蔴園寮 Muahengliao

嘉義新港。1730年代(乾隆年間)翁姓墾戶至此，開拓宮前、宮後、大興、福德各村。清代屬打貓西堡、牛稠溪堡和打貓南堡，1920年改爲新巷(以別於彰化新港)。1945年戰後，彰化新港改爲伸港，新巷恢復舊名爲新港。

梅仔坑 Mue-a-kin

嘉義梅山。位於倒孔山溪上游西岸。原爲曹族之地，1708年詹陞、陳石龍等入墾，成立梅仔坑庄。後來薛大有招佃擴大墾地，移民多爲福建南靖、詔安、漳浦人。1920年改稱「小梅」(koume)，1950年改稱梅山。

〔N〕

藍興堡 Nahinboh

台中市中、南、東區及西區、北區一部份，加上太平、大里、烏日的一部份。十八世紀(雍正年間)由藍天秀、張開徽合墾，稱爲「藍張興里」。1733年設貓霧捒汛於犁頭店(台中市南屯)；大里一帶在十八世紀有客家人至此拓墾，建四大庄。1875年始由捒東上堡分出；1889年(光緒15年)在橋仔頭築城，建立台中市街。

南投 Namdao

平埔族Savava社的Namdau社之地，至十八世紀已成一個庄。1759年(乾隆24年)設南投縣丞，咸豐年間開埔里社，1875年(光緒1年)移鹿港理番同知駐埔里社，改爲台灣中路撫民理蕃同知。1884年設通判，置埔里社廳。1887年建省，本地分屬台灣(台中)，雲林二縣及埔里社廳。1895年日據初仍屬台灣縣，翌年改隸台中縣，1896年又劃分爲屬台中縣的南投、集集、埔里三弁務署，屬嘉義縣的有林圯埔(竹山)弁務署，1898年裁嘉義縣，本境全部劃歸台中縣，1901年始獨立爲南投廳，林圯埔支廳則屬斗六廳。1909年裁斗六廳，林圯埔支廳改隸南投廳。1920年改隸台中州，下設南投、新高、能高、竹山四郡。1945

年國府仍劃屬台中縣，1950年始置南投縣。

南庄(苗)　Namjng

大東河流域的丘陵地，四面環山，西北有龍門口通三灣。十七世紀鄭氏時代壓迫原住民，道卡斯族的新港、中港、後壠各社土著逃遁至此地，形成今日的內灣、三灣、大南埔、獅潭等地，後來形成賽夏族。1805年黃祈英入南庄，披髮從番俗，改名黃斗奶。1821年清廷盡驅漢人出南庄。十九世紀中葉，黃南球、陳朝綱等更深入山地拓墾；竹塹巨富林汝梅也夥同張姓成立「金東和號」入墾。1884年(光緒10年)原住民包圍林氏的住宅，新竹知縣周志侃令黃南球及黃龍章調佃丁解圍，事後黃龍章成爲當地土豪。

湳仔　Nam-a

南投名間。1920年依日文發音Nama(なま)爲「名間」。此地原爲洪雅族阿里坤社之地，1719年施長齡由彰化入瞨濁水(濁水村)，1938年日人十九戶移民建立「新高移民村」(新民村)於濁水溪上游新生地。

楠仔坑　Nam-a-KeN

高雄楠梓。爲鳳山縣興隆庄的要地，清代派駐後勁(後營)、右衝(右營)兩軍，1920年改爲楠梓庄及左營庄，1943年劃歸高雄市。1969年此地開設加工出口區，並有煉油廠，爲南台灣的石化工業中心。

楠梓仙溪西莊

台南楠西鄉楠西(茄菝)、灣丘、密機(密枝)、鹿陶洋(鹿田)、龜丹庄，南化的北寮、竹頭崎(玉山村)一帶，在曾文溪上游東岸，漳泉人至此種甘蔗。

楠梓仙溪東莊

高雄六龜、杉林(木梓村、集央村、新庄)及甲仙鄉一帶山區。

南崁　Namkam

桃園南崁。平埔族南崁社之地，原名下庄，是桃園最早開發之處，可通興直堡(新庄)，日據時代改爲南崁下。

内國姓 Nuekgoseng

南投國姓鄉。相傳明鄭部將劉國軒曾屯墾國姓埔(國姓村),1920年改爲「國姓」。1888年(光緒14年)東勢角撫墾局成立以來,大批客家人由東勢至本地拓墾,沿大甲溪河谷南下,至水長流入墾成村。另一支沿北港溪向東南入埔里盆地;向西者順河而下,經柑仔林,出龜仔頭(福龜村)。

吳全城(花) NgojuansiaN

壽豐鄉豐村東北約四公里,1828年吳全及吳伯玉招募二千八百多噶瑪蘭人入墾,爲台東縱谷最早的漢人聚落。日據時代改稱「賀田」(Kata,由鹽水港製糖經營招募移民)。

梧棲(中) Ngoce

位於大甲、大肚兩溪中間臨海的港口,尤其便利牛罵溪漲水時停泊船隻,十八世紀中葉成爲對大陸通商的要港。道光年間因爲附近一帶開闢而使港口淤塞,頓失地位,使船隻改泊南邊的塗葛堀(龍井)。國民政府當前正致力開闢成爲台中港。

〔P〕

澎湖 PeN'o

位於台灣與中國之間的島嶼。西方人稱爲「漁人島」(Eyland Piscadores,Pescadores)。似乎在隋朝就已有陳稜到此地「經略」,南宋時澎湖已成爲閩南漁船集結要地,宋兵曾至此臨時駐守,1360年(元至正20年)始設巡檢司,隷屬福建泉州晉江縣。1387年(明洪武20年)明太祖朱元璋厲行海禁,廢澎湖巡檢司,周德興遷澎湖居民回內地,使成爲廢墟;結果反而使海盜集結於此,1563年(嘉靖42年)又臨時設過巡檢司,1597年(萬曆25年)又設澎湖游兵,皆無補於事。1604年8月7日,荷蘭東印度公司派韋麻郎佔據澎湖,福建巡撫派五十艘船及都司沈有容與韋麻郎談判,12月15日,荷人始退出。1622年,賴耶爾遜又率艦欲與明朝通商被拒,轉攻澳門,大敗而進佔澎湖,築四座堡壘。1624年2月2日(天啓4年正月2日),巡撫南居益派二十艘船及四千人圍攻澎湖,後增兵爲萬餘人。8月

15日荷人答應退出澎湖，轉至台灣。1661年鄭成功進佔台灣，荷人再退至澎湖，不久退走，1664年巴連衛再攻澎湖；鄭氏王朝重據澎湖，1683年施琅攻佔澎湖，迫鄭克塽投降，清朝始征服台灣，從此澎湖劃歸台灣領土，屬台灣縣。1727年(雍正5年)添設通判一員駐澎，裁巡檢司，設澎湖廳。1895年日本人把它改爲澎湖島廳，歷經改制，1920年廢廳，改隸高雄州，設澎湖郡；1926年又復設澎湖廳，轄馬公、望安二支廳。1945年國民政府又改廳爲縣，1950年9月撤區(原支廳)，仍設縣。

澎湖一共由六十四座大小島嶼構成，最高處爲望安的大貓嶼(海拔79公尺)，其中馬公爲天然良港，而附近多暗礁，潮流險惡，一般居民以捕魚爲生，許多人至高雄發展。

樸仔脚　Pok-a-ka

嘉義朴子。位於牛稠溪(朴子溪)南岸，1680年代有泉州安溪人林馬至此拓墾。1701年又有侯東興拓墾雙溪口。《重修台灣府志》(1747)稱此地爲「猴樹港街」。以往是北港的外港，但終被東石取代，清代屬於大槺榔西堡、大坵田西堡，1920年改爲朴子街。

璞石閣　Pokjøkgø

花蓮玉里。原名可能是布農族語Posiko(風塵之谷)或阿美語Papako(巖地)之意。1875年吳光亮從南投林圯埔(竹山)闢路至此。1917年台東鐵路開通，改稱「玉里」。

浮洲堡　Pujiu

宜蘭三星及員山的溪洲庄(七賢、深溝村)一帶，原爲溪洲堡，1875年(光緒1年)改爲此名。楊廷理云：「至溪洲，前進則蘆葦叢生，堅狀如竹，溪水泛溢，道路泥淖，每下腳，幾欲沒腰，小徑隱隱，生番往來，僕夫縮頸。」

〔S〕

西螺　Saile

雲林縣大市鎮，位於濁水溪南岸，原爲洪雅族西螺社之地。十八世紀雍正年間王玉成拓墾廣福、永安各里(西螺店莊)，日據時代及1960年代爲濁水米的集地，富甲一方。鎭北有西螺大橋(長1939公尺)。

捒東上堡 Sakdang

台中縣大安、大甲溪中游兩側台地丘陵，爲巴宰海族岸裡社之地，1716年由土著潘阿穆向諸羅縣請准招漢佃拓墾，十八世紀客家人大量移入，其地分佈於豐原、神岡、潭子、東勢、石岡、新社，以及台中市北屯(大坑、廍仔、三份埔、四張犁、陳平庄)各地，以及苗栗卓蘭。

捒東下堡

台中南屯(犁頭店)爲中心，包括大雅、烏日及西屯，爲平埔族之地，1731年設巡檢司於犁頭店，1732年又有六館墾戶向岸裡社騙取阿河(大雅、橫山)，再向台中市發展。

三貂 Samdiao

三貂即西班牙語Santiago，1626年D. Antonio Careñio de Valde's至此，屬凱達格蘭族三貂社之地，在台北縣貢寮。

三貂堡

台北縣雙溪、貢寮、三貂嶺一帶，原屬噶瑪蘭族之地，十八世紀漢人建立舊社、遠望坑、福隆、南仔吝，稱爲「三貂四社」。吳沙由此入蛤仔難開拓；另一方面，又有人開拓頂雙溪，《淡水廳志》:「謝集成，雞籠人，原籍漳州，仗義執言，爲鄉里所信服，三貂爲通(宜)蘭要路，爲盜藪，又爲番擾，請官設隘，患遂絕」。

三叉河 Samcehø

苗栗三義。爲打哪叭納溪、打木溪、大坑溪交滙之處，故稱「三叉」。1950年又改爲三義。

三芝(小基隆) Samji

北縣三芝。在大屯山西側與大基隆社相對，爲凱達格蘭族Vavui(豬)社之地，1920年因其地原屬芝蘭三堡而改稱三芝。

三角店 SaNkgakdiam

苗栗竹南。縱貫鐵路山、海線交會點。原爲道卡斯族中港社之地，十七世紀末由張徽揚向原住民蹼地。十八世紀為對中國的港口，後來因械鬥與兵亂而沒落。

三角湧 SaNkgakYeng

台北縣三峽。位於大料崁溪與狗穴溪、橫溪三河流交會處，形成三角洲，稱「三角躅」(「躅」即裹足不前)，1730年代漳人林成祖、泉人陳渝等入墾，形成街市。1864年英國人陶德在此種茶；1920年改為三峽；境內祖師公廟(長福巖)為十八世紀古蹟，由畫家李梅樹負責重新修建工作。

小竹里 Siødekli

高雄林園鄉、大寮鄉及大樹鄉的九曲堂、井仔腳、小坪、龍目各村，以及鳳山的山仔頂(埤頂、中正二里)一帶。

社寮島 Sialiaa

基隆港外的和平島。位於古代大雞籠嶼，為凱達格蘭族龜霧社之地。1626年西班牙人據此地，稱為「San Salvador」，並築聖薩爾瓦多城及教堂。後來荷蘭人取代西班牙人至此，改稱「t' Eyland Kelang」。

錫口 Siakao

台北市松山區，為凱達格蘭族麻里即吼社之地，他們被漢人壓迫遷至汐止樟樹灣。清代稱此地為「貓里錫口」，1815年改為錫口，1920年改為松山(Matsuyama)。

雙溪(北) Siangke

位於雙溪川上游，即平林(柑仔腳溪)及牡丹溪(武丹坑溪)兩溪會合點，其下游貢寮鄉有下雙溪。至1800年左右已成街肆。1807年(嘉慶12年)台灣知府楊廷理開闢瑞芳四腳亭至雙溪的道路。1823年林國華再修三貂嶺及越草嶺之山徑，此地始興。

雙溪口

嘉義雙溪。位於三疊溪與倒孔山溪會口。1920年改為雙溪。

西港仔堡 Sekanǵ-a-bø

台南七股及西港一帶。清初屬安定里西堡，1920年改為西港莊。

善化里 Senhua

台南官田渡頭村(番仔渡)，社仔

一帶爲善化里東堡；大內鄉石子瀨(石湖村)、內庄、頭社、善化鎭全部及玉井爲善化里西堡。

善餘里 Sen'yi

屏東枋山楓港庄(楓港、善餘村)，爲排灣族射武力社之地，1769年(乾隆34年)始有泉人陳玉代入墾。1874年日軍在此受射武力社族人的偷襲。

四圍堡 Siwibø

又稱「淇武蘭堡」。以宜蘭礁溪爲中心，包括四圍的古亭笨庄、五間庄、抵美庄、土圍，形成四結，再擴至辛仔罕。漳人趕走泉人而定居於此，1874年(同治13年)形成四圍堡。

蕭壠 Siaolang

台南佳里。爲西拉雅族蕭壠社或漚汪社(《裨海紀遊》、《番俗六考》)之地，在漳州、海澄二里(番仔寮)，爲荷據時代五大平埔族番社之一，清代屬安定里(佳化、禮化、興化)，爲明鄭天興縣治，清代改爲佳里興，後把縣治移至諸羅(嘉義)，1920年改爲「佳里」。

新昌里 Sinciong

台南市西南的鹽埕，明鄭在此曬鹽，舊名瀨口。

新竹 Sindek

本爲平埔族道卡斯族的竹塹社居地，鄭成功父子據台後，把他們趕入竹東寶山的寶斗仁方面(即五指山一帶，與賽夏族混合)。清初又有一部份平埔仔進入，漢人稱其居地爲「新社」；另一部份則沿鳳山崎溪至北岸的吧哩國，即新埔拓墾。十七世紀漢人始至竹塹，趕走原住民。1723年(雍正1年)劃歸淡水廳竹塹堡，1875年爲新竹縣。1889年(光緒15年)以中港爲界，劃分新竹、苗栗二縣。日據時代在1920年升縣爲州，轄目前的竹、苗二縣及一部分桃園，1945年後爲新竹縣，苗栗則在1950年獨立出去。(見「淡水廳」)

新店(北) Sindiam

位於台北盆地南端，十八世紀有泉人在今清潭里附近山麓開小雜貨店，爲入山口，故稱爲新店。1980年升爲新店市。南勢溪與北勢溪在東南部的雙溪口滙成新店溪，曲折而北，形成碧潭與直潭。

新莊(北) Sinjng

在大料崁溪西岸，隔新海大橋與板橋對望。本爲武勝灣社(Pinoyouwan)之地，1710年始有漢人至此，1732年漸成街肆，取新成立的村莊稱爲「新庄」。地處北路水陸交通要衝，稱爲「海山口」，至1815年因淤淺，商船才轉移下游的艋舺。1960年代隨著台北工業的發展，再度成爲工業重鎭。

新豐里 Sinhong

台南關廟。明鄭時爲新豐里，爲平埔族赤崁社(新港社)的舊社莊，清代改爲外新豐里，日據時代屬新豐郡。

新化里 Sinhua

台南新市及山上鄉一帶。分爲東、西、南、北四里，1888年(光緒14年)又分南里爲內新化南里、外新化南里。北里的大營庄、外南里的左鎭，爲明鄭的營地。

新港 Sinkgang

台南新市。平埔族新港社舊地，1650年由赤崁一帶遷來，再遷入隙仔口(新化東里)、崗仔林(外新化南里)、舊新木柵(羅漢門內里)及柑仔林(羅漢門外里)。

新營 SinyiaN

台南縣新營。明鄭時將部隊由鹽水遷至此，改稱「新營」。清代分屬太子宮堡、下茄苳南堡及鐵線橋堡。1920年改隸台南州新營郡。

蘇澳 So'ø

宜蘭港口。清代屬利澤簡堡及堡外番地，1920年改屬台北州蘇澳郡，1950年屬宜蘭縣。相傳清代晉江人蘇士尾入墾，西班牙人時代已準備建立San Lorenzo港。其他東北有南關故址，1879年(光緒5年)在此設汛兵把守，有砲台土堡。

士林 Sulim

台北市一區。位於基隆河東岸，劍潭山西麓，舊名八芝蘭林，爲平埔族語「溫泉」的譯音，1741年改稱八芝林。1760年又改爲八芝蘭，以後略稱芝蘭。1752年(乾隆17年)淡水同知曾日瑛在番界立石碑「奉憲分府曾批斷東南勢因園歸蕃管營業」，此地即石牌。後來漢人不斷入墾，形成街肆。1851年(咸豐1年)漳泉械鬥，泉人敗退；1858年另建新街，士林即「chilim」的轉訛音。

線西堡 SuaNsaibø

彰化和美為主，包括線西、伸港一帶。

線東堡 SuaNdangbø

彰化市為主，包括和美的嘉犁庄，詔安厝、甘仔井、竹仔腳、新庄仔、中寮、竹圍仔。

〔T〕

他里霧 Talivu

雲林斗南。洪雅族他里霧社故地(舊社里)。清初為諸羅十七庄之一，明鄭時蔡、黃二將拓墾石龜溪(石龜里)、南勢(新南里)，阿丹拓墾阿丹(阿丹里)；十八世紀漢人入墾，與原住民雜居。1703年(康熙42年)知府孫元衡寫詩：「翠竹陰陰散犬羊，蠻兒結屋小如箱。年年不用愁兵馬，海外青山盡大唐。舊有唐人三兩家，家家竹徑自廻斜。小堂蓋瓦窗明紙，門外檳榔新作花。」

太子宮堡 Taijukiong

台南新營為主。1734年(雍正12年)成立一堡，閩人許志遠捐建太子宮(祭祀三太子李哪咤)而得名。

泰慶里 Taikngli

屏東滿州鄉九棚村及牡丹鄉的牡丹社(社丹、東源)、高士佛社、八瑤社之地；為排灣族之地，有八瑤灣及南仁山。十九世紀客家人鄭吉來兄弟至此。1871年琉球宮古島漁民漂流至八瑤灣，被牡丹社土著殺害，引起日軍攻台。

頭份(苗) Taohun

1739年(乾隆4年)泉人林耳順率福佬、客家人入墾竹南一堡後庄、四份項、牛天寮等埔地；至1751年又有客家人林洪、吳永忠、溫殿玉等招佃開拓二份、三份、四份、河唇、新屋各地，以後客家人陸續來，1805年(嘉慶10年)更有黃祁英開闢斗換坪，入山改服飾，從原住民風俗。

頭圍堡 Taowibø

宜蘭頭城及礁溪的白石腳庄(玉石、白雲二村)、壯圍的大福庄，原爲頭圍社之地。

鐵綫橋堡 TisuaNKgiøbø

台南新營市以南，急水溪上有鐵綫橋，清初形成街肆。今通濟宮前爲舊碼頭，可通小船。鐵綫橋堡包括柳營(士林、光福、中埕、八老爺、火燒庄)及新營(五間厝、鐵綫橋、姑爺里)及鹽水(竹子腳、坐頭港庄)一帶。

桃園 Tøhng

原名桃仔園。爲凱達格蘭族南崁四社(眩眩、霄裡、龜崙、坑子)之地。清初屬諸羅縣，1723年(雍正1年)隸淡水廳淡水堡，後再屬桃澗堡。1879年(光緒5年)析淡水廳爲淡水、新竹二縣，桃園分隸二縣(以竹北堡土牛溝爲界)，1894年又置南雅廳；1895年日人置桃仔園、中壢二弁務署，仍隸台北縣。1901年改爲桃仔園廳，1903年改爲桃園廳，1920年改隸新竹州。1950年始爲桃園縣。桃園是福佬及客家人共聚之地，福佬(大部份爲漳人)分佈於桃園、大溪、大園、蘆竹、龜山、八塊(八德)、南崁；客家人分佈於中壢(澗仔壢庄)、平鎮、新屋、楊梅、觀音、龍潭；泰耶族則在角板山(現改爲復興鄉)及大料崁溪上游兩岸。目前幾乎因開建石門水庫而被國府強制遷移至平地。

桃澗堡 Tøkganbø

桃園、大園、蘆竹、龜山、八德及中壢、楊梅、平鎮一帶。客家人在十八世紀初由南崁上岸，壓迫凱達格蘭族(南崁、坑仔二社)，建立虎茅庄，形成桃仔園街。

土庫 Toko

雲林縣地名。平埔族猴悶社故地(石廟里番仔堀)，1734年(雍正12年)設大坵園東、西二堡。1759年(乾隆24年)郭、林兩姓入墾塗庫(忠正、順天、宮北等里)；1831年(道光11年)始建土庫街市。

呑霄 Tunsiao

苗栗通霄。爲道卡斯族吞霄社之地，1754年客家人至此拓墾。

〔U〕

烏來(北) Ulai

在雪山山脈西側，有達觀山(2030米)、塔曼山(2129米)及南勢溪、桶後溪、阿玉溪等，爲泰耶族烏來社及洛仔社(桶後社)之地，「烏來」即泰耶語「溫泉」之意。

灣里 Uanli

台南善化。平埔族大武壠社之地，其族人後遷入大內的頭社。

員林 Uanlim

清乾隆年間客家人張姓入墾，1730～1751年間形成街肆，稱員林仔街，分屬燕霧下堡、武西堡與武東堡。

維新里 Uisinli

高雄永安鄉。爲大傑巓社之地，有舊港口、烏樹林、竹仔港等地及彌陀鄉的舊港、五分子一帶。

〔V〕

貓霧捒 Vavusak

台中南屯(犁頭店)。附近平埔族分爲東、西、二堡，乾隆年間改爲捒東上、下堡。

貓羅堡 Valϕ

彰化芬園鄉爲主。原爲平埔族阿里坤部族貓羅社之地，1735年(雍正13年)泰耶族反抗，被清軍鎮壓，擒眉加臘社蕃巴里鶴阿衛。平埔族在十八世紀遷入萬斗六社，後來又有漳人林江向平埔族萬斗六社贌地，建貓羅新庄，即台中霧峰(阿罩霧)。

貓里干 Valikgan

雲林崙背。平埔族貓兒干社舊地。1735年(雍正13年)張方高入墾大有、舊庄一帶。1721年朱一貴與杜君英失和，杜率客家人走貓里干，再入山，回屏東，沿途搶掠福佬莊。

艋舺(北) Vankga

台北市萬華。位於新店溪東岸，

臨台北城西門。艋舺爲平埔族凱達格蘭族語「Banka」(獨木舟)，1920年日本人改以日語「Banka」稱之，即萬華。十七世紀原住民沿淡水河上游大料崁溪與新店溪而下，至艋舺與漢人交易。當時此地以販賣蕃薯爲主，稱爲「蕃薯市」。1738年(乾隆3年)晉江、南安、惠安等「三邑人」共同捐建龍山寺，1820年原住民已逐漸消失；當時人口稠密，商業鼎盛(以北郊、泉郊爲主)，1853年(咸豐3年)頂郊的三邑人與下郊的漳人及同安人械鬥，同安人退至大稻埕。十九世紀中葉起淡水河淤塞，船隻停泊不便，艋舺的地位漸衰。

蚊港 Vangkgang

雲林台西。地處海口，荒涼而多強悍之士。1695年有泉人辛承賢在蚊港(蚊港村)築魚塭，1724年(雍正2年)蔣昇燦招佃拓墾海口厝(海口村)。清代屬海豊堡，日據時改設海口庄，屬台南州虎尾郡。戰後改爲台西鄉。

蚊蟀 Vansut

屏東滿州。爲排灣族Mannt′suru社之地。十八世紀有客家人入墾，此地本爲禁地，後來改隸恒春縣永靖里，1920年改爲「Mansiu」。

馬芝堡 Vejibø

彰化鹿港及福興鄉爲主，包括秀水的安東厝、孩兒安庄、馬鳴庄、馬興庄、坡頭頂、埔姜崙、曾厝莊、下崙、惠來厝，溪湖的三塊厝(中山、中竹里)、巫厝、後溪、四塊厝、埔鹽。原爲平埔族馬芝遴社之地。

彌濃 Vilong

高雄美濃。位於楠梓仙溪支流美濃溪北岸，西望旗尾山，東眺茶頂山。客家人至此拓墾，取名「彌濃」，1920年改爲美濃。

武東堡 Vudangbø

彰化社頭、田中、員林一帶，原屬大武郡堡，1734年分爲東、西二堡。爲平埔族大武郡社之地，施長齡招佃拓墾，形成大饒庄、萬年庄、番仔崙、柴頭井庄、湖水坑、及田中央庄、以及社頭街，許厝庄、湳仔庄(南雅)。

武西堡 Vusebø

大武郡西堡，包括彰化永靖、埔心、田尾等，原爲客家人拓墾地。

武定里 Vudengli

台南市以北海岸一帶，安平的校前里(鄭子寮、上鯤身)爲內武定里；安南區爲外武定里。

文山堡 Vunsanbø

台北縣新店爲主，包括景美、木柵、深坑、石碇、坪林一帶。原稱「拳山」，日人改爲「文山」。1729年客家人墾首廖簡岳與平埔族秀朗社衝突和解後，再開發景美的霧裡薛圳。1736年泉人移民趕走客家人，建立公館街(林口庄)，又有郭錫瑠引新店溪築水梘注入景美溪，形成景美(梘尾)。此後，高姓族人向泰耶族贌地開拓深坑，1820年代起始有新店街。1856年，英人陶德引安溪的茶種，在文山栽種烏龍茶成功。

〔Y〕

楊梅壢(桃) YiuN-miu-lek

十八世紀仍爲防番(平埔族宵裡社)的隘口，後來有客家人(梅縣)梁義昌由台北淡水至此開拓。1785年(乾隆50年)又有朱、溫二姓合組「諸協合」墾戶開闢。1788年業主死於林爽文之變時的械鬥，佃首黃燕禮呈請官方准予拓荒。後來又有徐熙拱開拓大溪墘一帶。此地四面多楊梅樹，而中央形成一大壢，故稱爲「楊梅壢」，1920年改稱楊梅。

〔Z〕

二結堡 Zikgetbø

宜蘭五結鄉。原稱二結庄與頂三結、四結、頂五結、下五結。

二八水 Zibatjui

彰化二水。爲平埔族二水社之地，1920年改現地名。

二林 Zilim

平埔族二林社故地，爲深耕堡

分出來的，成立二林下堡及上堡，包括溪湖、埔鹽的石埤腳、浸水庄(太平村)，及埤頭的大湖厝(豐崙村)、王功港街、草湖庄一帶。

二崙仔 Zilun'a

雲林二崙。東接西螺，西連崙背，北鄰彰化縣，爲平埔族南社故地，1724年蔣昇燦招佃拓墾義崙(崙東、崙西)，1774年(乾隆39年)張金興等拓墾南社荒埔(番社村)。1920年改爲「二崙」。

仁壽里 Zinsiuli

屏東恒春的貓子坑(仁壽里)、大平頂(茄湖、頭溝里)一帶，開拓成虎頭山庄。

仁壽上里

高雄岡山、橋頭及彌陀、永安、梓官一帶。仁壽上里以前鋒庄及後協庄開始發展，成爲阿公店(岡山)。

仁德里 Zindekli

台南縣仁德鄉。明鄭時代爲仁德里及文賢里(三甲、保安、大甲林)、依仁里(中洲)之地。

詞條索引（漢語音序）

C

P

Q

R

地名詞頭索引（台語音序）

A

B

C

D

E

G

H

筆劃索引

國家圖書館出版品預行編目資料

台灣歷史辭典／楊碧川著. -- 初版. --
台北市；前衛，1997［民86］
496面，15 × 21公分. --（台灣文史叢書：56）

ISBN 978-957-801-119-9（精裝）

1. 台灣 -- 歷史 -- 字典，辭典等

673.2204　86006770

《台灣歷史辭典》

著　　者／楊碧川
責任編輯／蕭景文

前衛出版社
總本舖：11261 台北市北投區立功街79巷9號
電話：02-28978119　傳眞：02-28930462
郵政劃撥：05625551
E-mail：a4791@ms15.hinet.net
http://www.avanguard.com.tw
出版總監／林文欽
法律顧問／南國春秋法律事務所・林峰正律師

紅螞蟻圖書有限公司
地址：台北市內湖區舊宗路2段121巷28號4樓
電話：02-27953656　傳眞：02-27954100
出版日期／1997年8月初版第一刷
　　　　　2007年1月初版第五刷

ISBN 978-957-801-119-9

定價／500元